ལྷ་རྩེའི་ལོ་རིམ་མེ་ལོང་།

拉孜年鉴

2018

（总第1卷）

中共拉孜县委员会
拉孜县人民政府　主办
拉孜县地方志办公室　编

方志出版社
Publishing House of Local Records

图书在版编目（CIP）数据

拉孜年鉴. 2018 / 拉孜县地方志办公室编. -- 北京：方志出版社，2018.9

ISBN 978-7-5144-3322-7

Ⅰ. ①拉… Ⅱ. ①拉… Ⅲ. ①拉孜县 – 2018 – 年鉴 Ⅳ. ①Z527.54

中国版本图书馆CIP数据核字(2018)第224385号

拉孜年鉴（2018）

编　　者：拉孜县地方志办公室
责任编辑：刘方圆

出 版 人：冀祥德
出 版 者：方志出版社
地址　北京市朝阳区潘家园东里9号（国家方志馆 4 层）
邮编　100021
网址　http://www.fzph.org
发　　行：方志出版社图书经销中心
电话（010）67110500
经　　销：各地新华书店
印　　刷：河南金雅昌文化传媒有限公司

开　　本：889 × 1194　　1/16
印　　张：21
字　　数：530千字
版　　次：2018年9月第1版　　2018年9月第1次印刷
印　　数：001 ~ 500册

ISBN 978-7-5144-3322-7　　定价：350.00元

拉孜县行政区划图

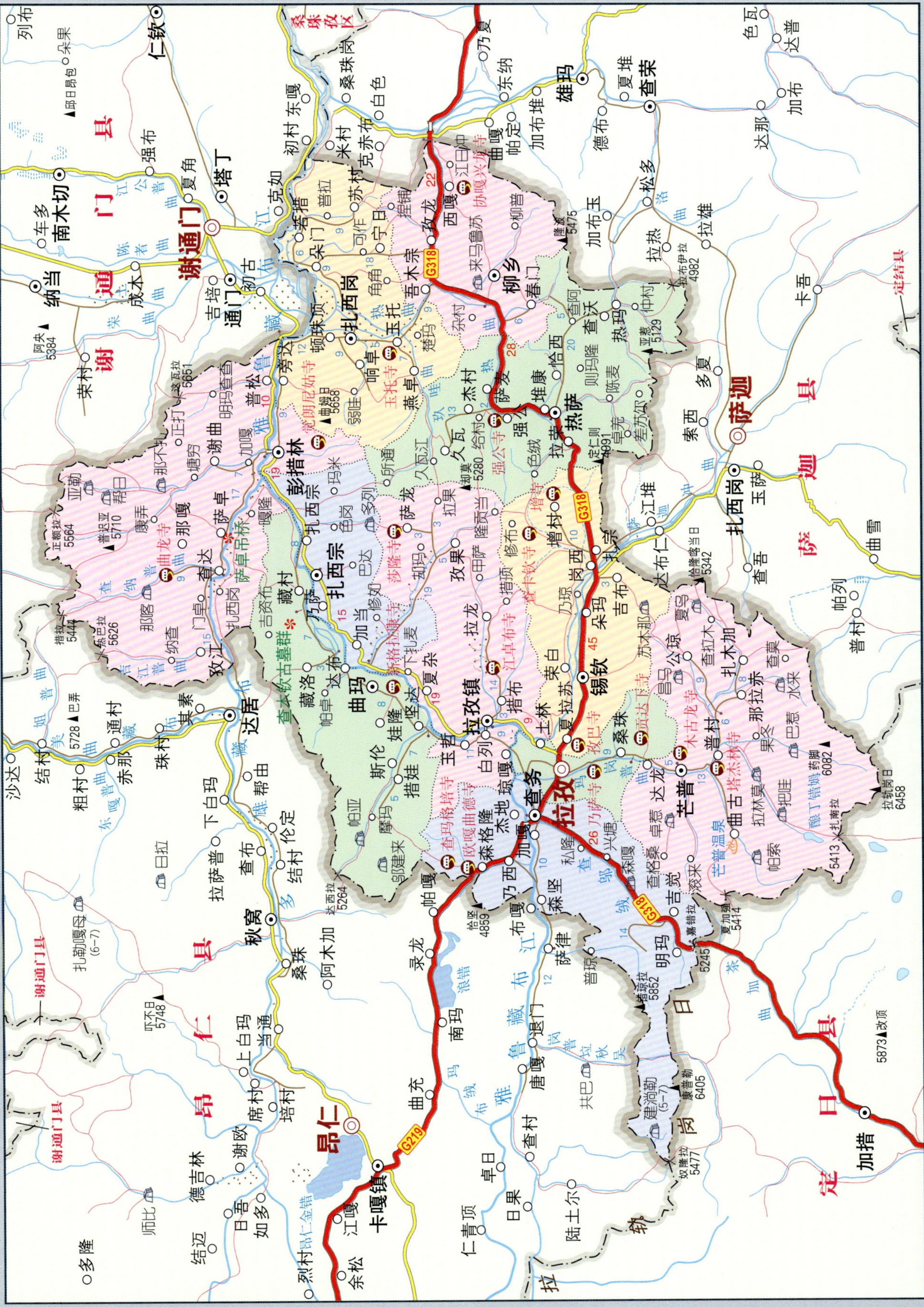

西藏自治区测绘局绘制　　藏S（2015）005号

2017年5月3日，西藏自治区党委副书记、主席齐扎拉（前排左一）到拉孜县考察易地扶贫搬迁工作

2017年10月19日，西藏自治区人大常委会副主任维色（前排左二），日喀则市委副书记、常务副市长姜国杰（前排左一）到扎西岗乡检查指导工作

2017年8月3日，西藏自治区人大常委会副主任李文汉（前排右一）到拉孜县调研

2017年3月17日，西藏自治区副主席其美仁增（中）到拉孜县调研精准扶贫和产业发展工作

2017年8月1日，西藏自治区副主席汪海洲（中）到拉孜县查务乡杰池村尾矿库督导检查工作

2017年11月16日，西藏自治区副主席、日喀则市委书记张延清（前排中）到拉孜县柳乡调研

2017年5月6日，西藏自治区政协党组成员、副主席金世洵（右三）一行到拉孜县检查指导重点农业科技成果转化工作

2017年6月11日，西藏自治区政协副主席、区总工会主席洛桑久美（右二）一行到拉孜县检查指导传统和发展民族藏医药

2017年4月2日，西藏自治区农牧厅厅长杜杰（左五）到拉孜县调研春耕春播和农牧综合服务中心建设情况

2017年6月11日， 西藏自治区新闻出版广电局局长韩辉（左一）一行到拉孜中波转播台调研

2017年4月29日，西藏自治区局气象局局长向毓意（前排右二）一行到拉孜县气象局调研

2017年10月21日，日喀则市委副书记、常务副市长姜国杰（前排右二）一行到拉孜县查务公安一级检查站检查指导工作

2017年11月14日，日喀则市委常委、组织部部长杨昆（右二）到柳乡吾木宗村调研指导村（居）组织换届工作

2017年5月18日，日喀则市委常委、宣传部部长戎新龙（左二）到拉孜县督查指导“四讲四爱”主题教育实践活动贯彻落实情况

2017年10月9日，日喀则市委常委、统战部部长巴桑（中）到拉孜县检查指导工作

2017年7月11日，上海市杨浦区委常委、政法委书记卢焱（右二）代表团一行向拉孜县捐赠新闻采编设备

2017年6月5日，县委书记陈钢到芒普乡调研

2017年9月22日，县委书记陈钢到拉孜镇中心小学调研

2017年12月26日，县委副书记、县长巴桑旺堆主持政府党组理论中心组学习会

2017年3月17日，中国共产党拉孜县第九届委员会第三次全体会议召开

2017年8月15日，拉孜县召开道德模范暨身边好人表彰大会

2017年6月30日，拉孜县举办以“红歌飞扬 红心向党”为主题的百首爱国歌曲大家唱活动

2017年5月18日，拉孜县扶贫产业项目集中开工奠基仪式

2017年7月12日，拉孜县干部职工在萨迦冲曲—锡钦乡段抗洪抢险

2017年8月5日，拉孜县举办首届中国堆谐之乡文化旅游节暨雅江骑行活动

2017年10月30日，拉孜县举行西藏堆谐之乡文化旅游有限责任公司揭牌仪式

2017年12月7日，拉孜县开展党的十九大知识竞赛活动

2017年12月29日，拉孜县监察委员会挂牌成立

拉孜堆谐

赛马

编制氆氇

拉孜藏刀

拉孜六弦琴

拉轨雪山

拉孜宗山

锡钦温泉

拉孜风光

古墓

《拉孜年鉴》编纂委员会

《拉孜年鉴》编辑部

编辑说明

一、《拉孜年鉴》2018年开始编纂，每年出版1卷，2018年卷为第1卷。

二、《拉孜年鉴》以马克思列宁主义、毛泽东思想、邓小平理论、“三个代表”重要思想、科学发展观、习近平新时代中国特色社会主义思想为指导，坚持辩证唯物主义和历史唯物主义的立场、观点、方法，始终坚持“实事求是、质量第一、存史资政、服务大众”的办鉴宗旨，全面、系统、翔实地记述拉孜县上一年度政治、经济、文化、社会等各项事业的基本情况，为社会各界与国内外人士了解和研究当今拉孜县提供翔实资料。

三、《拉孜年鉴》分为正文与彩页两部分。正文采取分类编辑法，以类目、分目、条目为主要框架结构，个别包含多方面资料的条目，则在段落间加插楷体标题提示，方便读者查阅全书。

四、《拉孜年鉴（2018）》载录拉孜县2017年经济社会发展的基本资料，设有特载、概览、大事记、党务 政务、群团、军事、法治、综合经济管理、农牧林水、交通·通讯、城建 环保、财政 税务、教育 文化、卫生与计划生育、社会、乡（镇）概况、荣誉榜、附录等内容。

五、《拉孜年鉴》的编辑宗旨，在于求真务实，力求真实生动地反映拉孜县在改革开放和现代化建设中取得的崭新成就。

六、《拉孜年鉴》所提供的内容和数据，分别来自于拉孜县各有关部门和乡（镇）人民政府，经各级领导审核，但由于口径与统计方法不同，恐有不一致之处，使用时应以县统计局提供的数据为准。本书中农田土地面积的计量单位使用“亩”。

《拉孜年鉴》编辑部

2018年6月1日

目 录

特 载

概 览

大事记

政党 政务

中国共产党拉孜县委员会

县委办公室工作

援藏工作

群 团

工会工作

共青团工作

妇女工作

军 事

人民武装

消防

武警拉孜中队

法 治

政法工作

公安

检察

审判

司法行政

综合经济管理

发展与改革

统计

国土资源管理

审计

安全生产监督管理

食品药品监管

商贸（商务局）

粮食储备

拉孜西部城市投资发展有限公司

拉孜县扶贫开发投资有限责任公司

农牧林水

农牧业

水利

电力供应(供电所)

交通·通讯

交通运输管理

公路养护

邮政

电信

移动

城建 环保

住房和城乡规划

城市管理

环境保护

财政　税务

财政

国家税务

农业银行

教育　文化

教育管理

文化管理

新闻出版广播影视

西藏自治区新闻出版广电局拉孜中波转播台

藏语言及编译工作

气象

卫生与计划生育

卫生

卫生服务中心

社 会

民政工作

人力资源和社会保障

扶贫开发(扶贫办)

民族宗教

乡(镇)概况

曲下镇

拉孜镇

扎西宗乡

曲玛乡

彭措林乡

扎西岗乡

柳 乡

热萨乡

芒普乡

锡钦乡

查务乡

荣誉榜

附 录

特 载

提振精神 积极作为 奋力推进“西部中心”建设再上新台阶

——中国共产党拉孜县第九届委员会第三次全体会议上的报告

县委书记 陈 钢

（2017年3月17日）

2016年，是党中央、区党委和市委喜事大事多的一年，党中央胜利召开了党的十八届六中全会，全会正式确立了习近平总书记的核心地位“以习近平同志为核心的党中央”，这是历史的选择、人民的期待。自治区胜利召开了第九次党代会，大会全面回顾了过去五年来区党委深入贯彻习近平同志为核心的党中央治国理政新理念新思想新战略和治边稳藏重要战略思想在西藏的成功实践，审时度势，确立了未来五年工作的总体要求、目标任务和工作重点。日喀则召开了一届市委第五次全委会

议，明确了“六大战略、六城共建、七区建设、七大产业”的“6677”工作思路，为日喀则今后发展改革稳定指明了方向、提供了遵循。

这次会议的主要任务是，全面贯彻落实党的十八届六中全会、自治区九次党代会、经济工作会、农村工作会和日喀则一届市委五次全委会、经济工作会、扶贫工作会、生态工作会议精神，表彰奖励2016年度先进集体和优秀个人，总结分析去年工作，安排部署今年工作，团结和带领全县各族干部群众围绕县委“12341”的县域发展思路，奋力推进“西部中心”建设再上新台阶。

一、肯定成绩，坚定信心，进一步乘势而上谋跨越

一年来，我们始终深入贯彻落实“治国必治边，治边先稳藏”的战略思想和中央治藏方略，在区党委政府和市委市政府的坚强领导下，团结带领全县各族干部群众坚定不移抓发展、促改革、强基础、惠民生，开创了科学发展、和谐稳定、民族团结、宗教和睦、民生改善、生态保护、党建加强的良好局面。2016年，全县生产总值完成8.94亿元、同比增长26.7%；地方一般性财政预算收入达到3346万元、同比增长44%；实现社会消费品零售总额1.88亿元、同比增长15%；农牧民人均收入达到9162.55元、同比增长23.8%；实施项目118个，完成社会固定资产投资计划内9.73亿元、计划外2.11亿元、同比增长110%，各项任务目标全部超额完成，实现了“十三五”开门红。

过去一年，我们履行维稳第一责任，社会局势更加稳定。一是强化干部驻村。全面落实强基惠民干部驻村活动，组织驻村干部重点开展“5+3”工作任务，2016年，各级驻村工作队累计排查化解各类矛盾1532件，为群众办实事好事2400余件，解决民生方面突出问题13件，累计投入经费670余万元。二是推进依法治县。坚持依法治县，强化维稳协调联动机制，完善立体化社会治安防控体系，利用好“智慧拉孜”社会服务管理平台，提升社会服务管理水平；大力实施“七五”普法、“法律七进”等活动，定期组织法律宣传和法律宣讲，“流动党校”把法律带到了农户和田间地头，有效提升了干部群众法律意识。三是强化信访积案化解。全面贯彻落实全国全区和全市信访积案化解工作会议精神，特别是延清书记关于信访工作的重要批示精神，积极探索并建立健全信访工作跟踪和调处机制，坚持“小事不出村、中事不出乡镇、大事不出县”的信访化解原则，实现旧案不搁置、新案不累计，今年以来妥善解决群众信访事件24件，信访事件实现零搁置。四是强化民族团结进步。全面贯彻党的民族宗教政策，特别是习近平总书记关于“加强民族团结，建设美丽西藏”的重要指示，牢固树立“三个离不开”思想，积极加强民族团结进步教育，鼓励民族通婚，广泛开展民族团结进步模范创建评选活动，2016年，县内登记民族通婚9对，评选民族团结进步模范集体10个、优秀个人15名。五是狠抓安全生产防范。始终加强对道路交通、建筑施工等领域的排查治理，累计开展安全生产专项检查8次、联合大检查行动12次，整改安全生产隐患80余条，注重群众用电用火和全县各类服务业、易燃易爆等领域安全生产的防范工作，积极组织消防等部门进行应急演练，严格执行客运车辆“两限一警”等政策，采取有力措施降低措拉山和甲措拉山“两山”交通领域安全风险。

过去一年，我们着力发展第一要务，经济持续健康发展。一是大力发展农牧业。强化农牧业科技推广，稳定粮食种植面积，2016年，粮油总产量8680万斤，同比增产338万斤。粮食作物产量7773.62万斤，同比增产337.22万斤，拉孜县被区党委、政府评为全区粮食生产先进县。畜牧产业稳步发展，各类牲畜存栏26.32万（头、只、匹）。二是扩大招商引资。2016年，招商落地建设项目和意向协议签约的企业共计8家，成功引进了中广核太阳能公司、日喀则市藏域工贸进出口有限公司、拉孜百科新能源有限公司、日喀则互惠互利超市等，协议资金达22.2亿元，已投入资金达4.99亿元。三是突出文化产业。突出以“堆谐”为主的民俗文化和以赤玛勒观光旅游园区为代表的历史文化，积极挖掘以昌木钦古墓群、拉孜宗山、平措林寺为代表的历史文化和佛教文化，研究成立工作专班，积极推进旅游业扩产增值，累计接待国内外游客7.2万人次，同比增长114.93%。四是加快项目落地。2016

年，全县共实施项目118个，重点实施了“县城污水处理厂项目，新城区一、二期市政项目，曲下镇、拉孜镇特色小城镇项目、扎西宗干渠项目”和易地搬迁、灾后重建项目等等，完成全社会固定资产投资11.84亿元，同比增长110%，其中，第七批援藏投入资金累计1.37亿元，第八批援藏计划投入资金1.8亿元以上。

过去一年，我们落实民生各项举措，幸福指数不断提升。一是优先发展教育。全县教职工共计728人，在校生10387人，幼儿园、小学、初中入学率分别达81%、100%和98.5%；义务教育均衡发展顺利完成自治区评估验收，国家评估验收也顺利通过；为全面激发广大人民教师的工作责任心和事业感，县委县政府拿出120万元，表彰了60个先进集体和439名优秀个人。二是积极推进就业。建立完善人才市场和职业资格培训机制，发挥网络和中介的作用，采取举办招聘会和下村宣传等有力措施全面推进就业，2016年，新增就业662人，其中建档立卡户就业人数为533人。三是强化社会保障。发挥“拉孜热线”的优势，着力解决干部群众反响强烈的问题和诉求，并采取红绿灯督办的方式，助推360余项问题全部解决。坚持各项社会保险扩面提标，实现了城乡养老、医疗、工伤、生育、失业等5大保险全覆盖。四是落实卫生惠民政策。积极谋划西部中心综合医院、藏医院和妇幼保健院的规划工作，疾病预防控制中心已建成并投入使用，充分发挥组团式医疗援助的优势，在干部群众中开展免费检查3250余人次、义务巡诊活动55余场次；认真落实县“十三五”关于卫生惠民工作规划，积极推进创建二甲医院步伐。

过去一年，我们树立绿色发展理念，生态建设持续推进。认真贯彻各项生态环境保护制度，严守生态红线底线，大力实施自治区生态环境保护监督管理办法和环境保护考核实施办法，落实水资源管理、耕地红线和基本草场保护等制度，完善考核机制，强化生态环境和资源保护责任追究。着力推进生态工程建设与保护。围绕西藏生态屏障建设和建设美丽拉孜的主题，规划县城河湖生态建设和县城湿地公园工程，积极打造G318线拉孜段珠峰绿色走廊，积极开展白色污染整治行动、卫生大扫除和党员公益林植树造林活动，着力构建天蓝、地绿、水清、文明的高原生态宜居城市，县城绿地率达29.3%，全县绿化覆盖率达14.6%。

过去一年，我们强化党建第一保障，从严治党深入人心。一是强化思想建党。坚持落实各项学习制度，积极传达中央、区党委和市委决策部署，一年来县委理论中心组开展15次学习会，各级党组织基本做到了周周落实学习活动日；积极完善“智慧拉孜大讲堂”，在全县积极掀起以学习党的十八届六中全会精神和自治区第九次党代会精神为主要内容的宣讲活动热潮。二是建强基层组织。狠抓10个软弱涣散基层党组织的整顿工作；认真落实党建“联述联评联考”制度，树立了“不抓党建就是失职，抓不好党建就是渎职”的方向标；推动服务型党组织建设，11个便民服务大厅运行良好；做好了“村干部素质能力提升工程”，累计开展村干部培训2期500余人次，更好推进基层组织发挥作用。三是改善工作待遇。近两年，上海援藏小组每年投入100余万元，县财政每年也拿出100余万元，用于提高全县村“两委”班子成员生活待遇。充实基层力量，坚持应派尽派，认真落实第一书记和大学生村官选派工作，共选派村第一书记98名，大学生村官22名，累计发放一次性补助49万元。四是强化制度建设。结合市委出台的《日喀则市党政机关重大事项请示报告制度》等制度，出台实施了《中共拉孜县委员会工作制度（试行）》《拉孜县干部职工管理制度（试行）》《拉孜县委常委会议事规则》，同时，还根据区党委巡视三组反馈的意见建议，对《拉孜县财务报销制度》《拉孜县车辆管理和维修制度》等进行了修改完善，进一步规范了全县干部职工做人、做事的行为和规矩。五是深入开展“两学一做”教育。创建藏汉双语的“党员学习动态”平台；开展“手抄学习党章100天”活动；广泛开展植树造林、慰问老党员、退休干部“送医、送药、送健康”活动、环境卫生大扫除活动和“助农收割”党员志愿服务活动，使广大党员凝聚一体；扎实开展“讲学习，讲忠诚，正风纪，转作风，提效能”主题活动，创新开展“一服务两活动”，探索建立服务群众长效机制，开展村干部工作实效大比武和机关干部工作能力大比拼活动。六是强化党风廉政建设。积极开展区党委巡视三组反馈问题的整改落实，对涉及超标准接待等资金全部由当事人自行上缴国库，其余整改事项相关部门研究制定了长效机制；从严落实"两个责任"，坚持"没有下不为例、没有情有可原、没有法不责众"的问责原则，从严查处违纪违法案件。今年以来，除市纪委立案的4名违纪干部外，经县纪委提请，县委以零容忍态度新批准立案件3起，涉及违纪干部4名。

同志们！这些成绩的取得，是我们把党中央亲切关怀、区党委坚强领导、市委正确带领作为推进工作的根本保障，把解放思想谋发展、集思广益求发展、撸起袖子促发展作为推进工作的前提基础，把纵向对比找差距、瞄准定位明目标、结合实际定举措作为推进工作的关键所在，把健全制度立规矩、强化督查抓责任、突出问责转作风作为推进工作的重要动力，把突出重点稳一产、扩大招商拓二产、围绕特色抓三产作为推进工作的重要手段。一年来，县委常委会特别注重身先士卒、率先垂范，坚持求真务实、真抓实干，带头开展各类学习活动、带头落实各项规章制度、带头改变思想观念、带头转变工作作风、带头加强党风廉洁建设、带头贯彻民主集中制，充分发挥了总揽全局、协调各方的领导核心作用，巩固提升了全县心齐气顺、风正劲足的良好局面。

同志们！"十三五"开局取得了开门红，这是党中央国务院关心、区党委、政府关怀和市委、市政府支持的结果，是上海市闸北区、杨浦区无私援助和社会各界鼎力支持的结果，是县四套班子迎难而上、合力攻坚的结果，是全县各族干部群众同心同德、锐意进取的结果，无不凝聚着全县广大干部群众和社会各界人士的辛勤汗水。在此，我代表县四套班子向为拉孜改革发展稳定等各项事业付出辛勤劳动的广大干部群众和社会各界人士表示衷心的感谢和诚挚的敬意！

二、立足当前，着眼长远，进一步浓墨重彩绘蓝图

2017年是党的十九大召开之年，是全面贯彻党的十八届六中全会精神、自治区第九次党代会精神、中共日喀则市第一届市委第五次全体会议精神之年，是实施"十三五"规划、强势推进脱贫攻坚承上启下之年，我们迎来了千载难逢的发展机遇，做好今年工作意义深远，责任重大，我们必须科学分析形势、审时度势，抢抓机遇、明确任务，锐意进取、攻坚克难，不忘初心、继续前行。

发展形势不容乐观：一是学习意识不强，在把握上级精神上还有欠缺。各级党组织开展学习活动不经常、不主动，甚至不参加学习、不记学习笔记的情况还时有发生；对党的政策理论、对习总书记系列重要讲话精神、对区党委政府和市委市政府的决策部署，学得不深不透，记不住、说不出的现象普遍存在。二是深入群众不够，在服务群众能力上还有不足。落实党员领导干部联系乡村、一般党员干部包村等机制不经常，没有完成年度走村入户天数指标；密切联系群众不够，深厚的群众感情不浓，面对面服务群众、引导群众、教育群众不深入，面对群众的诉求嫌麻烦、嫌啰唆，甚至怕群众，不会用群众语言做群众工作，不会用党的政策理论说服群众，做群众工作的能力亟待提高。三是决策执行不力，在真抓实干之风上还有缺失。贯彻意识差。你说你的，我做我的，你讲你的，我干我的，把领导讲话和上级部署安排当作耳旁风，置之一边不落实；有的捡容易的选择性落实，有的降低标准打折扣落实，有的改头换面搞变通落实。畏难情绪重，在工作的安排落实上，喜欢讲原因、找理由，不去讲怎么落实、如何落实，找一大堆借口，讲困难、讲条件，对工作不推不动、推而不动。工作效率低，要求当天完成的，要推几天完成，要求一个星期完成的，要推一个月完成，有的甚至一个月也完不成；普遍存在"推、脱、拉"现象，有"差不多"和"可以了"的思想意识，导致工作效率低下，争先进位意识不强。四是经济发展缓慢，在全市总体排名上还有差距。从2016年度全市目标绩效争先进位考核排名看，我县不仅总体排名不理想，各项大指标在全市同样处于中下游水平，特别是党建、综治、信息等单项考核，措施不多、典型不足，造成单项考核成绩也拖了后腿，与我们西部中心定位不相匹配；三次产业之间及其内部结构性矛盾突出，产业层次低、关联性小、

布局分散,整体处于产业链低端;城乡二元分割,城镇化水平与国家新型城镇化建设的要求不相适应,城乡区域发展不平衡。正视这些问题,既要认识解决这些问题的长期性和艰巨性,更应采取积极有效的措施,着力突破瓶颈制约、补齐发展短板;要始终保持清醒头脑,始终保持昂扬斗志,增强忧患意识和责任意识,大力弘扬求真务实精神、大兴求真务实之风,营造起浓厚的发展氛围。

比较优势依然存在:一是交通区位优势日益凸显。G318 线、G219 线和 G349 线都经过拉孜县,是通往尼泊尔、阿里方向和日喀则西部各县的必经之地;特别是 G318 线改造升级和铁道建设工程已列入日喀则市"十三五"规划,日益呈现出拉孜独特的交通优势。二是文化资源优势魅力独特。拉孜"堆谐"知名度享誉国内外,荣获了第十七届中国艺术群星奖。赤玛勒观光旅游园区、拉孜宗山、昌木钦古墓群等特色文化资源都彰显出拉孜文化资源的独特魅力。三是产业园区优势明显呈现。去年市委书记张延清同志在拉孜县调研慰问期间,专门实地察看了拉孜产业园区建设工作,并给予了高度评价;规划好、发展好产业园区是当前和今后一个时期推进我县经济社会长足发展的有力举措。四是新型城镇优势大势所趋。2016 年,我县成功入围全国第三批重点新型城镇化建设试点范畴,市委、市政府明确提出要"积极打造拉孜西部中心",抓住、用好这些机遇,将有利于推进以县城为重点的城镇化建设,推动城乡一体化发展。

工作总体要求和目标:面对新的发展形势、新的历史使命,做好拉孜提速跨越大发展各项事业,我们工作的总体要求是:最核心的是要坚持以党的十八届六中全会精神和中央第六次西藏工作座谈会精神为指导,深入贯彻落实习近平总书记系列重要讲话精神、治国理政和治边稳藏新理念新思想新战略,统筹推进"五位一体"总体布局,协调推进"四个全面"战略布局,认真贯彻落实自治区第九次党代会精神和日喀则市委第五次全委会精神,特别是市委确立的"6677"总体工作思路,以党中央、区党委和市委决策部署为引领航向,切实把各级决策部署与推进实施县委"12341"的县域发展思路统一起来,在贯彻落实的前提下推动各项事业更好更快发展;最根本的是要把更新思想观念、转变工作作风作为提高工作质量和效益的有效途径,切实把各项决策部署贯穿到经济社会发展各个领域,以典型辐射带动,以创新增强动力;最要紧的是要严格执行各项规章制度和政治纪律,始终加强督导检查,以督导检查倒逼各项决策部署落地生根;最关键的是要把全面建设日喀则"西部中心"作为总目标,始终突出发展第一要务、稳定第一责任、党建第一保障,努力在更高起点、更高水平上把拉孜各项事业推向前进,争取在 2017 年全市目标绩效争先进位考核中取得好的名次。确保县级生产总值增长 16%,地方一般性财政预算收入增长 45%,社会固定资产增长 50%,社会消费品零售总额增长 16%,农牧民纯收入增长 12%,城镇登记失业率控制在 2% 以内。

三、明确任务,突出重点,进一步求真务实创佳绩

实现今年目标任务,必须把思想、行动、工作重点统一到区党委政府、市委市政府和县委县政府的部署要求上来,走新路、补短板、守底线,奋发有为做好各项工作。

(一)务必增强学习意识,着力提升素质能力。学习使人进步,只有通过不断学习,才能强化"四个全面"战略落实、落实五大发展理念、增强"四个意识",创新推动西部中心各项工作。要深入抓好"两学一做"学习教育延伸。"两学一做"学习教育是一项经常性、基础性的党员教育工作,县委组织部要延伸好市委提出的"讲学习,讲忠诚,正风纪,转作风,提效能"主题活动,进一步开展好县委提出的"一服务两活动",确保"两学一做"学习教育常态化。要深入抓好"五五"主题活动。县委宣传部要高标准、高质量、多层次、多角度抓好市委规定动作落实,要利用"智慧拉孜大讲堂",创新开展好"五五"主题教育活动,长期不懈地抓下去、沉下去、融进去,确保增进五个意识的同时,增进政治意识、大局意识、核心意识、看齐意识,进一步夯实党的群众基础、基层基础和执政基础。要深入抓好规章制度学习活动。各级各部门重点组织党员干部学习已实行的《中共拉孜县委工作制度(试行)》《中共拉孜

县委常委会议事规则》《拉孜县干部职工管理制度（试行）》《拉孜县政府投资项目管理办法》等制度，真正按制度办事，把制度真正落实到工作中，把权力关进制度的笼子，不断引导党员干部增强纪律观念，强化政治纪律和政治规矩。要深入抓好“素质能力提升年”活动。县委提出把今年作为“素质能力提升年”，县委组织部和人社局要制定具体的实施方案，强化业务学习，强化岗位练兵，强化工作实效，以争先进位的具体表现来检验我们每一名干部职工的素质和能力，从而提升我们的业务能力、决策能力、招商能力、执行能力和服务群众工作能力。

（二）务必强化法治建设，着力维护和谐稳定。稳定是第一责任，是改革发展的重要保障。一是始终开展反分裂斗争。始终坚持中央对十四世达赖是披着宗教外衣祸藏乱教的政客的定性和斗争方针，深入揭批十四世达赖集团反动的本质性、宗教的欺骗性，旗帜鲜明、立场坚定地开展反分裂斗争，始终坚持我区维稳工作决策部署，下好先手棋、打好主动仗。二是始终维护民族团结。深入贯彻落实“加强民族团结，建设美丽西藏”的重要指示，牢固树立“三个离不开”重要思想，全力开展民族团结进步教育、着力加强民族团结进步创建活动，推动各民族间和睦相处、和衷共济、和谐发展。三是始终强化干部驻村工作。着重围绕“5+3”的工作任务，充分发挥乡镇包村干部、村第一支部书记、村两委班子、驻村工作队、村监督员、五十户联保户长等职能作用，深入贯彻落实市委延清书记在锡钦乡夺玛村讲话时提出的“激发政策宣讲的庄严使命感、激发维护社会稳定强烈的责任心、激发经济发展的主观能动性、激发基层党建的强大战斗力”的工作要求，不断推进驻村工作扎实有效的开展。四是始终开展“六大专项整治行动”。按照既定的方案，要加大对社会面排查整治、宗教领域排查整治、意识形态排查整治、安全生产领域排查整治、信访领域排查整治和重点人员排查整治工作，特别是要采取有力措施、有效办法，千方百计确保道路交通安全，严禁发生信访越级上访事件，全力确保宗教领域安全稳定，认真落实利寺惠僧各项政策，积极开展“和谐模范寺庙和爱国守法僧尼评选活动”，确保宗教和睦、佛事和顺、寺庙和谐。五是始终推进民主政治建设。发展社会主义民主政治，是社会文明进步的重要体现，是促进长治久安的根本举措。要充分发挥党委总揽全局、协调各方的领导核心作用，加强对人大工作的领导，坚持和完善人民代表大会制度，支持人大及其常委会依法履行职权，进一步完善地方立法和监督机制；加强对政协工作的领导，充分发挥人民政协作为协商民主的重要渠道，支持政协履行政治协商、民主监督、参政议政职能，进一步推进协商民主广泛多层制度化发展；加强对统战、民族宗教工作的领导，巩固和发展最广泛的爱国统一战线；认真贯彻落实中央、区党委、市委、群团工作会议精神，加强和改进党对群团工作的领导；支持国防和军队建设，搞好双拥共建，推进军民融合深度发展。

（三）务必夯实生态基础，着力建设美丽拉孜。习近平总书记指出，“要算大账、算长远账，坚持生态保护第一，绝不能以牺牲生态环境为代价发展经济”。我们要牢固树立“绿水青山就是金山银山、冰天雪地也是金山银山”的理念，紧紧围绕市委提出的绿化工作“两年大干，三年巩固”的总体目标，奋力建设美丽拉孜，筑牢生态安全屏障的工作要求，全面实施生态环境保护建设。一是加快规划县城河湖生态系统。习近平同志指出“山水田林湖是一个生命共同体，人的命脉在田，田的命脉在水，水的命脉在山，山的命脉在土，土的命脉在树”。要结合县城的主体规划修编，加快推进县城河湖生态系统规划建设，实现“城在林中，路在树中，人在景中”的目标，务必确保今年完成规划。二是加紧实施生态绿色工程。按照实施拆墙透绿、拆违建绿、见缝插绿、退地还绿“四绿工程”的要求。要大力建设绿色城镇，深入开展城镇周边山体山坡绿化，积极打造入城口特色景观带和雅江沿岸“绿色长廊”，加快推进城镇公园、绿地、湿地建设，健全完善生态水系，着力打造宜居环境；要大力建设文明卫生新农村、新牧区，使环境卫生理念深入人心，环境卫生整治蔚然成风；积极打造 G318 线拉孜段珠峰绿色走廊，优先实现县城至拉孜镇、锡钦乡至查务乡段生态林“保起来”、公益林“美起来”、林卡林“绿起来”、公园林“建起来”；要严守雅江流域的生态底线，结合天然林保护以及退耕还林还草、防沙治沙、湿地保护与恢复、水生态治理等重大生态工程，使雅江流域拉孜段“固起来”。三是加快迎接督察准备工作。要切实掌握督察内容，抓住督察工作重点，掌握督察工作流程，扭住督察整改重心，真正把迎接中央环境保护督察工作做深做细做实。不管是台账资料，还是整改现场，都要一一对应、一一整改，不能有半点马虎，半点遗漏。要切实形成强大合力，加强组织领导，加强业务学习，加强舆论宣传，加强贯彻执行，推进区、市、县决策部署落地生根，确保准备工作充分，确保顺利通过中央督察。

（四）务必加快脱贫攻坚，着力推进全面小康。2017年要实现建档立卡户817户3269人全面脱贫。一是加快扶贫产业落地进度。产业是经济发展的核心，更是脱贫的关键，要坚持把产业脱贫作为脱贫攻坚的头等大事和第一工程来抓。要全面落实《拉孜县“十三五”时期产业精准扶贫工作规划（2016–2020）》，按照年度扶贫产业发展计划，加快推进2017年扶贫产业落地，确保实现扶贫产业带动建档立卡户脱贫。要积极转变观念、创新思路、用好政策，确保资金投入到位、产业带动到位，增强产业的造血功能，帮助困难户就业、增加贫困户收入、带动贫困户脱贫。二是加快易地搬迁实施速度。要注重把易地搬迁、同步搬迁、整村搬迁工作统筹起来抓，按照集中搬迁的要求，积极做好建档立卡户集中在县城驻地、各乡镇驻村和G318沿线的集中安置工作，要归纳总结和推广查务乡明玛村易地搬迁工作的成功经验，要多方面、多途径解决资金来源渠道，力争年内集中搬迁建档立卡户1000户以上到县城居住。三是加大转移就业推进力度。加强与市、县企业的协调联系，探索建立劳务输出基地，形成牢固的劳务合作关系，提高劳务输出的组织化程度；要发挥援藏小组、团县委、妇联等单位和农村实用技能人员的作用，全面开展农村业务技能大培训活动，帮助更多的建档立卡户实现转移就业，自力更生脱贫。四是拓展多方帮扶落实深度。要坚持扶贫开发与生态保护并重，让贫困群众吃上“生态饭”、走上致富路；要狠抓党建脱贫，充分发挥各单位职能作用，大力开展定点扶贫，认真落实精准扶贫、精准脱贫的各项措施，实现精准扶贫到户到人；各级驻村工作队要积极促进各项扶贫政策到户到人、扶贫措施精准落实；要深入开展“4321”帮扶新机制，勤走访、常看望，及时帮助贫困群众解决实际困难，不断巩固联户联村联乡抓扶贫工作的良好格局。

（五）务必瞄准目标定位，着力打造西部中心。按照市委市政府“积极打造西部中心”的发展战略，紧盯这一目标，通过招商引资、市场运作和项目建设，着力在打造城镇化中心、产业中心、商旅中心和公共服务中心上下足功夫、做足文章，全力推动拉孜“西部中心”新一轮发展。

1. 突出城镇建设，提升城市形象。城镇化是实现现代化的必由之路，推进以人为核心的新型城镇化建设，全面聚集人气。一是做好县城总体规划修编工作不动摇。要注重城镇设计和建筑设计，要高起点、高规格的做好《县城总体规划》修编工作、《国家第三批拉孜新型城镇化试点规划》和《县城产业园区规划》，真正发挥规划引领、规划带动的作用，建设好拉孜“西部中心”。二是紧抓新型城镇化建设机遇不放松。围绕全国第三批新型城镇化建设做足拉孜城镇化建设一系列文章，要结合特色小城镇建设、新农村建设和扶贫易地搬迁、同步搬迁等工作，规划好县城路政、基础设施、老城区改造、新城区建设等项目，要将县城曲下村、吉如村纳入县城棚户区改造升级，通过试点，大力提升城市形象、打造城市名片、树立城市品牌。同时，要加大318沿线乡镇和扎西岗乡、拉孜镇两个人口大乡镇驻地的小城镇建设。三是强化城镇经营管理工作不懈怠。要贯彻执行市人大出台的《日喀则市市容市貌环境卫生条例》，牢固树立以人为本的理念，围绕为民、便民展开一系列管理工作，要从群众的需求出发，变“以管为本”为“以服务为本”，不断改善居住环境和公共设施，使城市更加宜居、亮丽。要加强城市管理综合执法，加大生活垃圾和乱停乱放的整治工作，确保城市干净、整洁。要营造城镇发展良好环境，尽快研究制定招商引资优惠政策，实现“政策的洼地、投资的福地、服务的高地”，使越来越多、越来越好、越来越全面的服务行业聚集拉孜。要加强基础设施建设,加快老城区改造步伐,按照现代化城镇的要求,全面做好教育、医疗、路政、电力、通讯、自来水等基础设施建设,进一步提升拉孜县城整体形象。

2. 突出项目建设,引领经济航行。项目是经济发展的支撑,是撬动增长的“黄金点”。要强化项目意识,务必在项目谋划、运作和建设上取得更大成效,要以推动项目论英雄、以项目落地看政绩、以项目效益促共享,力争年内实现固定资产投资 13 亿元以上的目标。要千方百计抓项目。把引进投资作为经济工作的头等大事,紧盯不放、穷追不舍,围绕今年项目建设目标,把责任落实到岗位、落实到人头、落实到具体的日程安排上来。要无中生有抓项目。要充分发挥主观能动性,坚持“狠抓项目不怕说三道四,招商引资甘愿低三下四”,寻风而动,主动出击。对上抓争取,积极对接,积极协调,积极跑办,积极争取基础设施、生态建设、社会事业、脱贫攻坚、产业发展等项目落地;要全程跟踪、全程服务,满怀激情走出去,真心实意请进来。要开动脑筋抓项目。实现跨越发展,大项目是关键,要加大招商引资力度,大上项目、上大项目;要进一步解放思想,以开放的胸怀、主动的姿态,快节奏、高强度,借助政策机遇谋项目、依托有利因素争项目、采取灵活措施跑项目、锲而不舍要项目,集中力量上项目;要主动与大集团、大企业对接,紧密结合我县实际,引进、建设一批对产业升级、经济转型带动作用强、科技含量高、市场前景好,对我县转型跨越有重大支撑的大项目、好项目,形成大项目顶天立地、小项目铺天盖地的发展格局。要统筹规划抓项目。要围绕“十三五”规划,突出重点工作、重点领域、重点产业,主动对接、积极协调,准确把握、精准发力,确保年度项目尽快落地,推动发展、造福群众。要围绕“西部中心”做好年度项目规划,确保规划符合发展实际、符合长远需要。

3. 突出产业支撑,增强发展后劲。“产业兴则经济兴,产业活则全盘活”,要始终贯彻落实全市产业发展大会精神,努力实现“一年大突破、三年大提升、五年大跨越”的目标要求。一是做好农牧特色产业。突出抓好藏鸡养殖、“万亩青稞基地”“万亩油菜基地”的发展规划。藏鸡养殖在拉孜具有广泛的群众基础,便于复制和推广,今年务必建成藏鸡孵化培育中心,实现孵化藏鸡 2 万只以上,为每个乡镇培育养殖大户 5 户以上。要围绕青稞做文章,着力做好青稞标准化种植和深加工,做长青稞产业链,力争实现青稞产量每亩增产 50 斤以上。要实现“万亩油菜基地”,要提高油菜附加值,引进油菜深加工企业拉孜珠峰绿色食品公司,加快环评审批进度,确保公司今年动工、今年投产、今年受益。二是做好产业园区。要加强对已入驻产业园区的羊毛加工厂、糌粑加工厂 2 家企业的帮带指导,特别是要做好锡钦羊毛加工厂、西部车辆检测站、油菜加工厂等企业入驻产业园区的衔接工作,全面提升产业园区的发展规模。三是做好生态环保产业。加大光伏电站建设力度,完善清洁能源项目库,要加快中广核二期 10 兆瓦光伏发电项目建设力度,要做好西藏华平太阳能光伏并网 20 兆瓦项目前期办理工作;要加大水资源开发,支持量大质优的天然用水开发项目建设。要继续加大苗圃基地投入,力争把苗圃基地建成日喀则西部树木种苗供应基地。四要做好产业试点培育。要加强建材市场、农家乐、生猪养殖、藜米种植和大棚改造等项目的试点推进工作,力争今年建成投产,确保实现拉孜产业百花齐放。

4. 突出商旅文化,挖掘旅游资源。围绕建设商旅中心,全面实施拉孜“一点两线”旅游文化工程。一是认真绘制“堆谐”这张名片。积极建设“堆谐”文化广场,为堆谐演出提供平台;加大县财政投入,专门保障各乡镇和民间艺术团每天开展“堆谐”文化演出,着力推进“堆谐”文化传承,确保跳好拉孜“堆谐”这支独具特色的文化产业舞蹈,要认真办好“堆谐”文化旅游节,确保这个推介“堆谐”的有力活动越办越大、越办越好,知名度越来越高。二是打造 G318 旅游路线。积极在柳乡西嘎村建设“拉孜门户”和“藏刀”文化广场,树立门户品牌;鼓励群众在“3185”旅游服务区开展一系列的旅游服务工作,吸引更多的游客在“3185”旅游服务区歇脚观光;积极规划措拉山旅游观景台和岗普拉雪山自然风光旅游景点，充分挖掘各类旅游资源；加快锡钦温泉改造升级工程，将锡钦温泉打造成为日喀则西部规模最大、服务最好、特色最为鲜明的温泉治疗中心；同时，要做好家门口建设，着力在县城入口处打造观景台、建造人工瀑布，进一步提升拉孜的影响力。三是打造 G349 旅游路线。要以平措林寺的影响力为依托，以昌木钦古墓群文物保护和拉孜“宗山”文化还原为依靠，编好拉孜历史文化台词、讲好拉孜历史文化故事，使越来越多的人了解拉孜、向往拉孜这个神仙居住的地方。要着力构建拉孜镇至曲玛乡至扎西宗乡环雅江游“50 公里”小环线，大力开展自行车骑行游活动，确保 G349 这条旅游线路做得点多线长面宽、有声有色。

5. 突出公共服务，提供全面保障。以为群众提供生产、生活、发展、娱乐等活动需求为出发点，着力提高群众幸福指数。一是优先发展教育事业。严格按照“五个 100%”工作目标，切实抓好“双语”教育，大力发展学前教育，巩固教育均衡发展成果，重点开展义务教育学校标准化建设，认真做好“薄弱学科”各项工作，全力推动我县教育均衡式、优质化发展；要加大学生关爱力度，着力改善学校取暖、医疗、生活等基础设施建设，为学生提供优质的学习环境；要努力在学校管理和教学质量上下功夫，加大教师培训力度、加大教师关心力度，着力打造一支教学能力强、思想素质高的师资队伍，力保今年中小学校层面教学质量得到全面提升。二是加快完善医疗卫生服务体系。要以建设日喀则西部公共医疗中心为突破口，全面提升西部 120 急救中心服务能力；要按照“服务全县、辐射周边”和“中病不出县，大病能看护”的要求，有计划、有步骤地加快县人民医院二甲医院创建步伐。三是着力强化社会服务保障。社会保障是惠普托底的民生问题。要扩大就业，实施更加积极的就业政策，完善就业创业服务体系，推进大众创业、万众创新，要切实做好高校毕业生、残疾人就业服务，深入实施农牧民工职业技能提升计划和深入实施群众就业创业技能培训活动，力争把农牧民培养成现代化产业工人，努力促进社会就业。要建全社保体系，大力实施全民参保计划，建立健全城乡居民基本养老保险、基本医疗保险、生育保险、失业保险、工伤保险等制度，健全完善城乡居民最低生活保障、农牧区五保供养制度，不断形成城乡统筹、层次分明、相互衔接的社会救助体系。要加快推进保障性安居工程建设，落实好住房租赁补贴政策，不断完善住房保障体系。

（六）务必加强党的建设，着力全面从严治党。加强和改进党的建设，是我们做好各项工作的根本保证。我们一定要深入贯彻落实党的十八届六中全会精神、自治区第九党代会精神和市委一届五次全委会精神，坚持党要管党、从严治党，充分发挥党委的领导核心作用，全面强化党委（党组）管党治党主体责任，在建上抓拓展、在严上下功夫、在活上创特色、在强上求实效，不断增强全县各级党组的凝聚力、战斗力、号召力。

1. 始终保持对党绝对忠诚。全县各级党组织和广大党员干部要始终对习近平同志为核心的党中央绝对忠诚，毫不动摇的坚持党的领导，牢固树立“四个意识”，经常向党中央看齐，向党的理论和路线方针政策看齐，向党中央决策部署看齐，做到党中央提倡的坚决响应、党中央的决定的坚决执行、党中央禁止的坚决不做，自觉在思想上政治上行动上同以习近平同志为核心的党中央保持高度一致。对自治区党委、市委和县委的部署要求，要坚定不移地贯彻、毫不迟疑地执行、千方百计地落实，绝不说三道四、绝不评头论足，切实把对党忠诚体现到贯彻落实习近平总书记治边稳藏重要战略思想上来，体现到祖国统一、维护社会稳定、维护民族团结上来，用实际行动践行对以习近平同志为核心的党中央的坚决拥护和绝对忠诚。

2. 务必加强思想政治建设。一要严肃党的纪律。坚持纪律面前一律平等，遵守纪律没有特权，执行纪律没有例外，党内绝不允许存在不受纪律约束的特殊组织和特殊党员；全县各级党组织和全体党员必须对党忠诚老实、光明磊落，说老实话、办老实事、做老实人，如实向党反映和报告情况。二要严格党内政治生活。认真贯彻执行《共产党党内监督条例》、《关于新形势下的党内政治生活的若干准则》，坚持民主集中制，发扬党内民主，保障党员权利，完善组织生活制度，用好批评和自我批评武器，不断增强党内政治生活的政治性、时代性、原则性、战斗性，努力形成有集中、有民主、有纪律、有自由的生动政治局面。三是严守“三会一课”制度。要发挥好“三会一课”管理党员、锤炼党性的作用，坚决防止表面化、形式化、娱乐化、庸俗化，领导干部要以普通党员的身份参加所在支部的组织生活，确保全体党员干部能够真正参与进去，加深自身的理论建设，提升自身的素质。

3. 强化“智慧拉孜大党建”品牌建设。要依托“智慧拉孜”这个综合管理服务平台，结合实际，加强调查研究，尽快研究制定实施方案，更加全面和完善“智慧拉孜大党建、智慧拉孜大维稳、智慧拉孜大讲堂”这个党建新品牌，真正把品牌想深、想长远、想出特色，做到内容具体、符合实际。同时，各级党组织要按照“一乡一品，一支部一特色”的工作要求，也明确一个党建特色品牌，努力确保县委、各级党委、各党支部党建工作都有具体抓手，通过品牌建设，不断推进全县基层党建工作大发展。

4. 持续加强党风廉洁建设和反腐败斗争。要把党风廉政建设和反腐败斗争作为长期的重大政治任务，持之以恒、常抓不懈。要落实管党治党责任，严格落实各级党委（党组）的主体责任，党委（党组）书记的第一责任、班子其他成员的“一岗双责”，确保层层传导压力、层层压实责任、层层抓好落实；严格落实各级纪检监察部门的监督责任，执好纪、问好责、把好关，健全纪检体制机制，完善责任考核、责任追究等制度，加强执纪监督，确保党风廉政建设责任制度落实到实处。要认真汲取教训，牢固树立在党风廉洁和反腐败问题上没有任何特殊性的思想，严格执行中央“八项规定”、区党委“约法十章”“九项要求”，严格执行《准则》和《条例》，坚持经常性的警示提醒、监督检查、通报曝光机制，探索监督执纪有效途径，及时发现问题，及时整改报告，以零容忍态度惩治违纪违规问题；要坚定不移从严治党、弛而不息正风肃纪、旗帜鲜明反腐惩恶，积极营造风清气正的政治生态，坚决防止党员干部在党风廉洁建设上栽跟头；要积极用好巡察这把利剑，认真开展去年区党委巡视第三组巡视反馈意见的整改“回头看”工作；县委巡察办要充分发挥职能作用，加大巡察力度，拓宽巡察范围，强化巡察整改，为我县长足发展和长治久安营造良好的政治生态。

5. 不断加强领导班子和人才队伍建设。一是树好选人用人导向。贯彻落实习近平总书记关于“信念坚定、为民服务、勤政务实、敢于担当、清正廉洁”的好干部标准要求和《党政领导干部选拔任用条例》，积极推行“吃苦的人吃香、有为的人有位和能者上平者让庸者下”的选人用人导向。要严格党员发展程序，夯实基层基础，要不断充实基层力量，不断壮大党的队伍，给党的队伍添加新鲜“血液”，注入生机活力、生命力。二是加大干部培训力度。干部教育培训工作要有的放矢增强针对性，教育引导党员干部充分认识创新发展理念的深刻内涵，树立敢为人先、勇于冒尖的创新精神，提高敢于创新、善于创新的能力素质；进一步增强党员干部时不我待的紧迫意识、不进则退的忧患意识，自觉肩负起创新的责任和使命。必须抓住“为官不为”等问题，在强化党员干部担当意识上下功夫，使党员干部以强烈的责任心和使命感，以对人民负责、对组织负责、对事业负责的态度，主动化解发展中的矛盾、解决前进中的问题；主动到改革发展第一线，靠前指挥、真抓实干，真正成为带领群众战风险、渡难关的主心骨。三是抓好村级组织换届。要全面统筹2017年村两委班子换届，要提前谋划好这项工作，特别是涉及村两委班子成员，要提前物色和考察，要将目光聚焦到工作能力优、致富能力强、政治立场坚定和群众威信高的优秀农牧民党员身上，坚决给优秀人才提供舞台，让他们有平台施展才华，带动一方发展。

四、提振精神，鼓足干劲，进一步真抓实干上台阶

蓝图已绘制，贵在抓落实。做好2017年拉孜县各项工作，就是要贯彻落实市委提出的“讲学习，讲忠诚，正风纪，转作风，提效能”的工作要求，确保形成一个思想、一个目标、一个声音、一个步调，以抓铁有痕、踏石留印的狠劲推动县委各项决策部署落地生根。

（一）树立责任意识，增强发展紧迫感。责任

是一种精神，更是一种品格，干事业要有一种崇高的境界，做事情要有一种负责的精神。我们一定要勇于担当、敢于负责，主动作为、服务大局，切实担当起科学发展、富民兴县第一要务，全力实现脱贫攻坚、全面建成小康第一目标。要始终树立履责应该、尽责光荣、失责可耻的思想，把"有责任、敢担当"作为履职标准，自觉做到权为民所用、情为民所系、利为民所谋，确保敢想、敢做、敢当，真正担起经济社会发展的重任。

（二）树立争先意识，振奋精神求创新。只有不断改革创新，才能不断突破困境，闯出发展新路子。要突破管理上的误区，敢于放手发展；要突破条条框框的束缚，敢于求真务实；要突破狭隘的思维方式，敢于开拓创新；要发扬敢为人先的精神，以先行一步的勇气，大胆改革创新，积极探索实践，努力克服各种困难；要善于抓典型、树典型，总结推广经验，培树典型，用典型推动工作，提升工作水平，要注重抓好点上工作，在平凡的工作中挖掘提炼典型，用以引导面上的工作。

（三）树立求真意识，聚精会神抓落实。千条万条，不落实都是白条。对于已经部署好的各项任务，必须不折不扣抓好落实，确保各项政策举措落地生根，不放空炮哑炮。眼下工作千头万绪，任务复杂繁重，必须要沉下身子、深入基层，坚持问题导向，精准把脉、深入分析、透彻研究、周全谋划，推出一批更接地气、针对性强、切实管用的硬招实招。特别是那些推动重大产业、重大项目、稳增长调结构的政策举措，更应紧盯不放，容不得有半点迟疑。抓落实，既要着力解决好当前问题；又要有"功成不必在我"的意识，多做打基础、利长远的工作，不图虚名、不务虚功，不好高骛远、不急功近利；更要发扬钉钉子的精神，心无旁骛、专心干事，"快"字当头，"严"字为要，精准发力、高效推进，确保各项工作抓紧、抓实、抓细、抓出成效。

同志们！千淘万漉虽辛苦，吹尽黄沙始到金。让我们更加紧密地团结在以习近平同志为核心的党中央周围，始终坚定地维护以习近平同志为核心的党中央权威，在区党委政府和市委市政府的坚强领导下，坚定信心、下定决心，提振精神、积极作为，攻坚克难、拼搏奋进，扎实推进拉孜改革发展稳定等各项事业再上新台阶，为全面建成日喀则"西部中心"、如期建成小康社会而努力奋斗，以优异成绩迎接党的十九大胜利召开。

政府工作报告

——拉孜县第十三届人民代表大会第三次会议

拉孜县人民政府县长 巴桑旺堆

（2017 年 12 月 20 日）

2017 年工作回顾

2017 年，是中国发展史上具有里程碑意义的一年。10 月闭幕的党的十九大，确立了习近平新时代中国特色社会主义思想的历史地位，提出了新时代坚持和发展中国特色社会主义的基本方略，确定了决胜全面小康社会、开启全面建设社会主义现代化国家新征程的目标，对新时代推进中国特色社会主义伟大事业和党的建设新的伟大工程做出了全面部署，具有重要意义。县政府在县委的坚强领导下，在县人大、政协的监督支持下，以迎接服务、学习宣传、贯彻落实党的十九大精神为主线，以建设“日喀则西部中心”和实现“撤县设市”为目标，紧紧围绕市委“6677”总体工作思路和县委“12341”县域发展思路，务实苦干，凝心聚力，攻坚克难，圆满完成了县十三届人大二次会议确定的各项目标任务，全县经济社会继续呈现较好的发展势头。2017 年，全县生产总值达到 9.8 亿元，同比增长 10.2%；地方财政一般预算收入 4877 万元，同比增长 45.7%；完成税收收入 1600 万元；公共财政累计支出 10.56 亿元，同比增长 39%；投入民生资金 2.76 亿元，同比增长 5%。完成存款 16.45 亿元；发放贷款 9.96 亿元，其中农户小额贷款 4.84 亿元。实现社会消费品零售总额 2.41 亿元，同比增长 23%；农牧民人均可支配收入 9558.11 元，同比增长 17.5%；完成社会固定资产投资 14.24 亿元。推进产业调整，经济结构不断优化，三次产业比例由 29:26:45 调整为 26:28:46，其中三产提高 1 个百分点，产业结构更加科学合理。

——“三农”工作稳步推动，农村经济持续增长。认真落实各项惠民政策，重点实施万亩油菜、万亩蔬菜、万只藏鸡和青稞增产行动，农牧业生产能力不断提高，农村经济持续发展，农牧民收入稳步增加。今年全县农村经济总收入实现7.2亿元,粮油产量9508.8万斤,较去年增产829万斤;蔬菜产量6504.5万斤,较去年增产884万斤,粮经饲种植比例由63.3:29.6:7.1调整为67.1:29.4:3.5。完成基本农田红线划定工作,实施耕地补充2300亩。实施农业项目12个,完成投资2230万元。青稞增产行动圆满完成,实现青稞亩产增收51斤,顺利通过区市两级验收。培育扶持农业龙头企业,大力推广油菜种植,实施补贴收购,帮助群众增收致富,引导农业"接二连三"发展。开展农业提质增效试点研究,利用现有资源对旧温室进行升级改造,促使资源效益利用最大化;"萨福克羊与河谷型羊杂交组合"研究获得成功,进入成果推广阶段。加大良种推广和青稞种子田建设,推广种植"喜马拉雅22号"5.5万亩、"藏青2000"1.8万亩,落实青稞种子田1.1万亩。足额兑现惠农资金,落实粮食直补、农机购置补贴、草原生态保护补助等惠农资金2046.81万元,为全县农牧民办理惠农补贴"一卡通"。畜牧业平稳发展,新生仔畜7.3万头,成活率94.3%,成畜死亡率控制在1.4%以内,制定出台岗巴羊和霍尔巴羊养殖推广方案,引进优质白绒山羊301只,对山羊品种进行改良。积极做好防抗灾工作,投入资金110万元用于防抗灾物资储备和应急项目建设。科技助农成效明显,开展科技培训12场次、受益人数1.4万人,完成全县196名科技特派员资格评定审核,科技助农贡献率逐年递增。农村宅基地颁证和农村土地确权工作有效推进,成立不动产登记中心,完成农村宅基地颁证8535户,完成农村土地承包地块调查21.02万亩,外业完成率100%。农牧业传统优势持续增强。

——"推二攻三"成效初现,产业要素齐聚完善。始终把强化自我发展能力、增强造血功能作为经济建设的首要任务,充分运用招商引资手段,不断培育完善产业发展要素,增强区域辐射带动能力。二产提质增效,完成"十三五"规划中期调整。扶贫产业园筑巢引凤平台效益凸显,成功入驻羊毛清洗厂、青稞加工厂、锡钦羊毛加工厂、油菜加工厂和物流货运公司等5家企业。中广核和拉孜百科20兆瓦光伏项目并网发电。完成锡钦乡朵玛湿地矿泉水质检测。成功注册拉孜藏鸡蛋、拉孜青稞、拉孜油菜、拉孜扎念琴四个地理标志,有效保护地域特色产品。三产蓬勃发展,"318"旅游精品线和雅江自然风光旅游观光带已初具成型,全年接待旅游12万人次,同比增长5.7%;实现旅游收入1851.65万元,同比增长13.8%。旅游景点开发有序推进,完成平措林寺和曲德寺3A级景区国家网上申报工作。以文促旅优势明显,成功举办拉孜首届中国堆谐之乡文化旅游节暨雅江骑行活动,多支专业骑行队伍参赛,旅游卫视等多家电视媒体全程跟踪报道,制作拉孜县歌《堆谐的故乡》,投资70万元制作《文明中华行》专题宣传片,中国堆谐之乡的知名度进一步提升。打造锡钦温泉小镇,完成锡钦藏药温泉康复中心规划编制。启动孜龙村门户形象打造,印度官方香客接待中心项目主体工程竣工,完成上海大酒店升级改造,商业连锁酒店宜必思、西岸咖啡、互惠互利超市等投入使用,赤玛勒旅游观光园区实现运营,拉孜旅游接待氛围和接待能力持续增强。招商引资成绩斐然,今年成功引进企业13家,签约意向项目14个,协议资金55.74亿元,到位资金4.37亿元,完成招商指标任务194.15%。完成互惠互利二期西美时代天街项目征地拆迁工作。商贸流通业快速发展,完成电子商务进农村申报工作,全县市场主体发展到2336户,注册资金15.17亿元。日喀则市第七届后藏物资交流会拉孜交易会圆满成功,交易额1969.44万元,再创历史新高。日喀则西部商旅核心地位日益凸显。

——基础设施不断完善,发展后劲不断增强。紧紧抓住西藏基础设施投资黄金期和国家新型城镇化试点战略机遇期,加强项目推进力度,不断夯实发展基础,增强发展后劲。向规划要效益、以规划带产能,投资648.48万元委托中国建筑科学研究院进行县城规划修编和国家第三批新型城镇化试点方案编制。交通建设进入快车道,2017年共实施交通项目22个,投资金额7.16亿元,完成投资7894.14万元,新建公路通车里程206.2公里。协助做好日吉高速、拉孜至老仲巴G4218高速公路前期设计工作,配合开展日吉铁路拉孜段规划工作,动工实施G318线至宁日村、热玛村公路;G349线至萨龙村、孜果村和新苏村公路；昂仁县至彭措林乡公路，全县公路通畅率继续保持全市前列，“日喀则西部中心”地位进一步坐稳坐实。水利设施有序推进，实施水利项目15个，完成投资0.75亿元，改善灌溉面积0.85万亩，治理河道14.2公里。完成水利概算批复前期项目28个，投资金额5.14亿元。桑德水利和仁多水库重点项目有序推进。落实“河长制”，实施河道疏浚方案，有效处置拉孜镇雅江民坝险情。强化县城宜居和珠峰前站功能城市建设，日喀则副中心城市初具成型。上海广场喷泉亮化项目竣工使用，县城景观雕塑树立展现，城市亮化美化提升工程成效明显，新城区四季绿化工程有序实施，启动县城周边湿地规划设计，投资2.35亿元实施县城新城区基础设施建设项目，互惠互利超市、西岸咖啡、宜必思酒店城市综合体实现双赢，城市“人气磁场”效益凸显，核心带动能力增强。电力保障水平显著提升，争取农网改造资金2亿元，解决7个乡镇274户用电难问题，全县通电覆盖率达99%。

——全力推进脱贫攻坚，决战决胜小康社会。全面建成小康社会是以习近平同志为核心的党中央向全世界做出的庄严承诺，是一场输不起的战斗。严格落实自治区深度贫困地区脱贫攻坚会议精神，圆满完成脱贫757户2926人的阶段性目标，完成率100%。落实脱贫攻坚责任，严格执行县级领导抓扶贫专职专业制度。制定发放“一证两卡三图四手册”。进行扶贫动态调整，建立能进能退的动态管理机制，将我县建档立卡贫困户3843户15378人调整为3778户15515人。产业扶贫是脱贫攻坚的压舱石、定海针，今年我县开工实施扶贫产业项目7个，投资金额2.3亿元，带动脱贫1991人，藏鸡孵化中心动工实施，藏鸡扶贫产业覆盖全县11个乡镇，带动贫困户220户900人。积极申请深度贫困地区扶持项目6个，投资2.28亿元。制定“十项提升”工程项目方案，投资6.8亿元。狠抓扶贫易地搬迁，圆满完成2016年易地搬迁任务，入住率达100%；投入1.9亿元实施西嘎、县城、农牧区三大集中安置工程，完成今年易地搬迁任务的70%。大力实施教育扶贫政策，及时兑现区外建档立卡贫困户大学生扶持资金63.9万元，如期兑现2016至2017学年建档立卡贫困学生免费教育补贴资金126.82万元。设立200万元教育扶持资金。发放定向资金554.3万元，实现兜底7038人。发放生态补偿资金3736万元，实现生态就业9120人。“百企帮百村”成效突出，工商联企业投入帮扶资金114.3万元，提供就业岗位203个，县工商联荣获“全国五好县级工商联”荣誉称号。多项举措兜底，完成转移就业脱贫278人、医疗救助脱贫15人、社保兜底39人、教育脱贫70人、易地搬迁640人、生态补偿脱贫2926人。脱贫任务的圆满完成，为2019年如期实现脱贫摘帽增添了底气、减轻了压力。

——生态建设深入推进，打造美丽宜居拉孜。生态建设关系人民福祉，关系民族未来。按照建设美丽西藏工作思路，制定出台《拉孜县关于建设美丽西藏实施意见》，投资58万元对拉孜镇湿地进行保护。圆满完成中央环保督察工作，投资270万元对反馈问题进行彻底整改，并已通过中央环保督察组审核验收。严肃环保法纪，集中关闭采石采砂场26家、水泥制品厂3家、商混站1家。开展专项禁白行动，督促金兰、上海大酒店等大型餐饮行业安装油烟净化装置。对全县废物进行无公害处理。推进保护与发展相协调，根据县城修编规划和我县中长期发展需求，积极与上级部门协调，配合做好黑颈鹤保护区调整工作。不断加强生态村创建工作，将全县98个行政村纳入生态村创建范围，现已获批区级生态村3个。环保设施日益完备，投资150万元对15个农村饮用水水源地进行保护，投资98万元对垃圾填埋场进行整改，投资100万元为318国道沿线乡镇配备垃圾清运车辆。加大环境监测力度，组织开展全县水质和空气质量监测工作，全县水质标准达到三级以上，空气标准达到二级以上，均符合国家标准。配合开展绿盾行动，大力实施绿化工程，开展植树造林7977亩，其中组织党员干部及群众义务植树2000亩。全县生态文明建设迈上新台阶。

——社会事业全面进步，经济社会统筹发展。民生关系民心，民心就是政治。大力发展教育事业，巩固均衡教育成果，大力发展素质教育，实施教育项目 17 个，投资金额 3962 万元，同比增长 95.4%，投资 160 万元为锡钦、查务、热萨、拉孜镇等 4 所乡镇小学实施阳光棚“暖心工程”。教育普及水平不断提高，城镇学前三年教育入园率 90% 以上；乡镇学前两年教育入园率 80% 以上；小学适龄入学率、巩固率和学业完成率均为 100%；初中适龄入学率、巩固率和学业完成率均为 99% 以上。办学质量持续提升，高考文科、理科上线率均创历史新高；中考成绩全市排名第 7；小学内地西藏班上线 12 人。提倡尊师重教，对 66 个先进集体和 425 个优秀个人进行表彰奖励，奖励资金达 150 万元。医疗保障水平不断提高，“二甲”医院创建工作全面启动。依托组团式医疗援藏优势，建立“双向”人才培养渠道，累计培训 775 人次。完成包虫病筛查 5.21 万人，筛查率 94.8%，确诊病患 185 人，救治 18 人。落实全民健康行动，完成农牧民健康体检 4.83 万人，体检率 82%，僧尼健康体检 507 人，体检率 100%。深入开展疾病预防工作，儿童基础免疫接种率 95% 以上，新入托、入学儿童接种率 100%。藏医药事业快速发展，投资 100 万元改建藏医楼，增设外治科、针灸科和药浴科，乡镇藏医药普及率 90%。医疗参保率逐年提高，实现农村合作医疗参保率 99.58%，全民参保率 96%。文化事业不断繁荣，西藏老阿妈民族手工业公司、彭措林乡六弦琴民族手工业合作社、柳乡孜龙董厦藏刀加工店被列入市级第一批文化产业示范基地。深入挖掘非物质文化，10 名非遗传承人、2 个传承项目列入县级非遗传承人和传承名录。加大文物保护力度，3 座寺庙列入区级文物保护单位，16 座寺庙列入县级文物保护单位，对县境 3100 处散落石刻文物进行抢救性保护。加大广电扶持力度，投资 200 万元建成无线机房。社会保障能力不断增强，车辆检测管理所挂牌营业，成立大学生创业示范基地，设立 200 万创业扶持资金，举办拉孜县 2017 年高校毕业生专场招聘会，城镇失业率控制在 2% 以内。劳务输出有序开展，投入 337.8 万元开展汽车驾驶、民族手工业等就业技能培训，培训人数 870 人，实现劳务输出 1.6 万人，创收 1.3 亿元。兑现五保供养资金 40.3 万元，兑现城乡低保资金 1296.57 万元。食药、编译等其他事业协调发展，社会公平体系进一步完善。

*——发挥援藏政策优势，切实增强内生动力。*以“输血”促“造血”，积极发挥援藏人才、资金和技术优势。实施的拉孜全民健身广场援藏项目已竣工使用；投资的藏鸡养殖孵化中心、西部农业科技示范园区、“智慧拉孜”二期项目开工建设；计划投资的柳乡西嘎村幼儿园及西嘎村整体搬迁配套设施建设项目正有序推进。捐赠价值 329 万元的新闻采编设备，投资 40 万用于演播室装修，有效改善了拉孜文化广播设备老旧问题。

*——全面依法依规施政，社会持续和谐稳定。*维权是维稳的基础，维稳实质就是维权。深入开展矛盾纠纷大排查大化解工作，调处化解矛盾纠纷 46 件，全年受理信访案件 30 件，办结 30 件，办结率 100%，我县荣获全国信访“三无县”荣誉称号。聘请政府法律顾问，提升政府法治化水平。实施政府机构改革，成立审计局和统计局，组建投资公司和堆谐文化旅游公司，政府权责更加明确，政府和市场关系定位更加符合法定要求。加强党风廉洁建设，认真落实中央八项规定，严格执行自治区“约法十章”“九项要求”，全年查处违法违规案件 18 件，其中给予“双开”1 人，党内严重警告、行政记大过 1 人，党内警告 1 人，行政警告 1 人。继续开展社会主义核心价值观宣传教育，狠抓“七五”普法计划落实，增强公民对党、国家和中华民族的认同感，评选 10 个民族团结模范集体、18 人被区市县评为民族团结模范代表。切实做好民族宗教工作，继续开展和谐模范寺庙暨先进僧尼表彰活动，积极引导宗教与社会主义社会相适应，今年本级财政投入 191.81 万元解决了寺庙危房改造和僧尼生活问题，探索制定四省藏区学经返回人员重返社会鼓励政策，依法加强和创新寺庙管理，始终牢牢牵住维稳“牛鼻子”。强化安全生产，对道路交通、建筑施工等重点领域排查治理，落实安全生产机制体制改革，建立安全生产事故应急指挥平台，顺利通过国家安全生产大检查。

各位代表！今年我县经济社会发展取得了可喜成绩，全县呈现出经济发展、民族团结、社会和谐的良好局面，这是自治区党委、政府和市委、市政府以及县委坚强领导的结果，是上海市杨浦区无私援助的结果，是全县各族干部职工和人民群众团结奋斗的结果。在此，我谨代表县人民政府，向付出辛勤劳动的全县各族干部群众，向给予政府工作支持和监督的全体人大代表和政协委员，向无私援助的上海市杨浦区干部群众，向驻军部队、武警官兵和政法干警以及所有关心、支持拉孜发展的社会各界人士表示衷心的感谢和崇高的敬意！

在肯定成绩的同时，我们也要清醒地认识到自身存在的一些问题。一是思想不够解放。思想观念转变更新滞后，思维、眼界不够开阔，抓工作思路不宽、方法不多。二是财源基础薄弱。经济发展后劲和支撑能力不足，经济增长方式单一，产业层次偏低，质量和效益不高。建设项目多，注册成立公司少，缺乏支撑性、稳定性财源税源。三是基础设施配套不足。乡村道路建设质量不高，偏远村通畅任务艰巨，农村集中供水能力偏低，农田灌溉设施建设不足，村级组织活动场所标准化建设比例偏低，公共服务设施建设任重道远。四是项目推进缓慢。个别项目单位工作缺乏主动意识，被动地等通知等资金，项目前期手续办理的多、主动对接跟进的少，项目概批率不高，尤其是强基础、谋长远的重大项目严重不足、严重滞后。五是脱贫摘帽任务繁重。目前全县仍有 77 个贫困村，3206 户 13147 人未达到脱贫摘帽标准，贫困发生率仍高达 22%，贫困人口多、贫困面广、贫困程度深、脱贫难度大，是摆在全县面前的现实难题。六是政府自身建设有待加强。部分干部职工履职水平不高，存在能力不足不会为、动力不足不想为、担当不足不敢为的现象，一些领域的不正之风和腐败问题依然存在。面对以上问题，我们一定要直面挑战，敢于担当，全力以赴做好 2018 年政府工作。

2018 年工作安排

2018 年是全面贯彻落实党的十九大战略部署的开启之年，是撤县设市工作全面启动之年，是如期实现脱贫摘帽的决战之年，是加快推进新型城镇化的重要一年。今年工作的总体思路是：以马克思列宁主义、毛泽东思想、邓小平理论、“三个代表”重要思想、科学发展观、习近平新时代中国特色社会主义思想为指导，围绕学习宣传贯彻党的十九大精神主线，贯彻落实党的十九届一中全会、自治区九届三次全会和市委一届八次全会精神，贯彻落实习近平总书记治边稳藏重要战略思想，统筹推进“五位一体”总体布局，协调推进“四个全面”战略布局，贯彻落实市委“6677”总体工作思路和县委“12341”县域发展思路，紧紧围绕“日喀则西部中心”建设，坚持稳中求进的总基调，坚持始终把群众对美好生活的向往作为政府工作最大的目标、最大的使命、最大的责任，始终突出发展第一要务、稳定第一责任，坚持改进作风制度化，督查巡察常态化，做到发展不停滞、维稳不懈怠，确保实现拉孜各项事业长足发展和长治久安。

2018 年全县经济社会发展的主要目标是：确保全县生产总值实现同比增长 12%，地方一般公共预算收入增长 25%，全社会固定资产投资增长 35%，社会消费品零售总额增长 19%，城镇居民及农牧民人均可支配收入分别增长 13%、20%，城镇登记失业率控制在 2.5% 以内，安全生产事故死亡人数控制在指标以内，经营性安全生产事故“零”发生，无群体性事件发生。

——科学谋划主动对接，推动产业提质增效。继续推进产业调整，发挥科技支撑作用，让农业成为有奔头的产业。全力推进拉孜蔬菜园区建设，为打造西部蔬菜集散中心开好头、起好步。继续发展传统农业优势，扬长成势，围绕青稞、油菜、马铃薯、蔬菜、藜米、西瓜、苗圃、牧草等，发展多种经营，开展特色农产品品牌培育，力争明年形成 2 个以上市场竞争力强、知名度高的品牌。培育农业龙头企业，依靠油菜、蔬菜和瓜果等优势种植业，培育青稞加工厂、菜籽油加工厂等农业龙头企业，力争明年拿出一批市场叫得响、群众口碑好、符合多种人群消费的热销产品，促使农业企业做大做强。加大油菜产业投入力度，推广集中连片单播种植，做大油菜产业文章，让油菜产业成为农业经济新增点。继续做好畜牧业生产工作，加强重大动物疫病防控，严格落实草原生态保护补助奖励机制，确保畜牧业健康平稳有序发展。继续推进农村土地承包经营权确权登记颁证工作，力争“一次性”通过区市两级验收。大力发展第二产业，着重扶持谢玛氆氇、羊毛加工厂和清洁能源产业，运用好招商引资、扶贫产业、政策扶持等手段，发挥土地资源优势，不断吸引企业齐聚，促使企业形成规模、形成产业、形成亮点。强势推进第三产业，力争将第三产业培育成为我县的支柱产业和财源产业。利用城投公司融资平台，探索建立房地产开发行业，提高土地资源利用率和回报率。进行优质天然饮用水资源开发，推进资源变资产，力争将我县天然饮用水水源地变成财源地。加快西部物流仓储园建设项目前期进度，搭建符合我县地位的物流仓储辐射平台。强化锡钦温泉小镇打造，动工实施锡钦温泉项目。加快赤玛勒旅游观光园区二期工程进度，继续举办好拉孜第二届中国堆谐之乡文化旅游节暨雅江骑行活动。

——全面加快基础建设，持续完善发展条件。加快对外通道建设，提升交通服务经济发展能力。配合做好拉柳公路升级、G349国道改造、日吉高速勘察设计、G4218拉孜县至老仲巴县高等级公路前期协调工作，继续推进日吉铁路拉孜段前期工作，尽早实现拉孜高速梦和铁路梦。不断完善内部交通服务系统，做好19个2018—2025年储备库计划项目前置手续办理，争取年内实施11个行政村通畅、97个自然村通达项目，开展“四好农村公路”示范县创建工作。大力实施水利基础设施建设，加快推进桑德水利枢纽和仁多水库项目前期工作，积极争取“十三五”农村饮水巩固提升工程、雅江应急除险加固工程、拉达尔灌区等7个贷款项目，力争开工实施萨迦冲曲治理工程、孜龙水库、芒嘎河生态治理项目。继续实施雅江河道疏浚，降低水灾隐患。完善基础配套设施，积极推进三年滚动计划、西部实训基地建设、学校示范供暖等项目前期工作，开工实施堆谐旅游文化广场项目。全县电力实现全覆盖，消除无电户。

——攻坚克难多措并举，强势推进新型城镇化。立足县城发展，聚焦日喀则副中心功能定位，加强规划引领，强化基础建设，全面推进新型城镇化试点建设，启动撤县设市工作。坚持规划先行，多规合一，通盘考虑县城各类发展规划编制，建立统一的发展目标和空间蓝图，完成新型城镇化方案和县城总规修编。打造“高原宜居城市”，按照“水在城中、城在水中”的城市生态空间布局，利用仁多水库，积极谋划自然山体风貌和人工水系景观为一体的水体公园建设。坚持保护与开发并重，推进湿地公园建设，美化优化县城生态环境。进一步改善城市形象，加大老城区、棚户区改造力度，实施县城建筑道路亮化美化工程，打造城市亮丽夜景。不断推进城市综合体建设，开工建设西美天街项目，提升城市品位。进一步增强县城的集聚力和带动力，积极引进西藏银行、中行等金融服务机构，拉动县城经济更快发展。积极筹备撤县设市工作，利用国家第三批新型城镇化试点县、深度贫困县等政策机遇，加强沟通协调，争取上级支持，尽快成立撤县设市工作专班，制定切实可行的工作方案，倒计时推进，切实将任务措施明确到岗、细化到人、落实到位，力争两年实现撤县设市目标。

——强化措施补齐短板，奋力冲刺脱贫攻坚。以产业带动脱贫为重点，统筹推进易地搬迁、教育、医疗、就业、帮扶、社保兜底等脱贫措施，确保3920人脱贫致富。有序推进易地搬迁顺利收尾，加快易地搬迁未竣工项目和已竣工项目配套设施建设进度，确保搬迁群众如期入住。发挥产业项目脱贫带动作用，按照贫困群众就近就便、不离土不离乡、能干会干的原则，鼓励支持创办村级集体经济，逐步组建村级合作组织，大力发展具有带动性强的产业项目，加快形成“一村一社、一户一业”的产业脱贫格局。结合“十三五”产业发展规划和深度贫困地区产业发展规划，积极推进藏鸡孵化基地、技能培训中心、万亩青稞种植示范基地、西部建材城、西部车辆检测中心、西部驾校等项目建设。全面补齐贫困地区基础设施建设短板，年内实施完成水电路讯网、科教文卫保“十项提升”工程。注重扶贫同扶志、扶智相结合，对教育阶段学生、毕业生、“两后生”全面落实教育脱贫政策。结合实际制定贫困患者分类救治制度，切实解决因病致贫问题。严格落实干部职工“54321”帮扶举措，细化干部职工结对帮扶工作制度。继续加强企业帮扶促脱贫工作，开展“百企帮百村”活动。加大贫困群众技能培训力度，实现1600人的转移就业。充分发挥民政托底保障作用，逐步提高城乡低保标准，实现扶贫标准与低保标准“两线合一”。

——完善政策优化服务，增强公共服务能力。坚持教育优先发展，扩大均衡教育成果，全面深化素质教育，确保2018年顺利通过评估验收。开展“教师作风专项整治年”行动，探索建立科学合理的教育教学评价机制，全面提升师德师风水平和业务素质能力，力争实现五个100%教育目标。提高教育普及水平，严格落实15年免费教育政策，提高学前阶段、义务教育阶段、高中阶段毛入学率和义务教育阶段入学巩固率，完成特殊教育和职业教育年度任务。加大教师奖励和贫困大学生资助力度，制定公平合理的教师奖励制度和切实可行的贫困大学生资助办法。改善办学条件，积极推进县城第二幼儿园、县城第二完小项目前期工作，统筹推进新增村级幼儿园建设，完善学校附属设施、薄弱学校功能房建设，实施“智慧校园”工程。加强基层医疗卫生服务体系和医生队伍建设，稳步推进医疗卫生各项事业健康发展。继续开展好组团式医疗援藏工作，提升医院管理、诊疗服务水平。逐步完善激励奖励机制，建立公平合理的乡镇卫生专业技术人员生活补助和收入分配制度。开工建设西部医疗基地，加快推进“二甲”医院创建工作，争取年内顺利通过评审。继续加强包虫病防治工作，有效阻断包虫病传染源，全力做好流浪狗收容中心规范化建设。完善公共文化服务体系，推动文化事业创新发展。加强文化设施管理，制定完善堆谐文化中心、乡镇文化站、“农家书屋”和“寺庙书屋”等管理制度。大力发展文化产业，促进西藏堆谐之乡文化旅游公司规范化运营，继续发挥“拉孜堆谐”“拉孜藏刀”等艺术品牌效益。加大非遗保护和传承力度，制定合理的民间藏戏保护措施。强化社会保障，继续做好农村危房改造，完成2016年公租房附属工程建设，2017年周转房投入使用。统筹城乡社会救助体系，逐步拓宽救助范围，做好城乡困难群体重大疾病医疗救助，促进医疗救助与基本医疗保险制度有效衔接。扎实推进社会福利事业，加大流浪乞讨人员管理，关心关爱农村留守儿童，解决福利机构和特困群体实际困难。全面落实就业优先战略和创业扶持政策，有效推进“双创”工作暨大学生（中职生）就业动态清零工作。全面推进人力资源社会保障系统基层平台化建设，尽快发挥平台服务管理作用。

——严守底线统筹兼顾，加强生态文明建设。坚持在开发中保护，在保护中开发，加快黑颈鹤保护区调整，合法合理划定生态保护红线。加强生态环保建设，继续开展拉萨周边防护林工程、防沙治沙工程和绿盾行动，实施两江四河造林绿化工程，推进雅江生态经济长廊建设，着力打造绿水青山。扎实开展集体林权制度改革，全面完成“五消除”任务。加强城乡环境综合整治，做好垃圾规范化、无害化处理，加强饮用水水源地保护，加大生态村创建力度，进一步改善人居环境。强化污染防治，严格执行排污许可和排污收费制度，继续推行“河长制”，突出抓好河道清淤，促进雅鲁藏布江、多雄藏布江等水生态环境进一步改善。坚持全面从严执法，严惩环境违法行为，切实保护好拉孜的一草一木、山山水水。

加强政府自身建设

中国特色社会主义进入新时代，我们要更加坚定地坚持党对一切工作的领导，以学习宣传贯彻党的十九大为契机，严格贯彻落实习近平总书记“严以用权的十个要求”，不断加快政府职能转变，提高行政效能，更好地为人民服务，对人民负责，受人民监督，全力打造人民满意政府。

——坚持把执政为民作为政府工作的第一追求。扎实开展“不忘初心、牢记使命”专题学习活动，始终牢记全心全意为人民服务宗旨，经常深入基层一线走访调研，帮助群众办实事、解难事。进一步推进“简政放权、放管结合、优化服务”，不断扩大简政放权力度和广度，全力做好项目审批权限下放承接工作，全面加强事中事后监管，确保下放的权力接得住、用得好。稳步实施事业单位分类改革，加大政府购买服务力度，使公共服务资源向全县群众开放、共享、透明，促使公共服务资源得到最大最优化的利用。

——坚持把依法行政作为政府工作的第一准则。坚持党的领导，增强法治思维，严格按照法定权限和程序履行职责，切实做到法定职责必须为、法无授权不可为。严格落实县委“五项制度”，全面推进政府工作规范化、程序化、法治化。完善科学决策程序，建立行政机关内部重大决策合法性审查机制，实现法治科学民主决策。自觉接受人大法律监督，自觉接受政协民主监督，及时办理人大代表意见建议和政协委员提案，不断提高政府的执行力。

——坚持把履职尽责作为政府工作的第一要求。切实增强责任心和进取心，坚决克服不想为的思想惰性，坚决补齐不能为的能力短板，坚决消除不敢为的畏难情绪。严格执行工作责任制，把抓落实放在更突出的位置，特别是对重点任务，要压实各方责任、层层传导压力，确保各项工作不折不扣落到实处。强化督查问责，坚决纠正不正之风，严厉整肃“庸懒散”行为，坚决遏制“门好进、脸好看、事难办”现象，在全县营造实干争先的良好氛围。

——坚持把廉洁建设作为政府工作的第一保障。坚定理想信念，严明政治纪律，严守政治规矩。深入贯彻落实“两条例”“一准则”，全面执行中央“八项规定”、自治区“约法十章”“九项要求”，坚决防止“四风”反弹。持续深化党建及党风廉洁建设，推进监察机制体制改革，继续开展巡察工作，实现巡察全覆盖，严肃查处违纪违法案件和失职渎职行为，以干部清正、政府清廉、政治清明取信于民。

各位代表！新时代赋予我们新使命，新征程呼唤我们新作为。让我们更加紧密地团结在以习近平同志为核心的党中央周围，在县委的坚强领导下，在县人大、政协的有力监督下，坚定信念，奋发图强，排除万难，为圆满完成2018年各项目标任务，实现全县经济社会又好又快发展，决胜全面建成小康社会，建设和谐美丽拉孜而不懈奋斗。

概 览

【概况】 拉孜藏语意为“神仙居住的地方”或“光明最先照耀之金顶”，位于西藏自治区南部，雅鲁藏布江中上游，念青唐古拉山西部，距日喀则市区150公里。全县辖9个乡2个镇，98个行政村，总人口6.07万人，国土面积4505平方公里，平均海拔4050米。同时拉孜县是自治区和日喀则市“十三五”时期撤县设市重点对象之一，2016年被国家列入第三批新型城镇化试点对象，特别是在一届日喀则第五次、第七次、第八次全会提出的“一点两翼多点”的城市发展格局中，明确拉孜县“西部中心”的战略定位，为拉孜县在日喀则西部九县中发挥重要作用奠定坚实基础。

【地理位置】 拉孜县位于西藏自治区西南部，念青唐古拉山最西部，东连萨迦县，西南接定日县，西靠昂仁县，北邻谢通门县；地处北纬28° 47′ ~29° 37′，东经87° 24′ ~88° 21′之间。全县平均海拔4050米，东西长约69公里，南北宽约98公里。拉孜县人民政府驻地曲下镇，海拔4010米，东距日喀则市150公里，至拉萨430公里，西南距樟木口岸370公里。拉孜县地势开阔，交通便利，是通往日喀则市西部九县必经之要道，国道318线即中尼（中国～尼泊尔）公路贯穿拉孜县南部，国道219线即拉叶（拉孜—新疆叶城）公路由县辖查务乡驻地查务村起始，与318国道在县城以西查务乡查务村相交。

【气候特征】 受高原奇特多样的地形、地貌和高海拔空气环流等诸多因素的影响，拉孜县气候复杂多变，具体表现为日照时间长、气温较低，日温差大、雨水集中、干湿明显、冬春季节少雨雪多大风。每年气候可分为冬半年、夏半年，冬不太冷，夏不太热，日变化大，年变化小，春秋季气温升降缓慢，雨热同季，燥旱同季。拉孜县位于沿江河谷西段，盛行南风，频率为16%，年平均风速为2.6米/秒。年平均气温为6.6℃，极端最高气温为28.7℃（日喀则地区最高），最低气温为-19.1℃，年平均无霜期为159天左右。年降水量297.6毫米，降水集中在6—9月，平均降水量281.6毫米，占全年的94.6%；年平均降雪只有10毫米，年平均降雪日数为15.9天，年平均积雪日数为1.9天（日喀则市最短），平均相对湿度为34%（日喀则市最小）。

【水文状况】 拉孜县属雅鲁藏布江流域，水系纵横，有“两江三河”，即雅鲁藏布江、多雄藏布江、萨迦河、芒嘎河和热萨河，全县有大小河道155条，总长约4586公里。境内有大小湖泊9处，其中拉轨山娘顶湖面积最大，水域面积达2平方公里，全县江、河年总径流约97.5亿立方米，水能蕴藏总量约20万千瓦。

【自然资源】 拉孜县土地辽阔，国土面积4505平方公里，可利用草场面积501.99万亩，耕地总面积12.86万亩。拉孜县常见的植物主要有沙生槐、小角柱花、沙棘、固沙草、水柏枝、锦鸡儿、绢毛蔷薇、芒草、蒿草等。拉孜县主要药用植物资源有棱砂贝母、大黄、雪莲、蒲公英、半夏、小檗、刺参、麻黄、夏枯草、独一味、藏黄芪、黄精、天南星、雪灵芝等100余种藏医药用植物及多种汉医草药植物。造林树种主要有杨树、柳树、榆树等。已记录拉孜县境内有高等植物58科166属304种。其中苔藓植物6科11属22种，蕨类植物4科5属5种，裸子植物2科2属3种，被子植物46科150属274种。拉孜县成矿地质条件较好，蕴藏金、银、铅、锌、铁、铬、铜等多种矿产，但截至2000年，拉孜县境内矿产资源调查程度较低。

【人文资源】 拉孜县历史悠久，文化底蕴丰厚，文物遗址甚多，境内大大小小的寺庙多达30余座，其中最早的寺庙——江玛寺，可追溯到647年，拉孜曲德寺、平措林寺是历任班禅的行宫。拉孜县境内有古遗址14处，古墓葬6处，古塔、古建筑3处。寺庙及古塔、古建筑内藏有大量的金、铜质地佛像及古法器、唐卡和般若经八千颂等各种古经书和文学类、医学类古书籍，古建筑内有些壁画至今保存完好。经普查，拉孜县有拉孜堆谐、藏刀、六弦琴、藏靴、陶器、传统藏医等6个非物质文化遗产项目。此外，拉孜县还有一些富有民族性、艺术性生活手工艺品。淳朴勤劳的拉孜人民在生产生活实践过程中创造出内容丰富形式多样的艺术活动，有民间故事、民间歌舞、民间谚语、民间体育及许多歌颂劳动赞美爱情的优秀民歌等。每逢重大节日或庆典之际，拉孜人民穿起艳丽的服装或登台表演或就地起舞，其乐融融，尽情展现拉孜人民对生活的热爱、对美的追求。

【行政区划】 拉孜县辖2个镇9个乡，即曲下镇、拉孜镇、锡钦乡、热萨乡、柳乡、扎西岗乡、彭措林乡、扎西宗乡、曲玛乡、查务乡、芒普乡，98个行政村。

【特色产业】 拉孜县积极突出特色产业优势，抓好有机种养加业，依托11个乡镇养鸡合作社把藏鸡养殖打造成脱贫产业，依托“万亩油菜基地”把小油菜打造成品牌产业，谋划和引进适合拉孜的、有潜力的、有市场的有机种养加业；成立拉孜县民族手工业协会，把谢玛氆氇、羊毛加工、藏靴、藏刀、六弦琴等民族手工业统筹整合起来，实现抱团经营、规模经营，拓宽群众的致富渠道；借助上海杨浦区“百年大学”优势平台，把扶贫产业园区打造成有规模、有技术、有亮点的优势园区。

（王　康）

大事记

1月

5日 拉孜县组织召开县委领导班子2016年度民主生活会。昂仁县纪委书记屈小刚参加会议，并对拉孜县委领导班子民主生活会进行指导和监督。会议由县委书记陈钢主持，在岗县委班子成员、部分"两代表一委员"及基层党员群众代表参加会议。

9日 由拉孜县安监局、公安局、消防大队组成检查小组对万家福超市、百姓超市烟花爆竹零售店进行隐患排查。经检查2家烟花爆竹仓库点均按照上级相关单位要求落实，未发现安全隐患。

10日 拉孜县委举行迎新春慰问老干部座谈会，机关企事业单位退休老同志共计90余人参加此次会议，会议希望老干部继续围绕县委、县政府的中心工作发挥余热，一如既往地对拉孜县的发展给予关心、支持和帮助，积极建言献策，为加快拉孜西部中心建设做出更大的贡献。

同月 拉孜县工商局开展"三大节日"及"两会"期间市场监管专项检查，此次检查，共出动执法人员8人(次)，车辆2台(次)，共检查各类经营户共87户，检查中对发现的"三无"及不合格产品共计2品种，标值达642元；户户通直播卫星专用降频器和接收器24个，标值达1185元，以上产品均进行没收处理。检查中发现无照经营户1户，下发限期整改通知书1份。

同月 拉孜县食药局开展新证换发工作监督检查，此次检查的主要内容是餐饮单位是否符合经营条件、生产经营环境是否清洁以及餐饮具和容器的卫生情况是否落实食品采购、验收、餐具消毒等制度。经检查，在辖区内未发现较大的食品药品安全风险隐患。

2月

16日 县委副书记、县长巴桑旺堆主持召开拉孜县系列财务制度讨论会，此次讨论会的召开为修订拉孜县财务制度指明方向，奠定坚实的理论基础。

20日 拉孜县组织召开"深化五项教育 增进五个意识"主题活动动员部署会。

21日 日喀则市第四督察组检查指导拉孜县迎接中央环保督察工作开展情况。

同日 拉孜县商务局与南京京九思新能源有限公司签订《拉孜镇措布村建设150兆瓦的太阳能并网光伏电站》协议，该协议的签订，有力推动拉孜县光伏产业做大、做好、做强。

同日 拉孜县2017年第三批转移就业脱贫培训(农机维修技能培训)在县拖拉机维修中心正式开班，此次培训为期30天，共计招收学员50人，均为建档立卡贫困人员。

22日 自治区公安厅暗访组一行检查指导拉孜县社会服务管理信息中心工作，了解"智慧拉孜"的架构、功能应用和具体操作流程。

23日 拉孜县召开国有建设用地使用权揭牌成交会，西藏西美房地产开发有限公司以800万元的成交价竞得中尼路南侧、闸北路东侧5423262017001号宗地，并通过公正审核。此次揭牌成交会的召开为拉孜县城市规划、县城建设奠定基础。

同日 拉孜县安监局组织执法人员对全县辖区内危险化学品领域开展隐患排查整治工作，重点检查各加油站值班、带班和日巡检各项制度的落实情况以及经营场所的证照办理等情况。

24日 拉孜县召开"深化五项教育增进五个意识"主题活动领导小组召开碰头会议，会议就"深化五项教育、增进五个意识"主题活动办公场地、人员、设备、工作职责等进行研究。

同月 曲下镇、扎西宗乡、芒普乡、查务乡召开"深化五项教育 增进五个意识"主题活动动员部署会，要求乡（镇）全体干部职工、驻村工作队要配合县委、乡（镇）党委的安排部署，抓好贯彻落实，加强和改进新形势下群众思想教育工作，让广大群众深刻认识到惠在何处、惠从何来，增进幸福感和感恩情，增进中华民族共同体意识，唱响"民族团结是福、伟大祖国最亲"的永恒旋律。

3月

5日 拉孜县动员全县干部职工积极开展"六城共建"环境卫生整治大扫除活动。同志们充分发挥党员先进模范作用，不怕脏、不怕累的清理县城各街道及318国道周围的垃圾，树立良好的公务员形象，并教育引导县城内的商户们要爱护自己店铺周围的环境，保持干净整洁的县城面貌。

7日 拉孜县教育局召开教育系统工作会议，安排部署春季学期重点工作。

9日 拉孜县开展各领域安全隐患排查及安全生产督查工作，此次重点检查道路交通、消防安全及县安委会近期下发的相关文件精神落实情况。

同日 拉孜团县委在县中学组织"雷锋精神你我传递·魅力拉孜县从我做起"万人签名活动，全校2000多名师生参加此次签名活动。

14日 县委副书记、县长巴桑旺堆到曲下镇拉曲村调研考察人工种草项目，此次调研考察工作主要是对人工种草项目的管理和运作情况进行详细的了解，发现经济效益确实可观，确实能改善生态环境，为脱贫攻坚工作打下坚实的产业基础。

17日 中国共产党拉孜县第九届委员会第三次全体会议隆重开幕，会议表彰奖励2016年度全县涌现出的先进单位和优秀个人，县委、县政府与乡镇部门代表签订2017年综合目标责任书，乡镇部门代表做表态发言，县委书记陈钢代表中共九届委员会常务委员会作题为《提振精神 积极作为 奋力推进"西部中心"建设再上新台阶》的工作报告。

18日 九届拉孜县纪委二次全会在县委党校会议室召开，县委书记陈钢作题为《全面从严治党 持续反腐倡廉 为建设"西部中心"营造良好政治生态》的讲话。

同日 政协拉孜县第二届委员会第二次会议第一次全体会议隆重开幕，报告指出，拉孜县政协二届二次会议以来，在上级政协指导和县委领导及县人大、县政府的大力支持下，认真贯彻落实学习习近平总书记系列重要讲话精神，紧扣全县工作中心，牢牢把握团结和民主两大主题，充分依靠全体政协委员，多方团结社会各界人士，全面履行政治协商、民主监督、参政议政职能，为促进拉孜县经济发展、改革深化、民生改善、社会稳定做出积极贡献。

同日 拉孜县第十三届人民代表大会第二次会议隆重开幕，全县各条战线的代表们将严格履行宪法和法律赋予的义务与职权。

22日 拉孜县民政局联合长虹集团、美的集团在堆谐文化演艺中心广场开展家电惠民活动，长虹集团和美的集团向拉孜县困难群众捐赠冷柜10台和酥油桶150个，价值4.5万元。还捐赠扶贫惠民卡6500张，价值325万元，用于补贴低保、五保、困难残疾家庭、优抚对象等贫困家庭。

23日 拉孜县与中国建筑科学研究院召开座谈会，对原拉孜县城市总体规划修编和新型城镇化试点方案细化。

29 日 拉孜县召开“讲党恩爱核心、讲团结爱祖国、讲贡献爱家园、讲文明爱生活”喜迎中共十九大主题教育实践活动动员部署会议。会议号召，全县上下要进一步统一思想，提高认识，站在讲政治、顾大局的高度，扎实开展“讲党恩爱核心、讲团结爱祖国、讲贡献爱家园、讲文明爱生活”喜迎中共十九大主题教育实践活动，做到思想上高度重视、行动上务求实效、组织上坚强有力、确保主题活动顺利开展，取得实效。

30 日 县委书记陈钢到公安局、11 个乡(镇)派出所、5 个便民警务站、查务公安一级检查站、交警大队限速点、公安局驻查务村工作队等基层一线部门，亲切慰问坚守在工作一线的公安民警、辅警，送去慰问金 31800 元。

同月 拉孜县动员全县干部职工积极开展“六城共建”环境卫生整治大扫除活动。

同月 日喀则市春季开学综合督导检查组一行到拉孜县检查指导工作，检查组高度评价拉孜县委、县政府对教育工作的重视，对学校制度建设、教育教学管理、财务工作、春季开学工作执行情况给予充分肯定。

同月 拉孜县顺利完成农村住户调查统计工作，此次农村住户基本情况调查统计工作涉及拉孜县 11 个乡(镇)98 个行政村，11075 户 53451 人。

同月 拉孜县动员全县干部职工积极开展“六城共建”环境卫生整治大扫除活动。

4 月

1 日 拉孜县委宣传部联合县教育局、团县委共同组织开展“我的中国梦—缅怀革命先烈、继承优良传统”的升旗仪式活动。

5 日 日喀则市质监局检查组到拉孜县检查指导质监工作。

6 日 拉孜县召开 2017 年度县委政法工作会议，陈钢书记从社会治理能力不断加强，法会服务工作圆满完成、政法自身建设明显提高等方面充分肯定 2016 年全县政法综治工作。同时，从队伍的素质、2017 年的重点工作三个方面深刻分析当前政法综治工作面临的形势和自身短板问题。

同日 日喀则市教育局党委委员、副局长冯学成检查指导拉孜县学校“五个 100%”教育发展目标进展情况，冯学成指出，要进一步加强理化生实验室的利用率，配足合理安排实验课程、课时，上好演示实验、分组实验课程，做好实验报告及总结。

7 日 拉孜县组织全县党员干部、积极分子、志愿服务者、共青团员、农牧民群众等共计 450 余人在 318 国道西郊加油站至超重监测站之间开展党员志愿服务义务植树活动。

同日 自治区党委财经办调研组一行到拉孜县调研指导工作。

11 日 自治区“四讲四爱”主题教育实践活动宣讲团到拉孜县召开宣讲培训会议。

12 日 市农牧局调研员宋一彤一行到拉孜县督导检查青稞增产行动工作。

同日 自治区纪委常委、监察厅副厅长尼玛次仁一行调研组到拉孜县开展调研工作。

13 日 日喀则市创建民族团结进步示范市领导小组办公室宣讲团到拉孜县开展创建全国民族团结进步示范市开展宣讲活动。

同日 区市两级妇联一行工作组到拉孜县妇联检查指导工作。

15 日 拉孜县举办“老党员、老干部、老劳模”讲党课活动。

同日 拉孜县开展“4·15”全民国家安全教育日宣传活动。

同日 拉孜县司法局开展“4·15”国家安全法治宣传活动。

17 日 市科技局副局长边巴扎西一行到拉孜县开展青稞增产行动相关技术培训，参加此次培训的有 6 个乡镇 30 名科技特派员，拉孜县农牧局相关领导，农牧综合服务中心的技术人员，共计 38 人。

18 日 拉孜县召开 2017 年度党的建设暨组织编制工作会议。

同日 拉孜县召开全县宣传思想工作会议。

19 日 拉孜县召开 2017 年度乡镇党委书记抓

党建工作座谈会。

20 日 市人力资源和社会保障局党组副书记、纪检组长普布卓玛一行检查组到拉孜县督导检查城乡居民养老保险内控制度。

同日 拉孜县有机种养加（种植业、养殖业、加工业）产业藏鸡养殖农牧民培训班在拉孜镇藏鸡养殖基地顺利开班。

24 日 拉孜县综治办召开部门联席会议安排部署联合执法检查集中整治专项活动。

同日 拉孜县疾控中心开展学校包虫病防治宣传。

25 日 拉孜县隆重举行车管所挂牌启动仪式。

26 日 由市国土资源局伟色副局长带队的验收工作小组，对拉孜县高标准基本农田、土地整治、县级占补平衡土地开垦项目及永久基本农田划定工作进行检查验收。

27 日 拉孜县组织开展以“践行四讲四爱 争做时代好青年”为主题的演讲比赛，引导广大青年讲党恩爱核心、讲团结爱祖国。

同月 西藏日报等三家媒体一行采访拉孜县锡钦乡锡钦村羊毛制品专业合作社大学生创业典型。

同月 拉孜县水利局推进桑德枢纽灌区工程及仁多水库项目前期工作。

同月 拉孜县国土资源局完成 2017 年度县城规划区范围内征地拆迁外业测绘工作。

同月 拉孜县开展建筑工程开（复）工安全生产检查工作。

同月 拉孜县圆满完成第三期村干部素质能力提升培训工作。

5 月

1 日 日喀则市民族艺术团在拉孜县组织开展文艺汇演，教育引导广大群众践行“四讲四爱”主题教育实践活动，坚定不移跟党走。

3 日 日喀则市副市长李玉建到拉孜县开展专题党课报告会。

同日 市交通局评审小组在拉孜县审查 2016 年易地扶贫搬迁公路工程项目。

4 日 拉孜县隆重举行大学生创业示范基地揭牌仪式。

同日 拉孜县组织召开统战民族宗教工作会议。

5 日 拉孜县组织全县党员干部观看专题教育影片《钱学森》。

7 日 自治区政协副主席金世洵一行调研组对“补齐拉孜县重点农业科技成果转化工作对策建议”进行调研。

9 日 市纪委常委、纪委副书记扎西旺堆一行到拉孜县纪委开展调研工作。

10 日 拉孜县总工会开展关爱环卫工人和老劳模慰问活动。慰问组代表县委、县府向环卫工人送去慰问金 11400 元、向老劳模送去慰问金 3000 元。

同日 拉孜县纪委举办 2017 年度纪检监察干部业务培训班。

11 日 拉孜县召开 2017 年全民健康体检暨重大疾病筛查以及包虫病综合防治工作动员部署会议。

同日 市政协副主席、园区管委会主任达娃占堆一行到拉孜县西部农业科技示范园区调研。

12 日 拉孜县举办不动产产权证首发仪式。

16 日 自治区科协在拉孜县乃村召开“移动科普进乡村暨科普大讲堂活动”。

同日 拉孜县举办环卫车辆发放仪式。

同日 日喀则市教育局教科所教研员余学文在拉孜县开展 2017 年教育教学科研课题培训讲座。

18 日 拉孜县隆重举行扶贫产业项目集中开工奠基仪式。

19 日 拉孜县藏鸡孵化养殖基地举行第一批养殖户藏鸡发放仪式。

22 日 自治区农牧厅党组书记高巴松到拉孜县柳乡检查指导土地确权登记工作。

25 日 拉孜县消防大队联合民宗、公安派出所到辖区部分重点文物保护单位开展消防安全现状大调研、大检查。

同日 国家水利部规计司司长、巡视员庞进武到拉孜县调研桑德水利枢纽工程。

同日 拉孜县召开2017年度干部推荐工作会议。

同月 拉孜人社局开展惠民政策进万家活动。

同月 拉孜县统计局发放住户调查对象及记账人员补助，共14700元。

同月 拉孜县人社局及时、准确兑现2017年第一季度城乡居民基础养老金。

6月

5日 拉孜县召开“拉孜县政府廉政工作会议”。县政府党组班子成员及县各单位负责人参加会议。县委副书记、县长巴桑旺堆结合拉孜县县情就做好政府廉政工作方面作重要讲话。

同日 安委会办公室联合组织安监和住建的执法人员对拉孜县辖区内4个重点建筑施工单位开展安全隐患检查工作。

7日 市安监局党组书记陈海英到拉孜县督导，再次对拉孜县迎接国务院安全生产巡查准备工作开展情况进行指导。

同日 日喀则市委组织部副部长、编办主任周海浪一行到县检察院开展党建工作督导检查，拉孜县委组织部有关领导陪同。

10日 自治区民政厅副厅长江娟一行对拉孜县社会福利和社会事务、社会救助、救灾工作、优抚安置等领域的工作开展情况进行督导。

12日 日喀则市政府副秘书长张彦雄带队督导检查组一行到拉孜县督导检查重点项目推进情况。

同日 县迎检办前往各乡镇检查农村饮用水源点保护工作，共检查农村饮用水源点25处。

19日 拉孜县人社局为2017年首批建档立卡贫困户颁发驾驶证。首批45名学员已通过正规考试，取得驾驶汽车的资格。

20日 日出东方太阳能股份有限公司董事长徐新建带领公司团队及德国技术人员到拉孜县对热源厂选址、供暖管网设计等进行实地查看，并召开座谈会。

22日 日喀则市委副书记程四曲率18个县（区）委书记和市委、人大、政府、政协、纪委、巡察办、组织部、宣传部等市直部门领导到拉孜督导调研。调研组一行实地查看拉孜县扶贫产业园区，详细了解园区内已落地的锡钦乡羊毛制品厂（大学生“双创”基地）、万亩油菜生产加工厂、羊毛清洗加工厂等3个扶贫产业项目建设运营情况。随后参观总投资2050万元，集旅游、休闲娱乐、文化展示传播为一体的赤玛勒旅游文化观光园区，调研易地搬迁集中安置点建设情况及县城总体规划和西部中心建设情况。

同日 市委宣传部常务副部长普布次仁督查指导拉孜县委宣传部和“四讲四爱”主题教育实践活动办公室工作开展情况。

26日 上海市基层党组织和社会爱心人士到拉孜县中学开展助学捐赠活动，向品学兼优的初一（3）班贫困生卓嘎、初一（4）班贫困生扎西各捐赠3000元，捐赠持续至两名贫困生完成初中学业为止。

27日 中共中央文化部国家艺术院戏剧戏曲处长林琳等中央采风团、西藏自治区艺术处副处长高英等区领导、市文化局副局长坚参等一行编导、编剧、作曲家、导演、演员共35人组成的工作组到拉孜县开展采风活动。

28日 拉孜县召开推进“两学一做”学习教育常态化制度化暨第六批驻村工作推进会，主要任务是贯彻落实习近平总书记关于推进“两学一做”学习教育常态化制度化的重要指示，以及中央、区党委和市委推进“两学一做”学习教育常态化制度化工作座谈会精神，提高党员思想政治素质，增强党员工作能力，发挥党员先锋模范作用，规范党内政治生活，促进党员做到“四个合格”。

同日 拉孜县组织召开“四讲四爱”主题教育实践活动工作推进会，进一步强化“讲党恩爱核心、讲团结爱祖国、讲贡献爱家园、讲文明爱生活”主题教育实践活动贯彻落实力度，总结优秀经验、发现不足之处、全力推进“四讲四爱”各项工作。

29日 拉孜县委宣传部文化市场综合执法大队、县公安局、县环保局、县消防大队、县安监局等单位联合，对辖区内的文化市场经营场所进行地毯式、拉网式检查。

30日 拉孜县积极开展以“红歌飞扬 红心向党”为主题的爱国歌曲大家唱活动，继承和发扬红色精神，激发各族群众爱党爱国爱社会主义热情。各族群众在拉孜县堆谐文化中心大礼堂用歌声颂扬党的光辉历史、缅怀党的丰功伟绩、展望党的美好未来，拉孜县各族群众约1200余人参加此次庆祝活动。

同月 市农技推广中心次旦主任，农机推广站扎平书记一行的工作组在农牧局技术人员的陪同下到拉孜县部分村居指导田间管理工作。此次指导工作共指导耕地面积8000余亩。

同月 拉孜县卫生服务中心开展包虫病筛查工作，通过病史采集、B超和血清检查等方式，筛查扎西岗乡4367人，其中包虫病疑似7人。

同月 拉孜县群众在“四讲四爱”主题教育实践活动感召下自发喷涂主题教育实践活动宣传标语，在全县范围内营造出“轰轰烈烈、铺天盖地”的宣传声势。

同月 南木林县、仲巴县公安局主要领导率队先后到拉孜县公安局交流学习“四项建设”工作。

同月 拉孜县人社局在查务乡生尖村举办中式面点技能培训，共计招收学员45人。

7月

3日 白朗县人民检察院检察长扎西带领党建负责人员到拉孜县人民检察院进行考察交流活动，相互借鉴党建工作的成功经验，

5日 日喀则市纪委常委、监察局副局长张春峰一行检查组到拉孜县对县纪委执纪审查工作开展专项检查。

同日 拉孜团县委召开大学生志愿服务西部计划服务期满考核会。

6日 拉孜县开展农村饮用水水源地环境保护工程项目整改检查工作。对县柳乡、热萨乡、锡钦乡、拉孜镇的农村饮用水水源地环境保护工程项目验收过程中存在的问题整改情况进行检查。

10日 日喀则市第四安全生产隐患排查工作组到拉孜县开展安全生产隐患排查整治工作，对拉孜县辖区道路交通、建筑领域、危化品、人员密集场所进行现场督导检查。

同日 拉孜县委书记陈钢到热萨乡“3185”旅游服务站开展调研，首先检查公共服务设施与旅游服务点环境卫生服务工作，其次实地了解旅游产品经营点的旅游产品类型、服务、特色产品、经济效益等情况。

同日 拉孜县人社局举办“2017年精准扶贫中式面点培训班”开班仪式，此次培训主办方邀请拉孜县制作面点的老技术员进行现场授课，让更多的贫困群众在家门口得到培训，培训课程主要有馒头、拉孜县帕果（拉孜回饼）、油饼、中式面点制作。

同日 上海市教育人才组团式援藏工作队杨浦区教育局副局长吴巍带队的讲师团来到拉孜县开展讲学活动，县教育局有关负责同志、县中学校班子成员、中层干部、学科教师，以及各小学校长等共计153人参加活动。

11日 上海市杨浦区代表团一行向拉孜县捐赠价值329万元的新闻采编设备并举行工作交流座谈会，体现上海市杨浦区委、区政府对拉孜县发展进步的大力支持与无私援助。

19日 拉孜县召开九届第二十次常委（扩大）会议安排部署全县深度贫困地区脱贫攻坚工作和全县贫困人口动态调整工作。

同日 拉孜县脱贫攻坚指挥部召开贫困人口动态调整专题部署会议，各乡镇围绕贫困人口动态调整工作和前期扶贫工作开展情况进行交流发言，客观分析扶贫工作中存在的问题和困难，对本次贫困人口动态调整工作提出许多建设性的意见建议，同时也提出一些疑问和困难。

20日 拉孜县举办农村党员干部现代远程教育管理骨干人员培训班，全县109名远程教育终端站点管理人员参加此次培训，进一步提高拉孜县远程教育管理骨干人员业务素质和管理水平。更好发挥远程教育在党员经常性教育、“两学一做”学习教

育制度化常态化和“三会一课”中作用奠定基础，为拉孜县经济跨越式发展提供有力支持。

26日 查务一级检查站站长、公安局党委书记、政委索多协同督察大队民警、治安大队民警到辖区各便民警务站对节前各项工作准备情况进行督导检查。

27日 拉孜县隆重召开2017年度民族团结进步表彰大会，通过召开此次表彰大会，全县各个民族更加深刻地认识到推进民族团结进步工作的极端重要性，进一步增强做好民族团结工作的自觉性、坚定性，责任感和使命感。做好新形势下的民族团结工作，紧紧围绕各民族“共同团结奋斗，共同繁荣发展”的主旋律，推进民族团结进步事业意义重大、影响深远，责任重大。

同日 拉孜县二期脱贫攻坚转移就业装载挖掘机培训正式开班，此次培训共计招收学员55名(建档立卡人员53人)，为期90天，投入资金44万元。

29日 县委书记陈钢一行到县环保局(迎检办)对拉孜县迎检工作和环保工作开展情况进行调研指导。

同日 拉孜县委组织部举办基层党建工作业务知识现场培训会，驻村工作队、乡镇党员干部、村“两委”班子和党员群众累计受益人数达340余名，同时也明确基层党建工作中存在的问题和不足，列出整改措施40余条，并及时下发整改问题通知单，为做好当前和今后一个时期党的建设工作指明方向。

同日 自治区副主席其美仁增到拉孜县调研深度贫困地区脱贫攻坚工作。

30日 县委书记陈钢，县委常务副书记、政法委书记、公安局局长次仁，常务副县长陶文权等领导代表县“四套班子”及全县干部群众走访慰问驻军部队，并详细了解部队的工作、学习、生活等方面的情况，勉励官兵继续保持和发扬部队优良传统，同时赠送慰问品，受到全体官兵的热烈欢迎。

同月 拉孜县积极开展“七一”活动纪念党的生日，掀起全县党员干部职工“为党旗增色、为党徽添彩”的热潮，以思想洗礼的实际行动，赓续光荣传统，高扬党的旗帜，凝聚起开拓未来的磅礴力量。

8月

5日 拉孜首届中国堆谐之乡文化旅游节暨雅江骑行活动正式开幕，开幕式吸引近万人前来观看。

7日 西藏舒心实业有限公司为积极响应“百企帮百村”精准脱贫行动，为拉孜县柳乡、彭措林乡深度贫困户捐赠奶牛、油、大米等用品。

9日 上海市杨浦区基层党建讲学团赴拉孜县开展现场讲学活动，拉孜县共180余人参加此次现场讲学和交流讨论活动。

10日 拉孜县机关党委第三届职工运动会开幕，各乡镇、各县直部门、中区直单位等20个团体、500余名运动员参与比赛。

14日 市中院纪检组长、司法巡察组组长吴明麾等中院司法巡察组一行四人到拉孜县法院开展司法巡察工作。

15日 拉孜县召开2017年度道德模范暨身边好人表彰大会，对敬业奉献、勤劳致富、助人为乐、孝老爱亲等13名道德模范进行表彰。

同日 拉孜县总工会开展2016年度“金秋助学”活动，捐助资金共计15.6万元。

17日 县委副书记、县长巴桑旺堆带领县委常委、副县长温双龙和县教育局负责人到幼儿园进行检查指导。

18日 自治区督导检查组一行对拉孜县作业单位测绘工作开展、质量控制、专业技术设计书编制、合同签订、保密措施、档案管理及信息平台建设、第一轮公示情况进行检查，市农牧局副局长孔翔的陪同。

22日 拉孜县召开安排部署区党委巡视办督查整改事项会议，会议专题安排部署区党委巡视办反馈的两项问题相关整改事宜。

27日 拉孜县召开环保迎检准备工作安排部署会议。会议专题安排部署迎接中央环保督察工作各项事宜。

31日 拉孜县环保局组织开展噪声污染排查整治工作。

同月 拉孜县卫计委开展县直干部职工肝包虫病免费筛查体检工作，180余干部职工参加体检。

同月 拉孜县农牧（林业、科技）局兑现2016年科技特派员生活补助资金共计1176000元。

9月

3日 拉孜县委书记陈钢赴柳乡、热萨乡和锡钦乡先后就藏鸡养殖和驻村工作开展调研，相关乡镇负责人和县委办工作人员陪同调研。

5日 县委书记陈钢赴县城周边乡镇，就部分驻村、驻寺工作开展调研，对驻村干部、驻寺干部的工作开展情况和生活状况进行实地了解，县委办工作人员陪同调研。

7日 拉孜县隆重举办第33个教师节离退休暨贫困教师座谈慰问活动，县委书记陈钢向39名离（退）休教师和31名家庭困难教师表达节日的祝福，送上42700元的慰问金。

8日 自治区政协党组成员、副主席、区总工会主席洛桑久美为组长的联合调研组到拉孜县开展传承和发展民族藏医药调研活动。

12日 拉孜县商务局对全县加油站和煤气站进行安全生产督导检查。

同日 拉孜县安委办组织县住建、项目办、安监局执法人员在辖区建筑施工领域开展安全隐患联合排查，此次检查重点瞄准施工现场的隐患易生部位。

19日 上海市市东医院、徐州市第97医院、拉孜县卫生服务中心义诊团“服务百姓健康行动”主题义诊活动走进拉孜镇齐加村，下杂村为附近300名村民进行免费健康体检，并送去价值10000元的常用药品。

23日 日喀则市脱贫攻坚政策宣讲宣传第三宣讲组一行赴拉孜县宣讲脱贫攻坚政策。

29日 拉孜县总工会召集在档困难职工44名，开展第二次全覆盖式生活救助活动，为每人发放生活救助资金1000元。

同日 拉孜县公安局开展校园防范电信诈骗宣传活动。

同月 拉孜县公安局开展“两客一危”车辆道路交通违法整治行动。

同月 拉孜县民间艺术团参加自治区举办的喜迎中共十九大全区民间文艺汇演活动。

10月

4日 拉孜县团县委组织西部计划志愿者开展“庆中秋国庆”慰问活动，对志愿者们的努力工作、克服困难的精神及对拉孜默默地贡献给予充分的肯定，并要求他们继续发扬无私奉献的精神，积极工作，不断学习。

6日 拉孜县交警大队全县范围内开展夜间酒驾专项整治行动。

7日 市委常委、统战部部长巴桑在县委副书记、县长巴桑旺堆，县委常委、统战部部长泽吉的陪同下到彭措林乡检查指导中共十九大期间的维稳安保各项工作。

10日 自治区副主席、市委书记张延清到拉孜县彭措林乡和扎西岗乡调研指导工作，并慰问乡干部和驻村干部，市委常委、统战部部长巴桑，县委书记陈钢陪同调研。

12日 拉孜气象局协同县农牧、安监、公安等部门组成人工影响天气工作联合安全检查组，对全县境内的10个乡镇31个人影作业点进行安全检查、设备、弹药、回收、登记工作。

13日 日喀则市委副书记倪俊南带队，市安监局、住建局、交通局、交警支队组成的安全生产联合督导检查组，赴拉孜县各领域安全生产相关工作进行检查指导。

15日 拉孜县委宣传部牵头、县文广局主办，在县文化广场举办以“不忘初心 继续前进，以优异的成绩喜迎党的十九大胜利召开”为主题的文艺汇演活动，拉孜县各族干部群众约1800余人现场观看演出。

16日 日喀则市委副书记、常务副市长姜国杰检验拉孜县公安局处置突发事件准备情况，先后组织武警、消防、县医院开展联合演练3场次，其间出动警力240人次，警车50台次。

24日 县委书记陈钢讲党课解读中共十九大报告，要求将报告内容与具体工作相结合，推动工作能力、水平不断发展。

25日 县民政局、文广局联合主办“共庆党的十九大胜利闭幕暨喜迎重阳文艺汇演”在县五保集中供养中心隆重举行。县民政局、文广局负责人及五保老人、护理员共80余人观看演出。

26日 县委书记陈钢带队到各乡村开展自查考评工作。

同日 拉孜县民政局召开2016年度退役士兵自主就业一次性经济补助及优待金发放仪式，共发放123.6万元的自主就业一次性经济补助及优待金，其中5名退役士兵（五年兵役）共获得一次性经济补助及优待金40万元，10名退役士兵（两年兵役）共获得一次性经济补助及优待金74万元，4名继续服役的士兵共获得9.6万元的家属优待金。

27日 中国共产党拉孜县第九届委员会第四次全体会议隆重开幕。县委书记陈钢代表第九届委员会向大会做题为《强化使命 勇于担当 以党的十九大精神引领“西部中心”建设新跨越》的报告。

29日 拉孜县人社局干部素质能力提升年事业干部业务培训班正式开班，共422名学员参加培训。

30日 拉孜县举行西藏堆谐之乡文化旅游有限责任公司揭牌仪式，县委书记陈钢、县委副书记、县长巴桑旺堆等县委在家领导、县直部门负责人、文广系统以及所有堆谐演职人员参加此次揭牌仪式。

同月 拉孜县开展迎接中共十九大维稳安保医疗巡诊工作。共巡诊驻村干部392人、驻寺干部83、检查站及便民警务站干警80人。

11月

1日 拉孜县人社局举办2017年脱贫攻坚转移就业家电维修、摩托车维修培训班，共69人参加培训，为期30天，学员们将系统学习摩托车、家电修理的理论知识和实际操作技能，共投入资金13.8万元。

3日 拉孜县卫计委组织召开2017年度卫生工作调度会，县委常委、常务副县长陶文权要求全县卫生系统干部职工要在县委、县政府的正确领导下，以深入贯彻中共十九大精神为引导，进一步凝聚共识，攻坚克难，真抓实干，开拓进取，为推动全县卫生计生事业全面发展，为促进拉孜县经济社会进步不懈努力。

7日 拉孜县委理论学习中心组召开中共十九大精神专题学习会议。

13日 市委常委、组织部部长杨昆一行到拉孜县扎西岗乡顿珠顶村、柳乡吾木宗村检查指导，通过实地查阅资料、走访座谈等形式，详细了解和掌握基层党建工作开展情况。

15日 拉孜县11月15日组织全县党员干部200余人集中观看《贪欲·黑洞——黄羽天违纪违法案件》警示录。通过观看，进一步增强全县党员干部廉政意识，使“不想腐、不能腐、不敢腐”的思想驻牢在广大党员干部的心中。

16日 自治区副主席、市委书记张延清对芒普乡的基本情况进行详细了解，对芒普乡学习宣传贯彻十九大精神情况给予充分肯定并对干部职工表示亲切的问候。

同月 拉孜县党政代表团一行9人到上海市杨浦区学习考察，在学习考察期间，代表团亲身感受杨浦区日新月异的巨大变化，发展态势，以及全区干部群众干事创业、奋勇争先的精神状态，让代表团看到差距、明确目标、找到标杆，进一步坚定加快发展的信心和决心。

12月

5日 由自治区安委办副主任、安全监管局副局长旦巴加措为组长的自治区第三考核组到拉孜县开展2017年度安全生产考核工作，对拉孜县2017年度安全生产工作开展情况进行检查指导。

7日 拉孜县召开第七次法治宣传教育工作会

议，引导各族干部群众知法、懂法、守法、护法，成为社会主义法治的忠实崇尚者、自觉遵守者、坚定捍卫者。

9日 拉孜县高中举行纪念“一二·九”运动暨团员入团仪式。

10日 拉孜县召开2017年第一批新录用机关事业工作人员迎新见面会暨工作安排部署会议，这一批新录用的事业干部将赴基层单位一线，希望这些最有生机力量的新鲜血液为日喀则西部中心的建设添砖添瓦。

同日 日喀则市第七届后藏物资交流会拉孜交易会隆重开幕，参加物交会的企业及商户达到542家，参加群众达5000余人次，参展商品上千类，销售总额达267.85万元。

13日 拉孜县人社局在拉孜县上海文化广场举办拉孜县2017年第一期高校毕业生（中职生）专场招聘会，此次专场招聘会有28家用工企业进行现场招聘，涉及130多个岗位，包括会计、出纳、文书、管理、销售、设计等等，进场求职人员达359余人，已初步达成就业意向的有148人。

14日 日喀则市第七届后藏物资交流会拉孜交易会胜利闭幕，交易会五天总交易额达1969.43万元，日均销售额达393.8972万元，同比增长1.13%。

同日 拉孜西部城市投资发展有限公司召开产权归并推进会。

18日 拉孜县召开2017年度县处级领导班子和领导干部年度考核测评会，全面客观准确地考核评价县处级领导班子运行状况和领导干部履职情况。

19日 政协第二届拉孜县委员会第三次会议隆重开幕，县政协党组书记、主席团主席次仁受政协第二届拉孜县委员会常务委员会委托，向大会作工作报告，115名政协第二届委员参加会议。

同日 拉孜县开展拥军慰问活动，副县长杨乾利带队走访慰问机动四大队官兵，对大队一直以来给予拉孜县的支持和帮助表示感谢，

20日 拉孜县第十三届人民代表大会第三次全体会议胜利开幕，会议听取《拉孜县人民政府工作报告》；介绍各职候选人基本情况，宣读《拉孜县第十三届人民代表大会选举办法（草案）》《拉孜县第十三届人民代表大会表决办法（草案）》《委员补选备案报告》和拉孜县第十三届人民代表大会会议议案和建议意见的截止时间。会议还提名推荐拉孜县第十三届人民代表大会总监票人、监票人名单，书面审查县发改委、县财政局、法院和检察院的工作报告（草案）。

21日 政协第二届拉孜县委员会第三次会议常务委员会第三次会议召开。

同日 拉孜县第十三届人民代表大会第三次会议举行第二次全体会议。

22日 拉孜县召开学习宣传贯彻中共十九大精神宣讲员培训会。

27日 拉孜县举办学习宣传贯彻中共十九大精神双语演讲比赛，30名选手参加比赛，观众达800余人次。

29日 拉孜县隆重举行监察委员会揭牌仪式，标志着拉孜县监察委员会正式成立，监察体制改革工作迈出新步伐。

同日 拉孜县召开创先争优强基础惠民生活动第六批驻村总结表彰暨第七批驻村工作动员大会，共表彰县级先进驻村工作队11个，县级先进驻村工作队员44名，优秀组织单位8个。同时对第七批驻村工作队队长就有关于驻村工作队如何宣传贯彻好新时代中国特色社会主义思想、抓好农牧区维护稳定、坚决打赢脱贫攻坚战、建强基层党建工作、加强妇幼卫生“两降一升”工作等内容进行培训。

同月 拉孜县十九大精神宣讲宣传暨“五下乡”活动全覆盖11个乡镇，受教育群众累计达6000余人次。

同月 拉孜县教育局到各乡（镇）中心小学开展素质教育督导检查工作。

政党 政务

中国共产党拉孜县委员会

【概况】 2017年，拉孜县以建设“日喀则西部中心”和实现“撤县设市”为目标，紧紧围绕市委“6677”总体工作思路和县委“12341”县域发展思路，务实苦干，凝心聚力，攻坚克难，圆满完成县十三届人大二次会议确定的各项目标任务，全县经济社会继续呈现较好的发展势头。全县生产总值达到100157万元，同比增长9.8%；完成税收收入2055万元；实现社会消费品零售总额24115万元，同比增长23.04%；农牧民人均可支配收入9558.11元，同比增长17.49%；完成社会固定资产投资11.62亿元。

【九届县委第11次常委会议】 1月5日，县委书记陈钢主持召开中共拉孜县九届县委第11次常委会，会议研究审议了县委各部委、县政府有关委、办、局提请研究的有关事项，现纪要如下：研究审议《关于解决全县建档立卡贫困大学生资助金的请示》。会议原则同意县教育局提请研究的《关于解决全县建档立卡贫困大学生资助金的请示》，同意从县本级财政资金中解决全县建档立卡贫困大学生资助金共计1608000元。会议认为，教育脱贫是“十三五”时期打赢脱贫攻坚战的一项重要内容和举措，是贫困家庭大学生正常享受教育的有效保障。会议强调，为避免拉孜县因贫辍学现象发生，县政府决定拿出200万作为教育脱贫资金，并明确今后援藏及爱心人士捐赠、工青妇及民政低保口子等相关“助学资金”全部注入该资金，由县教育局、扶贫办负责制定具体实施管理办法，要让真正贫困的人享受政策，以避免钻空子现象发生。会议要求，县教育局严格申请资助金申报程序，每年秋季开学前全部完成兑现。研究审议《关于拉孜县商品混凝土搅拌站预借资金的请示》。会议原则同意县扶贫

2017年3月20日，县委书记陈钢、县委常务副书记施忠民慰问一线干警

办提请研究的《关于拉孜县商品混凝土搅拌站预借资金的请示》，原则同意从自筹的政府风险补偿基金 500 万中予以预借 470 万元，用于完善该项目的设备和设施，待下一步拉孜县商品混凝土搅拌站银行贷款资金到位后，再补进政府风险补偿资金中。会议认为，该搅拌站是有效推进县扶贫办产业脱贫攻坚工作和产业项目顺利实施的有效举措，会议要求，县扶贫办要切实履行好相关程序，签订好借款还款协议，并抓紧时间落实，同时要根据就近就便原则，带动园区发展，使更多人实现脱贫致富。研究审议《关于拉孜县扶贫小菜籽加工生产项目土地选址及出让的请示》。会议原则同意县国土局提请研究的《关于拉孜县扶贫小菜籽加工生产项目土地选址及出让的请示》，原则同意以价格 112 元 / 平方米，出让土地 50 亩，合计 3733352 元，出让给拉孜县珠峰绿色食品加工有限公司。会议认为，该宗地拍卖价格是按照市政府相关政策确定的，完全符合城镇土地规划。会议要求，县商务局尽快出台拉孜县招商引资相关优惠政策，吸引更多的优秀企业进驻拉孜园区，推动拉孜经济发展步伐。

2017年12月9日，县委副书记、组织部部长郭宝华到曲玛乡宣讲党的十九大精神

【九届县委第 12 次常委会议】 3 月 7 日，县委书记陈钢主持召开中共拉孜县九届县委第 12 次常委会，会议传达学习了吴英杰书记、张延清书记批示抄清，研究审议了县委各部委、县政府有关委、办、局提请研究的事项，现纪要如下：研究审议《关于赤玛勒观光园区对外承租的请示》。会议原则同意县政府办提请研究的《关于赤玛勒观光园区对外承租的请示》，同意将赤玛勒观光园区承租给西藏丰盛旅游文化发展有限责任公司，租期为 10 年，前两年不收取任何租金。会议指出，承租方要按照赤玛勒原有的规划进行装修和添置设备，原则上不能随意的进行改动；原则上要大力使用拉孜籍服务人员，特别是建档立卡户人员，确保带动脱贫工作。会议要求，有关部门要树立开放开化意识，放低姿态，尽快拿出招商引资优惠政策，确保招商引资工作成为“政策的洼地”和“投资的福地”。会议明确，县政府要聘请法律顾问进行把关，以县政府的名义同承租方签订合同，并细化相关内容。研究审议《关于启动拉孜县惠民投资有限责任公司有关事宜的请示》。会议原则同意县政府办提请研究的《关于启动拉孜县惠民投资有限责任公司有关事宜的请示》。会议指出，启动拉孜县惠民投资有限责任公司对于实现简政放权，进一步规范和完善拉孜县市场化管理，提高政府服务效率，优化资源配置，改善拉孜县干部职工生活条件具有重要意义。会议要求，惠民投资有限公司要先做好方案，资产要移交清楚，在现有基础上还要拓宽业务，要做到依法依规，坚持法律程序的原则。会议强调，关于政府机关食堂承包的问题，要坚持关心、爱护干部职工的原则，争取做到干部职工“少交钱，吃好饭”；同时，也请援藏干部加大对本地干部的关心，从有关方面帮助争取资金、改善伙食。会议明确，原则同意在有资产抵押的情况下，县惠民投资有限公司与日喀则住哪儿酒店管理有限公司合作的协议。

【九届县委第 15 次常委会议】 5 月 15 日，县委书记陈钢主持召开中共拉孜县九届县委第 15 次常委会，会议研究审议了县委各部委和县政府有关委、办、局提请研究的有关事项，现纪要如下：研究《关于推进拉孜县志编纂工作的意见》。会议原则同意由县委办提请研究的《关于推进拉孜县志编纂工作的意见》。会议指出，拉孜县县志工作处于总编出版阶段，但在修编过程中仍存在着很多困难，制约着县志工作的开展。会议要求，要加强组织领导，确保县志编纂人员到位，县志编纂工作由县人大常委会副主任边巴旺堆总负责，查务乡副乡长刘建军、县委办彭彪、组织部平朗为工作人员；要加强经费保障，将县志专项经费纳入财政预算，评审、发行等后续经费另行核算；要设立单独办公室用于县志编纂工作，办公室的设立点由县委办和政府办协商确定；要加快县志编纂工作，在听取专家意见的基础上完善拉孜县县志，争取早日出版发行。同时全县各级各部门要全力配合县志编纂工作，及时提供相关资料，若相关资料缺失，则由负责部门前往市里协调调取资料，确保县志工作顺利开展。研究《拉孜县2017年道德模范暨身边好人推荐评选活动实施方案》《拉孜县举办爱国歌曲大家唱红歌比赛实施方案》。会议原则同意县委宣传部提请研究的《拉孜县2017年道德模范暨身边好人推荐评选活动实施方案》《拉孜县举办爱国歌曲大家唱红歌比赛实施方案》。会议指出，全县各级各部门要结合"四讲四爱"主题教育实践活动，进一步推进社会主义核心价值体系建设，力争在全县范围内形成重品行、讲文明、促和谐的良好社会风尚。会议指出，《拉孜县举办爱国歌曲大家唱红歌比赛实施方案》符合拉孜县开展"四讲四爱"主题教育实践活动要求，予以通过。会议要求，县委宣传部要仔细核对《拉孜县2017年道德模范暨身边好人推荐评选活动实施方案》中领导小组涉及人员信息并调整领导小组名单，将政府县长与各副书记定为领导小组副组长，其余县委常委及政协主席定为领导小组成员；各级各部门要认真开展好"我推荐我评议身边好人"活动，加强文字工作，认真撰写身边好人事迹材料。会议要求，《拉孜县举办爱国歌曲大家唱红歌比赛实施方案》要认真完善，并迅速下发实施。听取拉孜县旅游文化产业推进领导小组工作汇报。会议听取了县商务局关于拉孜县旅游文化产业推进领导小组工作汇报。会议指出，打造拉孜特色的旅游文化产业项目有助于推进拉孜旅游事业的发展，推动区域经济增长。会议要求，要认真筹划堆谐文化节，认真规划骑行活动，做好文化节和骑行活动前期的各项准备工作；要加大对外宣传力度，吸引区内区外各界人士广泛参与堆谐文化节与骑行活动；要尽快制定相关实施方案，此项工作由县商务局负责。同时，各级各部门要紧密配合文化节和骑行活动的相关工作，确保拉孜县成功举办一场声势浩大、别开生面的文化节和骑行活动。研究《关于拉孜县垃圾清运车购置及分配的请示》。会议原则同意县财政局提请研究的《关于拉孜县垃圾清运车购置及分配的请示》。会议指出，环保工作是2017年的一项重要工作，购置垃圾清运车有助于加强拉孜县生态环境保护和沿G318国道沿线垃圾的清运工作。会议要求，要指定专人负责垃圾清运车的运行，人员主要从贫困户中选择，要合理设定工作人员

拉孜县明玛村易地搬迁安置点

工资，工资从乡镇环境专项资金中支出。同时，县政府副县长多吉顿珠负责主持举行垃圾清运车的发放仪式，将垃圾清运车及时发放到相关乡镇和县城管执法局。研究《关于借款拉孜县扶贫产业项目（小菜籽加工）资金的请示》。会议指出，《政府风险补偿基金＋银行信贷》作为各家银行贷款的撬动资金，不能动用。县扶贫办提请研究的《关于借款拉孜县扶贫产业项目（小菜籽加工）资金的请示》，会议不予以通过。会议要求，要提高环评效率，认真做好环评工作，推动项目尽快落地实施；由县委副书记、政府县长巴桑旺堆主持召开专题会议对扶贫产业项目工作进行再安排再部署。研究《关于解决拉孜县芒普乡曲古温泉改扩建项目资金的请示》。会议原则同意解决拉孜县芒普乡曲古温泉扶贫项目资金。会议指出，要进一步提高贫困群众收入，解决贫困群众就业问题，推动精准扶贫、精准脱贫取得实质性成果，保证如期完成脱贫任务。会议要求，要认真核对请示中的平整或填方面积，确保数据详实。同时，芒普乡曲古温泉扶贫项目所需资金从扶贫配套资金中予以解决，确保项目资金到位，项目实施到位，带领群众脱贫到位。

2017年8月30日，县委常委、政法委书记、公安局局长杰布，公安局政委索多到县武警中队欢送退伍老兵

【九届县委第16次常委会议】 6月15日，县委书记陈钢主持召开中共拉孜县九届县委第16次常委会，会议研究审议了县委各部委和县政府有关委、办、局提请研究的有关事项，现纪要如下：研究《关于推荐评选第六届全国道德模范的请示》。会议指出，“全国道德模范”的评选和“感动日喀则人物”的评选是推动精神文明建设的重要一环，是大力弘扬道德模范崇高精神的有效措施。会议要求，查务乡中心小学副校长旦增次旺推荐评选“全国助人为乐模范”；拉孜公路养护段六工区工区长米玛、县公安局副局长达瓦旺堆推荐评选“感动日喀则人物”。同时，县委宣传部要认真核对推荐人选的相关信息，以高度认真负责的态度做好相关评选工作。研究《拉孜县首届中国“堆谐之乡”文化旅游节暨沿雅江骑行活动实施方案》。会议指出，拉孜县是“堆谐之乡”，举办“堆谐之乡”文化旅游节，既是深入贯彻习近平总书记“美丽西藏”的战略部署，也是为更好地传承拉孜堆谐国家级非物质文化遗产，深度挖掘拉孜县自然文化旅游资源，推动拉孜县文化旅游事业发展，树立起拉孜良好的外在旅游形象。会议要求，此次文化旅游节定名为“拉孜首届中国堆谐之乡文化旅游节暨雅江骑行活动”；文化旅游节主题为“绚丽拉孜、文化拉孜、活力拉孜”；文化旅游节时间定为2017年8月5—7日；文化旅游节组委会下设一个办公室和九个专业组，负责具体的筹备工作，各专业组组长及常务副组长要做适当调整，确保“四套班子”领导都能参与其中，切实办好文化旅游节；县商务局要认真核对实施方案中涉及人员信息，确保不出现任何纰漏；全县各级各部门务必要配合文化旅游节组委会的工作，确保拉孜县成功举办一场声势浩大、别开生面的文化旅游节与骑行活动。同时，要及时以县政府名义向市政府请示报告，尽快完成文化旅游节的前期各项准备工作。研究《关于解决拉孜县芒嘎普曲流域综合环境影响评价报告编制工作资金的请

示》。会议原则同意县水利局提请研究的《关于解决拉孜县芒嘎普曲流域综合环境影响评价报告编制工作资金的请示》。会议指出，芒嘎普曲流域综合规划环境影响评价报告编制工作于2016年10月15日由县人民政府委托给四川省国环环境工程咨询有限公司，相关技术服务合同已经签订，该公司已完成环境影响评价编制工作并于并于2017年1月24日拿到《关于芒嘎普曲流域综合环境影响评价报告书的审查意见》，但项目经费未能落实到位。会议要求，该项项目经费由县财政予以解决。

【九届县委第28次常委会议】 10月25日，县委书记陈钢主持召开中共拉孜县九届县委第28次常委会议，会议研究审议了县委各部委和县政府有关委、办、局提请研究的有关事项，现纪要如下：研究审议《关于拉孜城投公司砂厂与拉孜县拖拉机维修中心合作事项的请示》。会议原则同拉孜城投公司提请研究的《关于拉孜城投公司砂厂与拉孜县拖拉机维修中心合作事项的请示》。会议指出，拉孜城投公司砂厂与拉孜县拖拉机维修中心合作有助于全面做好拉孜县的河道疏浚砂石经营工作，弥补拉孜城投公司疏浚点人员不足、运转资金紧缺，生产经验不足等短板。会议要求，要明确砂石销售由拉孜城投公司负责，购买砂石筛洗整套设备所需资金由实际所需设备类别确定，其余相关合作事项由拉孜城投公司和拉孜县拖拉机维修中心协商解决。研究审议《拉孜县村妇代会改建妇联试点工作实施方案》。会议原则同意县妇联提请研究的《拉孜县村妇代会改建妇联试点工作实施方案》。会议指出，因曲下镇曲下村有集体经济，有村妇代会改建妇联的试点基础，符合上级部门村妇代会改建妇联的要求，故选为此次村妇代会改建妇联试点村。会议要求，要严格按照每年每名妇女10元的标准将村妇联专项工作经费列入2018年的财政预算；2017年支持村妇联工作的经费由上海援藏拉孜小组解决；改建工作务必要严格执行相关程序，确保不出任何纰漏。研究审议《关于提请研究<拉孜县贫困大学生资助暂行办法（审议稿）>的请示》。会议指出，拉孜县对贫困大学生资助，既是贯彻落实上级的相关政策要求，也有助于激发学生的积极性和进取心，有助于让贫困学生完成学业。会议要求，2017年给予拉孜籍在校大学生一次性资助金每人5000元；原则上不重复享受类似资助；资金不足部分列入明年财政预算；2017年以后考上大学的拉孜籍学生给予一次性资助金另行研究。研究审议《关于举办2017年第四季度转移就业技能培训的请示》。会议原则同意县人社局提请研究的《关于举办2017年第四季度转移就业技能培训的请示》。会议指出，举办2017年第四季度转移就业技能培训有助于进一步做好拉孜县建档立卡贫困人员的转移就业工作，扎实有序的推进脱贫攻坚转移就业工作。会议要求，要认真招收培训人员，充分征求参与培训人员的意愿，确保参加培训人员能够认真学习，真正学到本领；要加强对参加培训人员的跟踪调查，了解参加培训人员的实际培训成效，帮助参加培训人员真正用掌握的技能脱贫致富。

【九届县委第34次常委会议】 12月22日，受县委书记陈钢委托，县委副书记、县长巴桑旺堆主持召开中共拉孜县九届县委第34次常委会议，会议专题研究审议了县政府党组提请的各类项目资金建设有关事项和县委各部委提请研究的有关事项，现纪要如下：研究审议《关于解决拉孜县城市雕塑艺术工程相关费用的请示》《关于解决拉孜县印度官方香客永久性接待场所建设项目县级自筹资金的请示》。会议原则同意县发改委提请的《关于解决拉孜县城市雕塑艺术工程相关费用的请示》和《关于解决拉孜县印度官方香客永久性接待场所建设项目县级自筹资金的请示》。会议指出，《飞旋踏春》《古音雪域来》两项雕塑艺术作为拉孜县的特色亮点之一，彰显了一种文化氛围，更体现了拉孜县生机与活力，对于传播传统文化、凝聚精神力量，增强群众的荣誉感、认同感、归属感具有重要意义。会议要求，要严把工程质量关，加快工程进度，确保工程如期完成；将工程各项费用纳入2018年政府预算，确保3月份全部拨付到位。会议指出，建设印度官方永久性接待场所，将进一步为印度朝圣香客提供便利，有利于中印民间交流和文化交流，将为中印关系发展汇聚正能量，奠定坚实的民意友好基础。会议要求，建设印度官方香客永久性接待场所资金由县政府从2018年预算当中承担10%或者20%进行下拨；加强资金的监督管理，要做到专款专用，确保资金落实到位、运用到位。研究审议《拉孜县未就业大学生（中职生）“321”结对帮扶工作实施方案的请示》《拉孜县大学生（中职生）就业创业宣传工作方案的请示》。会议原则同意县人社局提请的《拉孜县未就业大学生（中职生）“321”结对帮扶工作实施方案的请示》《拉孜县大学生（中职生）就业创业宣传工作方案的请示》。会议指出，根据《日喀则市未就业大学生（中职生）“321”结对帮扶工作实施方案》和县委2017年9月30日召开的《拉孜县“双创”工作暨大学生（中职生）就业动态清零工作部署》的精神要求，加快推进拉孜县大学生（中职生）就业清零行动，促进大学生（中职生）实现更加充分和更高质量的就业率。会议要求，加强拉孜县干部全面开展一对一、面对面的就业帮扶指导工作，确保拉孜县大学生（中职生）的就业意愿、就业能力、就业率达到100%；各帮扶领导要提高思想认识，循序渐进的对帮扶对象进行帮助和引导，为实现拉孜县就业动态清零做出自己应有的贡献；建立相关帮扶的台帐，精准掌握帮扶对象的基本信息情况。会议指出，拉孜县为贯彻落实自治区党委、政府和日喀则市委、政府的决策部署，进一步促使各类就业创业政策落地生根，鼓励带动更多的大学生（中职生）积极转变就业观、投身就业创业，营造就业创业的良好舆论氛围。结合拉孜县实际，开展大学生（中职生）就业创业宣传，实现拉孜县大学生（中职生）就业率达到100%。会议要求，各级各部门要高度重视，深刻认识做好大学生（中职生）就业创业宣传工作的重要性，各部门需要县委层面下发文件及时与县委沟通；积极开展各部门协调会，加强统筹安排，制定具体措施，明确工作职责，确保各项宣传任务的顺利完成；充分利用拉孜微信公众平台、短信方式、高炮宣传方式等进行全方位宣传。

（孟　瑞）

县委办公室工作

【概况】 拉孜县委办公室成立于1962年7月，办公室编制6人，实际人数11人，其中主任1人，主任科员1人，副主任2人，科员7人，办公室下设机要局、档案局。2017年，县委办公室坚持以“三服务”为中心，充分发挥参谋助手、组织协调、政务服务、督促检查和后勤保障等职能，着眼于加快拉孜发展这一大局，及时反映具有苗头性、倾向性问题，努力在服务中争取主动，较好地完成了全年各项工作任务。

【办文办会】 年内，建立健全办文、办会责任制，在公文办理上严把起草关，认真拟稿、精益求精，严把审核关，严格审查、仔细缮改、逐级签发，严把保密关，对县委的重大决策严格保密，对上级的机密文件妥善处理，确保了机关行文的正确性和严肃性，全年共制发县委文件97件，县委办公室文件49件，2017年没有发生任何失密事件；在会议办理上，严格按照“服务、精减、高效”的原则，

2017年9月22日，县委办副主任阳猛陪同县委书记陈钢到拉孜镇中心小学调研

积极抓好会前筹备、会中应急、会后落实等各个环节，做到了精心、细心、用心，全面提高了会务质量，顺利完成全年各项工作会议的领导讲话材料、会场布置、会议简报编发等筹备和落实工作，圆满完成县委九届三次、四次全会等重大会议的会务工作，全年共计承办大小型会议累计40余次，有力保障了会务意图的全面体现。

【文字材料】 年内，在文字综合材料的撰写上，认真收集有关资料，确保文字材料真实可靠，在准确的基础上求创新，在规范的基础上求特色，在掌握基本素材的基础上求突破，在领会领导意图的基础上求拓展；在撰写后认真把关，对县委工作报告等重要材料专门征求各乡镇、部门意见，文字综合材料质量有了明显的提高，得到领导的肯定，较好地发挥以文辅政的作用，按时按质按量完成领导交办的各类文字材料的撰写、审核任务，较好地发挥了参谋助手作用。

【信息工作】 年内，积极发挥“上传下达”职能作用，及时收集整理信息并向市委办公室、县委主要领导反馈产业发展、民生动态、维稳舆情等各方面信息，为市委掌握基层动态和县委决策部署提供了参考依据。2017年，共上报各种信息692条，被区、市采用41条，信息无迟报、误报、瞒报、漏报等现象，较2016信息报送量排名提升5个名次。

【调查研究】 年内，由以往被动调研向超前调研转变，深入基层一线，掌握一手资料，准确反映真实情况，抓住人民群众关心的重点问题，深入分析、提出对策，抓住制约全县经济社会发展的重点、难点问题，找准关键、对症下药，为县委和领导决策献计献策。

【督导检查】 年内，根据县委年初各项决策部署安排，配备专职人员，组建督察组开展日常督查工作，采取日常检查与节点检查、全面检查与重点检查、实地检查与暗中检查相结合等形式，对各单位贯彻落实上级决策部署相关情况和群众关心的热点问题进行督查；坚持以问题为导向，注重发现问题、分析问题、解决问题，针对共性问题强化立行立改，针对个性问题强化追责问责。

【干部管理】 年内，探索实施“我要学”和“要我学”“理论学”和“实践学”“全覆盖”和“抓重点”“多批次”和“小批量”四结合的方式开展党员教育培训，拧紧思想建设的“开关”、上紧提升能力的“发条”，不断提升办公室人员服务水平能力和理论党性修养；坚持“严管才是厚爱”，对干部身上出现的苗头性、倾向性、潜在性问题，早发现、早提醒、早纠正，积极探索“八小时”外制度，对生活上帮助、心理上关怀，切实净化“朋友圈、社交圈、生活圈”；按照习近平总书记提出的“信念坚定、为民服务、勤政务实、敢于担当、清正廉洁”的新时期好干部标准和“三严三实”、忠诚干净担当等要求，坚定理想信念，加强道德养成，规范权力行使，培育优良作风，使办公室成员自觉履行党章赋予的各项职责，严格按照党的原则和规矩办事。

【县志工作】 年内，根据地方志办公室的总体要求，以“明古祥今，存档留史”为准则，认真采纳区、市两级方志办及上海方志工作人员意见，多次邀请自治区专家进行审稿，经多次修改完善，《拉孜县志》于7月份顺利交到自治区总编。

【机要工作】 年内，认真学习领会习近平总书记系列重要讲话及区党委、市委对密码工作的重要文件和批示精神，严格遵循“党管密码”的原则，分工明确、严明责任，确保党对密码工作各项方针、政策在基层落地生根，并严格按照“五个坚持”“两个确保”“两个必须”的要求开展各项密码工作；2017年共传发办理文件19140份，114663页，保障和服务会议19次，排查乡镇及部门县乡党政信息网故障81余次，为县乡党政信息网的畅通和使用提供了保障。

【档案工作】 年内，紧紧围绕强化档案职能，加快档案工作规范化管理，认真学习贯彻《中华人民共和国档案法》《档案法实施办法》，通过广泛的学习、宣传、落实，进一步增强档案管理员对档案工作的重要性认识，为全县档案管理工作走向规范化，制定了较为有效的措施。档案工作人员认真做好文件的收发工作，保证归档文件材料完整、准确、系统；对各类档案库存、接受、销毁、利用等进行准确统计，有计划、有步骤地进行档案史料汇编，积极做好档案信息资源的开发利用；2017年接收县委文件1357件、整理归档1558件、接待查阅利用者25人次、提供查阅文件63件。

（张　露）

组织工作

【概况】2017年，组织部为中共拉孜县委下设机构。实有干部15名，其中组织部部长由县委副书记兼任，配副部长2名(1名兼任老干部局局长)，编办主任1名，副科虚职2名，一般干部9名；设电子政务中心，核定编制2名，实际配备3名，借调干部4名。共设有11个办公室：编办主任办公室，副部长、老干局长办公室，副部长办公室，干部室(编办)，党建办(组织室)，老干部室，组织部办公室，"两学一做"办，强基惠民活动办公室，档案室，电子政务中心。县委组织部属县委下辖机构，主要职能：研究和指导党组织特别是党的基层组织的建设，组织开展新时期党的建设理论研究；负责干部宏观管理工作、抓好干部人事制度改革工作、贯彻执行和结合实际研究制定选拔任用干部的标准、程序、抓好干部双重管理工作；提出关于乡镇和县直副科级以上单位以及其他列入县委管理的领导班子调整、配备的意见和建议，并负责县委管理干部的考察及任免；负责干部监督工作的宏观指导，负责组织工作和干部工作的检查督促，同时抓好干部监督制度的落实和历史遗留问题的审查；制定干部教育规划，组织县委管理的干部和一定层次的中青年干部的培训；负责县直机关党的建设指导、监督及党员发展、教育与管理工作；培养和建设适应市场经济发展的人才队伍。

【党建工作】年内，把村领导班子换届作为年度首要政治任务，党建组织工作作为重头戏。全年以"干部素质能力提升年"为抓手，举办素质能力提升专题培训班8场次，培训人数达1100余人(次)；邀请上海市杨浦区基层党建讲学团开展讲学1次，培训人数达410余人；村干部素质能力大提升集中培训1轮646名，举办集中党务培训班8场1100余人。印发藏汉双语版党员学习动态74期，对207个基层党组织累计开展集中学习6200余场(次)，专题研讨910余次，党员领导干部以普通党员身份参加所在党支部组织生活会，全年领导干部以普通党员身份参加所在党支部的组织生活会达950余次。以"智慧拉孜大讲堂"为平台，利用广播播放、深入田间地头、入户上门宣讲1000余次、发放宣传材料8万多册，开辟专题宣传栏98期，悬挂、喷涂横幅、标语600余条，组织干部群众举行升国旗、唱国歌3136场次、举办各类文体活动151场次。全年召开基层党建工作推进会议3次，年初签订党建工作目标责任书207份。全年2次向全委会报告基层党建工作情况。编印拉孜县委内部刊物《拉孜工作动态》，设有基层党建工作专栏，编印《拉孜工作动态》达44期。对各乡(镇)、机关党建工作督导17次，提出整改措施80余条。以"智慧拉孜大党建"思路为指引，出台"智慧拉孜大党建50问""一服务两活动"等载体，创新党建内

2017年5月12日，拉孜县委组织部副部长、老干部局局长格桑旦增，副部长孟勇一行到达龙村开展精准扶贫结对帮扶工作

2017年7月19日，拉孜县组织拉孜籍离退休老干部开展故地重游活动

容形式，党建工作不断实现新突破。解决“一薄弱”问题，狠抓10个软弱涣散基层党组织的整顿工作，全力推动后进村党组织整顿晋位升级，转化升级率达100%。编发《“智慧拉孜”大党建党支部工作记录本》，党支部“三会一课”制度得到有效规范落实。2017年新建党支部11个，2017年5个活动场所标准化建设示范点已进入施工阶段。培训组织员2期95人，全年共培养发展党员132名。

【学习贯彻中共十九大精神】 10月18日，组织全体组工干部收看十九大开幕式，聆听习近平总书记所作的报告，会后，集中全体组工干部对十九大报告、新修改党章、纪委报告进行原文传达学习，全部干部撰写心得体会50余篇；制定长期详细的学习方案，精心组织学习活动，运用《党的十九大报告辅导读本》和《党的十九大报告学习辅导百问》等辅导资料和《将改革进行到底》《巡视利剑》《辉煌中国》《不忘初心、继续前行》等电视专题片，共组织6次集中学习和观影学习，并形成相关心得体会。

【党建促脱贫】 年内，依托“智慧拉孜”管理服务平台，各级党组织层层创建党建特色亮点，以点带面推进拉孜县党建工作实现“一乡镇一品牌，一支部一特色”。2017年共有村集体经济57个，实现集体收入300余万元，5月挂牌成立“拉孜县大学生创业示范基地”，收入达270余万元，带动95户贫困群众实现就业。完善“一站式”便民利民为民服务平台，打通服务群众的“最后一公里”。2017年全县11个乡镇便民服务中心高效运行，实现服务群众“零距离”。以开展强基础惠民生活动为契机，选派村党支部第一书记98名，

在每个村选择培育一户以上党员创业带富典型，确定致富带头人38名。2017年提拔调整扶贫口干部15人，县级干部每年到乡镇、村工作不少于100天，乡镇干部每年到村工作不少于200天的帮扶工作机制。

【干部管理】 年内，严格执行《党政领导干部选拔任用工作条例》，做到坚持原则不动摇，执行标准不走样，履行程序不变通，提高干部选拔任用工作的质量，推动此项工作健康有序地发展。2017年提拔调整6个批次共251名干部。全年开展各类督察15次，问责干部20余人，共处置违纪违法党员干部5名，其中，给予开除党籍、开除公职1人，严重警告1人，行政降级1人，行政记大过1人，对其进行诫勉谈话1人。对新招录的17名公务员和14名专招生进行岗前培训2次，以座谈会形式开展谈心谈话3次。

【机构编制管理】 2017年推进职能转变和机构改革工作，年内，设立4个政府工作部门，撤销2个政府部门，并下发三定方案。加强控编减编工作，从严审核进人程序。全面推进实名制管理工作，完善机构编制信息管理平台，严格按照人事任命、干部调整、新录用干部、调入调出及退休等相关文件，更新党政群机关、事业单位编制实名制信息库。

【权责清单制度】 年内，对照法律、法规和规章逐条逐项进行合法性、合理性和必要性审查，编制权力清单和责任清单，制作权力

运行流程图，向社会公布，接受社会监督。2017年共公布行政职权3468项，下放行政职权48项，10月11日至12月下放行政职权440项，涉及9个单位。

【强基惠民】 年内，累计排查化解各类矛盾80件，为群众办实事好事5000余件，解决民生方面突出问题63件，累计投入经费950余万元。全年共有392名驻村队员深入一线开展精准扶贫工作，累计投入帮扶资金达600多万元，协调解决难点问题500多个，落实帮扶措施112件，制定驻村工作队帮扶规划98份。全年党员干部已与2867户贫困户结成对子，严格落实“54321”结对帮扶措施。年内，党员干部共开展走访慰问2940余人次，制定脱贫计划105条，帮扶措施1352条，落实帮扶资金200余万元。

【档案工作】 年内，制作干部档案查借阅审批表、干部档案转递通知单、干部档案审查回执单并成册，整理调出人员25人，调入人员17人，干部部档案查借阅63人次；年度考核表归档1127份，奖励审批表归档138份；开调档函53份、材料缺失证明37份，接收学籍档案并建档65份。

【老干服务管理】 年内，组织开展老干部交流座谈会2次，专题组织生活会1次。4月15日，拉孜县老干部局邀请“老党员、老干部、老劳模”代表深入查务乡森格隆村开展专题讲党课活动，开展巡回宣讲和免费义诊活动3次，受益群众7500余人。7月16日，邀请异地安置老干部共50余人开展为期四天的“故地重游看变化，集思广益促发展”活动。

【村（居）组织换届】 5月22日，县委召开2017年拉孜县村组织换届选举前期准备工作会议，对换届工作进行全面部署，并及时成立换届工作领导小组办公室。同时，成立4个县级领导任组长的村组织换届工作指导检查组，分别指导11个乡镇做好换届各项工作，确保换届工作顺利开展。换届期间，县乡指导检查组50余次进行跟踪督导。组织各乡镇工作人员前往先行试点乡镇学习达到235人次。组织党员干部集中观看警示教育片23次，制作发放严肃换届纪律警示卡5000余份。通过以会代训、委托乡镇的方式培训县、乡、村三级选举骨干800多人次，县委组织部结合党建业务知识重点针对换届工作对11个乡镇全体干部、换届工作人员、驻村工作队、第一支部书记、村班子成员1000余人进行宣讲和专题培训，充分利用县电视台、微信平台、广播、宣传板报等宣传媒介，悬挂横幅1000余条，LED滚动播放20余条，电视台设专栏宣传报道30余天。6月，委托乡镇开展村级班子考察，牢牢把握换届选举程序，98个村组织全部完成换届，选举产生543名村“两委”班子成员、98个村各项指标较上届有所提高。同时紧紧扭住素质能力提升不放松，分三期举办新任村“两委”专题培训班，新任村干部综合素质能力得到有效提升。

2017年8月16日，拉孜县组织全县军民干部参与抗洪抢险

【“两学一做”学习教育活动】 年内，以“支部主题党日7+X”为载体，组织党员干部进行白色垃圾清理整治20余次；开展治安联防118次，义务植树20000多株，造林面积达300余亩；开展“干群同

心 助农秋收”活动，共1500余名党员、600余名入党积极分子参加活动，受益群众240余户。退休老干部对11个乡镇、98个行政村、30座寺庙进行宣传宣讲250余场次，受教育群众3万人次、受教育僧尼达2300人次，为广大农牧民群众及僧尼免费诊疗，受益人数达6700人，发放药品价值达56000余元。

【自身建设】 年内，组织组工干部集中学习36期，讲党课3次，专题研讨2次，撰写调研报告7篇，开展敬老服务活动3次，结对认亲走访慰问3次，受益群众50户，制定《中共拉孜县委组织部工作制度实施细则（试行）》，绘制规范化管理手册，召开组织生活会2次，其中专题组织生活会1次，对照巡视整改反馈意见，深入查找问题，梳理班子及个人存在问题共98条，制定整改措施102条。

（卢 鹏）

宣传工作

【概况】 2017年，拉孜县委宣传部内设办公室、网信办（网评中心）、文化市场综合执法大队。有工作人员11名，其中县委常委、部长1名、正科级副部长2名、主任科员1名、科员4名、事业工作人员3名。

【理论学习】 年内，学习中共十九大、十九届二中、三中全会精神、习近平总书记系列讲话及给隆子县玉麦乡回信精神、“两学一做”、中央“八项规定”、全区、全市经济会议精神。开展“四讲四爱”主题教育实践活动、十九大精神专题宣讲会。

【“四讲四爱”主题教育实践活动】 年内，严格按照《关于开展“讲党恩爱核心、讲团结爱祖国、讲贡献爱家园、讲文明爱生活”喜迎中共十九大主题教育实践活动总体方案》和“讲党恩爱核心、讲团结爱祖国、讲贡献爱家园、讲文明爱生活”喜迎中共十九大主题教育实践活动宣讲提纲要求，坚持全覆盖、常态化、重创新、求实效的原则，通过开展宣讲宣传、文艺活动、督导考核，推动主题教育实践活动进农村、进社区、进学校、进课堂、进家庭、进企业、进寺庙，广大农牧民群众、青少年学生、国企职工、寺庙僧尼普遍接受一次深刻的思想洗礼。在完成自治区规定动作不落空、落实市委自选动作不走样的基础上，创新开展拉孜县委“五个亮一亮”“拉孜智慧大讲堂”等特色自选动作。突出典型引领，全县范围内涌现出退休不褪色、离岗不离党的71岁优秀老党员宣讲员拉巴、热萨乡感党恩爱国主义教育基地、那拉赤村自创歌曲《敬爱的共产党》、民间艺术团自创“四讲四爱”折嘎、小品等一批叫得响、树得起、过得硬的优秀典型，有效带动全县主题教育实践活动向纵深推进。拉孜县召开全县动员部署会、推进会、培训会、总结会达30余次，开展宣讲3200余场，受教育群众达187480余人次，发放藏汉宣传标语模板324张在各乡镇、中心小学、民房广泛喷涂，发放宣传画5500张、宣传日历30000余张，发放国旗累计52400余面，领袖像13910余副，各类宣传资料28000余份，有效推动活动开展。

【学习贯彻中共十九大精神】 中共十九大胜利召开后，自治区宣讲团成员、区统战部台办主任嘎

2017年10月10日，西藏自治区副主席、市委书记张延清（右四）到拉孜县彭措林乡调研

玛德吉为拉孜县各级领导干部作党十九大精神宣讲；自治区民政厅党组书记李震到拉孜县扎西宗乡扎西林村开展中共十九大精神宣讲。拉孜县委书记陈钢第一时间以党课形式解读中共十九大报告内容，同时拉孜县委理论中心组先后5次召开中共十九大报告专题学习会议，制定《拉孜县关于认真学习宣传党的十九大精神的工作方案》，明确15个学习宣传重点和9项学习宣传主要措施。拉孜县宣传体系充分发挥网络宣传优势，在县拉孜发布、拉孜窗口等网络媒体上开设拉孜县学习贯彻中共十九大精神专栏，对十九大精神进行广泛宣传。拉孜县各乡镇、各部门也结合各自实际开展形式多样的学习教育活动，共开展中共十九大精神集中宣讲200余场，听众10000人(次)以上，撰写、转载学习宣传贯彻中共十九大信息200余条。拉孜县民间艺术团还参加自治区举办的喜迎中共十九大全区民间文艺汇演活动，同时，通过举办培训班、知识竞赛、演讲比赛等，推动学习活动深入开展。

2017年7月31日，县委书记陈钢参观指导“四讲四爱”书法艺术展

【精准扶贫】 年内，通过各级各类媒体，及时传达中央和区委、市委精准扶贫精准脱贫的重要精神和决策部署。通过在拉孜发布、拉孜窗口微信公众号开设专栏，通过图片、消息等形式宣传拉孜县精准脱贫的进展情况，讲好扶贫故事，传播扶贫声音，进一步营造浓厚的舆论氛围。按照拉孜县开展精准扶贫结对帮扶“4321”工作要求，按照《拉孜县抓党建促脱贫攻坚工作实施意见》，县委宣传部组织全体干部职工开展慰问活动，翔实解民意，准确掌握帮扶对象家庭致贫原因，通过政策宣传思想教育引导，制定脱贫计划、物资支持、助学资助等因人而宜的帮扶措施。

【社会宣传】 年内，拉孜县电视新闻稿件被日喀则市电视台采用91条、西藏电视台采用8条，各种新闻信息在今日头条等各类网络媒体上累计采用75条，日喀则日报采用53条，西藏日报采用73条。令人鼓舞振奋的是中央新闻联播报道西藏拉孜：打造雪域高原上的智慧城市节目；投入资金50万元委托中央旅游卫视推出专题系列节目——雅江之畔有驿站文化拉孜、堆谐拉孜、藏刀拉孜。通过LED电子显示屏、宣传栏、高炮广告牌、宣传单、宣传横幅对“四讲四爱”主题教育实践活动内容、十九大精神、“两学一做”学习教育进行常态化宣传。截至年底，拉孜县社会面宣传投入资金约290万元，在拉孜县范围内营造出轰轰烈烈、铺天盖地的宣传声势，形成“人人关心、人人支持、人人参与”的良好舆论氛围。

【群众文化生活】 年内，开展一系列群众性精神文明创建活动。以“推荐身边模范，追求高尚品行”为主题，组织开展拉孜县道德模范暨身边好人评选表彰活动；组织开展县级“勤劳致富先进典型”事迹报告会，尤其值得庆祝的是锡钦羊毛制品专业合作社次央成为全区“双创”典型，拉孜县公安局刑侦大队队长达瓦旺堆被评选为感动日喀则人物；拉孜县拉葵文艺协会为“庆中秋、迎国庆”开展藏文书法展览，用书法来记录新时代拉孜县经济的腾飞。在“三大节日”“3·28”西藏百万农奴解放纪念日，“七一”建党节红歌比赛，全区精准扶贫日、“四讲四爱”主题教育实践活动巡回宣讲，庆祝日喀则市首个民族团结进步日，拉孜第五届堆谐之乡文化旅游节暨雅江骑行赛等一系列活动中，组织民间艺术团编排群众喜闻乐见、富有正能量、具有教育意义的优秀节目进行文艺表演，丰富全县干部群众业余文化生活，演出共计95场次，观看人数累计达30800余人。

【文化服务体系】 年内，“五下乡”活动累计开展13场，覆盖全县98个行政村，并为全县各乡村群众播放爱国主义教育电影约1190场，及时下发各类农牧民文化技术、法律知识读本，更新补充全县98家农家书屋和30座寺庙书屋的图书。建成4个村级文化综合服务示范点，拉孜县综合文化活动中心按时免费对外开放。文化遗产保护有序开展，罗布央吉藏医学世家等2个项目列入县级非物质文化遗产名录；曲玛乡农民藏靴专业合作社等2个基地列入县级文化产业示范基地。少年宫建设项目稳步推进，拉孜县已完成4个乡镇少年宫项目。投资400万元的广电中心项目开工建设，投资200万元的无线机房楼项目与投资1147万元的西部影视中心已竣工，正在装饰装修中。

【规范文化市场】 年内，拉孜县文化市场综合执法大队与10家文化经营单位签订《2017年文化经营目标责任书》共开展突击检查9次，联合执法行动18次，累计出动执法人员478人次，检查经营单位累计达189家，对4家未在醒目位置悬挂“未成年人禁止入内”警示牌的经营单位，给予警告及下发责令整改通知书。

【打造拉孜新形象】 从名字而言“日喀则西部中心”到雅江之畔有驿站之文化拉孜、堆谐拉孜、藏刀拉兹；观雪域花海、赏雅江魅影之拉孜第五届堆谐之乡文化旅游节暨雅江骑行活动展现出绚丽拉孜、活力拉孜；“神山顶”上的“智慧城市”之智慧拉孜，再到特色产业陆续崛起，拉孜县以有机加工业、民族手工业、养殖业为代表的扶贫特色产业不断壮大，以“3185”、锡钦温泉、赤玛勒旅游观光园为代表的民族特色旅游业不断完善。拉孜县藏鸡养殖孵化基地建设项目、拉孜县万亩油菜加工基地建设项目等助力贫困群众增收脱贫。通过对文化、旅游、产业等形象的打造，为拉孜县的腾飞奠定坚实的基础。

（王圆圆）

2017年4月14日，拉孜县举办“四讲四爱”主题教育实践活动第一专题（讲党恩爱核心）宣讲员培训班

统一战线

【概况】 2017年，拉孜县委统战部编制14人，现有干部11人。全县共有30座寺庙和1个宗教活动点，整合组建11个寺庙管委会和5个特派员机构，现配备驻寺干部80人，其中公务员46人、驻寺民警18人、工人3人、公益性岗位2人、聘用干部11人，其中党员76名，副县级领导1名，正科级领导15名，副科级领导12人，16个驻寺机构成立一个党总支，7个党支部，8个党小组，组建2个工会委员会，9个工会小组。

【总体目标】 年内，全面贯彻落实党的民族宗教政策，加强民族团结和宣传思想文化领域工作，依法加强对宗教事务的管理，牢牢掌握处理宗教事务的主动权，把握“共同团结奋斗、共同繁荣发展”的主题，紧密团结各族各界人士，锐意进取、开拓创新，着力在加强和创新寺庙管理工作、宗教领域维护稳定、民族团结进步事业、非公经济发展上加大工作力度，不断开创全县统战民族宗教工作新局面。

2017年8月2日，县委统战部组织涉宗干部到谢通门县学习交流寺庙管理经验

【贯彻落实工作会议精神】 年内，组织涉宗干部学习宣传贯彻中共十九大精神10余次，组织涉宗干部学习中央第六次西藏工作座谈会议，自治区第九次党代会精神，市委一届八次全会，宣传习近平总书记系列重要讲话精神和新时代中国特色社会主义思想共计20余次。在县委、县政府的高度重视下，理论中心组组织全县干部学习统一战线条例，民族宗教条例，区、市两级加强和创新新形势下的民族、宗教工作实施意见等文件精神，在全县掀起学习统战民宗文件精神的热潮。组织涉宗干部学习张延清书记“十个导”宗教工作的具体要求，坚持“三个不增加”原则，重点开展“导宗教降温”工作。积极开展“两学一做”、党风廉政建设，组织涉宗干部学习党章党规、做清廉表率，做到严守党的纪律，通过学习，更好地坚定理想信念，增强看齐意识。丰富头脑，提高理论素养。

【落实各项措施】 年内，开展宗教领域纵向到底、横向到边、不留死角，充实调整宗教领域维护稳定工作领导小组，实行统战、民宗、公安、乡镇、管委会(特派员)联防、联保、联动、齐抓共管的工作格局，全县驻寺干部尽心尽责，按照“三个不增加”原则和“三条底线”，认真贯彻落实维稳责任，严格执行各项工作制度。严格执行“三个不增加”政策，紧密结合县级领导联系寺庙、宗教界代表人士制度，积极引导信教群众，把主要精力投入到生产生活中，特别要求贫困户合理宗教消费，淡化宗教消极影响。深入开展“四讲四爱”主题教育实践活动，利用寺庙书屋、广播站放映室、宣传栏、文化墙等开展宣传教育，制作宣传展板、张贴宣传标语，营造浓厚氛围。

【开展寺庙法治宣传活动】 年内，按照上级党委、政府的统一部署，精心组织开展“爱国爱教、遵规守法、弃恶扬善、崇尚和谐、祈求和平”主题教育活动、“两守两尽”为主题的寺庙法律宣传活动及学习宣传“党的十九大精神”活动，同时结合“七五”普法，民族团结“进寺庙”活动，每周定期或不定期开设法律知识、汉语基础知识、宗教知识等课堂，从法律法规、教义教规角度大力宣传党的民族宗教政策、惠寺利僧政策、国家的法律法规等内容，推动教育宣讲活动进寺庙、进僧舍、进僧尼头脑。通过讲座、座谈、讨论、以案释法等形式多样的教育和讲解，不断增强广大僧尼“四个意识”“五个认同”，积极引导宗教与社会主义社会相适应。

【爱国守法先进僧尼评选表彰】 年内，按照《区党委、政府关于和谐模范寺庙暨爱国守法先进僧人评选表彰办法(试行)》相关规定，严格审查并以公开、公平、公正的原则开展推荐和表彰工作。2017年，根据日喀则市宗教工作领导小组办通知精神，按照《拉孜县和谐模范寺庙暨爱国守法先进僧尼评选办法》，及时成立评选小组深入寺庙，以查、看、听、问的形式进行评选。表彰和谐模范寺庙18座，爱国守法先进僧尼364名，优秀驻寺干部28名，涉宗干部2名，寺庙属地管理先进乡镇4个，通过择优评选、统筹安排，以评选表彰为激励，进一步激发寺庙僧尼争创和谐寺庙及争当爱国守法先进僧尼的积极性，为加强和创新寺庙管理取得较好成绩。

【开展寺庙“六个一”活动】 年内，开展“六个一”活动，积极争取寺庙“六个一”专项经费并落实321名僧尼，每人1000元，共计32.1万元。广大驻寺干部积极开展联系僧尼“结对子、交朋友”287人次，送去慰问金7.9158万元，为僧解忧、为僧办事共投资23.5万元。县委统战部把寺庙“九有”工程作为一项广大僧尼最直接、最实际的切身利益问题来抓好抓紧，基本实现30座寺庙通水、通路、通电、通广播电视和有国旗、有领袖像、有书屋、有报纸，及时兑现寺庙“九有”经费16.5万元，并做好与相关部门的沟通协调工作投入36.84万元，进行寺管机构院内硬化，同时，寺庙及寺管机构（5+3）工程已列入“十三五”规划，获得广大僧尼的一致好评。

认真贯彻落实“两保”“一低”“一覆盖”工作，60岁以上13名僧尼，兑现资金1.391万元，319名僧尼参加医疗保险，实现僧尼病有所医、老有所养，232名享受最低生活保障，兑现资金23.73万元，实现僧尼低保应保尽保，除在外学经和长期住院的寺庙僧尼外，其余283名僧尼参加免费健康体检，寺庙僧尼免费体检全覆盖。

【定居藏胞管理】 年内，回国探亲藏胞1人，对定居藏胞、滞留人员进行法治宣传及家访，送去慰问资金1600元，由专人负责相关协调工作，做好回国探亲人员管理工作，归国藏胞入境后及时登记备案，并按照属地管理原则进行管理及家访慰问工作。

【民族团结】 年内，民族团结进步创建活动是作为一项长期任务、系统工程，通过高挂横幅、LED电子显示屏，印发宣传册6000多份等渠道，加大民族团结工作宣传力度，认真组织开展“6·2民族团结日”“3·28”西藏百万农奴解放纪念日，有力提升拉孜县人民群众熟知、参与民族团结创建工作的积极性。为鼓励先进，鞭策后进，开展民族团结进步表彰大会，评选模范集体10个，先进个人15名，及时兑现奖励资金11万元。开展“七进”工作，组织学校、企业、部队、乡村群众、机关干部、寺庙观看民族团结文艺演出，邀请优秀讲师深入11个乡镇30座寺庙进行民族团结知识宣讲，以“导幸福今生”为主题，依靠双手创造幸福今生，普及科学知识，取得良好的成效。

【党外人士】 年内，把开展好党外人士工作作为统一战线汇集力量的重要议程，建立健全党外人士“一人一档”；积极召开社会各界人士座谈会，通报拉孜县经济社会发展情况和维护稳定工作目标任务，节日慰问社会各界人士1.8万元。充分发挥党外人士的积极作用，开展“送温暖”活动，为拉孜县贫困户、贫困学生、偏远寺庙投入25.3万元，为贫困家庭开展免费就医等投入4.3万元，维修水渠、乡村道路投入23.4万元，得到广大群众的一致好评。全面开展党外知识分子，及时召开座谈会，提出7个方面的工作打算和建议并认真贯彻落实。

2017年4月15日，县委统战部组织涉宗干部召开工作部署会议

【非公有制经济领域工作】 年内，充分发挥统战性、经济性、民间性的组织作用，开展“百企帮百村”精准脱贫的工作，全力做好经济实力较好的22家会员企业组织定点帮扶7个重点贫困村，扶持群众投入114.3万元，解决大学生就业岗位47人，进一步加强非公经济党建工作，成立8个党支部，巩固党的执政基础，全力开展创建“五有五好”活动，逐一落实非公经济党建制度化、规范化建设，全力打造非公经济党建品牌建设，荣获全国“五好”县级工商联荣誉称号。

【统战调查研究】 年内，着眼于改革、发展、稳定的大局，着眼于全面建设小康社会的时代要求，着眼于反分裂斗争的现实基础上，面向社会，面向基层，面向寺庙僧人，积极深入开展调查研究，形成5篇调研报告，为党委和政府科学决策提供重要的参考依据。

（李晓波）

拉孜县人民代表大会常务委员会

【概况】 拉孜县人民代表大会常务委员会成立于1981年2月。第十三届人大常委会于2016年8月换届产生，换届选举共产生自治区人大代表2名，市人大代表12名，县人大代表126名，乡镇人大代表459名。常委会核定编制数为5名；主任1名，副主任4名；平均年龄为53岁，学历大专3名、中专1名、本科1名。2017年，共召开常委会议9次，主任会议14次，听取和审议专项工作报告12个，组织代表开展区内考察1次，开展专题调研视察6次，开展区内考察1次，开展执法检查3次，干部任前法律考试2次，委托乡镇人大对人大代表培训4次120余人，依法作出决议决定8次，参加区内外县乡人大代表及人大干部培训班12人（次），指导联系乡镇人大工作61次，任免国家机关工作人员24名，办理代表意见建议41件，为推进拉孜县跨越式发展和长治久安做出积极贡献。

2017年11月19日，拉孜县人大常委会党组书记、主任索朗多吉一行到堆龙德庆区考察学习

【决定重大事项】 围绕中心，大力推动党委重大决策部署落实。人大常委会坚持把国民经济和社会发展计划、财政预算审查监督放在重要位置，听取和审议国民经济和社会发展计划执行情况报告、财政预算执行情况报告和县人民政府2017年财政预算执行情况的报告，突出年度计划安排审查和各阶段执行情况的监督，切实维护计划的科学性和财政预算的严肃性。

【人事任免】 年内，常委会坚持党管干部和人大依法任免有机统一的原则，严格程序，认真行使任免权。2017年，依法批准和任命国家机关工作人员24人，其中政府部门13人次，法院5人，检察院6人；依法免去国家机关工作人员10人，其中政府部门6人次，法院2人，检察院2人；依法补选市一届人大代表1名和县十三届人大代表5名。确保实现县委的人事安排意图，提供有力的组织保证，做到合法、严密、有序、规范。为增强被任命干部的宗旨意识、法制意识和责任意识，常委会组织召开多次任职承诺及颁发任命书会议，新任命干部向宪法宣誓，激励接受任命的干部牢记责任和使命，不忘初心，恪守承诺。

2017年5月18日，县人大常委会副主任次仁多吉、边巴旺堆到查务乡小学开展“三包”经费管理使用及学生营养改善计划调研

【执法监督】 年内，加强对“一府两院”的监督力度。对“一府两院”经常性开展执法监督和工作监督，县人大常委会组织开展听取和审议《拉孜县人民政府关于2017年上半年国民经济和社会发展计划执行情况与下半年国民经济和社会发展计划安排的报告》《拉孜县人民政府关于2017年上半年财政预算执行情况报告》、听取和审议“检法”两院工作情况报告；实行人大代表旁听法院庭审等工作，并提出建设性意见建议。常委会还十分关注预防职务犯罪工作，将其列为视察检查的重点，要求县检察院加大预防力度，增强预防和控制职务犯罪的能力，县检察院积极开展预防宣传和警示教育，强化犯罪分析，创新预防机制，有效遏制和减少职务犯罪的发生，为迎接国家环境保护督查组的到来，对各乡镇生态环境保护工作开展情况进行视察，并召开座谈会，与乡镇分管领导、有关部门负责人深入座谈，并按照自治区、市、县委的安排部署，结合拉孜县实际情况，确保环境保护组织机构健全，各项制度基本健全，各乡镇沙场整治，以及环境恢复、乡村环境面貌整治，各项工作有了大的改观，相比以往，各乡镇抓环境保护方面有了较大的提升，老百姓的环保意识逐步提高，城乡环境面貌逐步向好，农村环境综合整治及环境保护工作取得明显成效，农村面貌发生了深刻变化，逐步树立“青山绿水就是金山银山，冰天雪地也是金山银山”的意识。

【服务全局】 年内，对学校教育“三包”情况进行专题调研，并积极撰写专题调研报告，并听取和审议教育局关于学校“三包”经费管理及使用情况专题报告；常委会积极回应群众关切，紧盯教育、惠民政策落实、食品安全等热点问题开展检查，提出一些有益的工作建议，有效发挥人大职能作用。

农业合作社是农村集体经济发展的重要途径，具有广泛的发展前景，为推进拉孜县农民专业合作社规模化建设，提高农民组织化程度，提升农民产业化水平，促进农村经济健康快速发展，为更好的推进拉孜县农村供给侧结构性改革，如期完成脱贫攻坚任务，同全国一道全面进入小康社会，拉孜县人大常委会对拉孜县农民专业合作社运行情况进行调研，全面了解拉孜县的农村合作经济发展，同时，尝试通过调查数据分析和比较对比优势等方法得出当前农民专业合作社发展中存在的问题，并提出改进相关问题的政策建议。

【代表培训】 年内，着力强化培训，增强履职能力。注重把提高代表综合素质作为代表履职的基础，采取集中与委托培训、现场视察观摩等形式，加强对代表的培训工作。2017年，县人大常委会利用召开常委会之际，对与会代表进行现场培训，受训人次达50人，县人大常委会还委托曲下镇、拉孜镇等4个乡镇，以《中华人民共和国各级人民代表大会常务委员会监督法》《中华人民共和国全国人民代表大会和地方各级人民代表大会代表法》为主，共开展4次培训，参加培训的代表人数达120余人次，通过培训，积极引导三级代表在经济社会发展中创一流、争先进，努力为群众办实事、做好事、解难事，释放代表正能量，进一步提升基层人大代表的服务意识，提升基层人大干部的履职能力。

【联系代表】 年内，人大常委会坚持邀请部分人大代表参与执法检查、视察调研等活动，坚持人大代表列席人大常委会会议制度，畅通代表知情知政渠道，提高代表参政议政的能力和水平。着力注重联系，加强对基层人大工作的指导。

坚持邀请乡镇人大代表列席县人大常委会和参加常委会组织的视察检查、集中培训、学习交流等活动，指导和支持乡镇人大依法开展工作，基层人大工作水平得到明显改善。结合精准扶贫工作，人大常委会组成人员深入开展贫困户结对认亲活动，为"帮扶结对户"提出发展思路，解决急需生产生活困难和就业岗位。深入县域内较为偏远贫困的村庄，了解和掌握他们的生产生活存在的困难，为他们提出具体可行的致富意见，并送去党和政府的温暖。认真贯彻落实中央、区、市委《关于进一步加强和改进人大工作的意见》，完善相关制度，规范工作流程，为基层人大依法开展工作打下坚实基础，基层人大工作得到明显加强。

2017年11月15日，拉孜县人大常委会召开第八次人大常委会

【"人大代表之家"建设】 年内，拉孜县人大常委会积极投入资金为乡（镇）"人大代表之家"配齐相关设备；同时为进一步规范"人大代表之家"的运行管理，常委会修订完善各项管理制度并上墙，组成成员分片检查落实，保证"人大代表之家"制度资料完整，代表活动经常。建立十三届人大代表履职档案，有效促进人大代表依法履行职责。

【代表建议办理】 年内，坚持把督办人大代表建议作为保障代表权利的重要手段，及时将十三届人大二次会议上代表提出的建议转交县人民政府。为提高代表建议办理质量和效率，县人大常委会专门召开政府职能部门代表建议办理工作交办会，邀请部分人大代表，听取意见建议办理情况。2017年，人大代表提出意见建议44件，答复率93.2%。人大代表和群众满意度较上年有明显提升。

【自身建设】 年内，常委会及常委会机关始终把学习放在突出位置，认真学习中共十九大精神、习近平新时代中国特色社会主义思想及党的最新理论成果，扎实学习新修改的选举法、监督法、代表法等法律法规，不断提高政策理论、法律知识及业务工作水平。在县委的关心支持下，配齐配强11名乡（镇）人大主席或人大负责人。重视对常委会机关工作的领导和干部的培养，注重发挥机关的参谋助手和服务保障工作；为进一步加强乡镇"人大代表之家"规范化建设，促进"人大代表之家"硬件建设标准化、软件建设制度化、代表活动常态化，努力加强阵地建设，着力提高人大工作实效，推动基层人大工作深入开展，县人大常委会组织三级人大代表、部分常委会委员和各乡镇人大主席，对各乡镇"人大代表之家"运行情况进行了交叉考评检查。

（王亚西）

人大办公室工作

【概况】 拉孜县人大常委会办公室成立于1981年2月。办公室核定编制数为3人，实际人数5名，其中办公室主任1名，办公室副主任2名（其中1名为副主任、

2017年10月10日，拉孜县人大办公室党支部召开组织生活会

主任科员)，科员2名。平均年龄为33岁，学历本科以上3名、大专1名。2017年，拉孜县人大常委会办公室牢固建立政治意识和大局意识，自觉把办公室工作放到全县经济社会发展全局和县委重大决策部署去思考、去谋划，紧扣常委会年初确定的工作目标，充分发挥参谋助手作用。

【文秘工作】 年内，人大常委会办公室高度重视文字服务工作，认真把好文字服务的起草、审核关，努力提高文字的思想性、理论性、政策性和可操纵性，通过文字服务，发挥人大办公室的参谋助手作用。认真起草好常委会年度工作计划；力求使常委会的工作紧扣全县发展大局和全县中心工作，并按月份做好相关工作，推动了常委会办公室有条不紊地实施，为常委会充分行使监督、决定、任免等各项职权提供服务。认真起草好常委会工作报告；全面客观正确反映常委会过去一年所做的工作及提出今后一年工作思路，为常委会总结工作经验和谋划2018年工作提供有益参考。认真做好常委会举行的各项重要会议、重大活动的文稿起草。在起草进程中，重视早谋划、早安排、早落实，加强学习，深入研究，努力提升文稿起草质量，使文稿更加紧密结合市委和县委重大决策部署，更加符合常委会工作实际，充分发挥“以文辅政”的重要作用。

【会议服务】 年内，为人民代表大会、人大常委会会议和常委会主任会议服务(简称“三会”)是常委会办公室工作的重要职责。年内，共筹备大型会议(人民代表大会)两次，人大常委会议9次，人大常委会党组会议9次，人大常委会主任会议14次。指导联系乡镇人大工作61余次，决定人事任免事项24人次，完成调研报告7篇。在工作中，明确分工、多方协调、主动与各有关单位沟通联系，及时完成各类文件和材料准备，提早做好会场布置，积极改进会务工作，重视抓早、抓实、抓快，对会议的每个环节进行仔细分析、认真安排，依照规定时间逐项抓好落实，认真做好会前预备、会中服务、会后总结等各项工作，进一步完善办会质量，确保各次会议顺利进行。同时扎实做好出席日喀则市人民代表大会拉孜县代表团的服务工作。

【督办代表建议】 年内，人大常委会办公室加强与代表的联系，在常委会分管领导的带领下，深入代表建议重点承办单位，通过走访、座谈、实地查看、重点督办、邀请代表深入承办单位督办、电话催办等多种情势，加大对代表建议督办力度，着力增强代表建议的落实率。年内，召开代表意见建议督办会1次，代表所提的41件建议、批评和意见已全部在规定的时限内办理答复代表，代表们对办理结果比较满意。

【内部管理】 年内，人大常委会办公室认真组织工作人员进行业务学习，狠抓公文处理，不断加强办文质量。坚持公文处理的规范化，明确公文制发各个环节的责任，保证公文印制的质量和运转效力。对所有来文来电都能及时正确地签收办理，未发生耽搁送阅、影响工作的现象。同时，坚持建立“优质服务、综合保障”理念，办公室的后勤保障功能不断增强，为常委会提供优质高效的后勤保障。

【理论学习】 年内，人大常委会办公室始终把学习放在突出位置，认真学习中共十九大精神、习近平新时代中国特色社会主义思想及党的最新理论成果，扎实学习新修改的选举法、监督法、代表法等法律法规，不断提高政策理论、法律知识及业务工作水平。坚持以新时代中国特色社会主义思想为指导，认真学习贯彻中共十九大精神、第六次西藏工作座谈会，学习自治区党委、市委和县委出台的相关文件精神实施办法，把思想和行动同一到中央的决策部署上来，切实转变工作作风，不断进步政治理论水平和工作本领。加大人大业务知识的学习。认真组织办公室干部职工学习《宪法》《代表法》《地方组织法》《监督法》等法律法规，学习自治区党委、人大文件精神，着力创新办公室干部职工开展人大工作的方式方法，提升履职能力和工作水平。

【"人大代表之家"】 年内，组织大家开展民主评议活动，充分发扬民主，确立扶贫户，确保真扶贫、扶真贫；通过集中群众与人大代表，共同学习和热议政策，确保扶贫政策宣传到位，保障脱贫工作顺利开展。利用"人大代表之家"开展人大业务培训，提升人大工作者的业务水平和组织能力；以"代表之家"和"代表小组"为活动平台，多次组织人大代表听取乡（镇）政府专项工作汇报，对小城镇建设、文化事业建设、产业建设等情况进行调研视察，通过活动的有序开展，进一步加强人大代表与群众的联系，更增强人大代表的责任感和使命感。为不断巩固和拓展"人大代表之家"功能作用，积极为人大代表履职、学习培训、联系群众等搭建平台，办公室制定"人大代表之家"学习计划方案，充实"一册八薄"内容，完善"人大代表之家"各项制度，有效地促使"人大代表之家"的作用发挥。

2017年12月17日，拉孜县人大办公室工作人员筹备拉孜县第十三届人民代表大会常务委员会第三次会议材料

【开展执法检查】 年内，组织人员参加区、市人大常委会各类会议，做好会议后勤保障工作。全面配合协助区市人大对全县的调研、执法监督工作。年内，常委会办公室共配合区、市人大常委会开展执法检查6次，立法调研2次。在全力配合区、市两级人大工作过程中，县人大常委会办公室不断吸取上级部门的先进经验，增强自身工作能力。

【自身建设】 年内，进一步加大对办公室工作的指导和干部的培养，注重发挥机关的参谋助手和服务保障工作；为进一步加强乡镇"人大代表之家"规范化建设、促进"人大代表之家"硬件建设标准化、软件建设制度化、代表活动常态化，努力加强阵地建设，着力提高人大工作实效，推动基层人大工作深入开展，县人大常委会办公室提前谋划，组织三级人大代表、部分常委会委员和各乡镇人大主席，对各乡镇"人大代表之家"运行情况进行了交叉考评检查。

（王亚西）

拉孜县人民政府

【概况】 2017年，全县生产总值达到100157万元，按可比价计算，同比增长9.8%；地方财政一般预算收入4877万元，同比增长45.76%；完成税收收入2055万元；实现社会消费品零售总额

24115万元，同比增长23.04%；农牧民人均可支配收入9558.11元，同比增长17.49%；完成社会固定资产投资11.62亿元。推进产业调整，经济结构不断优化，三次产业比例由28.7:25.9:45.4调整为28.4:27.3:44.3。

【第一次县长办公会】 2017年4月20日，县委副书记、县长巴桑旺堆主持召开2017年政府第1次党组会议，会议就部分请示件进行了研究。现部分纪要如下：（十五）人社局《关于锡钦乡羊毛制品专业合作社挂牌成立拉孜县大学生就业创业实训示范基地的请示》。会议原则同意锡钦乡羊毛制品专业合作社挂牌成立拉孜县大学生就业创业实训示范基地。会议认为，锡钦乡羊毛制品专业合作社完全符合国务院“双创”工作的要求和定位，为大学生创业树立了榜样，区、市两级高度关注，对锡钦乡羊毛制品专业合作社挂牌非常必要。会议要求，扶贫办要积极牵头，协调羊毛制品合作社和有关单位与银行积极衔接，加快贷款产业的落地进度；要注重企业发展的示范引领作用，加大正面宣传力度；拉孜县大学生就业创业实训示范基地要以县委、县政府的名义挂牌；该事项提交县委常委会议研究。

【第二次县长办公会】 2017年4月26日，县委副书记、县长巴桑旺堆主持召开2017年政府第2次党组会议，会议就部分请示件进行了研究。现纪要如下：文广局《关于命名拉孜县第一批县级非物质文化遗产项目代表性传承人和第二批县级非物质文化遗产名录、文化产业示范基地的请示》。会议原则同意命名拉孜县第一批县级非物质文化遗产项目代表性传承人和第二批县级非物质文化遗产名录、文化产业示范基地。会议要求，该请示件提交县委常委会研究。

【第七次县长办公会】 2017年7月13日，县委副书记、县长巴桑旺堆主持召开2017年政府第7次党组会议，研究了部分请示件，并安排部署了近期重点工作。现安排部署近期重点工作纪要如下：做好防汛工作。各部门要牢固树立大局意识、责任意识，高度重视当前防汛抢险工作，务必按照全县防汛工作专题会议上的部署要求，落实好各项措施，全力有序做好防汛应急保障工作，坚决杜绝人员伤亡事件发生。做好预算工作。2017年已过半，为进一步加强全县预算工作，请陶文权副县长牵头、普布多布拉副县长参与，尽快组织财政和各项目部门召开预算工作专题会议，就做好部门预算工作作详细部署。加强项目工作。各项目部门要深入贯彻全市和全县项目推进工作会议精神，加大项目前期跑办力度。对已开工项目，在保障质量的前提下要加快施工进度；对已批复的项目，要尽快招投标。做好精准扶贫工作。近期，市脱贫攻坚指挥部就贫困户精准识别工作作出新要求，县扶贫办要进一步了解清楚上级政策精神，及时与各乡（镇）沟通对接，认真落实好此项工作。

【第八次县长办公会】 2017年8月16日，县委副书记、县长巴桑旺堆主持召开2017年政府第8次党组会议，会议传达学习了文件精神，并就部分请示件进行了

2017年3月20日，县委副书记、县长巴桑旺堆检查短期育肥项目选址工作开展情况

研究。现部分纪要如下：传达学习《蒋巨峰、霍青和吴英杰同志分别在中央第六环境保护督察组督察西藏自治区工作动员会上的讲话》《张延清、刘虎山在全市迎接中央第六环境保护督察组工作动员会上的讲话》《关于做好中央环境保护督察组反馈的环境信访问题整改工作相关事宜的紧急通知》。会议认为，中央第六环境保护督察组督察西藏自治区动员会和全市迎接中央第六环境保护督察组动员会的召开，体现了区党委、市委对环境保护工作的高度重视和推进西藏生态建设的坚决决心，全县各级各部门和县迎检办务必要把思想认识统一到区党委、市委和县委的决策部署上来，迅速行动、周密部署、狠抓落实，务必确保拉孜县迎检工作有条不紊、扎实推进，务必确保拉孜县迎检工作圆满顺利，不给全市添乱、不拖全市后腿。会议要求，全县各级各部门要认真传达学习《蒋巨峰、霍青和吴英杰分别在中央第六环境保护督察组督察西藏自治区工作动员会上的讲话》《张延清、刘虎山在全市迎接中央第六环境保护督察组工作动员会上的讲话》《关于做好中央环境保护督察组反馈的环境信访问题整改工作相关事宜的紧急通知》精神，要以中央环境督察工作为契机，坚定不移地推动全县生态文明建设和环境保护工作。以高度统一的政治自觉，贯彻落实好区党委和市委关于迎检工作的系列安排部署；以舍我其谁的责任担当，全面排查环境保护工作中存在的问题；以前所未有的措施力度，狠抓环境保护整改和治理工作；以较真碰硬的纪律要求，保障责任落实。

2017年5月25日，县委常委、副县长陶文权调研贫困户精准扶贫情况

【第十次县长办公会】 2017 年 8 月 23 日，县委副书记、县长巴桑旺堆主持召开 2017 年政府第 10 次党组会议，安排部署了近期重点工作。现纪要如下：全力做好环保迎检工作。各部门要牢固树立大局意识、责任意识，高度重视当前环保迎检工作，务必按照全县环保工作专题会议上的部署要求，落实好各项措施，全力有序做好环保迎检保障工作，坚决杜绝环保问题事件发生。各委、办、局负责人，务必 24 小时在岗在位，保持通讯畅通，对于环保问题能够立即整改的，要立即开展整改工作，该关停的立即关停，该拆除的立即拆除，确保拉孜县在中央环保督察组到来之前完成突出环境问题、群众关心和热点问题的整改任务，形成整改动态管理长效机制，杜绝出现关于环保上访问题，确保环保迎检工作中不出现任何问题。重点把握项目工作。扎实做好“十三五”项目规划中期调整工作。十月是自治区“十三五”项目规划中期调整的关键时期，各部门务必高度重视，将此项工作作为当前的一项重要工作对待，务必将支撑拉孜县经济发展的重要项目列入到“十三五”项目规划中期调整中，为拉孜县“十三五”快速发展备足后劲。积极做好项目前期工作。凡事预则立，不预则废。项目办要发挥好牵头作用利用现有人力、物力、财力，全力做好项目前期跑办工作，县项目办务必 2017 年完成 2018 年所有项目的前期手续工作，为明年全面开工做好准备。县政府其他各部门务必树立“一盘棋”思想，高度重视项目前期跑办工作，积极配合项目办开展好项目前期工作，切实形成拉孜县项目前期

跑办的强大合力。严格做好巡视整改工作。近期，县委、县政府多次召开会议，就区、市巡视督办事宜整改工作提出了明确要求。各级各部门务必将巡视整改工作作为当前一项重要的政治任务对待，思想上务必高度重视，各级各部门负责人务必落实好第一责任人责任，严格按要求做好整改工作，切实做到立行、立改、真改。

（王 康）

政府办公室工作

【概况】 2017年，政府办公室紧扣“参谋、服务、协调、督办”主题，开拓创新，锐意进取、圆满完成了全年各项工作任务，有力推进了政府各项决策的贯彻落实，为政府工作的高效协调运转提供了有力保障。拉孜县人民政府办公室（人民防空办公室、政府法制办公室、应急办、信访局）是县政府的综合办事机构，具体承担县政府的日常政务和事务性工作，行政编制5名，其中：科级领导职数1名。设主任1名，副主任4名。

【当好参谋助手】 年内，围绕政府中心工作进行调研，形成《政府工作报告》，提出新一年政府工作规划和措施，立足县域实际，紧贴民意，受到人大代表和社会各界的好评；围绕县委全委会、县政府全体会议等重要会议决策、部署展开专题调研，为领导起草汇报、讲话稿、会议材料100余件，受到县政府领导的充分肯定；认真做好基层经验的总结和推广，多次深入基层进行调研，及时总结、推广部门和乡（镇）工作中的成功经验和好的做法，促进了政府工作效能的进一步提升。

【综合协调，促进高效运转】 年内，狠抓重大决策部署的落实协调。对《西藏自治区2017年重点工作任务》中涉及拉孜县的工作，及时分解落实到有关部门。为扎实开展拉孜县重点工作任务，贯彻落实市、县经济工作会议提出的一系列重要政策举措，根据各乡（镇）、各部门工作职责，制定《拉孜县2017年重点工作任务分解方案》，并明确牵头单位，促进全县重点任务的顺利推进；狠抓县政府重要会议、重大活动的组织协调。认真做好专题会议，2次县政府常务会议，15次县政府党组会议，以及电视电话会议及政府部门会议。严把工作程序，强化会前协调，提高了会议决策效率和质量；狠抓重点项目的协调。紧紧围绕日喀则“西部中心”、精准扶贫、青稞精深加工、光伏产业等重点项目建设；狠抓外部协调，主动加强与县委、人大、政协办公室的联系沟通，及时交流信息，努力形成工作合力；注重加强同乡（镇）、县直部门的工作联系，确保了政令畅通；注意保持与上级机关的密切联系，确保上级决定和部署及时贯彻执行；狠抓信访协调，严格落实有关接访制度，积极配合信访部门做好上访接待工作，截至年底，信访局共接待群众来信来访28件、48人次；已办结案件28件，办结率为100%。

【督查督办，推动决策落实】 年内，政府办公室坚持“围绕中心、突出重点、抓住关键”的思路，认真开展督促检查，较好地完成了上半年督查工作任务。狠抓重要决定事项督促落实。加强对县政府全体会、常务会、党组会、专题会、经济运行分析会等重要会议决定

2017年4月20日，拉孜县政府办主任、党支部书记李正主持召开支部学习会

事项落实的督促检查，适时通报落实情况；狠抓重点建设项目管促检查。对2017年重点项目，与县专项办等相关部门不定期的现场督查和明察暗访，对发现问题的施工单位，责令限期整改，并及时反馈整改结果，促进全县项目建设保质保量按期推进；狠抓领导批示件的督查反馈。对区、市、县领导同志批示件、督办件，加强督促检查，逐件跟踪督促，共督促、办理、反馈各级领导批示落实情况200余件；狠抓“两会”建议提案办理工作，针对市政协委员会交办的提案，及时转交有关部门办理后，在规定时间全部办复。县“两会”交由县政府系统办理的县人大代表建议44件、县政协委员提案15件，逐件明确了承办部门和办理要求，促进办理工作顺利推进。

2017年3月15日，拉孜县政府办副主任林媛开展法制宣传活动

【信息报送】 年内，政府办公室紧紧围绕全县中心工作和领导关心的热点、难点问题，及时收集、上报、反馈政务信息，信息服务职能得到充分发挥。做好信息上报工作。围绕市政府办公室信息要点和拉孜县政府中心工作，及时上报拉孜县农业、教育、卫生、旅游、民生工程等方面的信息620条，获得日喀则市县（区）信息报送第6名和县级信息报送先进集体的良好成绩；精心做好政务信息引导工作。印发县政府办公室《关于进一步做好政务信息报送工作的通知》；按季度通报信息采用情况，调动报送单位的积极性。

【规范办文程序】 年内，严把公文报送传批、草拟、送审签发、复核和盖章等关口，确保政府公文高效运转、准确规范。截至年底，共发出县政府文件638份、县政府办公室文件97份，没有出现一例退文现象。进一步健全完善公文运转登记、传阅制度，公文传办规范有序，公文管理去向清楚、传达及时。共登记签收、传阅中、区、市文件资料1019余件，加快推进电子政务，共发出县政府及县政府办公室文件、通知等各类电子公文余件。进一步强化对办公室系统全体人员保密知识宣传，全员保密意识不断增强，没有发生涉密文件丢失和管理不善等泄密问题。

【应急管理，确保规范运行】 年内，妥善处置突发事件。积极应对处置锡钦乡抗洪抢险事件，以及道路交通、生态环境、食品安全、防汛抗灾等突发事件；规范应急值守工作。严格执行应急值守制度，规范节假日的值班值守，严格执行应急办公室24小时值班带班制度，并要求全县11个乡（镇）每日16：00报告工作情况，坚决杜绝瞒报、漏报、谎报；完善应急预案体系，制定《拉孜县应急预案管理暂行办法》，先后召开多次全县应急专题会议，明确任务分工，加强全县应急工作的顺利进行，确保全县安全稳定；加强应急队伍建设，按照市政府要求，拉孜县及时成立县应急办，县政府主要领导负总责，分管副县长为主要负责人，办公室主任及副主任为应急办主任、副主任，以乡（镇）为单位组织了11支应急小分队。

【后勤管理】 年内，坚持在“实”字上做文章，做好、做实、做细机关后勤管理工作，促进管理、保障、服务工作有机统一。严格财务管理。认真执行中央“八项规定”、自治区“约法十章”“九项要求”和市一级关于反腐倡廉的有关规定，健全完善财务管理相关制度。严格落实三公经费管理制度,严格依法理财,切实履行会计职责,合理调配资金。稳步推进固定资产清理工作;加强干部职工餐饮改善工作。对干部职工伙食收费标准进行降价,从原有的10元/餐下降到7元/餐;认真做好会议服务。加强对会议室的管理,明确会议室的使用范围、使用程序,规范会前准备、会中服务、会后整理等会议服务工作标准和要求,有效提升会议服务工作质量和水平。截至年底,提供全县各类会议服务300余次,未出现差错;强化后勤服务管理。进一步增强服务意识和管理力度,继续做好机关水、电等设施维护,绿化、美化、亮化工程,卫生保洁、机关食堂管理等日常工作;认真抓好公车管理工作。制定出台《拉孜县公务车辆暂行管理办法》,规范公务车辆使用和维护,加强安全驾驶教育,保障行车安全;加强机关安全管控。在县委、县政府大院安排保安24小时值班,严格人员出入和车辆通行管理,强化了重点部位的安全防范,坚持昼夜巡逻检查制度,加强机关内部的安全保卫、消防检查和行车停车管理;加强后勤接待工作。严格落实反腐倡廉有关规定,接照相关要求,控制接待规模、陪同人员、保障标准。

【自身建设】 年内,坚持定期召开支部会议和办公室例会,班子成员带头加强学习,共讨工作难题,促进办公室各项工作顺利进行。及时调整班子成员分工,形成了服务政府和服务领导的整体合力。健全完善办公室成员AB岗工作制,强化职责分工,推进相互协作;加强干部作风建设,紧紧围绕县委深化作风建设活动的部署要求,在“巩固、提高、拓展、深化”上下功夫,通过开展“比学赶超”技能比拼活动,切实提升人员工作技能。结合“两学一做”学习教育,提高干部素质、密切干群关系。

2017年6月5日,召开拉孜县2017年第一次信访工作联席会议

【“两学一做”学习教育】 年内,根据县“两学一做”办公室安排部署,结合办公室工作实际制定《关于推进“两学一做”学习教育常态化制度化实施方案》,责成专人负责此项工作,明确开展“两学一做”学习教育的目标要求、参加范围和重点任务,细化学习教育的具体步骤,明晰了时间节点。加强政府办党支部全体党员党性修养,开创党内教育新常态,保持发展党的先进性和纯洁性,全面有效地推进“从严治党”新局面。

(王 康)

信访工作

【概况】 拉孜县信访局为政府办公室下属副科级行政单位,现有核定编制3个(信访接待中心占2个事业编制),其中信访局副局长目前空编,实有人数1名属于信访接待中心,信访工作具体由政府办主任、副主任负责。2017年,拉孜县信访局认真贯彻落实中央、区、市关于做好信访工作的一系列重要精神,坚持从改革、发展、稳定的大局出发,为党的“十九大”胜利召开提供良好的信访环境为落脚点,高度重视和加强信访工作,扎实开展矛盾纠纷排查化解工作和县级领导接访活动。

【办信接访】 年内,信访局共接待群众来信来访28件、48人次;

较2016年同期上升2件、人次同期上升16人次,其中有20件为拖欠民工工资(机械费)案件,7件寻求政府帮助的来访事件,已办结案件28件,办结率为100%。从2017年的信访受理数量分析,热点问题主要还是民工工资、机械、砂石款拖欠情况。

【组织领导】 2017年认真落实信访工作责任制,加大信访工作力度,及时报请县委、县政府对信访工作联席会议领导小组作出调整,新成立以县委副书记、县长巴桑旺堆为第一召集人、政法委书记、公安局局长、政府各副县长等为召集人的领导小组。并定期分析信访形势、准确把握信访苗头、及时研究应对措施,形成"主要领导亲自抓、分管领导具体抓"的信访工作机制。同时为提高拉孜县信访工作的应急反应能力和处理突发事件的水平,妥善处理突出问题和群体性事件,2017年进一步完善了信访突发事件应急处置预案,保证拉孜县在发生重大信访事件时能够及时、高效、有序地开展工作。

【健全机制】 拉孜县逐步加强信访组织机构建设,按照市委、市政府提出的"预防源头化、排查常态化、渠道畅通化、化解实效化、处置法制化、责任倒查化、体制科学化"总要求,拟定了拉孜县信访工作机制,并通过第四次县长办公会、第九次县委常委会上研究审议,出台《拉孜县信访联席会议关于实行信访工作约谈制度的规定(试行)》《拉孜县信访接待工作制度(试行)》《拉孜县信访工作管理办法(试行)》等工作机制,信访组织机构建设日益完善。认真履行信访职责,取得了较好的成绩。包括各乡(镇)在内的信访联席成员单位在各自分管的信访领域上,未曾出现因"不作为、乱作为"等因素导致的群众非正常上访现象。

【责任落实】 及时传达贯彻"全市2017年信访工作联席会议"精神。2017年6月5日,县长巴桑旺堆主持召开"拉孜县2017年信访工作联席会议"并提出了:正视问题、认清形势,切实增强做好信访工作的思想自觉和行动自觉;突出重点、一抓到底,切实把信访工作抓常抓好、抓出成效;强化措施、压实责任,务必确保信访工作落实到位取得实效的意见建议。认真落实信访工作责任制,加大信访工作力度。为进一步提高拉孜县信访工作水平,强化属地责任,明确各单位的信访工作职责、规范工作程序、提高信访工作能力,结合拉孜县实际年初信访局与各信访工作联席成员单位签订《拉孜县2017年度信访工作目标责任书》责任期限为一年。《责任书》共有5个大点和16个小点,明确了信访工作原则和目标管理任务,并对失职造成的各类信访问题给出了详尽的解释。7月20日、11月13日先后信访分管副县长温双龙主持召开了"拉孜县2017年第二、三次信访联席会议"安排部署信访各项工作。

【畅通信访渠道】 年末联合县人社局到各乡(镇)、各工地下发"讨薪服务卡"并宣传相关政策,及时解决人民群众反映的各类问题。继续运用好自治区网上信访信息系统,按照区、市两级要求及时将上访件录入信访信息系统,其概况登陆完整规范,内容分类与信访目的尽量不选"其他",而做到登记准确,并将情况核实后,转交到相关责任单位办理。在转交的同时,拉孜县信访局随时跟踪督办,责任单位办理的信访件未存在超期办结件,确保本级信访事项及时录入、按期受理、规范办结。

【排查调处】 开展矛盾纠纷排查化解工作,是有效化解社会不和谐因素的一项重要措施,是维护社会稳定的基础性工作。按照中央、区、市关于维护社会稳定工作的部署和要求,坚持以人为本,积极认真开展矛盾纠纷排查化解工作,切实解决关系群众切身利益的矛盾和问题。在重点节前夕做好信访全面排查隐患工作。先后下发《拉孜县关于做好当前信访矛盾纠纷排查化解工作的紧急通知》,关于转发《关于做好2017年春节、藏历新年和自治区"两会"期间矛盾纠纷排查化解工作的通知》,关于印发《拉孜县2017年春节、藏历新年和自治区"两会"期间信访工作应急处置预案》《拉孜县关于做好全国"两会"、三月期间信访工作的紧急通知》,切实做好重点节点的信访工作。根据拉孜县群众来访特点,为解决拖欠民工工资所引发的信访问题，特印发《关于做好本辖区内外出务工人员、外来务工人员信息登记工作的通知》，要求全面掌握各辖区内外出、外来务工人员的基本动态，并做好相关登记工作，定期对民工工资发放情况进行回访，提前掌握因拖欠民工工资问题而存在的上访隐患，确保矛盾纠纷化解在基层促进社会局势稳定发展。

【宣传力度】 年内，为进一步规范信访工作行为，引导群众依法逐级上访，真正实现精准信访、法治信访，开展“依法有序信访 合理表达诉求”集中宣传活动。活动以悬挂横幅、发放宣传资料《信访条例》《便民服务卡》等形式，集中向群众宣传什么是信访、反映诉求有哪些途径、信访事项的办理流程、信访人上访应该注意事项等指示，重点突出“诉”“访”分离逐级走访制度，进一步提高了群众的法律意识和法律素质。

【“两学一做”学习教育】 结合“两学一做”学习教育，切实抓紧抓好，不断提高信访工作的有效性和针对性，依据相关法律法规和政策，认真进行答复。充分了解掌握情况和群众诉求的基础上，依据法律法规和政策，分门别类的进行答复。解决好群众关心的难点热点问题。进一步加大信访问题的处理和督办力度，不断提高做好信访工作的能力和水平，及时有效地化解各种矛盾，为幸福拉孜建设营造和谐稳定的社会环境。深入开展信访工作群众满意评价活动，使党的宗旨观念切实落实到维护信访群众的合法权益上来。

【精准扶贫】 年内，按照县委、县政府精准扶贫工作的安排部署，坚持把精准扶贫工作作为全年工作重中之重，统一思想认识，强化组织领导，认真排查精准扶贫、精准脱贫中存在的信访隐患问题，及时化解。

（拉姆次仁）

中国人民政治协商会议拉孜县委员会

【概况】 中国人民政治协商会议拉孜县委员会于2012年7月15日举行挂牌仪式，这标志着政协机构正式成立。2017年，主席1名，副主席4名，办公室主任1名，副主任1名，科员2名。政协第二届拉孜县委员会委员名额为117人，第三次会议增补委员3名，实际委员115人，共分11个界别。

【政协第二届拉孜县委员会第二次会议】 3月18日，政协第二届拉孜县委员会第二次会议在县委党校报告厅隆重举行。县政协副主席索朗欧珠主持会议，会议应到委员112人，因病因事请假8人，实到104人，符合法定人数。会议共分三项议程，全体委员起立奏唱国歌；听取次仁主席代表政协第二届拉孜县常务委员会向大会作常务委员会工作报告；听取晋巴加措副主席代表政协第二届拉孜县委员会向大会作提案工作报告。

【政协第二届拉孜县委员会第三次会议】 12月19日，政协第二届拉孜县委员会第三次会议在县委党校报告厅隆重开幕。会议由县政协第二届拉孜县委员会第三次会议副主席索朗欧珠主持，会

2017年11月22日，拉孜县政协党组书记、主席次仁带领政协考察组到普兰县考察现代农业示范基地

议应到委员115名,因事因病请假25名,实际到会委员90名,符合政协章程规定。县政协党组书记、主席团主席次仁受政协第二届拉孜县委员会常务委员会委托,向大会作工作报告。县政协二届三次会议主席团常务副主席晋巴加措受政协第二届拉孜县委员会常务委员会委托,向大会作提案工作报告。12月20日,大会以无记名投票的方式,补选政协第二届拉孜县委员会2名常务委员。经大会选举,巴桑卓嘎、次仁央拉当选为政协第二届拉孜县委员会常务委员。政协第二届拉孜县委员会第三次会议历时3天,圆满完成各项议程,于12月21日下午闭幕。

2017年11月5日，拉孜县政协党组召开理论学习会议

【召开提案交办会】 8月22日,在政协会议室召开政协第二届拉孜县委员会第二次会议提案交办会。会议由政协党组书记、主席次仁主持,18家涉案单位负责同志和政协办公室在家干部参会会议。在政协第二届拉孜县委员会第二次会议上政协委员围绕拉孜县的经济、稳定、民生等方面提出共46件,经政协第五次主席会议审查立案39件,7件因不符合中国人民政协协商会议全国委员会提案工作条例,作为意见建议处理。提案交办率已达100%。

【第四次常委会议】 3月20日,在政协会议室召开,应到常委17名,实到17名,政协主席次仁主持会议。会上,先后审议通过《关于召开政协第二届拉孜县委员会第二次会议的请示》《政协拉孜县委员会2017年度文史资料征编工作的实施方案》《2017年度政协工作要点》等事宜,一致通过。

【第五次常委会议】 5月26日,在政协会议室召开,应到常委17名,实到17名,政协主席次仁主持会议。会上,审查《第二届拉孜县委员会第二次会上的广大委员提出的提案,并对提案进行立案及意见建议的筛选》;审议《提案交办会召开时间及结办时间》、2017年度文史资料《后藏温泉-拉孜篇》《政协拉孜县委员会上半年工作总结,下一步工作计划》等事宜,一致通过。

【第六次常委会议】 9月20日,在政协会议室召开,应到常委17名,实到15名,政协主席次仁主持会议。会上,听取和审议《关于组织政协委员赴阿里地区视察的请示》、"基层政协委员联络办购置办公设备"相关事宜,一致通过。

【政治理论学习】 年内,坚持以建设学习型组织为抓手,把学习摆在首位,贯穿始终。根据年内各级党委的要求,认真制定理论学习计划。采取每月党组理论学习、讲党课等形式,及时传达学习党的十八大以来重大会议精神、十九大精神及三级"两会"精神,学习习近平新时代中国特色社会主义思想,特别是人民政协的新思想、新论断、新要求,学习《中共中央关于加强人民政协协商民主建设的实施意见》,学习区党委、市委、县委的重要会议精神。通过学习,使政协委员、干部职工牢固树立"四个意识"、坚定"四个自信",增强协商为民、履职为民的责任感、荣誉感和使命感。

【委员考察学习】 11月20—29日,组织政协委员前往阿里地区部分县考察学习精准扶贫、产业发展等先进经验和好的做法，并形成考察学习报告1份。

【紧扣中心履职尽责】 年内，常委会坚决贯彻习近平总书记关于"懂政协、会协商、善议政"的重要指针和俞正声主席关于"政协不是靠说了算，而是靠说得对"的履职要求，以及对西藏政协工作提出的"把政协作为一个平台，大家共同商量，共同研讨，使民族团结搞得更好，藏传佛教发展得更好，老百姓的生活改善的更好"的要求。常委会始终把履职好政治协商、民主监督、参政议政职能，助推拉孜经济发展作为政协履职的第一要务。

【文史资料征编】 年内，根据市政协每年文史资料征编工作的要求，次仁主席带队文史征编工作小组，本着"亲历、亲闻、亲见"工作原则，扎实开展文史资料收集工作。先后，利用为期8天时间，对拉孜县温泉资源进行收集资料，并形成汉藏双语版《后藏温泉－拉孜篇》，充分发挥文史资料"存史、资政、育人、团结"的作用。

【协助各级政协调研】 年内，积极配合做好各级政协领导及其他地市到拉孜县调研的有关工作。各级政协领导到拉孜县对"补齐拉孜县重点农业科技成果转化工作"、创建民族团结进步示范县工作、传统和发展民族藏医药、食品药品监管等进行深入开展调研工作，拉孜县政协全力配合上级调研小组的工作。

【设立乡镇委员联络办】 年内，按照加强人民政协协商民主建设意见，2017年县政协党组研究决定设立基层政协委员联络办，并认真组织制定《拉孜县设立基层政协委员联络办的实施方案》，推选委员联络办组成人员等工作，县政协党组领导多次到各乡镇检查指导政协委员联络办设立及工作开展情况。

【办公室筹备各种例会】 年内，政协办公室围绕政治协商、参政议政、民主监督三大职能，精心组织、周密安排。完成政协第二届拉孜县委员会第二次、三次会议，历次常委会议、主席会议、党组会议和支部学习会议的筹备工作，尽职尽责完成好各项工作任务。

【办公室综合协调】 年内，政协办公室注重加强与各单位的工作协调，在机关全面推进首问责负制，确保各项工作件件有着落、件件有结果、确保政协工作的顺利开展。

（多　吉）

政协办公室工作

【概况】 中国人民政治协商会议拉孜县委员会办公室于2012年7月成立，办公室编制2人，实际人数4人，其中办公室主任1名、副主任1名、科员2名；4名均为藏族，中共党员4名。

【办好各种例会】 年内，政协办公室围绕政协中心工作，精心组织，周密安排圆满完成2017年二届二次会议。通过组织政协二届二次全委会、常委会、主席会议，就拉孜县经济社会发展中热点、难点问题进行协商讨论。配合区、市两级政协各专委会完成调研任务，做好到拉孜县开展调研、视察活动工作组的协调、接待工作。

【提案办理】 年内，在政协二届二

2017年5月17日，拉孜县政协党组书记、主席次仁一行到萨迦县拉旺加开展收集文史资料工作

次会议共收到委员提案46件，审查立案39件，立案率达到84.7%。提案内容，涵盖了拉孜县社会、经济、文化和民生等各个方面，集中反映各界人士和广大群众的意愿和诉求，大大提升委员们提案书写和提案质量。委员的提案从数量看，呈现逐年增长趋势，从办理结果看，县委、县政府及有关部门对提案办理高度重视，采取有效措施，认真进行办理，立案提案办复率、满意率均达到97%。

【完成各项专题调研】 年内，协助区、市政协组织就民生、环境卫生、产业发展、精准扶贫、易地变迁方面重点工作进行调研，完成《拉孜县创建民族团结示范县工作调研报告》《拉孜县传统和发展民族藏医药调研报告》《拉孜县食品药品监管调研报告》《拉孜县补齐重点农业科技成果转化工作调研报告》4篇调研报告。

【开展“提升委员履职能力”活动】 年内，根据全国政协、西藏政协《委员履职工作规则》，完善拉孜县《政协委员管理暂行办法》，进一步明确委员的权利和义务，健全委员履职档案，完善履职量化考评办法。2017年，完成11乡镇政协机构建立，简称“××乡（镇）政协委员联络办”，成立乡镇联络办，联络办由各乡镇党委书记或乡长分管，统战委员具体负责，成员由本乡镇区、市、县三级政协委员和乡镇干部组成；配备主任1名、副主任1名，成员3—5名组成，解决各乡镇联络办购置设备2万元资金，共计22万元，同时签订政协拉孜县委员会2017年乡镇政协工作目标责任书，进一步强化领导、细化责任、明确工作。

【文史资料整理】 年内，政协拉孜县委员会认真贯彻落实《政协日喀则市委员会关于认真收集“后藏温泉”文史资料通知》要求，县政协主席次仁带头深入温泉所在乡（村）以及跟温泉历史有关的萨迦县部分村开展了收集工作，并用“双语”收集拉孜县锡钦温泉和秋古温泉的文史资料，完成《文藏温泉－拉孜篇》共印发120份。

【政协工作“三化”建设】 年内，全市政协系统中开展“提升委员履职能力”“加强基层政协组织建设”活动为载体，在指导实践，推动工作上下功夫，制定和完善《日喀则市拉孜县政协委员联络办宣传栏》《拉孜县11个乡镇政协委员联络办成员形象栏》《办公室党支部宣传栏》《党员制度》《发展党员流程》等规章制度，为创新开展政协各项工作提供了制度保障。

【自身建设】 年内，结合“两学一做”学习教育常态化制度化和党风廉政建设等工作为载体，制定学习计划，完善学习制度，县政协党组认真开展“两学一做”专题教育，组织党员集中专题学习会25次，心得体会24篇，认真落实“三会一课”制度，每月召开一次支部委员会、一次党小组会议、讲一次党课，每季度召开一次党员大会，按时召开民主生活会、组织生活会。在支部民主生活会上，各个敞开思想，襟怀坦荡，敢于正视问题，做到深刻剖析、自我批评、自我查摆，营造全体党员干部讲学习、讲忠诚、正风纪、转作风、提效能的浓厚氛围。

（巴桑卓嘎）

2017年3月18日，拉孜县政协副主席索朗欧珠主持召开政协第二届拉孜县委员会第二次会议

纪律检查

【概况】 拉孜县纪检机关由纪委、监察局和11个乡镇纪委组成。县纪委、监察局干部队伍由15人组成，其中县纪委书记1名，副书记1名，监察局局长1名、副科级纪检员1名，工作人员共11名(含监察局)。纪委常委5名、纪委委员13名。乡镇纪检干部队伍由11名专职纪委书记和22名纪检专职干部组成。

2017年10月，拉孜县纪委监察局下设纪检监察信息中心。12月，根据深化国家监察体制改革试点工作要求，成立拉孜县监察委员会，中共拉孜县纪律检查委员会与拉孜县监察委员会合署办公，履行纪检、监察两项职责，实行一套工作机构、两个机关名称。2017年12月21日通过拉孜县第十三届人民代表大会第三次全体会议，依法选举产生监委主任1名，在拉孜县十三届人民代表大会常务委员会第十次会议上，提名任命监委副主任2名，委员2名。

拉孜县纪委、监委机关现有行政编制8个、转隶编制6个、事业编制3个；拉孜县纪委监察局下设3个科室，分别为办公室、党风政风监督室、纪检监察室；实有干部16人，行政干部14名、事业干部2名；男性干部11人，女性干部5人；本科学历13人，大专及以下学历3人；藏族干部11人，汉族干部5人。

【支部主题党日】 年内，坚持每月开展“支部主题党日活动”，每次确定一个活动主题，通过党员自觉缴纳党费、集体唱国歌、重温入党誓词、集体诵读党章、组织集中学习十九大精神、开展志愿服务和文体活动等，进一步增强党组织凝聚力、向心力和战斗力。

【理论学习】 年内，纪委监察局坚持紧抓理论学习，通过周五集中学习、专题学习、自学等形式，认真学习上级纪委的决策部署和相关业务知识，领导干部带头发挥“传帮带”作用，传授工作经验，县纪委监察局干部理论知识和经验不断提升，切实做到打铁必须自身硬。

2017年4月12日，西藏自治区纪委常委、监察厅副厅长尼玛次仁（右五）一行到拉孜县调研

【党建促脱贫】 年内，县纪委监察局干部在重点节日，先后3次深入拉孜县芒普乡秋古村开展结对帮扶慰问活动，为37户群众送去卡垫、铜质暖瓶、高筋面粉、清油、砖茶、棉被等慰问品和慰问金，共计51296元，并教育引导贫困群众树牢“勤劳才能致富思想”，带领群众寻找致富门路。同时，协调相关单位引进温泉改造扶贫项目，争取石材费用74000元，组织群众参与修路增收25万余元。

【九届拉孜县纪委二次全会】 年内，召开中国共产党拉孜县第九届纪律检查委员会第二次全体会议，认真安排部署2017年党风廉政建设工作，协助县委分层次制定目标责任书，县委与县(处)级领导、各乡镇、各单位和各派驻纪检组一一签订，层层传导压力，层层压实责任，全县党风廉政建设“两个责任”得到进一步深化和巩固，党风廉政责任落实金字塔正在逐步构筑完善。

【“党风廉政365”微宣传】 年内，为进一步增强党员干部群众的党风廉政知晓率，创新性开展“党风廉政365”微宣传活动，依托拉孜

2017年11月1日，县委常委、纪委书记尼玛次仁组织全县纪检监察干部和巡察干部深入学习党的十九大和县委九届四次全会精神

窗口微信平台，打造精品廉政文化，共发布廉政小故事37则、廉政法规22条、廉政战报28篇、廉政短信67条，积极在全县范围内营造风清气正的廉洁氛围。

【建立廉政档案】 年内，要求全县县级领导干部、各乡镇和县直单位主要负责人、县处级退休干部如实填写个人事项报告，建立个人廉政档案52份，在上级纪委进行备案，使党员领导干部习惯在约束和监督中工作生活。

【降低廉政风险点】 年内，坚持把好源头关，开展提拔调整干部任前和部队生源集体谈话3次，教育党员干部178人，做到及时提醒、提前打好预防针，有效降低党员领导干部廉政风险点。

【反腐败协调工作】 年内，为充分发挥反腐败工作协调小组职能作用，组织召集县公安局、县人民检察院、县人民法院等反腐败工作协调小组成员单位召开2018年全县反腐败工作协调小组会议，传达学习《西藏自治区党委反腐败工作协调小组2017年工作要点》及《西藏自治区纪检监察机关人民法院查办涉嫌违纪违法犯罪案件协作配合规程》等文件精神，进一步加强各职部门之间的沟通协调、相互配合、相互支持，有力推动拉孜县党风廉政建设和反腐败工作。

【落实中央“八项规定”】 年内，坚持认真贯彻落实中央“八项规定”精神，紧盯重要节点和关键少数，在重要节前必定重申中央“八项规定”精神，及时转发上级纪委《关于重申严禁党员干部违规操办“升学宴”“谢师宴”的通知》和落实中央“八项规定”精神的要求，采取不定时、不定点、明察暗访等形式，共开展县域内监督检查25次，县与县之间交叉监督检查2次，做到监督检查全覆盖、无死角、无禁区，以实际行动确保中央“八项规定”精神在基层落地生根。

【纠正“四风”】 年内，坚持纠正“四风”问题不止步，加大监督检查力度，深挖细查发生在群众身边享乐奢靡和隐形变异的不正之风，做到该问责的不手软，该报上级纪委的不遮掩，切实持续整治“四风”顽症。

【促进作风转变】 年内，及时印发《拉孜县全面排查清理党员干部参与赌博问题的通知》《2017年拉孜县纪委关于贯彻禁酒通知精神情况专项检查方案》等，督促全县党员自觉签订禁酒禁赌承诺书690余份，签订不信教承诺书3915份，加强对党员干部执行制度的监督检查，让党员干部知敬畏、存戒惧、守底线，做到8小时内和8小时外一个样，党员干部遵守各项纪律要求和执行制度要求逐渐变为自觉，进一步促进作风转变。

【把好廉政“审核关”】 年内，严格把关新任干部、各类评先评优、党组织和党员干部等廉政审核，共审核党组织和党员干部1296人次，对党风廉政不达标或作风不严的党员干部和党组织，实行“一票否决制”，取消其提拔使用和评优评先资格。

【运用“四种形态”】 年内，坚持把运用“四种形态”贯穿至整个监督执纪工作始终，把诫勉谈话、约谈、提醒谈话等作为重要抓手，及时纠正和制止党员干部苗头性、倾向性问题，做到防微杜渐。2017年共开展提醒谈话15人、约谈17人、诫勉谈话5人。

【监督检查】 年内，坚持把群众的利益放在第一位，聚焦扶贫民生领域，紧盯重点区域、关键少数，加大扶贫领域和作风方面的监督检查力度，严查窗口单位脸难看、事难办、吃拿卡要，严查扶贫资金兑现不及时、扶贫政策落实不到位和扶贫项目推动不力等问题。

【村级监督】 年内，及时安排专项人员开展村干部离任经济责任审计、理清村级财务等方面的监督检查工作，及时纠正存在问题，引导村务监督委员会发挥作用，加强对村级财务、惠农资金、扶贫项目的监督，确保监督无禁区、无死角、全覆盖。

【高压态势惩治腐败】 年内，共受理巡视巡察、上级纪委、相关单位移交的问题线索及群众来信来访、自查自办案件共18起，其中立案件2起，了结件6起，正在初核件4起，待办件4起，经初步调查核实后按照干部管理权限移交市纪委处理2起。开除党籍、开除公职1人；此外，对2016年3起问题线索开展立案审查，涉及6人，其中给予党内严重警告、行政记大过1人，给予党内严重警告1人，给予党内警告3人，给予行政警告1人。

【扶贫领域监督执纪】 年内，坚持把群众的利益放在第一位，严防群众身边的“微腐败”问题，聚焦扶贫民生领域、紧盯重点区域、关键少数，及时制定出台《扶贫领域问题线索快查快办机制》，深挖细查侵害群众利益的不正之风和腐败问题线索5起，办结4起，正在初核1起。给予诫勉谈话2人，谈话提醒6人，通报曝光2起。

2017年7月7日，县委常委、纪委书记尼玛次仁开展讲党课活动

【彰显巡察利剑作用】 年内，坚持对上级巡视巡察反馈意见不讲理由、不讲条件、照单全收、全部整改，做到不拖延、不打折，开展提醒谈话3人，廉政谈话1人，约谈13人。坚持把巡察机构建设放在首位，强化机构设置、强化人员配置、强化制度建设，组建巡察办、巡察组长人才库，解决编制、办公用房、经费等问题。2017年，共开展三轮巡察工作，巡察11家单位，向县纪委移交问题线索8起，有力彰显巡察利剑作用，进一步形成强大的威慑力震慑力。

【素质能力提升】 年内，坚持强化纪检监察干部自我监督，健全内控机制，自觉做到正人先正己，打造一支对党忠诚、干净、担当的纪检监察干部队伍，切实严于律己、严以用权、敢于担当，确保党和人民赋予的权利不被滥用。2017年，共举办2期全县纪检监察干部业务培训班，同时积极争取纪检监察干部到西藏自治区和内地参加培训学习12人次，安排5名乡（镇）纪检干部到拉孜县纪委跟班学习，全县纪检监察干部素质能力不断得到提升。

【监察体制改革】 年内，按照自治区和市委深化改革办公室要求，拉孜县纪委及时制定《拉孜县深化国家体制改革试点工作实施方案》，成立工作小组和工作小组办公室，认真摸清转隶人员、转隶编制、转隶案件等情况，积极做好转

2017年5月10日，拉孜县2017年度第一期纪检监察干部业务培训班正式开班

隶人员思想工作，经依法选举产生监察委员会主任1名副主任2名、委员2名，及时接收转隶未办理问题线索1件、转隶固定资产台式电脑2台，笔记本电脑3台，打印机1个，速录机1个，照相机1个，于2017年12月29日正式挂牌组建成立拉孜县监察委员会。

（王　孟）

援藏工作

【概况】 自第八批上海领导援藏以来，紧贴拉孜县发展实情，以保障和改善民生为出发点，巩固“日喀则西部中心”地位为原则，始终坚持贯彻“产业促脱贫”工作，围绕构建现代产业体系，推进特色产业发展，聚焦基础设施建设，在狠抓经济建设的同时，不折不扣地落实一系列惠民政策，推动社会事业的全面进步。受援项目年度指标及涉及领域2017年度援藏建设项目共计13个，总投资6116万元其中教育项目2个，产业扶持项目2个，医疗卫生服务项目3个。民生项目2个，其中包括设备采购、培训软项目4个。

【基础项目】 在拉孜镇建设藏鸡养殖场，新建鸡舍、鸡蛋仓库、孵化室、设备房等生产厂房以及相关附属配套设施等。建成后由相关村农业合作社运营管理，预计惠及建档立卡贫困户500户、2088人。总投资1000万元；在农业园区一期工程基础上，建设生态温室4000平方米，完善水泵房等配套附属设施，进一步提升园区配套功能。惠及建档立卡贫困户60户、192人（总投资1300万元，2016年已安排1000万元），总投资300万元；拉孜县拉孜镇新农村示范点建设内容：在柳乡西嘎村农牧民整体搬迁示范点实施道路硬化、给排水、配套设施等辅助工程，总投资1045万元；扶持拉孜中学信息化网络基础设施建设、信息化管理平台建设及应用系统建设，支持拉孜中学乒羽室内球馆建设，总投资660万元。对拉孜县人民医院进行改扩建，支持“二级甲等医院创建工作，内容包括新建急诊部227平方米，业务用房200平方米，连廊500平方米，围墙700平方米，硬化道路927平方米，场地硬化1704平方米，发电房60平方米，消防配套设施260平方米等。支持上海市医院结对帮扶工作（由上海方实施，60万元），总投资860万元；建设“3185”党员先锋服务驿站，在热萨乡强公村318国道5000公里处，配套建设集党员服务站、大学生村官创业基地、西藏特色产品展卖点于一体的党员先锋服务驿站，开设免费休息室、医疗救助点、民政帮扶点、重点名胜古迹路线指导点、民俗文化展览厅和民族手工艺品展卖点，带动周边群众增收。总投资30万元；针对贫困人口，开展驾驶技能培训。其中，装载机、挖掘机技能培训30人，汽车修理20人，农业科技培训20人，为贫困户实现就地就近就业脱贫创造条件；总投资68万元；安排拉孜有关乡镇基层党建、教育、卫生等人才赴沪培训，邀请上海专家来藏讲学，总投资60万元；支持拉孜县平措林乡、芒普乡等5个乡镇卫生院添置医疗急救车为基层应急医疗体系建设创造基本条件，总投资200万元；实施远程医疗影像与会诊中心（二期工程），实现拉孜县相关医院日喀则市人民医院——上海相关医疗服务平台的影像服务医疗会诊、医疗培训等业务远程对接，添置相关诊疗设备提升当地诊疗救治能力，总投资432万元；建设智慧拉孜车辆区间管控平台，实现针对拉孜县范围内过境车辆的智能管控，内容包括建设车载智能终端，车牌识别系统，现场执法系统，交通诱导系统，智慧交通软件管理平台开发及相关设施建设等；建设拉孜县项目管理中心电子审图室和电子资料库建设项目，总投资1210万元。

【教育援藏】 援藏干部邀请日喀则市上海实验学校6名主课援藏骨干教师，对县中学所有毕业班学生进行考前辅导，共有665名毕业生参加中考，在全市24所初中学校中排名第7，比2016年上升4名，92名学生达到了内地藏高中班录取分数线，158名学生被自治区重点高中录取，470名学生达到普通高中分数线创下县中学中考排名的最好历史纪录。援藏干部筹集到15万元资金，对2017年中考表现突出的优秀老师和学生进行表彰奖励。同时，上海鲁交测控科技有限公司捐助10万元爱心助学金，对县中学100名品学兼优的贫困家庭学生进行资助；主动与社会上的爱心人士积极对接，结对帮困助学100多名学生。另外，把杨浦区教育局机关工会组织募捐10多袋衣服及物品，及时发放了给县中学驻村点困难村民。

【医疗援藏】 上海市杨浦区市东医院第二批援藏医疗队各队员充分发挥自身专业特长，与拉孜县卫生院内科、外科和检验科医生结成一对一或一对多的师徒关系，通过日常查房、手术示教、病例讨论、专题讲座、危重病人抢救等方式，进一步提高本院职工的基本知识、基础理论、基本技能和常见疾病的诊治水平。

上海市杨浦区市东医院第二批援藏医疗队2017年共开展全院性业务培训讲课5次，内容包括《人感染H7N9禽流感防控知识》《急腹症》《创伤的急救及处理》《腹腔镜胆囊切除术的护理》《心脏电复律及除颤仪的使用》。科内小讲课20余次。同时上海市杨浦区市东医院第二批援藏医疗队与医院护理部和妇科、眼科、五官科等科室进行学术讲座1次，开展远程系统讲党课1次。并于6月深入拉孜县扎西岗乡开展义诊活动，期间共发现高血压，冠心病，胆囊炎，关节病变各10余例，并现场免费予以相关药物治疗。

在上海市杨浦区市东医院第二批援藏医疗队的帮助和带领下，拉孜县医院开创"首例"手术、治疗及检验项目。即：外科开展了上消化道穿孔急诊手术、小切口胆囊切除术、小切口阑尾切除术、小儿腹股沟疝修补手术、急性胰腺炎的后腹膜引流治疗及胸腔置管闭式引流等手术治疗共计10余例次。骨科开展了腘窝囊肿切除术、多发开放性粉碎性跖骨骨折内固定、肩锁关节脱位内固定、髌骨骨折内固定、膝关节游离体切除、胫骨平台骨折内固定、掌骨多发性骨折内固定、胫腓骨骨折内固定、三踝骨折内固定、锁骨骨折内固定、桡骨远端骨折内固定等多项3、4级手术及骨折外固定术共计30余例。内科开展了胸腔置管抽液引流、内镜检查及内镜下上消化道出血止血治疗共计近20例次。同时指导本院医生完成《拉孜地区麻疹流行情况报告》论文撰写1篇。检验科依照首批援藏队员设计的施工图纸进行实地考察，充分听取医院检验科意见，根据拉孜高海拔，低气压等气候环境特点，计划购置符合需求和标准的实验室设备，并为微生物室制定了"临床微生物检验SOP""临床标本采集手册"等一系列相关文件，同时开设符合临床需求的实验室项目，如"血气分析""抗酸染色""结核抗体""革兰氏染色"等。

（宋键钧）

群 团

工会工作

【概况】 2017年,拉孜县总工会行政编制3人,实有4人,其中1名主席、1名副主席主任科员、1名主任科员和1名副主任科员,大学学历2人、大专学历2人,男性2人、女性2人。全县共建有各类工会组织总数为56个,工会会员达8163名,其中,县直部门工会组织20个,国有企业工会组织1个,基层农民工会委员会13个(农民工会员达6672人),农牧民工工会委员会13个,非公企业工会组织9个(会员人数达353人)。拉孜县总工会会员中有劳模5人(自治区级劳模3人,市级劳模2人),在档困难职工44户。

【政治理论学习】 年内,紧紧围绕制度建设,建立完善理论中心组学习制度、周五例会学习制度、党员学习制度等。

2017年,集中学习相关会议和文件精神共计67次,自学18次,坚持不懈地开展思想政治工作,引导干部职工努力培育和践行社会主义核心价值观,弘扬爱岗敬业,拼搏奉献精神,增强广大干部职工立足本职、开拓进取的责任感和使命感。

【"四讲四爱"主题教育实践活动】 年内,拉孜县总工会召开"四讲四爱"主题教育实践活动动员部署大会,在思想上始终保持与区党委、市委、县委高度统一,在行动上紧跟上级步伐,始终把深入开展好此项活动作为当前宣传工作的主要任务来抓。结合工作实际,制定"四讲四爱"方案,落实实施主体和责任主体,制定开展工作的详细计划和日程安排,进行宣传宣讲活动,开展"四讲四爱+"("四讲四爱"+强基础惠民生活动、"四讲四爱"+"两学一做"教育实践活动和"四讲四爱"+农牧民生产生活)宣讲新模式。

通过"七一"基层党员重温入党誓词宣誓仪式;"十一"村

2017年1月20日,拉孜县总工会主席尼玛占堆主持召开在档困难职工"三大节日"慰问座谈会

2017年8月22日，发放在档困难职工生活救助金

级升国旗唱国歌仪式；“3·28”西藏百万农奴解放纪念日宣传纪念活动；新旧西藏对比故事会；爱国歌曲大家唱活动；“美丽乡村人人有责”清洁环保活动；“移风易俗、破迷信、除陋习”大讨论；“手拉手、富帮穷”结对帮扶活动；“尊法学法守法用法”从我做起活动；“脱贫致富靠双手、技能培训进万家”活动；“乡村好人大家学”系列宣传活动；“民族团结榜样”推选活动等让群众全面了解“四讲四爱”主题教育实践活动。2017年共宣讲8场次，受众达1260余人，制作宣传栏4块、宣传展板2块，悬挂横幅、标语11条，以群众喜闻乐见、贴近群众生活的方式开展宣讲工作，充分调动干部、群众的积极性、主动性，受到广大群众的热烈欢迎。

【学习贯彻中共十九大精神】 年内，拉孜县总工会认真学习宣传贯彻落实中共十九大精神，制定学习方案、学习计划、研读计划、宣讲计划等，充分发挥“两学一做”学习教育常态化制度化、“四讲四爱”主题教育实践活动打下的良好舆论基础、思想基础、群众基础，从更高层次讲好中国故事，更好凝聚和传递正能量。采取理论和实践、历史和现实、当前和未来相结合的方法，引导干部群众把中共十九大精神的每一点都领会深、领会透。

【开展“送温暖”活动】 年内，拉孜县总工会投入资金总计10.7万元。按照日喀则市总工会要求，把格力集团赠送的4台高压电饭锅及时发放到困难职工手中；开展“三大节日”慰问活动，对全县在档企事业困难职工、非公有制企业困难职工44户、环卫工人共计87人送上6.84万元的节日慰问金；开展在档困难职工救助活动，为全县44名在档困难职工分两次发放共计8.8万元的生活救助金；开展金秋助学活动，及时兑现考上大学的40名困难农民工子女共计15.6万元的助学帮扶资金，3月一线干警开展集中慰问活动，为全县奋战在基层一线的干警发放共计3.26万元的慰问金，为4名生活困难的职工发放共计1.7万元的生活及医疗救助金；开展干部结对帮扶活动，及时兑现干部职工结对帮扶11户群众共计0.77万元；开展以“送温暖、送文化、送法律、送政策、送医送药”为主要内容的“喜迎十九大·工会服务在基层”系列服务职工活动，为拉孜县困难职工排忧解难，切实做到把党和政府的温暖、工会组织的关心送到职工群众手中，当好职工群众信赖的“娘家人”。

【组织建设】 年内，按照日喀则市总工会要求，根据2017年全区工会“农牧民工入会集中行动”目标任务分解表，针对外出务工六个月以上人员，在务工返乡后进行宣传鼓励集中入会，2017年新入会农牧民工3422人，农牧民工入会率达85%以上。结合区、市两级工会基层组织建设工作规划，继续开展“双亮”“双爱双评”活动，按照基层工会规范化建设规划，努力巩固县总工会“六有”目标和乡镇工会组织“八有”目标建设。截至年底，全县乡镇工会组织“八有”达标共计8个，2017年上报3个，按照分期达标，条件成熟一个达标一个的要求，预计2019年全县11个乡镇全部完成达标。

拉孜县总工会积极争取资金，向上级工会争取到单位办公设备和乡镇工会设备款10万元，为热萨乡、扎西岗乡职工之家相关设备购置争取到资金28.9万元，兑现曲下镇、热萨乡、查务乡乡镇“八有”规范化建设达标资金共计6万元，按照“哪里有职工，哪里就有工会组织”的方针，以巩固和发展并举作为组建工会和发展会员的主线，不断发展符合条件的基层工会组织。截至年底，拉孜县党政机关、事业单位、国有企业建会率达到100%；规模以上非公企业（符合四要素）建会入会率达到92%。

2017年2月12日，拉孜县开展“深化五项教育、增进五个意识”主题“五下乡”活动在扎西岗乡演出

【财务管理】 年内，拉孜县总工会在进行工作调研的基础上，结合工作实际，认真查找工会经费收缴中存在的问题，加大对工会经费收缴的力度，2017年在拉孜县财政局提取工会经费共计258.5805万元，上缴日喀则市总工会经费共计124万元。除正常开支外，剩余资金将按照中央“八项规定”、自治区“约法十章”和“九项要求”严格管理使用。通过参加上级财务培训和自学的方式，不断提升财务人员业务综合素质，提高财务管理水平，提高资金使用效益。

【岗位技能培训】 年内，拉孜县总工会工作人员参加第八次全市职工队伍状况调查员培训会、全区工会网上工作培训、全市工会财务人员培训、全总“送教到基层”法律保障培训等，共计4次，较好地提升业务素质与能力。根据上级工会组织的要求，充分体现党和政府以及工会组织对常年坚持在高海拔地区工作的广大干部职工的关怀，满足干部职工保健和医疗预防方面的基本需要，更好地调动广大干部职工投入拉孜县经济社会事业发展和维护社会稳定的积极性和创造性，2017年拉孜县推荐1名县级干部职工到区外疗（休）养。

【法律宣传】 年内，拉孜县总工会利用“3·28”西藏百万农奴解放纪念日宣传、“4·15”全民国家安全教育日宣传、“6·2”民族团结日宣传、“9·16”平安西藏宣传日等时机，在拉孜县城悬挂宣传横幅、张贴宣传标语并发放宣传单页，积极开展《合同法》《中华人民共和国社会保险法》《中华人民共和国职业病防治法》《职代会条例》等一系列维权法律法规政策的宣传活动，同时积极宣传《女职工劳动保护特别条例规定》《中华人民共和国妇女权益保障法》《女职工保健工作规定》等女职工权益保护法律法规，开展“心系农牧民工·工会服务在基层”法治宣传活动，积极营造工会组织工作的社会氛围和舆论声势。结合“七五”普法，有针对地对《中华人民共和国劳动合同法》《中华人民共和国劳动法》《中华人民共和国工会法》《西藏自治区职工思想教育读本》《进城务工人员指南》等法律法规进行宣传宣讲，共组织宣传活动12次，发放藏汉双语宣传资料4650余份，切实提高广大职工群众的法治意识。

（尼玛占堆）

共青团工作

【概况】 2017年，共青团拉孜县委员会现有3人，正科1人，科员2人。2017年，拉孜县14—44岁青年31640人，14—28岁青年15803人，团青比例43.4%，设有

133个团组织(5个机关团支部;11个乡镇团委、98个村团支部;2个学校团委),14家青年文明号单位,法治副校长13名,少先队辅导员11人。

【预防青少年违法犯罪】 年内,为做好拉孜县预防青少年违法犯罪帮教工作,进一步掌握青年服刑人员和服刑人员家属的思想动态和生活情况,杜绝服刑人员再犯罪,切实维护社会稳定。年初开展慰问服刑人员未成年子女活动。活动共计走访5户家庭,其中有2户建档立卡贫困户,受益未成年人10名。3月22日,拉孜县常务副书记施忠民在团委负责人及锡钦乡党委书记、刑侦大队和辖区派出所,对锡钦乡锡钦村刑事帮扶对象家中进行走访慰问,共计送出现金及慰问物资1万元。

【创新活动载体】 3月9日,团委组织"雷锋精神你我传递 魅力拉孜县从我做起"万人签名活动。3月28日,团委于锡钦乡增村驻村点开展纪念活动,活动内容包括拔河、拉绳子、绑腿跑、踩气球、堆谐等内容。拉孜高中举办"翻身农奴要把歌唱"校园十佳歌手比赛活动,由团委书记索央、校长闸墩、副校长王玉国为获奖选手颁发荣誉证书及奖品。

开展"缅怀革命先烈 弘扬传统文化""网络安全宣传周""10·1"向国旗敬礼等主题活动。为鼓励全体学生传承美德,寄托哀思,抚慰英灵,激励学生们的爱国热情,让大家牢记历史、珍惜幸福生活。4月1日,团委联合教育局于县中学举行主题活动,由学生代表在国旗下演讲,追思先人养育之情。4月7日,团县委联合教育局、宣传部共同组织县中学初一年级学生开展义务植树造林活动。

4月27日,由团县委主办,县教体局、宣传部、总工会协办的"践行四讲四爱 争做时代好青年"的主题活动在党校会议室举行。经过初赛、半决赛、总决赛,拉孜县最终在总决赛上拿到学生组第二名、农牧民组第二名、机关组鼓励奖的好成绩。7月7日,团委协助拉孜县中学开展红歌大家唱活动。6月9日,召开全县团委书记座谈会,听取各团委书记团干的意见与建议,为下一步开展工作打下基础。5月7日,拉孜团县委积极配合团市委在拉孜高中会议室举办"青春在创业中闪光 梦想在奋斗中实现"为主题的青年创新创业典型巡回分享会。此次分享会主要针对拉孜县未就业大学生、高三年级成绩较差学生、部分乡镇待业青年,参会人数共计160余人。7月组织开展日喀则市第二届珠峰创业创新大赛拉孜分赛,脱颖而出的两个优秀参赛项目参加日喀则市第二届珠峰创业创新大赛并分别晋级决赛、半决赛,还组织他们参加创业创新成果展。

联合总工会、妇联开展各类活动:"深化五项教育 增进五个意识"五下乡活动、红歌比赛、暑期返乡大学生支教活动、第三届干部职工运动会、福利院慰问活动等等。以村(居)组织换届为契机,切实做好村(居)团组织换届选举工作,建立健全村(居)团组织,建设充满活力、坚强有力的基层共青团组织,进一步激发和增强基层共青团组织的吸引力、凝聚力、战斗力,积极协调县换届办使村团支部书记候选人

2017年10月31日,上海市杨浦区团委向拉孜县大学生志愿者发放生活安置费

2017年4月27日，团委组织开展"践行四讲四爱争做时代好青年"演讲比赛

进入到村(居)"两委"班子候选人或由"两委"班子成员候选人兼任，各村团组织换届选举已基本完成。

【大学生志愿者管理工作】 拉孜县现有11名大学生志愿者(2017年新来2名志愿者)，通过上海第八批援藏小组的积极协调，为项目办争取到与上海杨浦区团委15万元的为期3年的志愿者安置费保障合同，这将大大提高拉孜县西部计划大学生志愿者的生活水平，也为下一步争取更多的人才提供强有力的经费保障。2017年，团委为志愿者争取到包干经费，解决他们的交通费用问题。10月4日，团委开展"庆中秋国庆"志愿者慰问活动。10月31日，召开大学生志愿者座谈会，会上向服务满1年的9名大学生志愿者发放拉孜援藏小组争取的每人5000元的生活补助，共计45000元。

（王中一）

妇女工作

【概况】 拉孜县妇女联合会成立于1963年4月，2017年，有4人，行政编制3人，工人1人。

【规范化建设年活动】 年内，妇联坚持以制度抓党建、制度促党建，努力构建党建工作长效化机制，通过完善、制定多项党建工作制度，推进党建工作管理规范化建设。建立健全党员谈心谈话制度、学习制度、党费缴纳制度、工作问责制、会议议事制度等一系列规章制度，进一步推动党建工作规范化、制度化；把党费交纳列入"主题党日"规定动作，根据相关文件精神，及时核定调整党费缴纳基数，建立党费台账制度。妇联3名党员，已缴纳党费1476余元；严格落实"三会一课"制度。年初即制定党支部学习计划，紧紧围绕中心工作，把落实"三会一课"制度与落实行政工作同步实施，切实做到将支部工作与行政工作同时布置、同时落实。

【发挥党员先锋模范作用】 年内，读原著、学原文、悟原理，以实实在在的成绩展示学习效果，自觉学习《中国共产党章程》，以《中国共产党章程》严格要求自己，做"四讲四有"党员；在践行"两学一做"学习教育常态化制度化中时刻以一名合格党员的标准严格要求自己。走村入户，与群众促膝而谈，倾听百姓的心声，了解百姓所盼，帮助他们找问题、出主意、想办法、理思路、谋门路。

【"四讲四爱"主题教育实践活动】 年内，召开"四讲四爱"动员部署会议。明确活动载体、目标、意义、指明努力方向，夯实活动基础。妇联干部要站在战略和全局的高度，充分认识开展"四讲四爱"主题教育实践活动的重要意义；围绕"四讲四爱"开展重温入党誓词活动。教育引导党员干部牢记党章、遵规守纪，努力践行"四讲四爱"主题教育实践活动，充分发挥模范带头作用，以实际行动为党旗增光添彩；宣讲新旧西藏对比、三个离不开、维护祖国统一、维护民族团结、维护社会和谐的典型事例，用通俗易懂的语言，深入讲解开展"四讲四爱"主题教育实践活动内涵。参与的妇女群众和尼姑纷纷表示会认真牢记历史、饮水思源、知党恩、跟党走、报党恩，永做爱祖国的好群众。

【落实小额贴息贷款】 年内，妇联帮助部分妇女脱贫致富，为其寻找项目，积极与市妇联联系，使部分贫困妇女用小额贷款来开商店，藏餐，从事编织业等项目。2017 年妇女创业申请贷款 3 户，发放贷款 50 万元，并通过鼓励致富女能人壮大生产经营规模，带动农村妇女劳动力转移，为 83 名贫困妇女解决增收难，就业难，有效解决广大妇女群众创业就业资金困难问题，使更多妇女群众走上致富路。

2017年11月13日，妇联组织曲下镇曲下村召开“会改联”第一次妇女代表大会

【妇女儿童发展规划实施“四项措施”】 年内，以“大地之爱·母亲水窖”项目为契机，争取“母亲水窖”资金 57 万元，在拉孜县锡钦乡岗西村新建，解决该村 85 户，663 人，3993 头（只、匹）吃水困难问题，得到当地农牧民的高度评价；县妇联慰问贫困户、单亲母亲、残疾妇女等每位送给现金 500 元和母亲邮包，一名乳腺癌慰问金 1 万元。同时干部职工走访慰问了解自己的结对帮扶困难对象，为他们送去现金 5600 元、大米、砖茶、保暖衣物等慰问品。深入贫困户家中进行实地解家庭情况，鼓励她们自强不息，勤劳致富，尽快脱贫致富。

【妇女思想政治教育】 年内，组织广大妇女学习中共十九大精神，自治区第九次妇代会精神，上级妇联各项会议精神及县委，政府的各项决策等会议精神，通过学习进一步提高广大妇女的理论水平。让妇女们掌握相关的妇女方针政策。全县共召开大小会议 12 余次，参加人数2628 人。以“三八”国际劳动妇女节、“3·28”西藏百万农奴解放纪念日、“七一”中国共产党建党日等重大节日庆祝活动为契机，组织开展妇女代表座谈会以及系列文体活动，丰富广大妇女的生活，激发妇女的精神活力，同时锻炼各级妇女组织的工作能力；在广大妇女中开展维护稳定教育，引导妇女不信摇，不传摇，坚定信心，自觉维护社会局势稳定。采取多渠道，多形式在妇女群众中广泛宣传党的方针政策，国家法律法规，努力构建社会主义核心价值观体系；县妇联始终把《两规》的宣传放在重要位置，常抓不懈。利用每年“三八”国际劳动妇女节、“六一”国际儿童节以及“三八”妇女维权周等节庆采取多角度，多层次，全方位的宣传男女平等基本国策和《中华人民共和国妇女权益保障法》《中华人民共和国婚姻法》《中华人民共和国未成年人保护法》等法律法规，教育引导广大妇女进一步了解法律知识，增强法律意识，同时还开展防艾宣传活动，普及防艾知识，有效提高广大群众尤其是妇女群众的防艾意识；成立妇女维权信访工作领导小组，妇联主席兼任领导小组组长，11 乡镇妇联主席为成员，开通维权“12388”热线服务。

【发挥“妇女之家”作用】 年内，丰富基层妇女的文化生活，加强妇女群众之间的沟通，增进邻里关系起到积极作用。其次“文明创建”活动得到较好的开展。组织妇女群众围绕“家”字做文章，充分发挥妇女组织的优势，引导广大妇女群众和家庭积极参与文明和谐环境整治活动，多种形式地积极开展普法宣传活动，普及法律知识，增强家庭成员法律意识和法制观念。积极开展预防和制止家庭暴力宣传活动，及时化解各种家庭矛盾和纠纷，营造学会尊重，相互关爱的和谐家庭环境。

【技能培训】 年内，针对农牧区“就业难”的问题，以培训为抓手，以促进就业为基点。让广大妇女群众增强自身素质，增强脱贫致富的信心和决心。2017 年培训主要内容是卡垫、氆氇、帮典，旅游纪念品等，通过培训增强广大农牧民妇女利用实用技术发家致富能力。

【自身建设】 年内，坚持“党建带妇建、妇建服务党建”宗旨，把妇联基层组织建设纳入党的基层组织建设大局，统一部署推进，切实增强基层组织的活力。妇女组织按照“妇女之家”活动安排部署，切实把活动作为当前的重要任务来抓，经过认真组织学习，增强妇女群众的理论学习能力，使广大妇联干部的思想观念、理论素养、工作方式更加符合科学发展观的要求。坚持重心下移，深入基层，深入群众，加强调查研究，了解妇女需求，总结新鲜经验，有效推动工作的创新发展。丰富活动载体，树立先进典型，促进社会和谐稳定。充分发挥妇女和家庭的特殊作用，将评先选优作为党建的品牌工作。广泛开展“最美家庭”“五好文明家庭”，在推进社会和谐发挥重要作用。积极推进《拉孜县妇女发展规划（2016—2020 年）》《拉孜县儿童发展规划（2016—2020 年）》的制定与实施。

【“会改联”改革试点】 11 月 15 日，将选取曲下镇曲下村为改革试点村，将以前的村妇代会改为村妇女联合会。选举 1 名妇联主席，1 名专职副主席、1 名兼职副主席，5 名执行委员，扩充村级妇女组织力量，补起实际工作“短板”，有利于扩大基层妇女的代表层面和参与程度，不断增强基层妇女组织凝聚力和战斗力。

【村妇代会选举】 年内，根据市委“3 个 10”换届工作要求和上级妇联“三确保、一配强、一提高”的选举目标。拉孜县 98 个行政村已全部完成村级妇联组织换届选举工作，确保各村妇代会主任进“两委”比例达到 100%，配强村级妇联组织班子。

（边巴仓决）

2017年6月1日，妇联举办“大手牵小手、书香飘我家、庆六一——迎十九大”亲子共读夏令营活动

军 事

人民武装

【概况】 2017年，拉孜县人民武装部以强军目标为引领，以深化国防和军队改革为主线，深入贯彻军委和战区、陆军、军区和分区党委决策部署，积极适应新体制新职能新使命，深入推进政治建军、改革强军、依法治军，着力举旗铸魂、聚力备战攻坚、奋力开新图强，努力建设具有铁一般信仰、铁一般信念、铁一般纪律、铁一般担当的人民武装部，人民武装部建设实现新跨越。

【理论武装】 年内，组织学习习近平主席在中国人民解放军建军90周年纪念大会和国庆阅兵上的讲话，学习“7·26”重要讲话，切实用习近平总书记系列重要讲话精神统一思想、武装头脑、指导实践、推动工作。中共十九大召开后，及时组织官兵收看有关实况转播，采取领导领学、官兵跟学、个人自学的方式，逐字逐句原原本本学习中共十九大报告，并组织对新思想、新观点、新战略等进行交流解读，帮助官兵加深理解。组织官兵重温入党誓词，激发前行动力，保持纯粹初心。让中共十九大精神进社区、进校园、上街道，积极宣讲中共十九大精神。注重营造深厚学习氛围，为每名官兵购买辅导读本。通过多种方式，进一步增强官兵“四个意识”，强化举旗铸魂、看齐追随的政治自觉，切实为改革任务、强军目标实现提供可靠政治保证和强大精神动力。

【主题教育】 年内，以“四决不、四争做”为载体扎实开展“维护核心、听从指挥”主题教育，认真组织贯彻落实军委主席负责制专题教育，进一步打牢官兵信赖核心、维护核心、服从核心的思想基础和政治自觉。积极推进“两学一做”学习教育常态化、制度化，组织“坚决维护核心，严守纪律规矩”学习教育，围绕“三对照三查

2017年7月30日，县委书记陈钢一行到拉孜县人民武装部慰问官兵

纠”开展党委民主生活会，取得较好效果。开展党的十八大以来的辉煌成就学习教育，以及“学习十九大，奋进新时代、担当新使命”专题教育，切实把思想统一到中共十九大精神上来，把实际行动统一到实现中华民族伟大复兴的中国梦上来。

【脱贫攻坚】 年内，认真组织学习习近平主席关于脱贫的有关重要指示，增强政治自觉和行动自觉。建立脱贫攻坚领导小组，传达学习上级精神，分析致贫原因，研究脱贫对策。与县脱贫攻坚指挥组对接，根据结对帮扶对象实际情况，因户施策因人施策，与所在村乡（镇）两级共同研究脱贫办法，做到“脱真贫、真脱贫”，切实让群众认可，经得起考验。

【“双拥”工作】 年内，加强与拉孜县相关部门协调联系，发挥自身优势和能力，开展好“四进入”活动，密切同人民群众的血肉联系。共同筹划开展“9·18”全城鸣笛、全民国防教育日等活动，进一步增强各级各类人员对国防建设的认识，形成全民参与投身的良好局面；积极开展“双拥工作”，会同有关部门利用“三大节日”“八一”中国人民解放军建军等慰问驻地官兵和优抚对象，落实慰问资金2.8万元，确保政策规定落到实处。

【民兵整组及兵役登记】 年内，及时调整民兵整组及兵役登记工作领导小组，选送1名基层专武

2017年8月18日，县委常委、武装部部长张耀组织征兵政审

干部到昆明陆军学院参加人武干部专业培训，组织全县基层人武干部进行业务培训。按照“精干、管用、够用”的原则，及时调整完善基干、普通民兵组织，技术骨干民兵专业对口率达到85%。截至6月30日，兵役登记率达到80%。

【民兵训练】 年内，以做好对印军事斗争准备为牵引，以边防稳定为目标，结合县域人员分布和现有民兵情况、特点，分两批次组织民兵围绕应急处突、遂行急难险重等任务，按照常态化、专业化、规范化的要求对应急民兵队伍进行集中教育和训练，提高应急民兵整体训练水平。对应急民兵连进行紧急拉动2次，大大提高应急应战能力。

【国防动员调查和保障任务】 年内，及时调整健全县国防动员委员会。为应对洞朗军事对峙，拉孜县委主要领导先后4次召集县相关业务部门，对全县经济实力、道路抢通、食宿保障、医疗卫生、能源储备、人民动员等全面普查，掌握第一手真实资料。对军事专项行动道路保通、交通管制等进行专门部署，确保专项行动国防动员保障任务的圆满完成。

【健全各类组织】 年内，为加强组织领导，发挥组织功能，及时根据人员变动调整健全各级各类组织，为加强党的领导奠定组织基础。认真学习陆军基层建设工作会议精神，按照《军队基层建设纲要》要求，认真抓好八项经常性基础性工作落实，定期分析武装部全面建设情况。认真落实组织生活七项制度，建立星期一交班和落实星期五下午组织生活制度，确定每月5日为党费缴纳日，大大提高党员规矩意识和政治意识。

【守牢安全底线】 年内，广泛开展

"学法规、守法规、用法规"活动，学条例、明职责、抓整改。深入抓好倾向性问题解决，积极开展"参与赌博、不正当交往、基层不正之风"专项整治，抓早抓小抓苗头，建立长效机制，拓宽监督渠道。突出管住管好"人车枪弹密、黄赌酒油网"，加大基础设施投入，投入8000余元购置更新灭火器、消防水袋、电脑硬盘、湿度计等，确保"大事之年不出大事、改革之年安全稳定"。

【征兵工作】 年内，根据网上征兵及多征高学历兵源的要求，及时调整充实拉孜县征兵领导小组和征兵办成员。开通和安装"全国征兵网"系统平台，通过县电视台滚动播放征兵宣传专题片，利用电信、移动、联通网络发布征兵信息，进村入户广泛进行征兵宣传，大力宣传征兵政策，组织适龄青年参加网上报名、征兵政审和体检工作，完成年度征兵工作任务。

（潘海洋）

消防

【概况】 2017年，拉孜县公安消防大队完成自治区"两会"、春节、藏历新年、元宵节、全国"两会"、小考、中考、中共十九大等重要安保任务。大队坚持战斗力为标准，坚持依法从严治警，持续推进实战化练兵和正规化管理，不断提升部队实战能力和管理水平。实现火灾零伤亡、部队安全管理零事故、零违禁、零违纪，消防工作和部队建设发生深刻变化，形成竞相争优、整体向上的良好局面，消防执法水平不断提高，社会消防环境不断改善，为平安拉孜筑起一道安全屏障。

【宣传演练】 年内，拉孜县公安消防大队开展实战演练90余次，宣传50余次，大队深入寺庙、加油加气站、学校、医院等重点场所开展演练，提高实战能力，确保部队能够拉得出、打得赢。大队以演练、培训、宣传的一体化模式，对辖区单位开展培训及宣传，提高单位员工"四个能力"，确保每个单位有消防安全明白人。

【部队管理】 年内，拉孜县公安消防大队每月召开部队安全管理形势分析会，严格管理车辆、财物、部队内外舆论、官兵使用互联网等安全事故。为严防事故发生，严肃部队纪律，大队每周开展安全大检查，每月进行安全检查通报。持续深化"两个经常性"工作即经常性思想教育和经常性部队管理工作，大队主官针对性的对单位官兵思想状况情况做到情况清、底数明。开展一人一事的思想工作及时掌握问题、分析原因、化解矛盾，将隐患消除在萌芽状态。

【后勤建设】 年内，拉孜县公安消防大队进一步规范财务管理，降低行政成本和安全隐患，对大队财务报销模式进行完善，推动大队财务管理规范化，取得较好的实效。大队新建队站通过验收。

【火灾防控】 年内，拉孜县公安消防大队对学校、易燃易爆场所、九小场所等重点场所开展多次检查指导，并联合公安、民宗、安监等职能部门开展寺庙、电气线路、洗浴场所专项检查，有效遏制火灾事故苗头，为全县的火灾形势稳定提供强有力保证。尤其对寺庙

2017年10月1日，拉孜县公安消防大队官兵到辖区人员聚集场所开展"零点夜查"活动

2017年3月11日，拉孜县公安消防大队官兵到中心加油站开展“微型消防站”培训

电气线路改造和燃灯台采取隔热措施全程跟进督导，消除火灾隐患。年内，共检查单位1373家，发现隐患821处，督促整改隐患821处，下发责令整改通知书645份，办理行政处罚案件2起。严格行政许可审批制度，办理消防设计备案2起。大队约谈45家重点单位负责人，明确消防安全主体责任，健全工作机制，进一步明确消防专项治理工作重点，全面排查整治火灾隐患，为拉孜县发展创造良好的消防环境。

（段 林）

武警拉孜中队

【概况】 武警拉孜中队成立于1983年，前身为拉孜县民警中队，1985年更名为武警拉孜县中队，隶属于武警西藏总队日喀则市支队第四大队。

【支部建设】 年内，以中共十九大和习近平主席重要讲话精神为指导，大力加强思想政治建设，充分发挥党支部战斗堡垒作用和党员先锋模范作用，重点抓好两个群众组织（团支部、军人委员会）和三支队伍（干部队伍、党员队伍、士官队伍）建设，搞好骨干培训，确保部队建设的正确方向。2017年，全队官兵紧紧扭住“听党指挥、能打胜仗、作风优良”的强军目标，紧随改革强军步伐，把党的先进理论积极投身于多样化军事任务实践，确保部队战斗力稳步提升。中队支部严格落实七项组织生活制度，召开民主生活会，形成分析检查报告，制定整改措施，落实目标责任；坚持依法从严治军、坚持按纲建队，确保部队高度集中统一和安全稳定；全队官兵牢记使命、苦练本领、忠于职守、勤奋工作，圆满完成上级赋予的各项任务。

【思想政治】 年内，中队支部紧跟时代前沿、紧贴形势任务、紧扣思想脉搏开展思想政治教育教育，牢固树立政治作首位意识，着力培育“四有”革命军人，全面深入贯彻军委主席负责制。十九大召开后，中队及时成立理论宣讲小组，通过观看直播、热点解读、体会交流等方式，活用板报橱窗、网络广播等各类载体，迅速掀起学习十九大精神热潮。注重用好习主席系列重要讲话读本，原原本本学习习近平主席讲话，广泛开展“我最喜爱的习主席一句话”和“学主席讲话、做‘四有’军人”活动，不断强化官兵的核心意识。扎实开展“维护核心，听从指挥”主题教育，认真组织课后讨论，教唱革命歌曲，组织观看《将改革进行到底》《强军》和《不忘初心继续前进》等央视政论片，开展“每周强军故事会”活动，培塑身边典型，引导官兵坚定理想信念，争当强军先锋。在新兵下队时开展“一帮一、一对一”活动，在老兵退伍前期开展“老兵离队留什么，留队官兵学什么”活动，积极弘扬正能量，确保官兵思想上进。强力推进“四心工程”大力开展“深知兵、真爱兵”“懂得战士、尊重战士、成就战士”等活动，始终做到“三个关心”（关心战士生活、关心战士困难、关心战士成长），每周收集战士的意见建议和困难需求，并及时进行反馈解决。

【军事训练】 年内，中队按照《军事训练与考核大纲》，坚持支部每月议训，每周分析训练形势和安全工作。结合上级各类培训、集

2017年4月28日，拉孜县中队指导员苟小勇到曲下镇慰问老人

训等措施，加强中队军事人才队伍建设，注重发挥教练员“酵母”作用，大抓干部士官训练，提高干部士官组织指挥和教学能力，以干部士官训练带动中队整体训练水平。同时严格奖惩制度，坚持从难、从严训练，充分利用“五小练兵”“军事竞赛”等活动，强化官兵基础体能和“比学赶帮超”的训练氛围，有效发挥“政治工作八个到现场”，激发官兵训练热情，提升训练质量。

【后勤建设】 年内，中队始终以官兵是否满意为工作的出发点和落脚点，围绕服务大局、服务中心开展工作，不断提升后勤保障综合效益，狠抓后勤制度，搞好后勤经费物资管理，落实账目及财务公开，树牢“小而精”的理念。严把实物验收关和留验制度，立足中队实际，合理规划菜地，大力开展“两业生产”，丰富官兵的菜盘子。同时中队结合地域民族习惯，精心调剂，每周定期收集伙食意见，不断改善伙食，更新口味，做到粗菜细做、细菜精做，力求官兵最高满意率。

【战备工作】 年内，中队聚焦执勤战备工作，紧盯中心任务，狠抓常态执勤，加强实战化训练，提高履职执勤能力，以打赢三场维稳战役为牵引，教育官兵牢固树立“危险就在身边，战斗随时打响”的意识，修订完善战备方案，落实战备制度，圆满完成全年战备执勤工作。

（苟小勇）

法 治

政法工作

【概况】 1997年中共西藏拉孜县委员会政法委员会正式成立实设机构。到2017年底拉孜县委政法委员会下设科室7个(办公室、维稳办、综治办、国安办、党建办、防范和处理邪教问题办公室、法学会)。2017年,核定行政编制10人,实有干部18人,借调5人,公益性岗位1人;核定领导职数4人,书记1名(占职不占编),副书记、综治办主任1名,副书记、维稳办主任1名,综治办副主任1名,副主任科员2名;人员结构为男性11人,女性7人;藏族11人,汉族7人;党员17人,平均年龄30岁,其中大学本科学历8人,大专学历7人,高中学历3人。

【政法基础工作】 年内,深入推进政法队伍建设和司法体制改革工作,不断加强政法部门班子建设,顺利完成法官、检察官员额遴选,深入推进执法规范化和司法公正化,有效预防冤假错案的发生。拉孜县委政法委全面贯彻落实中央、区党委和市委政法工作会议精神,筑牢工作根基。严格落实各项从严治党、从严治警的纪律条令,进一步严明和规范政法队伍执法司法行为,制定政法公检法司一把手接访制度,大力提升政法队伍岗位技能培训,进一步延伸执法司法行政工作触角,锻造忠于党、忠于国家、忠于人民、忠于宪法法律的政法干警队伍。

【社会治理】 拉孜县社会治安综合治理工作坚持专项治理、系统治理、综合治理、依法治理和源头治理相结合,创新管理模式,提高服务效能,大力推进社会治安防控体系建设。全年,共排查道路交通安全隐患46处,查处道路违法行为526起,纠正教育5100余起,发生各类道路交通事故99起,死亡1人,受伤4人,直接经济损失56330元。共清查登记流动人口1835人,劝返各类证件不齐人

2017年3月10日,日喀则市委常委、统战部部长拉巴平措(左三)到拉孜县督导检查综治宣传工作

员1020人，清查各类商铺、行业场所9560家次，查处治安案件17起，治安罚款11人，治安拘留13人，警告7人，治安案件同比下降15%。受理网上违法行为案件8起，行政处罚6人，有力维护拉孜县社会、网络安全秩序。

2017年3月3日，县委常务副书记、政法委书记、公安局局长次仁带队检查寺庙佛事活动准备情况

【平安创建持续推进】 拉孜县委政法委始终坚持一手抓突出问题排查整治，一手抓体制机制建设，不断完善服务管理机制，规范平安创建标准，健全动态管理长效机制，结合“先进双联户”创评工作，深入推进平安建设工程。倡行睦邻和家、深化平安家庭建设，突出医患和谐、促进平安医院创建，保护师生安全，共建平安校园，创制乡规民约，共享平安村居。2017年，拉孜县基层平安创建率达到100%。

【夯实双联基础工作】 年内，及时调整充实领导小组，细化完善工作方案，逐层签订县、乡、村、联户长、联户单元五级责任书，制定县、乡、村、户长四级承包机制，确保工作有人抓、有人干、出实效。2017年，全县严格按照“先进双联户”创建评选工作机制，成功推选250个村级、50个乡级、16个县级、4个市级、1个自治区级“先进双联户”；并开通绿色通道为享受“先进双联户”加分政策的9名公务员考生和2名高考考生办理相关手续。根据“先进双联户”创建评选活动要求，逐步完善“双联户户长”培训宣传工作，按照每季度一次的标准，组织县乡两级综治人员深入全县11个乡镇开展户长职责、“10+2”联户任务以及“先进双联户”创评和户长绩效考核程序培训，全面提升双联户长和基层综治专干的履职能力。

【兑现惠民政策】 年内，按照规定标准，严格把关、全程监督，有序组织乡镇和村组足额兑现2016年度各级“先进双联户”奖励资金共92.78万元，及时兑现区、市、县、乡四级先进集体奖励资金共51.5万元，确保奖励资金兑现到民、惠民政策送到手。

【“10+2”联户任务落实】 年内，深入开展“走联户、察户情、解民忧、促平安、保增收”主题活动，全年共排查化解矛盾纠纷197起、组织群防群治队伍先后开展治安巡逻近7万余人次、排查整治社会治安重点地区300余处，各类安全隐患480余处。收集社情民意3000余条，帮扶困难家庭1382户4511人次，投入帮扶物资资金共计85.8万元。服务特殊人群560余人次。利用联保联担形式发放小额信贷10笔210万元；新增经济组织和经济实体15个，投资779.3万元，带动致富213户899人，实现增收297.1万元；村（居）换届中“双联户长”进入村“两委”班子成员41名，列为后备干部45名。有效实现联户增收、联户平安。

【矛盾纠纷排查】 年内，建立完善县级人民调解指导中心、两级109个调委会、8个行业性专业性调委会，3个企事业调委会，严格落实乡镇周报和县级月报的矛盾纠纷报告制度，共调解以婚姻家庭、邻里纠纷、山林土地、道路交通事故为主的各类矛盾纠纷72件。

【严打整治行动】 年内，深入开展严打整治系列行动，始终保持对各类违法犯罪活动的高压态势和凌厉攻势，全年共受理刑事案件29起、立案24起、破案22起，

（积案2起，隐案5起），现行破案率98%，案发率同比下降10%。抓获网上在逃犯3名，破获自治区公安厅挂牌督办的系列诈骗案、盗窃案、解救被拐妇女1人。全年共受理各类民（商）事案件89件，旧存1件，审结88件，结案率为97.78%。审结案件中判决3件，调解61件，撤诉24件，调撤率达96.6%。共受理执行案件15件，旧存案件5件，执结20件，执结率为100%。

【法治宣传】 年内，拉孜县综治成员单位按照综治宣传工作安排，利用综治宣传月、周、日和“4·15”国家安全宣传日以及中共十九大综治宣传活动为契机，组织60家综治成员单位，开展形式多样、内容丰富的综治宣传10余次，悬挂横幅600余条，发放藏汉“双语”宣传资料80000余份、提供法律咨询800余人次，开展法制宣讲79场次，法律宣传120场次，受教育人数达6万余人次。

【法律服务】 年内，拉孜县政法系统始终把加强自身建设作为事关社情民生的关键问题来抓，努力提升执法司法法律服务能力，牢固树立为人民服务的理念，始终围绕人民群众关注的热点，重点问题，不断完善执法司法法律服务便民利民措施，努力满足人民群众日益增长的司法法律需求。畅通人民群众司法诉求通道，以诉讼服务大厅、“12368”诉讼服务热线、诉讼服务网、车载流动法庭“四位一体”为诉讼服务平台，实现零距离为民服务的宗旨。诉讼服务大厅共接待当事人300余人次，“12368”诉讼服务热线提供咨询查询等服务350人次。

2017年10月10日，拉孜县举行十九大维稳安保誓师动员大会暨应急演练

【学习贯彻中共十九大精神】 年内，拉孜县政法系统认真贯彻落实区党委、市委和县委系列决策部署，以中共十九大胜利召开为契机，结合“四讲四爱”“两学一做”和“讲学习、讲忠诚、正风纪、转作风、提效能”主题教育实践活动，通过集中学习、个别体会等多种多样的形式，深入细致学习贯彻中共十九大精神。学以致用、学思行并重，深入各乡镇、村组、田间地头开展学习中共十九大教育实践巡回宣讲活动，进一步增强宗旨观念和四个意识，巩固筑牢维护稳定、促进发展的群众基础、思想基础。

【纠正“四风”】 年内，拉孜县政法系统坚持不懈纠正“四风”，确保务实节俭文明过节。在元旦、藏历新年、春节、“五一”国际劳动节、“六一”国际儿童节林卡节、端午节、中秋节、国庆节等重要节假日期间坚决落实有关规定，严格要求政法干警，加强党风廉政建设和加强机关作风建设，严格执行机关公务接待、公务用车使用管理制度，严格控制“三公经费”支出，未发生违纪违法现象。

【选拔任用干部】 年内，严格执行《党政领导干部选拔任用工作条例》（以下简称“条例”），建立干部任用提名制度，将民主推荐、测评的结果作为选拔任用干部的基本依据，严格执行干部选拔任用工作中的纪律，自觉遵守条例规定的“十个不准”，防止和杜绝选拔任用工作中的不正之风。

（陈正尧）

公安

【概况】 拉孜县地处国道318线

（上海至樟木）和国道219线（西藏拉孜县至新疆叶城）在辖区内交汇，是拉萨市和日喀则市通往阿里地区和日喀则边境线的最后一道“门户”，每年过往的中外游客数以万计。平均海拔4050米，辖区面积4505平方公里，下辖11个乡（镇）、98个行政村，共13638户58179人，暂住人口2331人，城区1—12月旅馆业登记入住流动人口达11万余人。

拉孜县公安局成立于1959年，正科级建制，民警编制为65人，现有民警213人，工人4人，辅警49人，公益性4人，自聘11人。其中：副县级2人，正科（主任科员）22人，副科（副主任科员）29人。内设办公室、政工室、法制大队、警务保障室、治安大队、刑警大队（含禁毒大队）等15个部门，管辖查务公安一级检查站、彭措林乡三级公安检查站和拉孜县看守所、拘留所，下设11个乡镇派出所和5个便民警务站。

2017年4月5日，拉孜县查务公安一级检查站站长、公安局政委索多主持召开公安局党委理论中心组学习会

【学习贯彻中共十九大精神】 年内，为认真贯彻落实中共十九大重要精神，深入开展系列学习活动，持续推进“两学一做”学习教育和“四讲四爱”主题教育实践活动，拉孜县公安局按照各级党委、政府及上级业务部门的部署要求，高度重视、精心部署、多措并举、扎实推进学习活动，确保中共十九大精神深入警心，切实用新的观点、新的理论武装头脑，指导实践。其间，制定细化学习方案和计划6份，动员部署全覆盖，开展理论中心组学习活动10场次，深入群众中开展集中宣讲15场次，参加县里举办的知识竞赛荣获三等奖、演讲比赛荣获二等奖。

【抓好年度中心工作】 年内，拉孜县公安局党委就明确以优异成绩迎接中共十九大胜利召开创造安全稳定社会环境的总目标，提出“三大工程”、实施“十项警务”的具体要求，同时，针对中共十九大安保工作，组织开展安保誓师大会，层层签订军令状，撰写决心书，联合开展综合演练12场次。同时，结合西藏自治区第九次代表大会、全市政法工作会议、全区公安处局长会议、全市公安工作会议、全区以及市委经济工作会议、拉孜县政府工作会议等一系列工作会议，制定相应任务分解方案，逐条逐项明确责任领导、责任部门、责任人，切实将各项工作一抓到底。并根据年度公安工作不同阶段、不同时期的任务性质和特点，适时做出总体部署和专项部署，从点滴做起，从细微入手，充分发挥公安维稳“尖刀”作用，严打违法犯罪行为，落实各项维稳措施，为实现中共十九大安保工作目标奠定坚实基础。

【情报信息收集】 年内，以国保战略支撑点建设为契机，建成以情报中心为龙头，国保大队为支撑，各基层一线部门为着力点的全警“三员”信息员队伍，建立健全情报信息会商、协作机制和例会、考核、讲评、通报及奖励制度，设立20万元情报专项奖励经费，深入开展国保动态基础调查和网上舆情监控，将一切影响稳定的不安定因素纳入工作视线，尤其是针对全县“十三五”重点项目、城区改造、灾后重建、异地搬迁项目建设过程中的焦点、热点问题以及征地拆迁、补助安置、劳资纠纷、草场纠纷等可能引发群体性事件的难点问题，全方位收集情报信息。

【安全生产】 年内，持续深入开展

2017年12月7日，拉孜县公安局组织开展第七届后藏物资交流会拉孜交易会安保工作

突出问题排查打击整治、交通安全“百日扫雷”、城区道路交通秩序综合整治、货车专项整治、“两客一危”、道路交通安全隐患大排查大整治等一系列专项整治行动，严格实行领导分片、民警分段包干的常态化工作制度，全面加强路检、路查工作，有效预防和遏制辖区内重特大道路交通事故的发生，为广大群众创造良好的道路交通环境。其间，共排查道路交通安全隐患路段46处，查处道路违法行为6900起，纠正教育5100余起，共罚款18万余元(已上缴国库)。截至年底，辖区内共发生各类道路交通事故99起，立案1起；死亡2人、受伤4人、直接经济损失56330元整，与同期相比事故起数下降15%，死亡人数下降50%，受伤人数下降43%，直接经济损失下降57%，均实现道路交通事故“双下降”的工作目标。持续深入地开展消防安全隐患排查工作，建立健全消防隐患排查联动机制，并将作为一项常态化工作来抓，发现和整改消防隐患43处，现已全部整改到位；按照公安部对看守“五化建设”工作要求、拘留所“三项重点”工作要求，已完成拉孜县看守所改扩建、新建拘留所相关基建工作，待验收后投入使用。完成“一带一路高峰论坛”“首届中国堆谐文化旅游节暨雅江骑行活动”、中共十九大和重大节日及辖区寺庙宗教佛事活动等一系列安保活动，确保辖区治安局势持续稳定。

【加大打击力度】 年内，深入开展“打击盗抢骗”“打黑除恶”“命案侦破”“打击拐卖儿童妇女犯罪”“打击电信网络新型违法犯罪”等一系列统一行动，始终保持对涉黑涉恶犯罪、严重暴力犯罪、多发性侵财犯罪、毒品犯罪等的高压态势和凌厉攻势，做到以打促防。其间，共受理刑事案件29起、立案24起、破案22起(积案2起，连带破隐案5起)，现行案破案率达98%。案发率同比2016年下降10%；刑拘17人，监视居住1人(已解除监视)，逮捕5人，起诉2人，抓获网上通缉的在逃犯3名(外省1名)。先后破获自治区公安厅挂牌督办的“12·02”次某系列诈骗案、“加某系列毛驴盗窃案”，解救被拐妇女1人(从甘肃解救)，极大地鼓舞士气、扬出警威。此外，公安局在严厉打击各类违法犯罪活动，加强禁毒宣传力度的同时，开展ofo共享单车违法行为专项行动，追回共享单车1辆，“善心会”非法组织专项清理排查工作，发现1名参与组织的拉孜籍人员(该人现甘肃境内，劝返当中)，落实3名“e租宝”受害群众的稳控工作。

【加大整治力度】 年内，按照“什么问题突出就整治什么，哪里治安混乱就整治哪里”的原则，先后开展“三个专项行动”“六项大排查”“社会重点地区大排查”“治安隐患排查”“三个不发生”等专项行动和“猎鹰”等统一行动，共清查登记流动人口1835人，清查各类商铺、行业场所9560家次，发现各类安全隐患580处，当场整改244处，限期整改136处；同时，采取有力措施，不断加强对易肇事肇祸精神病人等重点人和危爆物品、散装汽油等重点物品的管控，严格落实实名制和寄递行业3个100%制度，持续深入开展缉枪治爆行动，着力强化社会综合治理防控能力，及时查处1起违规邮寄管制刀具违法行为，收缴炸药3.5公斤、子弹71发、弹夹2个，雷管13根、管制刀具30把，堵塞一些漏洞、消除一些盲区，确保全县社会大局持续稳定。截至年底，共查处治安案件17起，同比下降15%，治安罚款11人、治安拘留13人、警告7人，查处率达到100%。

【加大防控力度】 年内，按照"一级接警、就近处警、多警联动、快速反应"工作原则，通过指挥中心与骑警队、警务站、派出所巡逻工作的有序对接，采取科学布点、有序布线、定点巡与流动巡相结合的方式，实现对辖区主要街道、重点部位的全天候防控，及时预防和查处一批违法犯罪案件。其间，共受理各类报警427起，有效警情131件，其中治安类警情12起，刑事类警情5起，交通事故类警情52起，群众求助报警29起，火警1起，举报2起，其他30起。

【加大查控力度】 年内，以查务公安一级检查站为依托，交通限速点、派出所检查点为支撑，严格落实"四必查、五不分"工作要求，重点加强人、车、物盘查验证力度，全面提升西线管控能力，有效将各类违法犯罪分子、危险物品堵截在外。其间，抓获网上通缉的在逃人员2起2人，劝返证件不齐人员1020人，协助兄弟单位查破案件12起，收缴管制刀具68把、易燃易爆物品煤气罐67罐、零散成品油260升（柴油180余升、汽油80升），查处各类道路交通违法行为526起，收缴假证61个，服务群众25000人次。

【指挥实战中心建设】 年内，依托公安局被公安部确定为"国保战略支撑点"的有利契机，投入7万元完成县局国保战略支撑点办公场所升级改造，强力整合各类社会资源，积极稳妥的对情报信息收集、信息数据系统进行"洗牌"，实现"打防控一体化"的总体目标。

2017年8月3日，拉孜县公安局开展首届堆谐文化旅游节期间文艺演出安保任务工作

【勤务基础中心建设】 4月24日，率先建成和启用全市首个县局"警务实战培训基地"，建成140平方米室内训练用房，1500平方米室外训练基地和攀登楼、障碍训练场等基础设施，投入11万元购置跑步机、人形靶、健身器等配套设施，解决民警日常教育训练方面场地缺失的困境，极大地调动全局民警组织、参与培训的积极性，有效提升民警教育培训质量。以推进执法规范化、提高办案质量为目标，借助公安深化改革东风，投资10万元正在打造集管理、监督、参谋、服务于一体的案管中心，为下一步推进案件集中式、闭环式、全流程管理，推动执法规范化建设打基础。

【公共服务项目建设】 4月25日，首个县级车管所在拉孜县正式启用，改写拉孜群众数十年来往返日喀则市办理机动车业务的历史空白，给拉孜和日喀则西部各县群众带来方便、快捷、高效的车管服务。其间，共办理摩托车注册登记3辆、办理6年免检16起。同时，为加强国道318线，热萨乡、柳乡、扎西岗乡、彭措林乡、吉定镇方向等公路的交通秩序管理和快速反应、快速出警处置交通事故，10月12日启用全区第一个国道交警中队柳中队。全面强化"两站、两员"建设步伐，从各乡镇"双联户"、联防队员中择优选取88名农村交通劝导员，投入2万余元购置包括反光背心、停车示意牌、宣传包、帽子、口哨在内的“四件套”农村劝导员装备，全面开启群防群治的道路交通安全管理工作格局，在基层交通管理工作中，发挥积极作用。

【教育培训】 年内，按照“两学一做”学习教育和“一服务，两活动”的推进措施要求，建立局党委理论中心组每月集中学习、支部每周学习、党员个人每天学习等基础上，切实抓好学习教育的常态化工作；深入推进落实“十二个一”工作措施，有针对性地开展思想摸排和谈心谈话工作，并有针对性地进行教育引导，帮助民警疏导情绪、化解矛盾；自筹资金打造5个党支部党员活动中心，为各支部组织召开党内生活会、支部会议、党小组会议、开展党建活动提供良好的场所。严格落实市局“强素质”阶段规定动作，并在训练科目上，增加学唱《义勇军进行曲》《人民公安向前进》以及《擒敌拳》等训练科目，保证训练内容的多样化。同时，按照《2017年拉孜县公安局教育训练工作计划》，组织开展警务实战技能、反恐防暴、防自焚等应急处突实战演练及枪支使用、单警装备等操作训练培训。

【监督管理】 年内，强化民警对《人民警察纪律条令》、“三项规定”等的贯彻执行，不断加强事前、事中、事后监督，严格队伍管理，先后出台学习制度、警务公开制度、请销假制度、禁酒令、保密工作规定、警用车辆管理规定、执法办案

2017年7月1日，拉孜县公安局开展“七一”中国共产党建党日宣誓活动

工作规定等一系列规章制度，做到以制度管队伍、促规范；科学合理地调整、修改、完善县局年度绩效考核，充分激发队伍活力，调动民警工作积极性。

【从优待警】 年内，正在积极协调落实一批科级干部选拔任用工作，让一批群众公认、能力强、想干事、会干事的干部能走上基层领导岗位；完善并落实从优待警若干措施，走访慰问因公受伤、生病住院、生活困难的民警；分别于“五一”国际劳动节、“七一”中国共产党建党日、“十一”中华人民共和国成立日等重要事件节点开展警营文化活动，进一步提升队伍的凝聚力、向心力。

【民生服务】 年内，按照精准扶贫的工作要求，在县局党委的统一安排部署下，全体党员民警以“集中慰问、逐户走访”的形式，先后为403家帮扶对象送去帮扶慰问金117920元和大米、面粉等慰问品。全面推进简政放权、放管结合、优化服务，着力营造公平正义的法治环境、优质高效的营商环境。全面清理行政审批、行政许可事项6大类405项，以户籍清理整顿活动为契机，从方便群众办证入手，推出“5+2”、节假日加班工作模式办证、主动上门送证或接送残疾、孤寡老人来所办理身份证等各项利民便民措施。

（格桑罗布）

检察

【概况】 拉孜县人民检察院于1978年建院，已走过39周年。2013年根据工作实际，按照拉孜县机构编制委员会通知要求，设立办公室（政工科、纪检组）、公诉科、侦查监督科（司法警察队）、反贪污贿赂局、民事行政检察科、监所检察科、检察技术科、反渎职侵

权检察局、控告申诉检察科（举报中心）9大内设部门，2017年底遵照司法改革要求，反贪污贿赂局、反渎职侵权检察局、服务犯罪预防科三部门转隶至拉孜县监察委员会，现有内设部门6个，根据检察改革要求和结合工作实际，将其整合为1个检察业务保障部和4个办案组。2017年初，实有干警29人，后调离3人，辞职1人，年底因反贪污贿赂局、反渎职侵权检察局转隶，编制减少6名，现编制为19名，实有干警23人，检察长1名、副检察长3名，党组成员2名，本科学历21人，中级职称1人，男干警10人，女干警13人，藏族干警19人、汉族4人，院党组成员6人、支部党员23人，40岁以下干警20人、40岁以上干警3人，入额检察官9人、检察官助理7人、书记员5人、法警1人、工人1人。

【打击刑事犯罪】 年内，共受理提请批准逮捕案件7件7人，审查后批准逮捕5件5人，不批准逮捕2件2人，无错捕错不捕案件。受理公安机关移送审查起诉案件13件14人，提起公诉9件10人，不起诉4件4人，开展庭前会议3次。

【法律监督】 年内，检察院坚持以促进公正廉洁执法为目标，积极探索实行多部门协调配合的办案制度，侦监部门通过审查案件、提前介入、受理举报等方式，做好立案监督、侦查监督以及执法监督。立案监督工作中，共检查各类案件85件。侦查监督工作中，提前介入疑难、复杂案件3起，向公安机关发出《检察建议书》1份；公诉部门通过认真审查案卷、分析证据等法方式，认真做好审查起诉工作。在审查起诉工作中，退回公安机关补充侦查9次，向拉孜县公安局发出《检察建议书》2份，向仲巴县公安局发出《检察建议书》1份，向仲巴县监察局发出《检察建议书》1份；公诉部门、民行部门通过依法出庭公诉、旁听庭审、审查判决书等方式，认真做好审判监督工作，共审查县人民法院刑事判决书8份、民事判决书2件、裁定书27件、调解书40件；在刑事执行监督工作中，执检部门认真开展社区矫正法律监督工作，查阅社区矫正人员的工作和执行档案，监督检查日常监管台账，了解管理措施，通过社区矫正GPS定位监管系统进行时时监督。同时为社区矫正人员上法制教育课2次，并深入社区矫正人员所在的8个乡镇政府、乡派出所开展日常监管情况和回访教育情况等进行督促检查3次；民行部门在行政执法监督工作中，为进一步加强医疗废物监督管理，有效防止医疗废物污染，对县医院、各乡镇卫生院开展医疗废物专项检查，向县卫生局发出《检察建议书》1份；为打击危害食品安全违法行为，对县城和部分乡镇学校周边的商店、小卖铺再次实地走访调查，发现存在安全隐患，为此向县食药局发出《检察建议书》1份。

【查办和预防职务犯罪】 年内，检察院收到日喀则市院反贪局移交的马某涉嫌行贿案线索（1件1人），经全面收集证据、询问当事人、深入实地了解等及多次讨论后，经向日喀则市人民检察院汇报后，同意对被调查人马某做出不立案决定。核实举报信1件1人。协助市院反渎局收集关于拉孜县农牧局2011年至今人工饲

2017年9月22日，西藏自治区人民检察院专委沈小丁（右排左二），日喀则市检察院副检察长张诚（右排左一）一行到拉孜县人民检察院督导检查“一院一品”创建和司法体制改革工作推进情况

料基地等农牧项目实施情况。预防职务犯罪：抓好扶贫领域项目工作。检察院干警先后到县扶贫办和县发改委全面收集项目程序资料，了解拉孜县“精准扶贫”项目，重点了解易地搬迁项目，审核财务资料的真实性。经从县各项目单位了解、筛选后，确定拉孜县苗圃扩建工程项目（投资达3000万元的自治区重点项目）为检察院2017年职务犯罪预防挂牌督办项目。为加强河道采砂管理和项目建设领域突出问题专项整治工作力度，2016年检察院对县人民政府发出检察建议1次，于2017年2月23日收到对全部采砂点关闭整顿的复函。对于全县部分干部职工反映得自己体检费是否划入到医保卡的问题，检察干警到县人社局了解并调取全县近两年的体检费相关资料进行核查。检察院先后与县农业局、民政局、工商局等19家县（中、区）直单位和11个乡镇签订2017年预防职务犯罪联席制度。2017年，检察院在全县部分干部职工中开展预防职务犯罪问卷调查工作，问卷提问涉及“对检察院预防职务犯罪的认识、对职务犯罪侵害对象及易发领域的判断及职务犯罪诱发原因”等24个问题，广泛听取公众的评价建议，为进一步推进拉孜县干部职工“依法行政、公正廉洁”起到积极作用。

2017年10月26日，党组书记、检察长欧吉巴主持召开拉孜县检察院第13届检察委员会第11次会议，讨论1起疑难案件

【法制宣传】 年内，检察院为全面履行法律职能、宣传法律知识，密切检察机关和人民群众的联系，努力提高群众的法律意识和法制观念，积极开展多元化法治宣传活动。在村级组织换届期间选派干警全程参加换届选举专题宣讲；10月，选派干警到扎西岗、扎西宗、彭错林、柳乡等中心小学进行法治宣传，播放青少年违法犯罪宣传视频，并发放3000余份宣传资料。2017年，共开展法制宣传教育活动18次，受教育人数达12000余人，发放各类宣传资料2300余份（册）、接受法律咨询85人次、悬挂横幅14次、年初在拉孜县电视频道播放预防职务犯罪警示教育片1部《贪婪者的忏悔》，受教育人员涵盖国家机关工作人员、农牧民群众、在校学生和寺庙僧尼。

【结对帮扶】 年内，按照县委统一要求，检察院全体干警与50名建档立卡贫困户结对认亲，通过下乡调研、谈心谈话、物资帮扶等方式帮助困难户理清脱贫思路，开展入户慰问7次共计112人次，共捐助物质、资金折合43800余元。

【强基惠民】 年内，检察院选派6名驻村队员和2名村第一支部书记深入开展强基惠民工作。两驻村点通过各种渠道，积极为群众募集价值约5万元衣物；协助一名大学生争取3000元/年的“圆梦行动”基金，并为2名贫困生干警自筹学费5250元，争取临时救助款5000元，单位捐助4000元；同时为困难户解决种子款2000元。全年，慰问孤寡老人2次，送去慰问品价值6200元，从单位公用经费中，为那拉赤村解决村委会搭建阳光棚和为扎木加村解决添置办公室、会议室设备资金共6.3万元，同时多方协调争取到4万元用于改善两村办公环境。全年，开展感恩教育6次、法制宣传教育4次、走访调研5次，排查调处矛盾纠纷6件，为民办实事解难题20件，得到乡党委和村民的一致好评。

【队伍建设】 年内，检察院党组带头健全落实党组每月1次的中心组学习制度、党组成员自学制度和学习笔记制度，深入开展“规范化”党组创建活动。2017年，共召开党组理论中心组学习14次。2017年，检察长到芒普乡7个行政村、寺庙、学校，积极开展全面调研，并撰写调研报告1篇。同时，建立业务科室分管领导下基层开展检察监督工作制度，年内，共深入11个乡镇全面开展检察监督工作25次，旨在不断增强领导班子在办实事、办业务能力上的指导水平。坚持每年2次的谈心谈话制度，通过与全院干警进行沟通，拓宽工作思路，增强相互理解，统一干部思想。院党组严格遵循民主集中制原则，健全和完善民主生活会制度、谈心谈话制度、党内情况通报、情况反映、重大决策征求意见、“一把手”末位表态等制度，不断提高民主决策、民主管理和依法办事的能力和水平。

2017年，共召开党组工作会议14次，研究“三重一大”内容：涉及资金共120余万元、人事25人次、其他培训等事项32项。召开检察委员会会议4次，其中重大疑难、复杂案件提交检察委员会讨论3次，重大工作报告提交检察委员会1次。2017年，为4名干警（2名正科级、2名副科级）争取解决了职级待遇；扎实做好首批9名干警入额检察官工作；层层审批15名干警转任检察辅助人员；积极选派干警参加区内外业务工作培训20人次，投入经费10万余元；积极解决干警生活和工作中的困难，经多次与县委、县政府等有关部门沟通对接，建成18套公租房，切实解决干警住房困难。对于生病、生育住院的干警及其家属，院领导亲自前往看望和慰问，同时，严格落实干警休假探亲制度。2017年，共看望慰问生育住院干警4次，慰问退休干警家属3次，共送去7000余元慰问金。

2017年2月13日，拉孜县人民检察院侦监科干警对11个乡镇公安派出所开展立案监督检察工作

【推进检察改革】 年内，严格按照上级检察院要求，在市检察院、县委组织部、县政法委和县纪检委监督下，完成检察官入额的一系列遴选考核工作，有9名入额检察官，同时层层审批15名干警转任检察辅助人员，为推进司法领域服务质量，提供人才保障。为健全司法办案组织，科学界定内部司法办案权限，制定《拉孜县人民检察院内设机构改革初步方案》，严格落实《基层人民检察院检察官权力清单》，做到谁办案谁负责、谁决定谁负责；积极探索检委会规范化建设。为规范和推进检委会工作，2017年，调整充实检委会委员，成立检委会办事机构，完善制定检委会议事规则，规范议题内容和审查、讨论程序，强化对检委会决议执行的督促检查，使检委会的决策、监督、指导作用得到更好的发挥。

（白玛措吉　曹镇山）

审判

【概况】 拉孜县人民法院地处县城中心，组建于1975年，下辖1个派出法庭（柳乡派出法庭），现实行轮流住庭开展工作，该院下有7个内设机构，分别为立案庭、刑事审判庭、民事审判庭、审监庭、执行局、办公室、法警队现有24人，其中男干警12人，女干警12人；员额法官7人，法官助理6人、书记员3人、法警1人、聘用法警3人、其他行政人员2人，班子成员一正三副，院党组5人，审委会7人，党组下设2个党支部，共有党员15人。

【队伍建设】 年内，拉孜县人民法院深入贯彻落实中共十九大、十九届历次全会精神，紧紧围绕“两学一做”“四讲四爱”和“讲学习、讲忠诚、正风纪、转作风、提效能”主题教育实践活动，紧扣主题，突出司法特色，重点解决“冷硬横推”“慵懒散拖”等司法不正之风，以“零容忍”的态度查处不正之风。始终坚持司法为民宗旨，积极推进司法公开工作，主动接受监督，最大限度保护群众的切身利益。

2017年7月20日，日喀则市中级人民法院党组成员、副院长康肴生（右二），日喀则市中级人民法院执行局局长尼普拉（右一）一行到拉孜县人民法院检查指导工作

【履行审判职能】 年内，法院突出抓好审判执行第一要务，依法惩治刑事犯罪，努力化解社会矛盾，维护社会大局稳定，促进社会公平正义。全年共受理各类案件112件，旧存6件，结案116件，未结2件，结案率98.31%。

【刑事审判】 年内，始终坚持惩罚犯罪与教育改造相结合的审判工作理念，坚持罪刑法定和罪刑相适应原则，充分发挥刑事审判职能作用，依法严厉打击各类刑事犯罪。全年共受理交通肇事罪、故意伤害罪、盗窃罪、受贿罪等刑事案件8件8人，已审结8件8人，结案率100%，无超期羁押和超审限案件。

【民商事审判】 年内，坚持“调解优先、调判结合”的原则，以案结事为目的，切实加大调解力度，努力减少不稳定、不和谐因素，避免矛盾激化，产生不稳定因素；增强矛盾纠纷的排查、化解工作的主动性，尽可能地做到早准备、早发现、早处理，切实将矛盾化解在萌芽状态。全年共受理各类民（商）事案件89件，旧存1件，审结88件，结案率为97.78%。审结案件中判决3件，调解61件，撤诉24件，调撤率达96.6%。

【执行工作】 年内，建立健全执行联动工作机制，成立以全县执行工作联动机制领导小组。组长由县委常务副书记、县委政法委副书记、公安局局长次仁担任，副组长由县法院党组书记、院长巴桑次仁担任。成员由县政法委、县纪委、县组织部、县委宣传部、县法院、县检察院、县监察局、县政府法制办、县公安局（各派出所、检查站）县司法局、县国土局、县工商局、县税务局、县财政局、县发改委、县交通局、县民政局、县住建局、县农行19家部门及11个乡镇、电信局、移动公司等单位组成。为成员的执行联动领导小组，解决“执行难”案件的组织领导。强化执行措施，采取强制执行、公布曝光失信被执行人名单等方式，增强执行威慑力。全年共受理执行案件15件，旧存案件5件，执结20件，执结率为100%。

【完善窗口建设】 年内，畅通人民群众司法诉求通道，以诉讼服务大厅、“12368”诉讼服务热线、诉讼服务网、车载流动法庭“四位一体”为诉讼服务平台，实现法院零距离为民服务的宗旨。诉讼服务大厅共接待当事人300余人次，“12368”诉讼服务热线提供咨询查询等服务350人次。

【以法律“七进”推进民族团结】 年内，通过巡回宣传等形式，共开展“巡回法庭月”活动7次，开展法治宣传24场次，接受法

2017年6月5日，拉孜县人民法院党组书记、院长巴桑次仁宣讲党的十九大精神

律咨询9210人次，发放宣传资料9420余份（册），受教育人数达9210余人次。

【提高司法服务水平】 年内，拉孜县法院始终把加强自身建设作为事关人民法院事业兴衰成败的关键问题来抓，努力提升法院司法服务能力，牢固树立司法为民的理念，始终围绕人民群众关注的热点，重点问题，不断完善司法便民利民措施，努力满足人民群众日益增长的司法需求。

【专题教育活动】 年内，开展“两学一做”学习教育、“四讲四爱”主题教育实践活动，要求认真学习领会习近平总书记系列重要讲话精神，不断增强“政治意识、大局意识、核心意识、看齐意识”，特别是“核心意识及看齐意识”，积极贯彻落实党中央、区党委、市委、县委的决策部署，使全院干警进一步坚定政治立场和法治信仰，牢固树立社会主义法治理念，准确把握法院工作面临的新形势，确保法院工作的正确方向。

【葆廉洁促公正】 年内，牢固树立“不抓党风廉政建设是严重失职”的意识，严格落实党风廉政建设领导责任制和“一岗双责”制度，坚持开展警示教育和主动接受外界监督并举，杜绝“六难三案”等问题滋生，着力维护法院队伍的纯洁性、先进性。

【重教育强素质】 年内，法院要求遵守各项政治纪律，做到政治理论学习有计划、有安排，坚持和完善党组理论中心组学习制度和支部学习制度。党组理论中心组每季度学习6次，全院干警坚持每周星期二、四院会议室学习，全院干警每人学习笔记超过1万字、心得体会至少2篇。

（向巴土多）

司法行政

【概况】 2017年，拉孜县司法局实有在职人员7人，其中正科级2人，司法助理员3人，平均年龄27岁。设5个科室：法律援助中心、矫正管理办公室、普法办、基层科（安置帮教办、人民调解指导办）、局办公室。

【签订“七五”普法目标责任书】 年内，拉孜县根据日喀则市普法办下发《第七个五年普法规划》，结合县实际，制定《拉孜县第七个五年普法规划》，并充实调整普法领导小组。12月6日，拉孜县召开“六五”普法总结表彰暨“七五”普法动员部署大会，会上对“六五”普法工作中涌现的先进集体和先进个人进行表彰，由县委常委、政法委书记、县法制宣传领导小组副组长杰布代表县法治宣传教育工作领导小组作“六五”普法工作总结暨“七五”普法工作部署工作报告，县司法局局长、县普法办主任索朗罗布与各乡镇、县直各单位、县（中、区）直部门负责人签订“七五”普法目标责任书。

【“法律七进”法治宣传教育活动】 年内，开展“法律七进”法治宣传教育主题活动，主要通过“党校学”、中心组理论学习的形式加强对领导干部的学法用法力度；以“开学法治第一课”“假期法治第一课”深入学校进行法治宣传等形式，积极开展“法律进学校”活动，组织法治副校长、法治辅导员深入全县13所中小学围绕宪法、义务教育法、未成年人保护法、预防未成年人犯罪法、治安管理处罚法、道路交通安全法等基本法律知识和安全文明常识开展法治讲座，进一步增强广大学生的法治意识和法治观念；依托“五下乡”、“四讲四爱”主题教育实践等活动，深入农村、寺庙进行法治宣传，提升广大农牧民、寺庙僧尼的法律意识和法治观念；以矛盾纠纷突出的农牧区、草场、土地、工程建设等行业领域为重点，开展针对性法治宣传教育，普法相关法律知识，防止违规违法事件发生；组织普法各成员单位参与综治宣传月、宣传周、“3·28”西藏百万农奴解放日、“3·15”消费者权益保护日、“6·26”世界禁毒日、“9·16”平安西藏宣传日、“12·4”国家宪法日，以宪法、民族区域自治法、劳动法、合同法、婚姻法、未成年人保护法、妇女权益保护法、《法律援助条例》、破坏社会主义市场经济罪等法律法规为内容，进行普法宣传；深入98个行政村开展换届前的法治宣传教育，为换届选举工作的顺利进行奠定良好的基础。

【征订普法宣传资料】 年内，拉孜县普法办共花费3万余元征订普法宣传资料。截至年底，发放《法律进乡村》《法律进学》《法律进机关》《法律进寺庙》《反家暴法》《人民调解优秀案例》《安置帮教工作服务宣传手册》、普法碟片、普法挂历、普法扑克等普法宣传资料共计80000余份，发送普法短信1000余条，悬挂普法横幅300余条，播放LED及警示教育片100余次，深入乡村、学校共开展法治宣讲79场次，法律宣传120场次，受教育群众达6万人次。

【安置帮教】 年内，拉孜县新增刑满释放人员18名。截至年底，拉孜县共有在册刑满释放人员76名，包括重点帮教对象4名，帮教率达到100%，为维护稳定、促进经济发展做出积极努力。

【明确工作责任】 年内，拉孜县司法局先后两次组织召开安置帮教工作领导小组协调会议，调整充实以县委常委、政法委书记、公安局局长杰布为组长，副县长多吉顿珠为副组长的安置帮教领导小组，为开展好2017年的安置帮教工作提供了组织保障；按照文件精神，进一步明确安置帮教领导小组成员单位及其职责，确保拉孜县安置帮教工作形成党委领导、政府主导、综治指导协调，司法行政机关为主、各成员单位各司其职、密切配合、齐抓共管的良好格局。

【建立健全个人档案】 年内，拉孜县司法局对在册的76名刑满释放人员重新建立详细清楚的档案，包括对其在监的表现情况和家庭状况进行详细的记录，做到“底数清、情况明、服务好、控得住、管得严、不出事”。同时依托刑满释放人员信息管理系统，加强刑满释放人员动态管理，每季度及时向日喀则市司法局基层工作科上报更新相关数据，建立完善刑满释放人员工作卷宗，确保管控工作无漏洞。

【刑满释放人员帮教与管控】 年内，全面核实刑满释放人员及家庭各项信息，及时掌握其思想动

2017年11月7日，西藏自治区司法厅综治考核领导小组一行到拉孜县司法局检查指导司法行政工作

态，并动员其家人共同做好思想转化工作，同时按照“6+1”管控模式与司法局、乡(镇)、公安派出所、村委会、“双联户”、监护人签订监管目标责任书，进一步细化明确职责，加强对其帮教与管控。

【刑满释放人员调查摸底】 年内，拉孜县司法局组织公安派出所、“双联户”、帮教小组以每月至少一次的力度对全县在册安置帮教人员进行摸底排查，确保摸清底数，掌握情况，进一步落实各项工作措施，有效地预防和减少重新犯罪的发生。截至年底，共开展摸底排查120余次。

【提高刑满释放人员就业率】 年内，拉孜县司法局充分发挥职能作用，积极协调民政、财政、人社、工商、税务等部门为刑满释放人员就业安置和社会保障提供服务，做到刑满释放人员就业有人扶、创业有人帮、困难有人助，从而引导这些特殊群体早日融入社会，开始人生新里程。

【社区矫正领导小组工作机制】 年内，为加强组织领导，夯实矫正工作基础，建立以政法委书记为组长的社区矫正领导小组工作机制，并做到及时调整充实。在节点及时制定社区矫正工作维护稳定工作办法和处突应急预案，成立专门工作领导小组。

【规范信息资料】 年内，根据矫正对象的犯罪原因、刑种、年龄、个性特点的不同，制定矫正方案。

【实施动态管理】 年内，向13名社区服刑人员佩戴GPS定位手环，防止脱管、漏管，并按照《西藏自治区社区矫正管理暂行办法》的要求，对每名社区服刑人员每月进行一次集中办班、思想汇报及公益劳动；要求矫正小组定期不定期前往住所地了解其生活、思想等情况，加强对社区服刑人员的监控；对分级管控中的严管人员，逐一见面、逐一谈话。同时实行严格的社区服刑人员的报告制度和请销假制度。截至年底，共走访排查社区矫正人员336次。

【集中学习教育】 针对矫正对象的刑罚种类不同，选择性针对强的法律知识，实行专题化教育，如交通肇事，进行相关交通法规学习，盗窃、伤害人身安全进行刑法、民法知识的学习。制定公益劳动选择清单，利用重大节日和传统佳节开展一些公益性的活动，使其感受今天生活的来之不易，要好好珍惜，积极矫正。截至年底，拉孜县以县司法局和村委会为主要阵地共组织社区矫正人员参加公益劳动12次，集体学习教育12次，开展“感党恩、爱核心”教育讲座2次。

【解矫抓好教育工作】 年内，对解除矫正的社区服刑人员进行教育，增强他们的自律意识，巩固教育矫正的成果。同时摸清矫正对象情况，加强管控，促进矫正与安置帮教无缝对接。

【人民调解委员会建设】 年内，拉孜县共有基层调解组织120个，其中98个村级调委会，11个乡(镇)级调委会，8个行业性、专业性人民调解委员会，3个企事业调委会，建成率100%。根据相关文件精神要求，2017年，县司法局及时组织各级调解委员会进行换届选举，于年底各级调委会换届选

2017年12月28日，拉孜县司法局局长索朗罗布在热萨乡兑现人民调解办案补助

举工作已顺利完成。

【提高调解人员业务水平】 年内，参加上级组织的各类培训，通过学习法律、法规、调解工作经验介绍、业务交流等形式丰富知识，提高业务能力；举办调解业务培训班，由专业人士讲课，内容包括法律知识、办案中的实践体会、调解协议书的制作等。2017年，县司法局共举办人民调解员培训会2场次，共817人参加培训。

【矛盾纠纷定期排查调处】 年内，拉孜县司法局以人民内部矛盾排查化解为重点，按照上级部门工作要求，组织全县各级人民调解员以每月不少于一次的工作力度，走进乡镇、村户大力开展婚姻家庭、邻里关系、抚养赡养、损失赔偿等经常性矛盾纠纷排查调处工作。同时司法局注重在全国、自治区各节点、大型宗教活动期间加强矛盾纠纷排查力度，及时有效处理矛盾纠纷。要求拉孜县各乡（镇）人民调解委员会每月20日前，将调解情况、矛盾纠纷排查结果报至县司法局，县司法局根据要求及时上报季度矛盾纠纷排查明细和调解案件，确保拉孜县的稳定。

截至年底，全县调处各种矛盾纠纷72件，其中包括婚姻家庭纠纷23件、邻里纠纷10件、山林土地纠纷4件、拖欠民工工资6件、道路交通事故纠纷24件、合同纠纷1件、劳动争议纠纷4件，全部调处成功，共发放办案补助30000元。

【法律援助】 由于拉孜县缺乏专业的法律服务人员，法律援助工作和政府法律顾问主要依靠“1+1”志愿律师进行。2017年拉孜县迎来第五批“1+1”法律援助志愿者律师，在局领导的指导和志愿者的协助下，法律援助档案管理和办案程序更加规范。

拉孜县法律援助工作坚持以化解社会矛盾纠纷为切入点，以维护人民群众合法权益为出发点，以进一步实现社会公平正义为立足点，热情接待前来咨询法律问题的人员，耐心为其解答问题，有效实现扶助贫弱、保障社会弱势群体合法权益。截至年底，县司法局共代写法律文书80余份，接待咨询人员50人次，办理法律援助案件33起。

【“两学一做”学习教育活动】 年内，以“两学一做”制度化常态化为契机，制定党员学习计划，加强对《中国共产党章程》、十九大报告、系列讲话建设以及相关文件精神的学习。通过开展“讲学习、讲忠诚、正风纪、转作风、提效能”主题活动，深入查摆存在的问题，形成问题台账和个人整改清单并进行公示。县司法局党支部每周五下午组织全体在家干警专题学习贯彻中共十九大精神及各类文件精神，并每月至少组织党员开展一次“支部主题党日”活动。2017年，开展“面对党旗，重温入党誓词”“深入学习先进事迹”、观看爱国主义教育专题片，对各种违纪违法案件进行讲评、组织党员干部每周一次开展环境卫生义务大扫除等活动；成立党员志愿服务队，积极参加植树造林、助农收割、环境整治等志愿服务活动。截至年底，县司法局共召开周一例会42次，专题学习会45次，自学8次，专题研讨会2次，讲党课5次，包括驻村点讲党课2次，观看红色电影3场。

（格桑普赤）

2017年12月6日，拉孜县召开“六五”普法表彰大会暨”七五“普法动员部署大会

综合经济管理

发展与改革

【概况】 2017年，拉孜县发展和改革委员会实有人数13人，行政编制8人，机关公益性1人，机关合同工1人。

【抓研究、重落实】 年内，拉孜县发展和改革委员会全方位筹备项目，加快项目前期跑办速率。根据市委“6677”发展战略及县委“12341”县域发展思路，加强同市发改、县直行业部门的沟通衔接，重点研究特色产业发展、新型城镇化建设、“一带一路”建设布局等重点问题，强化战略研究和思路谋划，保证全县经济发展总体不走样。从生态类、城镇化建设类、产业发展类、特色文化类等共计筹备43个项目，总投资约90亿，新城区市政基础设施项目、老城区市政基础设施项目、精准扶贫产业项目已陆续开工建设，其余项目均已开展前期工作。

5月16日出台《拉孜县政府投资项目管理办法（试行）》，通过修编完善，形成较为规范的项目管理制度，从而构建项目工作“操作阳光化、管理规范化、过程痕迹化、责任人头化”的“四化”理念，规范项目体制机制，做到项目工作从前置手续的办理，到最后的验收每一个环节受到制度的约束。切实做到把权力关进制度的笼子里。因易地扶贫搬迁民房建设项目点多、面广、线长管控难度大，加之项目建设无监理的实际困难，创新出台县、乡、村、户“四级质量控制体系”管理措施，通过此举，既保证工程质量，又使拉孜县易地搬迁民房建设工程建设处在“公开、公平、公正”的良性环境中，切实做到群众知晓、干群同参与、相互监督的民心工程。

2017年10月3日，日喀则市委常委、统战部部长巴桑（右二）到拉孜县调研

【抓创新、重谋划】 年内，拉孜县发展和改革委员会抓好县城总体规划修编工作。注重城镇化建设和建筑设计，高起点、高规格的做

好《县城总体规划修编工作》。截至年底,拉孜县发展和改革委员会已完成资料收集、现场测量等工作,并委托中国科学建筑院围绕“西部中心”定位进行修编,2017年12月7日召开县里评审会,在按评审会意见修编中。

围绕第三批新型城镇化建设,扎实推进拉孜城镇化建设,通过与市直行业部门对接后,进一步对试点方案提纲进行细化、论证、修编。并形成新型城镇化方案纲要,并于5月26日通过市规划局审查,待市政府常委会上会审查。根据已编制完成的乡镇总体规划,在项目选址、方案确定时,严格按照规划执行,严加管控,切实做到“立足规划服务发展”的理念。

【抓规范、重程序】 年内,拉孜县发展和改革委员会根据审批权限下放工作要求,认真贯彻落实有关法律法规,并出台制定审批流程。2017年共审批97个项目,总投资达8.48亿元。

【全县项目总体建设】 年内,全县共计项目138个,其中计划内项目89个,完成投资8.62亿元(新建56个,2017年完成投资6.21亿元;续建33个,2017年完成投资2.41亿元);计划外项目49个,完成投资5.62亿元(新建45个,2017年完成投资为5.43亿元,续建4个,2017年完成投资0.19亿元),截至年底,共完成投资14.24亿元,同比增长20.3%,基本完成年度目标任务。

2017年5月18日,拉孜县发改委党支部书记边巴普琼组织开展“党课进机关”学习活动

【在建项目建设管理】 年内,拉孜县发展和改革委员会严格按照项目基本建设程序,认真落实领导责任制、项目责任制、项目招投标制、合同管理制、工程监理制,在建设过程中加强现场质量监管,认真做好安全生产、环境保护、节能减排和“双清”等重要工作。特别是下放项目审批权限至今,为实现“接得住、用得好、管的牢”的目标,结合每年出台政策,积极完善拉孜县出台的《拉孜县项目前期工作流程、各报建范本及项目各阶段管理措施(试行)》《拉孜县政府投资项目管理办法(试行)》《拉孜县项目稽查细则》等项目管理办法,对项目从始至终作以监督、管理,从而使项目工作实现“操作阳光化、管理规范化、过程痕迹化”的总体目标。

【项目储备】 拉孜县发展和改革委员会经与市直部门沟通对接,2018年全县计划内实施项目134个(资金来源较为明确),计划投资15.25亿元,其中,新建项目65个,计划投资9.44亿元,续建项目69个,计划投资5.81亿元。为完成2018年经济社会发展主要目标中,全社会固定资产投资同比增长35%以上的要求,经与县直项目部门沟通对接,已筹备计划外项目129个,估算总投资21.55亿元。如拉孜县雅鲁藏布拉孜村段堤防除险加固工程、拉孜县雅鲁藏布扎西热岭段堤防水毁修复工程、拉孜县雅鲁藏布琼嘎村段堤防除险加固工程、拉孜县第二完小、乡镇小学风雨操场、宗山恢复、堆谐旅游文化广场、芒嘎河生态治理等项目,下一步将积极争取中央投资、第八批援藏投资、PPP投融资,加强与上级行业部门的对接力度,加快推进前期工作,实现拉孜县三年滚动计划项目的早日落地。

【灾后重建】 年内,拉孜县发展

2017年3月30日，上海援藏领导小组一行到热萨乡强公村开展“情系泸藏”慰问活动

和改革委稳步推进灾后恢复重建（续建、新建）工作。灾后恢复重建工作主要涉及农牧、国土、水利、发改等县直相关行业部门，围绕实施城镇建设、产业发展、整村推进等项目开展。灾后重建县级为法人的项目共计28个，总投资2.34亿元，累计完成率达98%。其中拉孜县发展和改革委员口子内有拉孜镇及曲下镇2个特色小城镇项目、扎西岗村及明玛村2个整村推进项目、赤玛勒旅游休闲综合体项目等共计9个项目，总投资1.79亿元，完成项目投资1.75亿元，完成率达98%。

【易地扶贫搬迁】 年内，拉孜县发展和改革委员会（易地搬迁组）实施易地扶贫搬迁指标867户3229人，共分三大安置区，其中县城集中安置区搬迁661户2317人、柳乡西嘎村安置区搬迁120户505人、村内农区牧区安置点搬迁86户407人，总投资达到19374万元；截至年底，867户安置民房建设全部开工，总工程进度达到70%左右；同时完善2016年安置点基础设施，投入3915.21万元建设资金，道路硬化2.18万平方米、铺设饮水管道47.053公里实现397户全部通水、实施农网升级改造项目保证397户通电等，并与上级部门积极沟通衔接后争取到易地搬迁小型基础设施建设资金1027万元。

【专项整治】 年内，为顺利通过中央环保督导组检查，拉孜县开展县域拉孜镇（拉壤曲德）沙坑整治工作，出动沙坑整治车46辆、车次2926，装载机械19台，有效恢复生态环境。此外，为切实提高拉孜县锡钦段防洪堤抗洪能力，组织施工单位，对境内约35公里的防洪堤进行重新加固，其间，组织出动县干部职工及周边农牧民群众，有效防范汛期间周边村庄农户农田及群众生命财产安全。

【物价局工作】 年内，拉孜县发展和改革委员会（物价局）联合拉孜县食药局、工商、安监、人社等部门对县域内的私人诊所药品及价格公示情况进行检查。另外，协助县公安局（刑侦大队）受理涉案赃物的价格认定共9起，涉案标的金额共35020.32元。此外，在节假日，拉孜县发展和改革委员会加强对市场商品价格监测，并及时上报市物价局，全力保障全县市场秩序的稳定。

【粮食局工作】 年内，拉孜县发展和改革委员会（粮食局）以保护种粮农民利益为出发点，协同拉孜县粮食储备库认真开展淡（旺）季粮油收购工作，根据拉孜县人民政府《关于做好2017年粮油收购工作的通知》，以政府主要领导为组长的拉孜县2017年粮油收购领导小组，以“需求无止境、服务无极限”的服务理念为宗旨，认真落实“五要五不准”粮食收购守则，让农民售“明白粮”和“放心粮”。2017年度共收购粮油283.73万公斤，其中青稞277.6万公斤，油菜籽5.68万公斤，豌豆0.45万公斤，共支付给售粮群众收购粮油资金1084.22万元。其次，进一步加强拉孜县粮食流通监督检查工作，规范粮食流通秩序，维护生产者、经营者、消费者的权益，落实国家粮食收购政策及市场调控政策，稳步推进粮食流通监督检查行政执法工作。

（格桑罗布）

统计

【概况】 2017年，拉孜县统计局在职干部职工共有8名，正科级2名，副科级2名。其中行政编制4名，事业3编制名，高级工1名（借调）。

【专业知识学习】 年内，先后派4名干部先后参加国家、自治区、市里举办的培训班，通过以学代干、以干促学、学用并举的措施，在提高全体党员干部的党性修养和职业素养上，取得实实在在的效果，为统计局更好完成各项工作任务奠定坚实的基础。

【统计法治宣传】 年内，统计局组织局内人员编撰印制《统计法宣传资料》《中华人民共和国统计法实施条例》《统计调查法律责任义务告知书》《统计小贴士》等宣传品1000余册，发放至乡、街道、村（居）辖区内的商户、企业和其他法人代表手中，通过各项宣传努力营造良好的统计工作环境，为2018年全面开展统计执法奠定良好的基础。

【统计数据分析】 年内，完成2017年第一、二、三季度统计季报和全县经济运行分析等数据统计分析，针对全县统计工作缺乏连续性和严肃性的问题，县统计局积极协调县委下发《关于进一步畅通数据报送渠道和加强统计人员管理》文件要求，计划2017年起，每年举办各乡镇、各部门统计人员培训班，对工作表现好的统计工作人员给予表彰和鼓励，留住统计人才，稳定统计队伍。

【统计年鉴编撰求突破创新】 年内，统计局上下齐心协力、创新思维，完成全县《2016年统计年鉴》的编印工作，并颁发给县“四套班子”、各乡镇、各委办局。从日常工作处着手，结合统计工作实际需求，敢于求新求变求突破，大胆引入新思路、新方式，充分借鉴优秀做法和先进理念，不断开拓统计工作新局面。

2017年12月5日，日喀则市统计局党组书记达瓦扎西（左二）到拉孜县统计局考察机构改革和人员编制情况

【加强统计数据管理、规范数据统一】 年内，针对县统计局和各乡镇、各部门在发布本单位所辖统计数据时存在数出多门、相同指标数据不一致等情况，统计局明确所公布的数据必须由县级统计部门牵头，原则上以业务主管部门数据为准，经各部门协商一致后，由县级统计局按照有关程序统一对外发布，其他部门不得另行发布，政府各部门使用的统计数据要以县局公开发布的数据为准，以保证统计数据的统一性和权威性，从而保障和提升政府公信力。

【全国第三次农业普查】 年内，拉孜县政府成立第三次农业普查工作领导小组，农普办设在县统计局，组建调查队伍、抓好调查员的选调和培训，共抽调专职负责农普工作人员82人，普查指导员16人，先后举办培训3次，培训人次109人，通过该县区媒体平台、微信公众等各类新闻品台刊登篇数5篇，宣传场次超过13次，在登记过程中拉孜县、乡、村动员“两员”人数218人。针对登记调查过程中出现的问题，县农普办先后8次深入各乡镇对农户表填写与普查登记重报漏报，数据审核，PDA录入进度等相关巡回指导，并对存在的问题作及时的纠正与

2017年12月1日，日喀则市统计局农村住户科科长仓决（左二）到拉孜县考察新一轮农村住户调查工作开展情况

存在的疑问做出详细的解释。截至年底，共投入普查经费10.1万元，顺利完成各项调查登记、质量审核、数据录入、汇总、数据上报等工作。

（洛桑扎西）

国土资源管理

【概况】 拉孜县国土资源局成立于2001年11月，曾先挂土地管理局，最终国土资源局正式挂牌于2003年。现为县人民政府正科级职能部门，主管全县国土资源规划、保护、管理、合理利用和地质灾害防治、矿产资源管理、不动产登记等管理职能。内设二级机构1个。2017年，有干部职工9人，其中局机关6人，不动产登记中心3人，局领导班子成员3名。

【保护耕地】 年内，全面落实耕地保护目标共同责任机制，逐级签订92份基本农田保护目标责任书，建立耕地保护问责机制，确保耕地总量动态平衡；从项目用地预（初）审阶段对土地利用加强管控，严格禁止各类项目征占用基本农田，受理办结用地预（初）审49件，各类建设项目未涉及占用基本农田；开展永久基本农田划定工作，通过划定，全县耕地保有量达到22.04万亩，永久基本农田保护面积达到18.81万亩；完成高标准农田、土地整治共2个项目的验收工作；千方百计统筹相关单位的土地开发成果，积极衔接上级业务部门，完成4个土地开发项目的验收工作；争取1个高标准农田建设项目，总投资720余万元，拟建设面积6000亩，计划2018年开工建设。

【土地利用】 年内，调整提升征地补偿资金方案的制定及审核报批工作，征地补偿年产值从1500元/年提升为2250元/年，各地类产值倍数也进行相应的提升；按照县城规划制定全年土地储备计划，对2342.782亩集体土地开展测绘制图工作，并联合曲下镇人民政府开展十余次的征地动员大会，完成6200余万元的征地补偿费兑现工作，征地面积共2342.782亩；强调和推行经营性土地招拍挂制度，通过招拍挂共

2017年7月18日，县国土局工作小组对地质灾害防治项目检查

2017年5月12日，拉孜县国土局不动产统一登记首发仪式

出让16宗、约150余亩国有建设用地使用权，共产生土地出让金3900余万元；上报县城及村镇共四个批次的农用地转用新增建设用地面积1141.42亩；查处的卫片执法土地违法图斑82个，其中81个违法图斑已完成整改上报工作，受理土地违法案件10宗，下达整改通知书10个。

【防治地灾】 年内，成立并制定地质灾害防治领导小组、防治方案、应急预案，逐级签订地质灾害防治目标责任书247个；结合精准扶贫工作，对较为严重的地质灾害隐患点确定138个灾害监测人员，并采购69万余元的装备物资及地质灾害警示牌；邀请专业技术队伍，在拉孜镇组织当地群众及各乡镇负责人，开展地质灾害防治宣传培训及应急演练；总投资约4193万元的12个地质灾害项目如期开工建设；争取到总投资约840万元的3个地质灾害动态调整项目。

【矿产管理】 年内，联合环保、水利、安监等相关部门对全县范围内的砂石资源违法开采点进行十余次的清查整顿工作，非煤矿山领域环境保护工作取得实际成效；查处的矿产卫片图斑14个，其中违法8个，合法4个、伪变化2个，8个违法开采点现已全部勒令关闭；在保护环境的前提下，联合水利、环保、安监等相关部门对下一步拟设砂石开采点进行选址工作；整治2处尾矿库，进一步保证拉孜县矿产资源环境保护工作；联合相关单位及乡镇对2处环保督导整改事项进行限时整改工作，确保拉孜县环保领域无大问题。

【基础业务】 年内，完成拉孜县不动产登记职责、人员等的全方位整合工作及不动产权证首发工作；受理办结30个产权证书，其中变更登记3个、初始登记25个、他项权证2个；稳步推进集体土地所有权确权登记发证，完成2个村的试点工作，年底通过自治区的验收；稳步推进拉孜县土地利用总体规划调整完善前期准备工作，计划近期开展规划编制工作；稳步推进县城土地定级与基准地价更新工作，计划与土规调整完善同步开展；完成新增建设用地1106.84亩的勘测定界，并顺利通过评审；完成经营性土地评估工作，评估面积724亩；完成各类项目的选址放线测绘工作，切实推进各类建设项目的进度及城区规划的执行。

（云旦卓玛）

审计

【概况】 拉孜县审计局位于拉孜县南汇路11号，属单设正科级政府部门。2017年6月正式成立，行政编制2名（科级领导2名），实有工作人员3名，机构名称为拉孜县审计局。

【精准扶贫】 年内，拉孜县审计局严格按照上级部门结对帮扶工作的要求，认真开展结对帮扶各项工作，把对建档立卡贫困户的帮扶工作作为重中之重来抓，制订严格的帮扶工作计划，并严格实施。对贫困户进行思想教育引导和扶贫帮困慰问，针对家庭的实际情况建言献策，帮助贫困家庭找准致贫原因，积极帮助贫困家庭增加就业增收致富渠道，并向

2018年5月29日，西藏自治区审计厅副厅长尹摇山（右二）到拉孜县审计局调研

贫困家庭送去慰问金，帮助其解决生活困难。

【审计工作】 年内，认真组织干部学习审计法及审计专业知识，边学习，边实践。在工作中加强审计机关内部建设，严格执行各项规章制度，切实提高审计质量水平，确保审计工作质量稳步提高。建立健全责任追究制，增强审计人员的责任意识，加强对审计业务人员的培训力度，不断提高审计人员的业务素质和审计工作质量，促进依法审计，防范审计风险。经县委、县政府委托下，先后开展拉孜县精准扶贫领域审计调查和2017年村级“两委”班子换届离任审计调查工作。

（贺柯宇）

安全生产监督管理

【概况】 2017年拉孜县安全生产监督管理局，实有7人，其中领导职数3名，科员4名，均为藏族。结合拉孜县实际，目标责任落实、安全生产大检查、事故隐患排查整改，安全生产宣传教育，职业健康培训以及安全专项整治等方面开展大量的工作。2017年共下发执法文书106份，下发督办单16份，行政处罚决定书(单位)2份，处罚罚款0.5万元，实际收缴罚款0.5万元，罚款收缴率100%。2017年各领域安全生产专项检查72次、联合大检查12次，出动执法车辆114台次、人员318人次，隐患排查106处，整改落实106处，整改率达100%。以深入开展“安全生产应急演练专题行”活动为抓手，拉孜县各行业部门共组织开展非煤矿山(采石采砂)企业事故应急救援演练、危险化学品企业泄漏事故应急演练、校园消防演练、防汛人员疏散演练、地质灾害应急演练、防恐防暴及突发事件应急演练共计9场次，520人参演。

【“四讲四爱”主题教育活动】 年内，拉孜县安全生产监督管理局结合“讲党恩爱核心、讲团结爱祖国、讲贡献爱家园、讲文明爱生活”主题教育活动，制定《拉孜县安全生产监督管理局关于开展“四讲四爱”主题教育实践活动方案》，成立主题活动领导小组，设立“四讲四爱”主题教育宣传栏，营造良好宣传学习氛围。

【安全生产宣传教育】 年内，加大宣传教育培训力度，利用电视台、乡村广播、短信平台等宣传工具，发挥开大会、驻村工作队、“双联户户长”等方面作用，广泛深入宣传《中华人民共和国安全生产法》《西藏自治区安全生产条例》和“公共安全和安全生产知识”，努力提高全民安全意识和安全文化水平，营造人人参与安全生产的良好氛围，使安全生产工作成为人人关心，共同参与的社会系统工程；制定“安全生产月”“安全生产西藏行”工作方案。利用以3月综治宣传月、“3·28”民族团结进步日、6月安全生产宣传月等重要活动为契机，大力宣传安全生产方面的法律法规和相关知识，并下发“安全生产月”“安全生产西藏行”安全生产“七进”活动方案等，多元化开展宣传活动，走访、入户、发放宣传单12145余册、悬挂横幅21条，教育指导群众6起，同时继续与移动公司继续签订协议，制定推广短信平台，大力宣传力度，扩大群众安全知识的知晓率。

【危险化学品】 年内,根据季节特点,重点强化危险化学品储存、经营、运输安全监管,积极联合公安、商务、消防等部门,以危化经营场所为主线,以生产经营单位"三违""三证"登记制度及安全隐患排查为重点,加大安全监管力度,始终坚持定期、不定期检查,检查中未发现重大安全隐患。

【烟花爆竹】 年内,拉孜县烟花爆竹零售点共3个,由县安监局牵头,联合县公安局、工商局、消防及各乡(镇)、各职能部门配合,针对烟花爆竹经营、销售、贮存、运输等经营活动,严格按照《烟花爆竹安全管理条例》和相关要求,认真抓好烟花爆竹销售领域的专项活动,打击非法经营。充分发挥乡镇派出所、乡(镇)、村安委会等组织的监管作用,完善日常排查、举报奖励和责任追究制度。加强部门间协调联动、密切配合,着力打击非法经营烟花爆竹行为。截至年底,在全县范围内未出现超许可范围经营,未出现非法违法经营(零售)商户。

【建筑工地】 年内,由安监局、住建局、发改委等部门形成检查组,结合安全生产工作实际,对各开复工项目的建筑施工进行现场监督检查,全面排查治理各类安全隐患,切实解决安全生产工作中存在的突出问题,切实消除安全隐患,有效防范和遏制重特大事故的发生。

2017年6月23日,县委副书记、县长、县安委会主任巴桑旺堆,县委常委、副县长、县安委会副主任赵玮一行到建筑施工领域排查安全隐患

【道路交通】 年内,由县安监局、公安局、交通局等部门联合,狠抓路面监管力度,结合安全生产"百日扫雷"专项行动、安全生产排查整治工作专项行动、隐患大排查大整治工作、十九大期间安全生产专项排查整治工作等,在全县范围内开展道路交通排查整治工作,结合各季节天气变化的规律特点,认真开展危险路段的排查治理,加大道路交通安全的稽查工作和客运临时站点的安全检查,严防各类车辆"带病"上路,把隐患消灭在源头。继续深化"文明交通行动计划",组织法制校长、民警、安全监管执法人员进入辖区中小学校,把交通安全知识走进课堂,上好安全第一堂课和最后一堂课。

【安全培训】 年内,加大对企事业单位负责人和管理人员安全生产知识力度,进一步夯实拉孜县企业安全生产基础,联合县人社局开展工伤专题培训班,重点讲解安全生产监管知识、职业健康基础知识和职业健康事故救治与处理等方面知识。

【安全隐患排查治理】 年内,对建筑工地、危险化学品、烟花爆竹和人员密集场所(藏餐、寺庙、朗玛厅、学校、菜市场)进行安全隐患排查治理。截至年底,共下发执法文书106份,下发督办单16份,行政处罚决定书(单位)2份,处罚罚款0.5万元,实际收缴罚款0.5万元,罚款收缴率100%。2017年各领域安全生产专项检查72次、联合大检查12次,出动执法车辆114台次、人员318人次,隐患排查106处,整改落实106处,整改率达100%。

【安全生产责任落实】 年内,同县安委会相关成员单位和11个乡

2017年10月31日，拉孜县安监局局长达罗组织辖区企业职工进行传达学习党的十九大报告精神专题学习会

（镇）、签订目标责任书，签订率均达100%。形成逐级落实工作责任，责任层层分解，工作有人管，责任有人负，层层抓落实的工作格局，健全“横向到边、纵向到底”的安全生产责任体系。

【指标控制】 年内，全县范围内非煤矿山领域无事故发生。危险化学品和烟花爆竹领域无事故发生，建筑领域无事故发生。消防火灾领域无事故发生，一般道路交通事故1起、死亡2人。直接经济损失1万元（注：未含辖区内轻微道路交通事故），特种设备无事故发生。

（拉巴仓决）

食品药品监管

【概况】 拉孜县食品药品监督管理局工作人员4名（其中借调人员1名），负责监管全县“四品一械”经营单位共729家，其中食品销售337家、餐饮服务单位256家、食品生产小作坊85家、学校食堂14家、各医疗机构单位20家（其中药品零售经营单位3户、医疗器械经营、使用单位17户）、保健食品经营个体企业6户、化妆品个体企业11户。2017年，开展日常监督检查及专项检查共达170余次，共出动执法人员510余人次，检查单位700余家，下达责令整改通知书43份，以形成工作简报共209期，立案3起，处罚共计1.5万元。

【餐饮业服务专项整治】 年内，对辖区内监管对象进行全面调查摸底并建立档案资料。拉孜县食品药品监督管理局通过对辖区内食品药品经营单位进行全面的实地监督检查，摸清了辖区内食品药品生产经营单位的数量、类别及分布情况，并收集食品药品生产经营单位的各种资质资料，建立详细的档案资料、完善档案室档案归档及分类工作。“两证合一”工作实施以来，截至年底，拉孜县食品药品监督管理局已审核办理食品经营许可证603份；现场审核170家、整改24家，对辖区内的调查摸底工作已全面完成。

【药品、医疗器械专项整治】 年内，对县卫生服务中心、乡镇卫生院、个体诊所、药品零售企业等药品经营、使用单位进行重点整治。全年共完成药品不良反应报告17份、医疗器械不良事件报告7份、化妆品不良事件报告8份。

【食品安全保障】 年内，拉孜县食品药品监督管理局制定工作方案，采取日常监管与专项检查相结合的方式，参与“三大节日”及“两会”“三考”等大型活动期间的食品安全保障工作，并在此期间专门组织执法人员开展专项检查18次、出动执法人员52人次、在每个餐点进行检查，共保障16餐次，保障就餐人员960余人，下达整改通知书6份；没收过期食品312个品种，折合人民币共计35000余元，确保节日及大型活动期间无食品安全事故的发生。

【校园食品安全专项检查】 年内，开展校园食品安全专项检查；全面推进校园食品管理和校园“明厨亮灶”建设及食品“量化分级”公示；构建校园食品安全监管长效机制；签订食品安全责任书；发放及张贴“辣条危害”警示图标。拉孜县食品药品监督管理局对辖区内所有中小学校、幼儿园等全年共专项检查48次，下达整改通知书6份。进一步完善规范了校园食品安全整治工作，确保广大师生舌尖上的安全。

【食品安全量化分级管理工作】 年内，进一步完善持证餐饮服务单位食品安全量化分级管理工作制，全年共对194家餐饮单位进行综合评定，评出A级餐饮服务单位3家，B级餐饮服务单位42家，C级餐饮服务单位149家。

2017年11月9日，拉孜县食品药品监督管理局组织执法人员开展清查不合格药品专项检查

【宣传教育】 年内，借助"食品药品宣传月活动""拉孜县2017年综治宣传活动""3·15""3·31"等有利时机，发放《食品药品投诉举报知识手册》《药品安全知识宣传单》《中华人民共和国食品安全法》《文明餐桌》、"辣条的危害"等宣传海报资料1100余份、张贴警示公告120余张，共悬挂横幅16条，通过提升"12331"公众知晓度等广泛宣传活动，把食品药品法律法规、安全知识深入人心，切实增强人民群众维护自身饮食用药安全的法制意识和维权意识，使广大群众自觉抵制假劣食品、药品、医疗器械，化妆品、保健品，形成了人人关注食品药品安全，人人参与食品药品安全的良好氛围。

【"四讲四爱"主题教育实践活动】 年内，开展"四讲四爱"宣讲活动、餐饮服务单位"文明餐桌"的创建等活动并向各餐饮店发放500多份宣讲海报及"文明餐桌"摆台，有效地提高人们的文明意识和食品安全意识。

【餐饮服务单位专项检查】 年内，开展中央环保组下达的各项工作任务，对全县范围内大型餐饮单位开展餐饮服务单位安装油烟净化设施专项检查，对各餐饮业发放《餐饮服务单位安装油烟净化设施和餐厨废弃物规范处置的告知书》，要求营业面积300平方米以上的中大型餐饮服务单位安装高效油烟净化设备，与餐饮服务单位签订《拉孜县餐饮服务单位餐厨废弃物（油脂）规范处理承诺书》。

【食品安全综合协调】 年内，拉孜县食品药品监督管理局认真履行食品安全综合协调职责，当好政府食品安全的"抓手"，按照日喀则市食品安全委员会办公室的工作部署和相关文件精神，进一步加强与食品安全委员会各成员的沟通联系。大力推广阳光厨房、明厨亮灶工程；合理安排执法人员、切实做好三考考试期间、中秋、国庆等大型节日、冬季物交易会、党代会等重大节庆活动餐饮服务食品安全保障工作，组织各成员单位开展各类专项整治。确保重要活动期间无重大食品安全事故、无食物中毒事件发生。

【药品经营企业监管】 年内，认真贯彻落实新修订《药品经营质量管理规范》的相关工作；根据市局发送的委托函，拉孜县食品药品监督管理局认真完成对日喀则市医药公司拉孜第二门市部的GSP认证工作。拉孜县食品药品监督管理局日常督促药品经营企业规定使用药品电子监管平台，及时添加购进、销售药品等信息，确保监管无遗漏。在药品使用环节，进一步规范以"何待因复方口服液体制剂""精、麻、毒"类特殊药品、体外诊断试剂、生物制品

2017年10月18日，拉孜县食品药品监督管理局组织工作人员开展宣传活动

为重点，加强对各类药品、医疗器械在在购、严守、储存、使用等各个环节的管理。年内拉孜县食品药品监督管理局会同县公安局、县卫生服务中心特殊药品安全专干对县卫生服务中心10个品种的过期特殊药品在指定点采用斩碎填埋的方法进行监督销毁，确保特殊药品监管无一遗漏，严防特殊药品流入市场和非法渠道；加大市场巡查力度、清查问题药品。根据上级业务主管部门的通知和国家食品药品监督管理总局网站药品公告通告等内容，第一时间排查问题产品，确保不合格产品及时下架回收保证消费者用药安全。

【疫苗监管】 年内，严格按照《中华人民共和国药品管理法》《疫苗流通和预防接种管理条例》和疫苗储存和运输等规定、对疫苗在储存、运输、供应、销售、分发和使用等环节中的质量加强监督检查。全年检查拉孜县卫计委下属单位疾病预防控制中心3次，检查疫苗使用单位24家次，未发现从非正规渠道购进疫苗等违法行为。

【基层藏药制剂监管】 年内，根据《西藏自治区基层藏药制剂监督管理办法（试行）》及《基层藏药制剂配制现场检查方案》要求，市食品药品监督管理局药化科和县食品药品监督管理局工作人员对县人民医院藏药制剂室委托西藏金咔哒有限公司生产的藏药制剂申请备案收集文献材料、文件管理等方面工作进行多次业务指导并顺利通过审批工作，拉孜县藏药制剂步入规范化。

【依法行政审批、简化审批】 年内，拉孜县食品药品监督管理局进一步规范和简化食品经营许可的申请受理、现场核查、资料收集、审批签字、证件发放、意见反馈等工作，及时组织执法人员对新开办食品经营企业进行现场检查验收工作，严格许可标准，严守验收纪律，对不符合标准的坚决不予发证。年内共审核办理食品经营许可证603家；现场审核170家、整改24家；同时做好食品经营环节投诉举报查处工作，做到有报必查，全部按时进行检查并向投诉人员及时反馈。

（巴 片）

商贸（商务局）

【概况】 拉孜县商务局（旅游局、经济合作办公室）为县行政管理部门，2017年，行政编制3名，原核定在机关使用的1名事业编制暂时保留，逐步消化、置换。其中科级领导职数4名。

【建立健全加油站档案】 年内，严格执行《拉孜县零散成品油销售管理办法》，严格审批程序，杜绝无证加油、一卡两用加油，严禁违规携带汽油，严禁用塑料桶装零散成品油，杜绝非法改装油罐车加油，并对加油站提出具体要求，严禁超量违规加油。拉孜县商务局工作人员实行加油站执勤轮班制，保证周末、节假日坚守岗位，保证加油站值班不空岗、不缺岗、不漏岗。3月，拉孜县商务局按照上级要求认真审核，完成对拉孜县县城4家加油站的年检初验工作，并按照一站一档的要求，对加油站登记造册，建立加油站档案，各项资料整理完善。

【商贸领域安全监管】 年内,把安全监管工作摆在重要的议事日程,抓好工作方案落实。实行不定期不打招呼直插现场的方式对加油站、农贸市场、超市等商贸领域进行安全检查,确保商贸领域安全。按照相关要求,着重对加油站《西藏自治区零散成品油管理办法》落实情况、相关证照手续、实名登记执行情况、驻站民警在岗情况等九项内容进行检查。2017年共进行各类安全检查40余次,将安全隐患基本扼杀在萌芽状态,排查出的安全隐患也完成整改;重大节假日期间,拉孜县商务局牵头联合各相关部门组成检查组进入超市、批发部、农贸市场等物资集散地检查市场商品供应情况,确保存货充足,保证节日期间市场供应保质保量,保障食品安全;制定自然灾害应急预案,以建立完善指挥、救助体系,处置应对突发安全事故,进一步完善安全应急体系建设。

【招商引资】 年内,商务局积极招商成功引进13家公司,签约意向项目14个,协议资金达55.738583亿元,到位资金达4.372436亿元。其中,续建项目1个,新建项目13个。为规范和加强拉孜县招商引资工作,拉孜县商务局(经合办)衔接联动各部门,加大投资软环境的完善工作。根据西藏自治区和日喀则市最新的招商引资优惠政策,编制草拟《拉孜县招商引资若干优惠政策》并全县范围内进行征求意见,结合自治区和日喀则市招商引资工作相关政策,草拟《拉孜县进一步规范招商引资工作流程及相关工作制度意见(试行)》《拉孜县招商引资奖励办法》;更新《招商引资项目库》和《商务项目库》。

【旅游工作】 年内,全县接待游客11.76余万人次,同比增长5.7%,实现旅游收入1238.39余万元,同比增长13.8%。据不完全统计,全县参与旅游创收农牧民户数198户、523人;完成拉孜第五届中国堆谐之乡文化旅游节雅江骑行活动的承办任务,积极举办交易会,商贸交易额达421.78万元,雅江骑行活动参赛人数达154人。

【物资交流会】 年内,积极筹备完成2017年度日喀则市第七届后藏物资交流会拉孜交易会各项工作任务,参展商户有500家,参加群众达3.2万人次,销售总额达到1900余万元。

【碘盐推广】 年内,为实现"普及碘盐,消除碘缺乏病"的目标,继续加大碘盐推广力度,按每人每年5.5公斤,每公斤0.5元的标准,共向全县11个乡镇98个行政村的碘盐推广配送任务全部完成,碘盐配送总量为301064.5公斤,推广人数54739人,覆盖率达到100%。

【促流通,稳物价】 年内,努力提升城乡居民消费能力,培育消费热点,引导大众消费;加强"万村千乡市场工程"项目申报。加强对农家店存活情况盘查,了解商品配送率,以及有无销售假冒伪劣商品和过期食品等不良行为,确保农家店商品质量合格;联合县发改委进行市场调研,对市场各类商品价格进行统计汇总,进一步加强市场价格预警监管,尤其是确保重大节假日期间市场价

2017年11月16日,拉孜县商务局局长格桑次仁组织干部职工学习宣传贯彻党的十九大精神和"四讲四爱"主题教育实践活动专题会

2017年7月10日，拉孜县召开“四讲四爱”喜迎党的十九大主题教育实践活动个体工商户宣讲动员部署会

格秩序基本稳定，居民消费价格指数涨幅稳控在3%以内。

【干部结对帮扶】 年内，商务局党员干部集中开展“党员干部进村入户、结对认亲交朋友”活动，切实与各自的结对贫困户结成帮扶对子，并慰问贫困户2次（6月和10月），做到精准帮扶，此次帮扶慰问贫困户12户，每户送去现金300元，总计6600元。

【质监工作】 年内，顺利完成西藏自治区质量工作领导小组、日喀则市质量兴县工作领导小组迎检工作，各级领导均对拉孜县质量工作表示肯定，被授予被“全市第三名质监工作单位”称号；对全县电梯、制氧厂、煤气站等特种设备进行5次督导检查，出动20余人次。

【电子商务进农村综合示范项目申报】 年内，拉孜县商务局紧紧围绕自治区商务厅及市商务局的决策部署，经过认真筹备。现已完成申报工作，自治区相关部门正在审批，已委托电子商务公司做前期准备工作。

【“四讲四爱”主题教育实践活动】 7月10日，由商务局牵头联合宣讲各成员单位召开拉孜县“四讲四爱”喜迎中共十九大主题教育实践活动个体工商户宣讲动员部署会，县委常委、副县长陶文权出席会议，各宣讲成员单位负责人列席会议，县全体个体工商户经营者共280余人参加会议。会议由县商务局局长格桑次仁主持，工作人员向广大企业商户并发放300余份宣传册，宣讲切实取的实效；在该单位和驻村点积极开展学习宣传贯彻中共十九大精神和“四讲四爱”主题教育实践活动，并取的实效，使商务局全体干部和村“两委”强化“四个意识”和爱国爱民情怀。

（宋继祖）

粮食储备

【概况】 西藏自治区拉孜粮食储备库成立于1960年1月，前身为拉孜县粮食公司。1989年9月正式注册，企业注册资金1283.88万元。1995年6月20日，拉孜县粮食公司改制为西藏自治区拉孜粮食储备库，属于自治区粮食局、日喀则市发展和改革委员会（粮食局）管辖的粮食储备库。1996年12月，经日喀则地委、行署批准，根据日喀则机构编制委员会文件，于1997年1月正式挂牌命名为西藏自治区拉孜粮食储备库为差额事业单位，科级建制，经费来源为自治区储备粮费用补贴，编制人员18名，其中科级领导职数3名。实际职工人数为41名，其中：在职正式职工6名，单位内部合同制工人5名，公益性岗位3名，临时工8名，退休干部职工19名。

1993年，西藏自治区拉孜粮食储备库国债投资93万元修建钢筋水泥土结构仓库3栋，建筑面积1418.9平方米，仓容量为2060吨。1999年8月，投资49万元，扩建仓库面积475.7平方米，仓容量为1250吨。2003年在自治区发改委、自治区粮食局、地区粮食局支持下，再次国债投资962.4万元，新建自治区储备仓库4栋，建筑面积2556.4平方米，仓容量为5000吨，同时配备检化验室、消防设备、地上电子衡、粮食输送设备、清理设备、仓储设备、计量设备、安全防范设备等全面的配套设备。2016年再次国债投资216

万元，新建自治区储备粮仓库1栋，建筑面积为824平方米，仓容量为1500吨。粮食储藏是一个科技含量非常高的行业，在当前粮食储藏安全由数量安全向数量安全、质量安全、生态安全并重转变的过程中，2017年在市发改委（粮食局）的高度重视下争取“粮安工程”粮食仓库功能提升项目资金60万元对自治区拉孜粮食储备库主库区配置粮情检测、机械通风、安防监控设施设备，粮食仓储技术得到进一步的提升和发挥越来越重要的作用。

西藏自治区拉孜粮食储备库总占地面积为71320平方米，主库区面积为31118平方米，出让土地面积7196.5平方米。2017年末资产总额为4436万元，其中固定资产为1947万元。粮食储备库主库区共有7栋平方仓，仓容量为8660吨，获得自治区储备粮代储资格的5栋仓房仓容量为7250吨。下设三个乡库点（分布在拉孜县曲玛乡、扎西宗乡、扎西岗乡粮食主产乡）和粮油加工厂、租赁业等。主要承担自治区（省级）粮食储备任务，为保护农民利益和全县经济持续、稳定、健康发展，提高政府宏观调控粮食市场能力起到积极作用。

【主要职责及业务范围】 贯彻执行国家和自治区储备粮管理办法和法规，负责国家储备粮管理工作，维护粮食安全；为国家和人民生活提供物资储备保障，认真做好国家物资储备管理和国家物资储备仓库管理工作；执行粮食最低收购价政策，负责粮食收购、销售、储存、加工和粮食应急供应等工作；落实自治区储备粮规模、布局和收购、销售、轮换计划，执行粮食质量标准和储存技术规范。扎实做好“广积粮、积好粮、好积粮”三篇文章，突破性地开展粮食安全储藏工作，粮食储藏事业由“无虫害、无霉变、无鼠雀、无事故”的安全储粮阶段向“绿色、生态、智能、高效”的生态储粮阶段转型发展。

【储备粮保管和轮换】 西藏自治区拉孜粮食储备库按照守住管好天下粮仓，做好‘广积粮、积好粮、好积粮’三篇文章的总要求，认真贯彻落实《西藏自治区储备粮管理责任书》《西藏自治区储备粮仓储管理办法》《西藏自治区储备成品粮轮换管理办法》等规定，坚持以防为主，综合防治的保粮方针，落实各项保粮措施，严格执行储粮保管责任制。在市发改委（粮食局）和县政府的高度重视下，所代储的自治区储备粮原粮、储备成品粮、动态应急地方储备粮真正做到“一符、四无、三专、四落实”，按期完成轮换工作任务，确保自治区储备粮数量真实、质量良好、储存安全、管理规范，发挥其作用。

【企业内部监督】 年内，狠抓“四个中心”，即：企业管理制度以建立指标考核机制为中心，生产经营管理以预算为中心，财务管理以资金管理为中心，成本管理以环节控制为中心，做到各项财务收支一律实行一支笔审批制度；做到自治区储备粮费用补贴专项用于储备粮管理工作环节的保管费用开支，安全防范设施的投入（包括防火、防盗、防潮设备的投入），仓储设施设备的维修和工作人员的薪酬，正常的经费开支及员工的“五险、一金”，没有任何挪作他用现象

2017年12月1日，西藏自治区粮食局党组书记苏圆明（左三）一行到拉孜粮食储备库调研粮食收购工作

2017年7月7日，拉孜县扶贫办主任扎西塔杰、粮食储备库主任扎西多杰到柳乡孜龙村慰问贫困户

【淡(旺)季粮油收购】 年内，以科学发展观为指导，以服务“三农”工作为宗旨，以促进农民余粮顺畅流通并增加现金收入为目的。根据拉孜县人民政府《关于做好2017年粮油收购工作的通知》要求，以“需求无止境、服务无极限”的服务理念为宗旨，认真落实“五要五不准”粮食收购守则，让农民售“明白粮”和“放心粮”。2017年度共收购粮油2837.3吨，其中：青稞2776吨，油菜籽56.8吨，豌豆4.5吨，共支付给售粮群众收购粮油现金1084.22万元。

【粮源采购】 年内，为认真做好保供稳市工作，保障粮油市场供应和价格基本稳定，维护拉孜县粮食流通正常秩序，保障本县粮食安全，积极组织采购粮源，满足社会各界不同层次消费者的需求。2017年，共采购粮食2476.5吨，其中：大米1138.2吨，内地面粉315吨，喜孜面粉199.3吨，青稞722.6吨，糍粑900吨，菜籽油11.9吨。

【促销粮食】 年内，根据日喀则市教育局、日喀则市粮食局《关于进一步规范“三包”学生口粮采购及供应工作的实施方案》，本着公平、公正、公开、平等互利的原则签订“三包”学生口粮的供应合同，全县“三包”学生口粮(主粮)供应率达100%。同时，进一步扩大粮油销售渠道，在确保供应全县农牧民群众和城镇人员的口粮基础上，认真开展“放心粮油”五进工作，满足社会各界消费层次的需求，与萨迦、吉隆、定结、措勤等粮食部门建立长期合作伙伴关系，切实发挥国有粮食部门的主渠道作用。2017年共销售粮油5619.7吨，其中：大米1208.1吨，区外面粉464.6吨，喜孜面粉143.9吨，糌粑87.4吨，青稞3676.4吨，豌豆3.4吨，食油30.9吨，油菜籽(种子)5吨。2017年度实现粮油销售收入2591.7万元，实现税前利润6.3万元。

【保障粮食最低最高库存量】 根据日喀则地区行政公署《关于确定各县(市)粮食最低和最高库存量标准的通知》，受拉孜县人民政府委托，拉孜县粮食最低库存量390吨和粮食最高库存量780吨由西藏自治区拉孜粮食储备库落实，实时确保拉孜县应急状态下的粮食供应。

【推动粮食产销合作】 年内，在市发改委(粮食局)的组织牵头下，以粮食储备库为纽带，铺就成内地粮产销合作路子，为国有粮食企业提供沟通交流平台，在成品粮供应工作上有可靠的粮源保障。通过市局大力推动，全系统的转变观念，初步形成风险共担、利益共享、共同发展路子。2017年共采购米面1652.5吨，其中：大米1138.2吨，区外面粉315吨，喜孜面粉199.3吨。在原有的产销协作伙伴徐州兴凯米业有限公司和郑州海嘉公司的基础上与中粮集团、五得利集团建立长期的产销合作关系，寻求和扩大新的合作领域。同时与当地农业合作社建立并签订当地粮食产销协作协议，切实解决农民卖粮难的问题。

【放心粮油工程】 西藏拉孜放心粮油店自从2015年8月正式运营以来，遵照《放心粮油店经营管理办法(试行)》的要求，以放心粮油为主线，以品牌建设为核心，以质量监管为手段，以放心粮店为窗口，并在不断地创新、深化与升华，赢得社会各界的肯定与民众的信任，成为深入人心的“民心工程”。放心粮油工作将围绕“重质量、强监管，促规范、倡服务，广宣传、寻支持，提档次、树形象”上下功夫，将推进放心粮油工程与粮食产业转型发展相结合起来，在供应粮油质量上未出现任何问题。以放心粮店为窗口，以配送中心为纽带，实行统一采购和统一配送，全县“三包”口粮放心配送率达100%，实现“稳供保价”。2017年放心粮店和配送中心共配送和销售放心粮油1301吨，实现销售收入863.95万元，实现双赢。

【“两个安全”】 年内，全面落实“全覆盖、零容忍、严执法、重实效”和“党政同责”“一岗双责”的总体要求，认真履行企业安全生产主体责任，逐级落实安全生产责任制度，以强化各部门职业健康安全基础建设为抓手，以强化基础、基层安全管理和人员基本安全素质为主线，强化安全“三基”（落实基层责任、强化基础能力、提升基本素质）管理，继续保持安全的高压态势，注重细节，进一步强化、细化安全生产管理，认真抓好隐患排查行动。教育职工严格执行生产岗位操作规程、安全规程，克服麻痹大意，严查职工“三违”（违章指挥，违章操作，违反劳动纪律）行为，不断更新观念，开拓安全管理的新思路、新方法，深化隐患治理，建立健全自治区储备粮的防火、防盗、防洪等各项安全生产应急预案，夯实安全基础，加大安全投入，推动粮库安全、和谐、可持续稳定发展。

【基础设施建设】 年内，企业自筹资金1712.75万元，对原有老318国道的商品房进行改扩建项目，建筑面积为5529.37平方米（三层），即改善全县整体县容县貌，又满足县城快速增加的人口的潜在消费群。这一举措将推动拉孜县商业及其他行业的带动发展，从而更多地吸引流动人口，活跃市场、繁荣经济、吸引更多剩余劳动力，稳定社会局势等方面及建设西部中心起到巨大的社会效益。

（扎西多杰）

2017年10月16日，拉孜粮食储备库开展“爱粮节粮”宣传活动

拉孜西部城市投资发展有限公司

【概况】 拉孜西部城市投资发展有限公司（原名为拉孜县惠民投资有限责任公司）是经县人民政府批准于2015年7月1日成立，属国有独资企业，注册资金为150万元。公司于2017年4月1日正式运营，2017年5月5日更名为拉孜西部城市投资发展有限公司（简称：拉孜城投公司）。公司经营范围主要包括：投资、融资、国有资产（房屋）租赁、土地储备、餐饮业、旅游发展、装饰装修与广告设计、砂石建筑材料生产销售、河道疏浚以及房地产开发等业务。

【人员编制】 拉孜城投公司共有8名工作人员：总经理1名，副总经理2名，财务总监1名及财务专职人员2名，办公室人员2名。

【砂石厂建设】 4月，筹备砂厂工作前期事宜，5月11日，正式在查务乡达尔村30亩的土地上（北临

2017年4月1日，副县长蒲晓彬一行到那布西村考察河道疏浚

山坡，南临318国道线，西侧为草原，东侧为冲沟）开工建设，因前期担心公司资金运转不足，故采购二手设备一套。6月18日开始正式生产并销售成品砂，日生产砂石大约500立方米，日销量大约在400立方米至1000立方米之间（主要是机器运转稳定期间）。为切实确保2018年砂石市场供需关系稳定和砂石质量，砂厂于11月9日正式启动“改扩建工作”，并决定向西藏天姣商贸有限责任公司购置一套全新的机械设备。预计2018年2月底完成“改扩建”的所有事项。

【全县国有资产（房屋）租赁工作】 4月，开始着手核查、统计全县公有房产数量、面积，并与相关单位对接、核实，公司全权负责全县公有房产管理工作。基于原有合同内容和实地核查结果，5月开始陆续与各承租户签订房屋租赁合同，合同执行1年1签的原则。

【运营全县干部职工机关食堂】 6月4日，全县干部职工就餐食堂正式运营，每日就餐人数达到110至200之间（主要是中餐）。公司餐饮业务累计运行约5个半月。基于机关食堂管理的现实情况和干部职工就餐实际需求，公司本着提高全县干部职工就餐质量的原则，于2017年11月15日移交至拉孜县人民政府后勤服务中心运作。

【规范运营城投公司】 年内，完成拉孜城投公司董事会成员和监事会成员变更及总经理、副总经理、财务总监调选事宜，编制公司章程和管理制度，并经县人民政府批准，由县财政局（国资委）对公司增资200万元，在此基础上县财政局（国资委）还向公司提供300万元无息借款。

（杨 炉）

拉孜县扶贫开发投资有限责任公司

【概况】 拉孜县扶贫开发投资有限责任公司成立于2016年6月12日，注册资金230万元，是经拉孜县人民政府批准设立的国有独资公司。公司出资人为拉孜县人民政府，拉孜县财政局为出资人

2017年7月29日，西藏自治区副主席其美仁增（中）到拉孜县扶贫产业园区调研指导工作

代表。公司类型为国有独资有限责任公司。公司现在专职承担易地扶贫搬迁工程、扶贫开发、农牧业发展投资业务(依法须经批准的项目,经相关部门批准后方可开展经营活动)为全县易地扶贫搬迁工程顺利推进、扶贫产业有序发展提供保障,公司现有人员4人。

【业务范围】 扶贫开发公司组建和运营以拉孜县“十三五”时期扶贫开发规划为引领,主攻扶贫产业开发、易地扶贫搬迁等业务,特别是集中整合扶贫资金,开发优势产业项目,以此带动及有效解决贫困人口就业、增收、脱贫。

【产业发展资金管理】 年内,拉孜县扶贫开发投资有限责任公司利用政府风险补偿资金共落实扶贫产业项目贷款资金5085.83万元,实现资金放大3倍,其中锡钦乡羊毛制品厂建设项目向日喀则珠峰扶贫开发公司贷款1000万元,吾木宗农家旅社建设项目向拉孜县农业银行贷款300万元,拉孜县商品混凝土搅拌站建设项目向西藏银行贷款2000万元,拉孜县万亩油菜生产加工基地向日喀则珠峰扶贫开发公司贷款1785.83万元。

【藏鸡孵化养殖产业管理】 拉孜县扶贫开发投资有限责任公司负责扶贫产业项目藏鸡养殖孵化基地建设项目的经营管理,争取上海援藏资金1000万元,用于项目建设,形成县合作总社、乡镇合作

2017年11月7日,拉孜县扶贫开发投资有限责任公司董事长赵玮到锡钦乡格白村藏鸡养殖孵化基地检查项目建设情况

分社、销售企业+贫困户的经营模式,对养殖户实行统一培训、统一防疫、统一养殖模式、统一销售、统一品牌商标,最终形成区域养殖规模。年内,扶贫开发有限责任公司共向拉孜县11个乡镇养殖户发放开产藏鸡3550余只,扶贫开发有限公司工作人员持续对乡镇合作分设藏鸡蛋进行统一收购,每周深入各乡镇养殖场1次,进行技术指导和藏鸡蛋收购。截至年底,总计收购鸡蛋40605枚,收益121815元。

【易地搬迁资金管理】 年内,共到位易地搬迁资金478.88万元,结转2016年易地搬迁资金6033.44万元,支出易地搬迁资金5855.7万元,2017年共计结余易地搬迁资金656.63万元。

【其他资金管理】 年内,共到位其他资金42.65万元,其中利息14.01564万元,其他利润28.64万元。

下一步,公司将强化使命担当和责任意识,注重与易地扶贫搬迁、扶贫发展特色产业、群众就业相结合,从根本上解决贫困群众的长远生计问题。坚持现代金融理念,建立健全风险防控机制,切实增强企业筹融资能力。同时,通过建立健全现代企业制度,加强规范化管理,尽快将公司建成制度健全、内控严密、服务优良、运行高效的扶贫融资企业,确保每一分钱都用于贫困群众,为拉孜县脱贫攻坚工作作出应有贡献。公司还将不断加强自身建设,建立团结进取,敢于担当、情系百姓、业务过硬、作风扎实,守纪律、懂规矩、肯奉献的企业团队,为公司的长远发展奠定坚实的基础。

(刘　帅)

农牧林水

农牧业

【概况】 拉孜县农牧局、林业局、科技局、科学技术协会四家单位于2017年2月整合,成立拉孜县农牧局(林业局、科技局),下设科学技术协会,现有干部职工39人(5人为借调),其中,行政编制17人,事业编制14人,工人3人,公益性4人,临时工1人。

2017年5月6日,西藏自治区政协副主席金世洵(中)到拉孜县西部农业科技示范园区调研

【农牧工作】 2017年,落实农作物总播面积为12.86万亩,其中:粮食作物为8.62万亩,经济作物为3.78万亩,饲草饲料为0.46万亩,粮、经、饲种植比例由原来的63.3∶29.6∶7.1调整为67.1∶29.4∶3.5。粮油产量9508.8万斤,比2016年增长829万斤。其中,粮食产量8583.97万斤,比2016年增长810.35万斤,同比实现增长10.42%,实现实增52斤/亩;油菜产量924.86万斤,比2016年增长18.74万斤,同比实现增长2%。蔬菜产量6504.5万斤,比2016年增长884万斤,同比实现增长13.59%。高产创建示范田7万亩;测土配方示范8万亩。

【完成青稞增产行动各项工作】 年内,及时订购调运分配化肥2291吨、青稞增产行动商品有机肥2300吨;订购调运农药29.65吨;完成内部调种18.75万斤,外部调种22万斤,完成种子包衣38.5万斤。拉孜县重点抓好喜马拉22号推广工作,推广种植"喜马拉22号"5.5万亩、"藏青2000"1.8万亩。落实青稞种子田1.1万亩,其中"藏青2000"种植0.15万亩、"喜马拉22号"0.95万亩(一级种子田0.1万亩、二级0.85万亩);落实马铃薯种子田290亩,其中原种田80亩、一级种子田30亩、二级种子田180亩。完成深耕深松作业面积为1.49万亩,并顺利通过验收。

【土地确权】 2017年2月土地确权工作全面启动以来,拉孜县高度重视，精心组织，从组织领导、人员配备、工作经费等各方面予以保障，确保各项工作有序推进，取得阶段性进展。截至年底，拉孜县已完成机构建立、组建专班、宣传发动、业务培训、资料收集、入户调查、信息录入、矛盾排查梳理、外业测量、数据公示等各项工作任务，涉及9个乡2个镇，96个行政村、10230户，累计测量耕地面积198054.32亩，比原承包面积（习惯面积128763.25亩）增加69291.07亩，比国土二调面积（233369.25亩）减少35314.93亩。

【牧业生产】 截至年底，牲畜存栏259380头（只、匹），其中：新生仔畜64922头（只、匹），成活率达到96%，成畜死亡7379头（只、匹），成畜死亡率控制在0.9%以内。2017年度草原生态保护补助奖励机制工作顺利通过市、区级验收，兑现草原生态奖励补助资金共892.85万元。及时足额兑现村级动物防疫员补助。严格按照动物防疫员补助标准，完成98名动物防疫员的补助兑现工作，兑现补助资金共117.6万元。同时，举办村级动物防疫员业务培训会。积极与上级业务部门沟通协调，引进优质白绒山羊301只，改善拉孜县羊群结构。

【开展包虫病防治】 年内，严格按照时间节点对11个乡镇进行随机抽样监测，共采集羊血清样品1828份、牛血清样品240份、犬粪样品392份、解剖羊15只，并及时将采集样品及表格（血清、犬粪、采样表、解剖图片、总结报告）派专人送到日喀则市动物疫控中心。并对11个乡镇的46221只新生羔羊进行免疫注射疫苗。同时，加强相关知识的宣传工作，并发放1700余份的家犬驱虫药，为圆满完成包虫病防治工作打下坚实的基础。

【项目建设】 年内，共实施中央预算内新建、续建项目12个，项目总投资总投资3305万元，主要有2016年基层农技推广体系，“4·25”灾后恢复重建马铃薯生产基地、马铃薯合作社、岗巴羊规模化养殖基地建设、防沙治沙、有害生物预警站等项目，完成投资2230万元。

【林业工作】 年内，按照年初工作计划，把生态林业建设作为重点，结合实际，开展植树造林7977余亩，其中完成拉萨周边造林1187亩，防护林体系建设3000亩，组织义务植树2000余亩。积极与相关职能部门、乡（镇）沟通协调，抓好生态岗位人员的信息收集及核实工作，并及时开展生态岗位人员的考核工作，考核完成后，及时将生态岗位人员的工资兑现。充分发挥生态岗位人员作用，制定相关管护措施，全面加强管护工作，完成各项工作任务。同时，积极与相关部门沟通协调，开展联合执法检查，针对破坏黑颈鹤保护区的情况，及时发现及时处理。严格按照《植物检疫条例实施细则（林业部分）》，加强组织领导，高度重视，积极开展植物检疫工作。全年开展植物检疫2次，未发现有害生物入侵现象，并积极开展林业有害生物监测，确保拉孜县无发生重大林业灾害。

年内，坚持“预防为主、积极消灭”的方针，切实开展防火工作。加强组织领导，成立以分管县长为组长、林业局负责人为副

2017年4月13日，日喀则市青稞增产行动督导组一行到拉孜县检查指导青稞增产行动工作开展情况

组长、相关成员单位为成员的森林防火领导小组，具体负责全县森林防火工作。层层签订目标责任书，加大防火宣传力度，发放宣传资料1500余份，张贴宣传标语110余条；严格落实24小时防火值班带班制度；积极开展森林防火演练和隐患排查工作。截至年底，全县未发生一般森林（草场、人工林、灌木林）火灾。

【科技工作】 年内，围绕签订的目标任务，以科技服务"三农"为重点，以科技富民强县为宗旨，积极开展科技、科协各项工作，全力推动拉孜县科技进步和科技创新。拉孜县十分重视科技特派员选派工作，认真贯彻落实科技部、自治区、市及县等相关文件会议精神，严格按照程序选聘。为做好科技特派员的管理工作，拉孜县农牧局（林业局、科技局）下派工作人员，深入11个乡镇开展调查工作，对全县196名科技特派员进行评定，对作用发挥不明显的20名人员进行解聘；结合"青稞增产行动"工作，要求村级科技特派员进行承包地块，必须按照要求开展青稞生产环节记录工作（工作记录本由县负责统一制作），并且记录工作开展情况将纳入年终考核，针对考核不合格的将严格按照管理办法执行惩罚措施，对表现较好的适当给予奖励，充分调动科技特派员的积极性。以"萨福克与河谷型杂交组合"获得的研究成果转化与现代养羊技术相配套为示范推广，通过申请专项资金，在锡钦乡夏拉索村建立萨福克杂交肉羊养殖示范村，通过杂交改良＋良种良法＋合作化肉羊专业服务体系建设等综合技术措施，旨提升和提高拉孜县养殖户科学养殖理念，以点带面引领全县养羊业朝着绵羊良种化、养殖现代化、设施标准化推进，从而实现全县绵羊资源的"大群体到大效益"的产业升级，进而促进畜牧业增效、农牧民群众增收。

（姜春福）

2017年4月10日，县委常委、副县长赵玮到拉孜镇检查指导春季农牧业生产工作

水利

【概况】 2017年，拉孜县水利局内设科室6个，分别为局办公室、党员活动室、河长办、质监站、防汛抗旱指挥部办公室、水保室。全局共有干部职工13名（局机关6人、技术人员4人、公益性岗位3人），其中藏族干部9名、汉族干部4名；全局共有正式党员6人。

【水利工程项目复工】 年内，复工项目6个。

【小农重点县建设项目】 2016年小农重点县建设项目，该项目总投资2547.87万元，实施30个项目点。建设内容及规模为新建水塘13座（包含1座蓄水池），总库容65735.8立方米，新建钢筋混凝土渠道总长14.25千米、管道24.66千米，浆砌石渠道6.1千米，取水枢纽12座、分水口185座、农用桥21座、防洪堤总长0.2千米，山洪渡槽26座，沉砂池6座，分水闸7座，提灌站1座，灌溉面积3.1722万亩。工程已全面完工，并拨付资金85%。

【灌区工程】 拉孜县扎西宗灌区工程，该项目总投资2565.25万元，建设内容及规模为改建取水口2座，改建干渠2条，总长18.919公里（甲当干渠4.514公里，扎西宗干渠14.405公里）；各

2017年5月20日，拉孜县召开防汛抗旱工作会议

类配套渠系建筑物132座（排洪槽9座、分水口70座、节制闸3座、机耕桥22座、涵洞14座、人行桥10座、沉沙池4处）。

【防洪堤工程】 拉孜县新城区防洪工程，该项目总投资2287.31万元，建设内容及规模为整治河道全长2.09公里，修建防洪堤总长4.03公里，其中：左岸长1.94公里，右岸长2.09公里；下河梯步10座等。

【中小河流治理工程】 萨迦冲曲拉孜县唐嘎段防洪工程，该项目总投资784.15万元，建设内容及规模为综合治理河道长6公里，新建防洪堤总长8.06公里，新建穿堤建筑物7座（进水管涵2座，出水管涵5座）。拉孜县扎西宗山洪灾害治理，该项目总投资861.87万元，建设内容及规模为新建防洪堤3处，总长9.12千米，穿堤建筑物11座（取水口5座、排水涵管6座）。

【新建项目】 年内，新开工水利项目共2个，是“十三五”规划项目，总投资2560.6万元。拉孜县2017年小型农田水利重点县工程，该项目总投资2328.79万元，建设内容及规模为受益群众涉及8个村1019户4537人，解决9355亩土地灌溉问题；主要建设任务有改建渠道15条；改扩建水塘6座；新建农田护岸1处，渠系建筑物208座。拉孜县那布西水土保持生态建设项目，该项目总投资231.81万元，建设内容及规模为新建封禁牌1个，禁止牌2个，钢丝网围栏3300米，土地平整37亩，改造排水渠400米，改造引水渠1500米。

【“十三五”计划内项目完成情况】 全县水利“十三五”计划内项目共36个，总投资78106.67万元。已完工项目6个，总投资10803.27万元：拉孜县扎西宗山洪灾害治理，萨迦冲曲拉孜县唐嘎段防洪工程，拉孜县新城区防洪工程，拉孜县2015年小型农田水利重点县工程，2016年小农重点县建设项目。

【“十三五”计划外项目完成情况】 “4·25”灾后重建项目：拉孜县彭措林乡普松村至谢曲防洪堤工程、拉孜县扎西岗村饮水工程、拉孜县扎西岗响卓、乃琼村防洪堤工程、拉孜县扎西岗若措村防洪堤工程，该项目总投资549.75万元。

【“十三五”计划内项目前期完成情况】 2017年第一季度贷款项目：拉孜县宗藏干渠续建配套与节水改造工程，该项目总投资2816.19万元，建设内容及规模为改建取水枢纽1座。改建干渠17.35公里，渠系建筑物70座。拉孜县热曲河河道治理工程，该项目总投资2781.92万元，建设内容及规模为修建提防15公里，防洪标准10年一遇。拉孜县拉孜镇拉达尔灌区工程，该项目总投资6867.03万元，建设内容及规模为挡土墙共420米，导流墙共420米，干渠20.08公里，消力池1座，渠系建筑物91座。拉孜县拉孜镇措布村山洪灾害治理工程，该项目总投资980.34万元，建设内容及规模为修建提防5公里，涵洞一座，防洪标准10年一遇。拉孜县曲玛乡防洪堤工程，该项目总投资555.26万元，建设内容及规模为修建防洪堤1.6公里，10年一遇。拉孜县杰地灌区工程，该项目总投资1170.33万元，建设内容及规模为改建干渠6.88公里及配套渠系建筑物。拉孜县拉孜镇赤夏灌区工程，该项目总投资1841.11万元，建设内容及规模为改建渠道15公里及配套渠系建筑物。

2017年第四季度贷款项目：拉孜县拉孜镇江北灌区工程，该项目总投资3698万元，建设内容及规模为新建进水口1座、改建琼嘎土渠3.84公里；改建进水口1座，改建白列土渠7.74公里、配套渠系建筑物120处。拉孜县扎西岗乡雅鲁藏布江扎西热岭段堤防水毁修复工程，该项目总投资2763万元，建设内容及规模为维修防洪堤3224.95米，防洪标准10年一遇。拉孜县拉孜镇雅鲁藏布江拉孜村段堤防出现加固工程，该项目总投资2115.83万元，建设内容及规模为改建防洪堤2段、上游段818.4米，拉孜村801.75米。拉孜镇雅鲁藏布江琼嘎村段堤防除险加固工程，该项目总投资904.99万元，建设内容及规模为综合治理河道长度996米、新建堤防996米及穿堤箱涵2处、下河梯道2处。农村饮水安全巩固提升工程，该项目总投资2874.52万元，建设内容及规模为新建机井14座、截潜流21座、集水池式取水口21座、保留原有取水口5座、沉砂池24座、水源保护处40处、管道79.24公里。

330盘子项目：拉孜县孜龙水库，该项目总投资2709.05万元，建设内容及规模为新建水库一座，库容22.20万立方米、新建取水枢纽（截潜流1座）、长度60米，引水管道2288米、供水管道5577米，渠系建筑物10座。拉孜县芒嘎河流域芒普乡水土流失综合治理工程，该项目总投资556.75万元，建设内容及规模为治理水土流失面积119公顷。拉孜县热曲河孜龙沟小流域水土流失综合治理工程，该项目总投资678.78万元，建设内容及规模为治理水土流失面积25.19平方公里。

2017年11月10日，拉孜县水利局开展农村饮水工程普查业务培训

灾后薄弱环节项目：拉孜县萨迦冲曲治理工程项目，该项目总投资2999.19万元，建设规模和主要建设内容治理河道总长12.39公里。拉孜县热曲河门朵村治理工程项目，该项目总投资2635.7万元，建设规模和主要建设内容堤防12公里。

2018年第二季贷款项目：拉孜县曲玛乡贡康灌区工程项目，该项目总投资3057.39，建设规模和主要建设内容改建干渠14.7公里及配套渠系建筑物。拉孜县拉孜镇措布干渠工程项目，该项目总投资3099.24万元，建设规模和主要建设内容改建渠道20公里及配套渠系建筑物。拉孜县拉孜镇防洪堤工程项目，该项目总投资1050万元，建设规模和主要建设内容修建防洪堤5公里，10年一遇。拉孜县查纳普曲山洪沟治理工程项目，该项目总投资1540万元，建设规模和主要建设内容修建防洪堤5公里，10年一遇。拉孜县查务乡饲草料基地灌溉工程项目，该项目总投资1100万元，建设规模和主要建设内容修建渠道5公里及配套渠系建筑。芒嘎河河道治理工程项目，该项目总投资1750万元，建设规模和主要建设内容综合治理河道5.229公里，新建防洪堤7.677公里，10年一遇。甲军普曲山洪沟治理工程项目，该项目总投资440万元，建设规模和主要建设内容堤防2公里，新建防洪堤1.908公里，新建下河踏步10座，10年一遇。270

盘子项目：拉孜县羊姆顶湖整治工程项目，该项目总投资 2190 万元。拉孜县朵门干渠工程项目，该工程总投资 1800 万元，建设规模和主要建设内容改建渠道 15 公里及渠系配套建筑物。

【"十三五"计划外项目前期完成情况】 西藏防汛抗旱物资储备库建设项目日喀则市拉孜县代储点项目，该项目总投资 613.28 万元，建设规模和主要建设内容总占地面积 6016 平方米，总建筑面积 1756.63 平方米：其中物资储备库建筑面积 1069.27 平方米；综合楼建筑面积 336.64 平方米；旱厕建筑面积 14.08 平方米；柴油发电机房建筑面积 48.64 平方米；消防水池面积 288 平方米。查务生尖村除险加固应急工程项目，该项目总投资 123.18 万元，建设规模和主要建设内容布设护岸总长 534 米，其中左岸护岸长 280 米。右岸护岸长 254 米，布设检修下河梯步 2 座。彭措林孜江村除险加固应急工程项目，该项目总投资 1277.64 万元，建设规模和主要建设内容布设 9 段堤防，总长 5164 米，防洪堤长 1418 米，护岸长 3746 米。彭措林萨村除险加固应急工程项目，该项目总投资 361.99 万元，建设规模和主要建设内容左岸布设防洪堤总长 852.2 米。沿护岸布设穿堤路 1 座，检修下河踏步 2 座。萨迦冲曲水毁修复防洪堤应急工程项目，该项目总投资 225.07 万元，建设规模和主要建设内容修复防洪堤 676 米，修复段防洪堤共四段，其中左岸两段，右岸两段。2018 年小农重点县工程项目，该项目总投资 2000 万元。拉孜县"十项提升"农饮工程项目，该项目总投资 5118 万元，建设规模和主要建设内容解决 40 个村人畜饮水。

【防汛工作】 年内，成立以政府县长为组长，分管副县长为副组长，相关县直各部门、各乡镇负责人为成员的防汛抗旱工作领导小组；按照市防办的要求，结合拉孜县实际，抓紧完善《拉孜县防汛抗旱应急预案》，并与乡镇层层签订目标责任书，完善应急预案，明确责任、细化任务；防汛抗旱物资储备实行"分级负担、分级储备、分级使用、分级管理、统筹调度"的原则，对物资品种、规格、数量、存放地点、管理人员等登记造册；始终坚持"先生活，后生产；先地表，后地下"的原则，不断加强水资源管理，提前科学制定全县用水调度计划；广泛发动群众，认真抓好抗旱宣传，安排专人就抗旱意识、目的、意义、预案要点等相关知识在各乡镇进行宣传。

【"河长制"工作】 年内，配合县委、县政府全面推进"河长制"工作，对雅鲁藏布江、芒嘎河、萨迦冲曲等河流湖泊水资源生态保护采取有力措施。按照"建立管理机构、明确工作目标、落实管理责任、严格管理考核"的要求，全面建立区域与流域相结合的以县、乡（镇）、村三级"河长"为主要内容的"河长制"组织体系，对全县范围内的主要河湖全部落实具体责任人。同时，要求各乡（镇）结合各自实际，制定乡（镇）、村河长制工作方案，实现县、乡（镇）、村三级"河长"全覆盖；督促乡（镇）"河长"负责推进河湖、库塘突出问题整治、水污染综合防治、实地巡察保洁、生态修复和河湖库塘保护管理，督导村级河长履行职责；持续开展砂场砖厂专项整

2017年3月31日，拉孜县召开2017年水利开复工项目推进会

治。继续深入推进项目建筑领域专项整治行动，积极协助县发改、水利、环保、林业、住建、公安等部门，对雅鲁藏布江、芒嘎河等主要河道的砂场、砖厂进行全面清理整顿，关停整顿砂场22家；充分利用标语、宣传栏、公众平台等多种形式高频率、大张旗鼓的宣传“河长制”工作的重要性和必要性，切实增强群众环保意识，激发广大群众参与水环境保护的积极性和责任感，使河道采砂专项治理等工作深入人心，家喻户晓，为“河长制”工作营造良好的舆论氛围。截至年底，正积极开展县乡村“河长”公示牌树立工作，同时要求村干部、“双联户”等人员主动认领辖区内的水库，努力实现河流、湖泊、水库管理全覆盖。

【精准扶贫】 拉孜县2016年异地搬迁安置点饮水工程，该工程总投资为325万元，建设内容及规模为新建截潜流共8座，总长度88米、蓄水池9座，总需水量202.7立方米，沉砂池9座，总方量9.18立方米、手摇压井3座，水质检测10个，解决贫困区人畜“吃水难，用水难”问题。

（次 拉）

电力供应（供电所）

【概况】 根据《关于西藏自治区国家电网覆盖区域农电代管框架协议》，拉孜县供电有限公司于2014年11月20日正式由国网西藏电力有限公司日喀则供电公司全面实施代管。

2017年，公司在岗职工24人。其中2017年国网西藏公司统招新进3名大学生。男性职工14人，女性职工10人。30岁及以下职工9人，30—40岁职工2人，40岁及以上职工13人。高中及以下学历5人，中专11人，大专8人。

【经营范围与职责】 拉孜县供电有限公司于拉孜县老中尼公路19号，具体负责拉孜县域内的输、配、变、售电及11个乡镇的供电任务，为拉孜县社会经济发展提供安全、可靠的供电保障。

【生产情况】 年内，拉孜县供电有限公司管辖的35千伏变电站5座，总变电容量2700千伏安，35千伏输电线路73.1公里，10千伏配电线路10条，长度532.28公里，10千伏配变165台。公司电网覆盖营业用户1752户按照总表执行，供电人口5.82人，供电面积4000多平方公里，2017年完成供电量2334.77万千瓦时，完成售电量1976.45万千瓦时。

【国网人才帮扶工作】 5月30日，国网上海公司殷展、国网河南公司王晓静、张杨共计3人顺利完成在拉孜县供电有限公司的对藏人才帮扶工作，殷展等3人在公司对口帮扶一年期间的工作，提升公司在安全生产管理、经营管理、电力设施保护、法律事务、农电管理提升、员工安全教育及技术培训、班组建设等方面的工作。根据国网公司计划，4月23日，国网上海公司徐佳、顾慧春、王逊峰3人到拉孜县供电有限公司分别挂职副经理、运检部主任、综合部主任，开展为期一年半的援藏帮扶工作。

【安全管理】 年内，拉孜县供电有限公司始终坚持“安全第一、预防为主、综合治理”的方针，强化各级安全生产责任制，提高全员

2017年6月5日，上海市嘉定供电公司、金山供电公司一行到拉孜县供电有限公司检查指导工作

安全生产意识，有效预防各类事故的发生，确保公司安全生产目标的实现。2017年未发生人身伤亡事故和重大设备事故、重大火灾及交通事故。为规范安全管理制度，在公司和各部门签订年度安全生产责任状的基础上，加大对安全的监管力度、考核力度，加强跟踪落实，对安全生产工作做到一级抓一级，一级对一级负责，层层抓落实，不留安全死角，进一步完善县公司三级安全网管理规定，制定《拉孜县供电有限公司三级安全保障体系》明确公司系统各级机构和人员安全工作职责，健全安全责任体系，维护企业生产安全。

2017年，公司认真开展春季安全大检查、汛期前安全隐患大检查、安全生产月专项大检查、迎接中共十九大期间安全大检查等活动，以“三查三强化”活动为契机，全方位进行彻查安全隐患，强化风险管控，夯实安全基础，提升安全生产水平。做到紧急缺陷不过夜、重大缺陷限时改。正视安全生产的周期性规律，牢记“心存侥幸、万祸之源”的安全警句。确保安全生产每天从零开始，杜绝习惯性违章。针对安全生产工作中的不足，积极开展相关培训学习工作，规范变电站、输电线路作业的安全帽佩戴、安全带使用、操作票及工作票的规范填写，严肃现场“两票三制”执行力度，逐步改变过去安全管理方面的落后局面。对公司内部各项管理体制进行规范和整顿，完善周例会制度、考勤制度、文件签发管理制度、值班管理制度、车辆管理办法、差旅费管理办法、安全管理制度、仓库定置管理制度等等，梳理财务费用报销流程，完善企业管理制度框架，提高企业管理效率。公司各项工作正向规范化、制度化管理的方向发展，整体水平有较大提高。

2017年6月14日，拉孜县供电有限公司经理普布次仁主持召开“四讲四爱”第二次集中宣讲活动

【电费回收】 年内，针对拉孜公司收费及电费账务流程是营业厅收费后交接到财务部，最后财务专人存到公司银行账上。没有代收机构或农电工代抄代收模式，乡镇村委会电费有村委会成员按照自村电费通知收取电费后交至营业厅。由营业厅电费发票打印给乡村委成员。营业大厅业扩、收费人员进行催费，进行催费未按照相关要求不交者，上报主管领导，安排抄表、装表组人员进行停电；电费交齐，按规定上报主管领导，安排抄表、装表组人员进行复电。公司营销部建立有电力销售情况分析机制，但执行不到位，人员工作能力还待提高，年度电费回收率100%。

【完善基础台账档案】 年内，拉孜县供电有限公司制定所辖区线路检查工作以及安全生产等，全面开展配网基础资产清查。经过1个月的现场核查，检查35千伏5座变电站、2条线路，检查10千伏线路10条等，建立准确的配电线路基础档案资料。确保基础数据台账一致、数据准确、现场实用，为下一步PMS系统上线台账做基础准备。

【农网升级改造】 年内，开展拉孜县新一轮农网建设工程，国网公司共投资2亿元建设根据日喀则市电力公司统一安排，于2017年度在拉孜县境内开展新一轮农网改造工程。此次改造工程一共涉及曲下镇、拉孜镇、芒普乡、曲玛乡、热萨乡、扎西宗乡、平措林乡共计7个乡镇、62个行政村。主要解决上述乡镇电力线路、变压

2017年6月16日，拉孜县供电有限公司工作人员开展“安全生产月宣传咨询日”活动

器、配电箱、户表老化以及无电户通电问题。截至年底，共计完成新建及改造高压线路和低压线路6120多公里，新建及更换变压器159台，完成户表改造共计6000余户。解决271户无电户问题。截至年底，已经全部完成，竣工验收完毕。新一轮农网的改造全面完成，为建设拉孜公司“坚强电网”打下坚实基础。通过此次电网改造，大大改善拉孜县电网网架结构，提高供电可靠性，改善人民的用电水平，也为拉孜县电网建设打下扎实的基础。

【路灯亮化工程】 年内，对城区六条道路进行路灯规划设计。拉孜县被日喀则市定为西部四县的发展中心发展潜力大，建设速度快，如何能使路灯工程质量与城市建设同步配套，是公司领导考虑的重要因素。经过反复研究与市场考查，公司高标准、严要求，最终将城区六条主干道路420根的路灯定为LED灯光源，路灯杆高9米，铸铁材质，杆壁厚0. 32米两个灯头分别为154瓦和70瓦的标准，外观简约、大方、别致。并且从三个方面解决过去钠灯路灯存在的问题，为促进拉孜县城的城市更新、丰富群众生活，繁荣夜间经济奠定基础，让百姓切实感受到城市的发展变化。

【结对帮扶】 年内，拉孜县供电有限公司开展“金晖关爱助学行动”活动。为保证活动的顺利进行，公司在1月进行一次细致的调查摸底工作，安排工作人员进行入户走访，解困难家庭的经济状况、生活环境以及学生的品学表现等，并鼓励贫困家庭勇于面对困难。通过调查摸底各乡镇农村户，一共5个困难家庭学生符合条件，作为供电公司的帮扶对象，这些学生都是品学兼优、求学愿望强烈，但因家庭经济困难，无法缴纳学费，将丧失上大学的机会。通过这次助学活动，不仅可以帮助贫困学生摆脱经济贫困与心理贫困的双重压力，还可以更好地动员社会各界关注贫困家庭，关爱贫困学生。受助家庭接到爱心捐助后，对社会的关心表示感谢。他们纷纷表态：一定不辜负社会的关爱，一定会用优异的成绩和实际行动回报社会。

（旺 堆）

交通·通讯

交通运输管理

【概况】 拉孜县交通运输局成立于2002年,是负责全县交通运输事业的主管部门。2017年,行政编制5名,事业编制1名,借调2名,公益性2名;领导职数3名;藏族5名,汉族3名。本科学历2名,专科6名。拉孜县辖11个乡(镇)、98个行政村、30座寺庙、1个宗教活动点。拉孜县国省道265.82公里,农村公路总里程745.684公里。拉孜县乡镇道路通畅率将达100%、建制村通畅率达88.77%,通达率100%,寺庙通达率100%。2017年,拉孜县共实施交通项目22个总投资71576.9658万元,完成投资7894.1372万元,新建里程约206.2公里。

【续建项目】 年内,续建项目5个,总投资9530.6043万元,完成投资4571.8157万元;拉孜县杰藏公路岔口措娃村公路项目1784.307075万元;拉孜县芒普乡乃村至秋谷温泉公路项目3084.0643万元;拉孜县扎西岗乡至扎西岗村公路项目250.00万元;法人为市交通局项目,拉柳公路通畅水毁追加项目278万元、G349至曲玛乡政府通畅项目6157.35万元。

【新建项目】 年内,拉孜县成功实施17个农村公路建设项目,总投资6.20463615亿元。其中重点项目5个3.0648亿元,拉孜县G318线岔口至仁达村、占宗、增村公路项目3700.00万元,拉孜县G349至拉孜县新苏村公路项目5788.00万元,拉孜县G318线岔口至宁日村公路项目4700.00万元,拉孜县G318线岔口堆康村至热玛村公路项目7360.00万元,拉孜县G349线岔口比利斯当至萨龙村、孜果村公路项目9100.00万元。一般项目5个7904.1295万元,拉孜县桑多线岔口达布村至查玛龙自然村公路项目576.6642万元,拉孜县G318线岔口至春门村

2017年6月8日，西藏自治区交通运输厅农村公路处一行对拉孜县2017年第二批农村公路重点项目进行审查

公路项目1775.5666万元，拉孜县拉孜镇措布村至拉龙村公路项目2033.8190万元，拉孜县S513线岔口至响卓村公路项目2413.8354万元，拉孜县S513线玉托村至燕卓村公路项目1104.2443万元。

2017年7月12日，拉孜县交通运输局局长达娃次仁安全生产例行检查

【危桥改造项目】 年内，拉孜县交通运输局通过与上级主管部门多次沟通协商，为拉孜县成功争取实施G318线热萨乡宗白桥梁工程，总投资202.2717万元，G318线热萨乡萨麦桥梁工程，总投资297.8918万元。

【安全生命防护工程】 年内，拉孜县农村公路生命防护工程公路安全生命防护工程项目，总投资982.00万元。

【农村公路养护管理】 年内，拉孜县交通运输局结合简政放权将历年结余农村公路养护补助资金、农村公路村级道路维护资金、县级配套抢险保通资金共465900.00元按各乡镇管养里程和实际养护维修工程量下发至各乡镇，充分调动各乡镇参与农村公路养护工作的积极性，农村公路养护工作得到进一步提升。2017年在全县范围内实施交安工程波形防护栏38公里，警示标示牌105个，边沟8.6公里，国道318线维修2座桥，共计投资1401万元。确保道路交通安全，有效的预防和减少道路交通安全事故的发生。10月，经交通运输局多方协调，争取到G349线道路交通生命安全防护工程35公里的交安设施和排水边沟、安全警示标示牌，共计投资560万元，解决该线路道路交通安全设施缺失的问题，进一步提高道路交通安全出行。

【农村公路水毁现象】 年内，因拉孜县夏季降雨量大、暴雨增多，致使雅江及各乡镇江河水位上涨和加之洪水的冲刷，导致部分道路、涵洞受到不同程度的损毁，交通局在接到灾情报告后第一时间组织人员、调动机械赴现场立即开展道路交通抢险保通工作，确保道路交通安全。

【抢险保通】 年内，拉孜县交通运输局按照“安全第作一、预防为主，全力抢险”的工作方针，切实抓好防汛工的责任制，做到责任到位，人员到位、措施到位，抢险及时，确保汛期农村公路安全正常通行。2017年，在道路交通应急抢修共出动人员352人次，机械45台，投入资金52万元，抢修道路130公里，涵洞5座。

【安全生产】 年内，拉孜县交通运输局切实履行中共十九大精神，严格按照“党政同责、一岗双责”总要求，坚持“安全第一、预防为主”的工作方针，深入开展“安全生产宣传月”“隐患排查治理”等一系列专项治理活动，切实消除安全隐患。年内，拉孜县交通运输局共组织开展各类安全生产检查52次，现场指出并处理问题30余处，全部按期整改到位。同时，将22个新(续)建交通建设项目纳入工程质量安全监督重点对象，确保交通建设领域安全可控。

（董　强）

公路养护

【概况】 拉孜公路养护段始建于1965年，是日喀则公路分局直接领导下的公路养护管理专业机构，以畅通为主导、安全为至上，服务为本、创新引领为宗旨，建制为正区级事业单位。负责国道318线中尼公路，K5005+000拉孜县宗白村至K5165+000定日县央嘎村的160公里（日拉路51.641公里为二级公路，拉定路108.359公里为三级公路），以及国道349线（原219线）新藏公路，K2093+000昂拉山哑口至K2140+000拉孜县查务乡三岔路口的47公里（三级公路），共207公里的公路养护与管理。G318线中尼公路自拉孜公路养护段始建之初开始养管，G349线新藏公路2011年4月份开始由拉孜公路养护段养管。段部内设行政股、政工人事股、公路股、路政所、财务股、机械设备股共六个职能股室。下辖4个工区，1个保通点、1个救助站、1个高山工区种植养殖基地。全段现有在职工干部职工共122人，其中干部26人、固定工1人、合同制工27人、一线聘用人员68人；藏族111人、汉族11人；党员61人、预备党员3人，积极分子19人；工会会员122人（不包括临时工7人）。学历本科生以上为24人，占比例为20%；大专生13人，占比例为11%；中专生6人，占比例为4%；初中39人，占比例为32%；小学生40人，占比例为33%。

2017年，拉孜公路养护段认真学习贯彻中共十九大精神，贯彻执行上级业务部门的政策方针，开展大量的工作。在西藏自治区交通运输厅、西藏自治区公路局、日喀则公路分局的大力支持和正确指导下，通过拉孜公路养护段职工的共同努力实现“畅、安、舒、美、绿”的公路养护目标。

【公路养护】 拉孜公路养护段养管路段内水雪毁灾害季节性比较集中，其中一、二、三月份降雪频繁，因海拔高、温差大的原因，致使路面易结冰，七、八月降雨量较大且频繁，致使傍山路段易发生泥石流。根据段部实际情况制定“汛期抢险保通预案”“今冬明春抢险保通预案”，将易发生灾害的重点路段抢险保通机械、人员进行具体的安排部署，段部领导担任路段主要负责人，一旦发生水雪毁灾害，立即启动应急预案，秉承“不等不靠”的宗旨，发扬“两路精神”，以最快的速度投入人员机械，抢通公路。在路基冲毁处修建铅丝笼挡墙，消除安全隐患。为进一步完善抢险保通工作，拉孜公路养护段在泥石流多发地点设置抢险保通联系电话标牌，让受困人员能第一时间联系工作人员，抢险保通过程中，竭力帮助受困旅客，为他们送去食物和水，用现有设施提供最大的帮助。在段部建立麻雀应急室，备有各种应急物资及药品，在发生灾毁时能以最快的速度为职工提供基本必需物资，以更好的状态投入到抢险工作中。

2017年是环保国检年，在全体职工的共同努力下，拉孜公路养护段公路沿线环境卫生得到上级部门及环保部门的认可，为更好的保持路域环境卫生，在措拉山处设立标语为“绿水青山，就是金山银山”大型环保宣传标牌，增强过往司乘人员保护环境的意识，在公路沿线临时停车场及人流量较大的地方设置垃圾桶，有效地控制垃圾源。工区职工对沿线波形护栏进行清洗，保持路容整洁。

【路政管理】 年内，拉孜公路养护

2017年12月21日，日喀则公路分局年终路检组一行到拉孜公路养护段检查内业资料

2017年7月24日，十一工区养护人员在措拉山崖口处路面补修

段路政所主要加强对外的宣传力度和自身法律的学习，宣传方面以开展五月份全国路政宣传月为首的路政宣传活动，全面宣传《中华人民共和国公路法》《公路安全保护条例》《西藏自治区公路条例》等有关法律法规，并且开展形式多样的宣传活动，在G318线、G349线管养的207公里公路沿线悬挂横幅，设置宣传点，咨询点，通过展板等向群众讲解公路控制区红线知识。利用路政巡查车悬挂路政赔补偿案件及公路控制区违规占用典型案例以图片加备注制作展板，巡回沿线各个乡镇集中宣传，让群众明白擅自违法违规侵占公路控制区及超限超载的危害性，提高全民公路法制意识。从源头治理的原则，通过县人民政府，土管局，发改委，交警大队，执法大队，乡镇人民政府，联合管理、整治、层层把关的原则，杜绝沿线群众不私自搭建民房，从根本制止运输企业超限超载营运，从而解决公路控制区失控及超限超载的源头治理。

通过制作路政宣传广告、台历、抽纸、电视媒体、微信网站等方式宣传公路法律法规，截至年底，共制作展板15面，横挂横幅36个，制作路政动漫广告2个，制作台历300份，抽纸1000份，扑克牌1000份发放路政管理法律法规宣传册5000余份，县电视台媒体宣传2次，真正做到路政法律法规深入到千家万户。学习方面不只是路政所内部人员参加上级组织的相关培训还对机关职工进行冬季培训、工区义务路政人员业务培训及附近沙场司机进行集中学习超限超载相关规定。为了推进“三基三化”建设工作，拉孜公路养护段路政所对下属四个工区义务路政人员发放义务路政人员服装，并强调工区义务路政人员服装只具有警示作用，不得对当事人进行罚款或言辞过激，拉孜公路养护段路政所2017年新建的手机网站以最简便最快捷的方式为广大群众公示路政赔补偿金的标准，行政许可的项目及流程许可申请栏的下载，办理大件通行证的相关材料及申请表的下载路政相关法律法规。拉孜公路养护段路政所最新消息，为了更方便于当地群众，在上级领导的大力支持下建立路政服务大厅，以严格执法，热情服务为宗旨对广大群众设立法律咨询点——排解各种公路法律疑惑，也对广大司机提供一个临时的休息点，服务大厅内摆放各种公路法律法规的手册，以此来增强广大群众的爱路、护路意识。

【安全生产】 年内，在段部、工区实行“禁酒令”制度，不定期地对“禁酒令”实施开展情况进行检查。对违反“禁酒令”的职工进行教育并要求其写不再喝酒的保证书，如有再犯则严肃处理并在职工大会上进行通报。“禁酒令”实施期间取得显著的效果，《西藏日报》对拉孜公路养护段“禁酒令”的实施及成果进行报道。对工区职工进行安全生产理论与实地培训，要求职工养护作业时必须人人佩戴安全帽，车辆驾驶必须系好安全带，必须规范养护作业区，加强职工日常工作中安全生产意识，提高职工的安全保障。为进一步提高机械操作人员的安全意识，对机械操作人员进行规范化安全驾驶及交通安全知识理论培训。“安全生产月”活动开展期间，段部及各工区利用投影仪，用PPT以文字、图片、视频等形式，用藏汉双语讲解安全生产知识,进一步加强职工的安全意识。严格仓库管理,加强消防演练。要求仓库物品摆放整齐、分类放置,加强易燃、易爆物品的管理工作,在仓库张贴安全标语,时刻警醒职工的安全意识。对段部及工区职工进行消防演练,加强职工在突发事件中的应急突变能力,并签订《消防安全责任书》。

为监督安全生产工作的实施情况,拉孜公路养护段对各工区进行不定期的安全生产检查,将检查中发现的安全隐患问题进行通报教育。2017年拉孜公路养护段被分局推荐为“全区青年安全生产示范岗创建集体”,充分体现上级领导对拉孜公路养护段安全生产工作的肯定。

加大对流动人口的管控力度,制作一户一档记录表对所属商品房进行摸排工作,做到底子清、现状明、措施实。拉孜公路养护段地处县中心位置,车多人杂,单位进出人员较多,为更好地管理外来人员,段内安装电动伸缩门,并在段部覆盖监控,加强安全防范力度。与施工方签订施工安全协议书,明确安全生产责任。在重要节庆及中共十九大召开期间,加强值班制度,做好安全防范措施,加强维稳工作力度,定期进行治安联防巡逻活动,并制作通讯录、畅通上报渠道。制作电话通知记录本,将上级下达的有关文件内容及时传达给各工区并做记录。加大网络安全防范力度,定期召开“网络安全专题会议”,制作网络安全展板将其悬挂在值班室醒目的位置,时刻提醒职工防范网络诈骗以及提高防范意识。

(张梅山)

邮政

【概况】 中国邮政集团公司西藏自治区拉孜县分公司北距日喀则市150公里,拉孜县分公司位于拉孜县老中尼路24号,辖11个乡(镇)、98个行政村,平均海拔4200米,县城驻地海拔4100米,邮路共28条,邮路里程672公里,鉴于以上邮路共配备乡邮投递员11名及乡邮营业员1名、乡邮驾驶员1名、县城投递员1名、营业员3名、分拣员1名、负责人1名。主要业务为邮政储蓄业务、收寄包裹、汇兑、报刊、函件、集邮、分销、电商,2017年拉孜县邮政分公司认真贯彻落实集团公司的“一体两翼”战略部署和区(市)分公司的各项决策部署,积极应对复杂多变的市场环境,克服各种困难和市场环境的不利因素,圆满完成各项市分公司下达的目标任务,取得一定成效。

【完成各项考核计划】 年内,拉孜县邮政分公司经营指标任务为1370000元,为实现任务目标,秉承“激情,实干,争先”的企业精神,深化企业改革,加速业务转型。积极开拓市场,抓住业务发展重点,努力提升服务质量,深刻落实绩效考核制度,提高员工积极性。另外公司积极推进内部机制改革,增强内控制度,加强员工队伍建设。着力提高员工服务素质,各项工作得到有利发展。

【安全工作】 年内,加强监控力度,严格执行银监和保监部门的各项工作要求,在工作场所及员工宿舍配备消防设施。定期组织员工进行安全知识的培训,明确安全工作工作责任制度,时刻牢

邮政拉孜县分公司经理尼玛顿珠主持召开晨夕会

记：安全生产，警钟长鸣。并每月实行定期组织安全生产检查，使安全生产工作制度化、规范化。发现安全隐患，及时处理、及时沟通。确保邮政通信生产安全，维护社会稳定秩序。

【服务“三农”】 拉孜县邮政分公司发展到现在是当地党委、政府和有关部门关心支持，全局将提高服务质量，本着人民邮政为人民的宗旨，急用户之所急、帮用户之所需，秉承群众利益至上的服务理念，积极响应党委、政府的工作大局投身到精准扶贫工作，紧紧围绕市邮政分公司的经营指导思想开展工作，严格落实各项经营决策，以企业发展为中心，在市邮政分公司的坚强领导下，求真务实、真抓实干、开拓创新，真诚服务，勇于开拓，克服种种困难，加大基础管理工作力度，加大宣传力度，让更多的人，信赖邮政，依赖邮政，切实发挥中国邮政独有的行业特性，为拉孜县的经济繁荣做出应有的贡献。

（尼玛顿珠）

电信

【概况】 拉孜电信业务始于2017年，主要经营固话、移动通信、电视电话会议，互联网接入及应用等综合信息服务。2017年，有员工5人，9个乡2个镇实现实体店。拉孜县共11个乡镇，98个行政村，光宽覆盖行政村数量为48个，未覆盖行政村数量为50个，覆盖率为48.98%；无线网覆盖行政村数量为94个，未覆盖行政村数量为4个，覆盖率为95.92%。

拉孜电信局紧紧围绕县委、县政府总体要求，按照实际情况，综合考量，真抓实干，持续提升光宽和无线网覆盖能力，先后投资1694万元，分别对11个乡进行网络重组、新建、优化、整改，进一步夯实基础网络。

【移动通信】 年内，为更好提高和改善拉孜县老百姓通信条件，加快农村建设小康社会步伐，拉孜县电信局在县政府以及通信管理局等相关上级部门的大力支持下实施“普遍服务”点亮工程，点亮拉孜县36个行政村。助力乡镇老百姓脱贫致富，提升用户感知带来优质全面的电信服务网络。

【网络覆盖】 年内，全村级覆盖3G信号，4G信号覆盖98%的行政村。全县共建设70个基站，都是4G基站，9个乡2个镇手机信号已覆盖，现已全县无线网络覆盖达到98%以上，光纤通达率达86.6%。

【客户服务】 年内，拉孜电信局以“用户至上、用心服务”为理念，以提升用户满意度为指引，以关键服务环节为切入，以感知测评为手段，强化差异化服务优势，积极参与政风行风建设，不断规范拉孜市场，加强用户信息安全、网络安全和信息化建设。

【科学发展观】 年内，拉孜县电信将进一步深入学习和实践科学发展观，积极实施聚焦客户的信息化创新战略，坚持“用户至上、用心服务”的服务理念和“追求企业和客户价值共同成长”的经营理念，努力实现业务又好又快发展，做优秀企业公民，为拉孜县经济发展和社会信息化建设做出更大贡献。

（拉巴仓决）

2017年6月3日，拉孜电信局工作人员到曲玛乡开展推广惠民业务

移动

【概况】 2017年，中国移动通信集团西藏有限公司日喀则分公司拉孜县分公司在岗人员10名（包括直销员3名），其中本科文凭3人，大专文凭4人，初中文凭3人，本科文凭政治面貌均为党员。

【市场经营】 年内，中国移动拉孜县分公司以市场掌控为导向，以客户发展为动力，提升市场发展空间按照市公司的总体安排和部署，坚持品牌发展，通过细分客户群，按业务类型细分市场，分为家庭市场、宽带市场、微市场和集团市场。积极执行各项营销活动，新入网预存话费送电子券、预存话费送终端等营销组合方式，大力发展客户规模。夯实服务基础，以保有中高端市场为基准，以拓展潜在市场为动力，以效益增长为目标，全面推进各项工作。

【拓展数据业务】 中国移动拉孜县分公司，大力拓展ITC智能化业务智能机发展空间，拓展数据业务发展新势头，持续推进智能机发展。打造面向数据，面向互联网的战略转型，中国移动拉孜县分公司共有渠道15家，其中乡镇服务站9家，特约代理店3点，自办厅1家、指定专营店2家。

2017年6月17日，拉孜县移动分公司组织工作人员在县城开展营销活动

拉孜县共有167个基站，其中2G基站有56个、3G基站有67个、4G基站有44个，县城覆盖率为100%，乡镇及行政村信号覆盖率95%。12月，中国移动拉孜县分公司按照国家通管局要求做4G开通工作，拉孜县城4G站启用后很好的解决之前客户反应的3G网速慢问题，9个乡2个镇的4G站紧接着也全部开通。拉孜县公司计划2018年对4G信号覆盖弱的行政村、自然村进行设备优化及增加覆盖，提升4G终端的渗透和客户感知度。

【宣传活动】 年内，中国移动拉孜县分公司全面扩大宣传覆盖面和影响力，第一时间通过更多的渠道，让广大客户知晓公司营销活动，扩大宣传覆盖面及宣传效益，制作各类户外广告宣传牌。更优惠更实惠给用户办理业务，加强渠道建设力度，统一渠道形象及宣传，提升渠道整体销售服务水平。

【集团管理】 年内，中国移动拉孜县分公司加强高价值集团，对所有集团单位进行认真梳理，查缺补漏，严格要求客户经理，定期对集团业务进行培训，并将各个集团单位分配到集团客户经理手中，做到每个集团单位有人、有服务、有产品。持续提升客户服务管理，重点关注客户感知以不断提高客户感知为导向，以建立健全服务质量管理体系为核心，以解决服务中的热点、难点问题为突破口，全面推行优质、规范服务、为拉孜县经济发展做贡献。

（达瓦次仁）

城建 环保

住房和城乡规划

【概况】 拉孜县住房和城乡建设局于1997年成立,原名为拉孜县城乡建设局,2005年更名为拉孜县建设局,2008年更名为拉孜县住房和城乡建设局。现局编制实有人数7人(局长1名、副局长3名,其中1名为援藏干部,副主任科员1名、科员2名,其中1人为长期病假)、3名借调人员(事业)、1名公益性,共11名职工,其中藏族9名。

【2016年公共租赁住房项目】 主要建设内容及规模(续建)新建公共租赁住房120套,项目总投资1809万元,国家投资为1809万元。截至年底,该项目已竣工验收并投入使用。

【2016年公租房附属工程项目】 主要建设内容及规模(续建)公租房附属工程项目总投资288万元,本级财政解决资金288万元,2017年6月开工建设,已完成项目78%,预计2018年4月竣工并投入使用。

2017年8月11日，县委副书记、县长巴桑旺堆带领相关部门开展安全生产大检查

【2015年公租房附属工程】 主要建设内容及规模(续建)项目总投资为540万元,国家投资540万元,2017年8月已竣工验收并投入使用。

【2017年周转房项目】 主要建设内容及规模:新建周转房70套(热萨乡完小内16套、县大院内36套、查务检查站18套),项目总投资为1503.49万元,其中国家投资1428万,本级财政配套资金75.49万元,已完成总工程量的35%,预计2018年8月竣工并投入使用。

【2017年棚户区改造项目】 主要建设内容及规模:项目总投资为952万元,共238户,国家投资为952万元。经与上级部门衔接,确定该项目与曲下镇基础设施建

设项目整合实施，已开工，完成项目 20%。

【自治区“厕所革命”项目】 主要建设内容：根据自治区厕所革命办公室项目申报要求，下达批复指标 19 所公共厕所。截至年底，已完成选址工作。

【保障性住房管理】 拉孜县保障性住房已建成入住的共有 1317 套，其中廉租房 144 套，公租房 485 套，周转房 688 套。拉孜县保障性住房严格按照《日喀则地区公共租赁住房管理暂行办法》《拉孜县廉租住房管理办法》等文件要求，以“合理使用、有效周转”的工作原则，严格按照自治区住房政策规定，依规管理，做到公开透明。

【租赁补贴】 根据《西藏自治区低收入住房困难家庭租赁补贴管理办法》，拉孜县 2017 年符合条件的城镇低收入困难户 137 户，214 人，共计发放补贴资金 654840 元，其中自治区财政补贴 523872 元，市财政补贴 98226 元，县财政补贴 32742 元。

【行政审批许可】 进一步健全规划审批机制，并严格按照总体规划（2012—2030）、控制性详细规划进行项目等审批，规范“一书三证”管理，从严把好规划选址审查关，加大对违法违规建筑的查处力度，确保各类建设按规划实施。2017 年新建项目办理“一书三证”共 89 本，其中办理选址意见书 16 本、用地规划许可证书 19 本、建设工程规划许可证 20 本、乡村规划许可证 34 本，诚信一体化平台（系统行政审批）共办结施工许可证 14 本。

2017年5月4日，拉孜县住房和城乡建设局局长旺加主持召开周列会

【规划编制执行情况】 拉孜县县城总体规划修编及控制性详细规划编制工作是根据西藏自治区住房和城乡建设厅关于《西藏自治区拉孜县县城总体规划（2012—2030）》的批复，于 2012 年 6 月委托上海市嘉定区规划设计研究院开展，于 2013 年 12 月通过自治区人民政府审批，并于 2014 年 3 月报市住建局备案，规划期限 18 年，规划建设用地面积 0.59 平方公里，规划区内未利用建设用地面积 0.18 平方公里，随着拉孜县建筑业的不断发展，建设用地需求量日益增多，为有效控制县城规划容积率，同相关部门、企业开展县城新总体规划编制工作。拉孜县查务乡、芒普乡、锡钦乡、曲玛乡、热萨乡、柳乡、扎西宗乡、彭措林乡八乡的总体规划编制工作于 2015 年 9 月委托西藏自治区建筑勘察设计院进行编制，于 2016 年 12 月完成编制和审查工作，规划期限 15 年，2017 年至 2019 年计划完成乡村规划编制工作

【建筑市场管理】 根据《中华人民共和国建筑法》《建设工程质量管理条例》文件要求，按照集中治理与日常监管相结合的方式，针对建筑市场弄虚作假、未批先建等现象，突出重点，综合治理，标本兼治，惩防并举，不断规范建筑领域市场行为，维护建设市场秩序。2017 年共下达限期整改单 15 份，停工整改通知单 5 份。

【建筑领域环境整治】 按照《关于开展全区工程建设领域市场环境整治专项检查的通知》文件要求，结合制定《拉孜县住建局建筑领域环境保护实施方案》，成立领

2017年11月22日，拉孜县住房和城乡建设局组织11个乡镇负责人实地培训危房等级鉴定工作

导小组，重点对建筑领域扬尘治理、施工噪音、建筑垃圾等进行专项整治排查，确保建筑施工领域环境整治工作落实到位。

【安全生产】 年内，以联合检查、专项检查等多种形式开展建筑领域及液化气领域安全生产大检查工作，重点对施工、监理安全技术交底及安全培训台账的检查，加大对用电、用气、脚手架搭设、安全网搭设、五大员配备等情况的督查力度，对存在的安全隐患采取当场整改、限期整改等措施，保证建筑施工及液化气领域的安全稳定，2017年建筑施工、液化气领域未发生生产安全事故。

【危房统计】 年内，结合住建局职能，通过应邀第三方鉴定公司，组织11个乡(镇)工作负责人现场开展房屋鉴定培训工作，精确识别4类重点对象，其中危房等级C、D类列入改造对象，并完成村镇建设平台系统录入工作，下一步结合相关惠民政策，进一步改善农村住房安全。

【农牧民施工资质】 年内，根据《西藏自治区农牧民资质管理办法》，注销20个拉孜县农牧民施工队资质证书，同时按照市住建局统一部署，组织61家已办营业执照施工队开展第一批八大员技能培训工作。

【公积金业务】 按照《拉孜县规范住房公积金业务管理工作办法》，2017年共办理住房公积金业务184笔，其中办理公积金转移48笔，公积金提取61笔，公积金合户38笔，公积金贷款审核37笔。2017年共缴款公积金金额34038232元，人数2658人，其中新增人数77人。

【驻村工作】 年内，县委、县府、县强基办驻村工作要求，住建局紧紧围绕强基惠民活动5+3任务，认真履行驻村工作职责，尽力而为，量力而行，力所能及地办好事办实事。2017年驻村工作队为民做实事共12余件，累计投入资金18.31万元，其中办实事经费中支出11.49万元，申请资金0.68万元，多方筹集资金0.85万元，援藏资金5.29万元。

（米玛片多）

城市管理

【概况】 拉孜县城市管理综合执法局于2013年9月10日成立，下设2个职能部门(拉孜县城管大队，拉孜县市容管理大队)。

2013年9月10日，根据日喀则地区机构编制委员会《关于支持拉孜西部中心建设有关机构编制事宜的批复》，同意设立拉孜县城市管理综合执法局，挂拉孜县城市管理综合执法局牌子。拉孜县城市管理综合执法局现有行政编制5人，事业编制5人，拉孜县城管大队公益性岗位9人，拉孜县市容管理大队公益性岗位26人。执法用车4辆，垃圾车3辆，水车一辆，扫路车一辆，装载机一台，压实机一台，东风自卸车一辆，对讲机35部，执法记录仪10台，照相机2部。

【执法机构整治】 年内，拉孜县城市管理综合执法局出动执法力量2万余人/次，执法车辆1760余台/次，日平均上岗率达到98%，平均每日上路执法时长达到8小时，上报简报54期。共查处拉孜县环境卫生等各类违章行为740余起，其中教育劝说引导3510余起，完成年度工作任务。

【履行职责】 年内，拟订拉孜县城市容貌、环境卫生、环境整治、城乡环境建设与管理等方面的中长期发展规划和年度工作计划，并组织实施；行使市容市貌卫生管理、环境保护管理各方面法规、规章、规定的行政处罚及相关的监督检查、行政强制职能；承担拉孜县行政区域内城市容貌的管理责任；负责拉孜县行政区域内市容环境综合整治工作的组织、指挥、协调、检查、组织开展重大活动的环境保障工作；承担综合协调、督促落实拉孜县行政区域内城乡环境建设、环境秩序整治职责；负责协调上级业务单位的城市管理工作；承办拉孜县人民政府交的其他事项。

【队伍建设】 年内，拉孜县城市管理综合执法局始终将加强队伍建设摆在十分重要的位置，认真组织开展各项活动，充分发挥好党员干部在城管工作中的带头示范作用。加强党风廉政建设，继续坚持教育、制度、监督三者并重，着重建立以预防为主的监督机制，严格执行党风廉政建设责任制，确保党员干部和执法队伍的纯洁性。

【能力建设】 年内，在加强对执法人员日常培训教育的同时，重点加强对城管人员的管理。培养全体人员艰苦奋斗、吃苦耐劳的精神和毅力，不断提高执法人员的执法本领和能力。

【法治宣传教育】 年内，在各个重要节点、国家法定宣传月期间城市管理局开展一系列法制宣传工作，着重宣讲市容市貌相关法律法规。共宣讲次数19余次，共受益人次6000多人，同时发放资料8000本，并对问题群众耐心细致地为来往群众讲解法律法规，及涉及城市管理等方面的常识，有力提升群众的相关法律意识，进一步营造良好的全民学法用法氛围，增强群众对城市管理工作的理解支持，提高群众安全生产的法规意识，为拉孜县城市管理综合执法局综合治理工作创造良好的环境。

2017年10月26日，县委副书记、县长巴桑旺堆慰问拉孜县城市管理综合执法局环卫工人

【城区市容秩序管理】 年内，拉孜县城市管理综合执法局结合自身职能，扎实开展市容管理；专门组织力量对城区主要街、重点路段的市容秩序进行集中整治，并落实长效管理措施，有效解决市民反映强烈的热点、难点问题；严格按照法定程序和要求，依法对违反城市管理规定的行为实施行政处罚，惩治违章行为。

【户外广告整治】 年内，共清理辖区内各类违规户外广告140余起，其中没收户外落地灯箱6个，通知更换破损陈旧店招20余家，清除沿街面其他违规广告60余起。

【开展散养牛专项整治】 年内，成立散养牛专项整治工作组，对城关辖区范围加大巡查力度，共驱赶为1600余头牛，抓捕80头牛。存在的问题和困难：整治组没有适用的法律条款；辖区内群众不积极主动配合，牛群数量庞大，工作人员少，抓捕牛时得不到各相关责任单位的有力配合与协助。

【“包虫病”工作】 年内，拉孜县

2017年6月16日，拉孜县城市管理综合执法局工作人员开展安全生产宣传活动

城市管理综合执法局按照日喀则市包虫病综合防治领导小组的任务分解，联合拉孜县政府办、拉孜县公安局、拉孜县各乡镇对拉孜县辖区的流浪犬进行统一抓捕并送流浪狗收容所进行统一管理喂养，全年共抓捕流浪狗2540余只。

【建筑垃圾乱倒专项整治】 年内，拉孜县城市管理综合执法局共查处超高超载、无覆盖、沿途泄漏、车辆不洁、无运输资质的“黑车”运输渣土等违章行为80起，执法人员按照《拉孜县市容环境卫生管理条例》对其进行相应处罚。查处建筑垃圾、生活垃圾乱堆乱放行为43起，责令相对人清理各类垃圾30余车，查处占道施工38起，规范建筑施工围挡11起。

【“河长制”工作】 年内，拉孜县城市管理综合执法局积极配合开展“河长制”工作，全年共对拉孜县县城排污排水系统堵塞进行3次清理。

【市区损坏井盖巡查】 年内，拉孜县城市管理综合执法局共巡查上报损坏井盖7个，含井盖丢失、井盖被车辆压坏、井盖质量不达标（粗制滥造、存在坑洞）等情况。

【门前“三包”责任制】 年内，拉孜县城市管理综合执法局下发给商铺《门前三包责任书》430份，由拉孜县城市管理综合执法局和商户进行签订（一式三份），对商户门前绿化、环境卫生、秩序起到一定的规范和约束作用，对“西部中心拉孜”的建设提供坚强保障。

（张雪龙）

环境保护

【概况】 拉孜县环境保护局于2006年10月正式成立，挂牌在拉孜县国土资源局，实行两块牌子一套班子。2010年10月27日，机构改革后，设立拉孜县环境保护局，为拉孜县人民政府组成部门，履行环境监管职能，主要负责全县生态文明建设和环境保护工作。拉孜县环境保护局，行政编制3名，其中局长1名、副局长1名、科员1名，事业编制5人（环境监测事业编制人员2名，环境监察支队编制3人）、后勤借调工人1名、公益性司机1名。

【环境监测】 年内，完成县城空气环境质量1个点位（拉孜县环保局）、地表水环境质量1个点位（拉孜县芒普河上游500米，拉孜县芒普河下游1000米）。集中式生活饮用水2个点位（拉孜县自来水厂、拉孜县曲下镇自来水厂）。每年监测四次，每季度一次。根据2017年四个季度监测报告，县城空气质量总体优良，全县水质标准达到Ⅲ类以上，空气质量达到二级以上。按照《主要污染物总量削减目标责任书》的要求，确保全县化学需氧量、氨氮、二氧化硫和氮氧化合物排放总量分别控制在59.4吨、6.8吨、2吨和36.8吨。组织实施编制《拉孜县大气污染防治行动实施方案》《拉孜县水污染防治行动实施方案》《拉孜县土壤污染防治行动实施方案》，与县直各部门签订环境保护职责目标责任书，与各乡镇签订环境保护目标责任书，与各企业签订污染物减排责任书。对全县各娱乐性营业场所进行噪声监测。严格按照国家噪声污染相关规定，不定期对县城营业性场所进行噪声监测，对噪声排放不达标的场所现场下发检查记录单，要求限期整改，并签订噪声控制承诺书。截至年底，拉孜县娱乐性场所噪声排放基本达标。

【中央环境督察】 年内，制定出台《关于调整充实拉孜县迎接中央环境保护督查工作领导小组》《拉孜县迎接中央环保督察工作实施方案》，为服务好支持好配合好中央环境督察工作提供制度支撑，为拉孜县迎检工作的有序推进提供保证。安排专人进行资料收集、整理、审核汇编工作，收集整理各类迎检材料1800余份，汇编成册20余本，全部材料通过市迎检办审核并留档备案，并每日迎检工作动态及时上报。按照《环境保护问题清单》和《环境问题整改清单》的要求，根据一个问题一套方案和一企一档，建立环境问题整改台账12册，制定环境问题具体整改方案23套，企业档案7套，并加快问题整改，确保整改落实到位。日喀则迎接中央环境保护督察工作领导小组转办的关于中央第六环境保护督察组转办件，根据县委、县政府安排部署要求，会同相关部门负责人组成联合督办组，前往问题所在地进行实地核查，其中问题属实的拉曲村和扎西岗村生态破坏问题进行彻底整改，整改投入资金共约270万，相关整改工作如期完成，并中央环保督查工作领导小组审核通过，并针对整改的问题积极开展“回头看”工作。

【建设项目环评执行情况】 年内，把主要污染物总量控制作为新改扩建项目环评审批的前置条件。认真贯彻执行国家环境保护法律、法规，严格执行《中华人民共和国环境影响评价法》、“环境影响评价制度”和建设项目“三同时”制度。全年新开工项目环评文件无越权审批、无未批先建情况发生。建设项目的环境影响评价文件均符合《建设项目环境保护分类管理名录》的要求。2017年环保审批项目107件，总投资7.5067亿元，其中环保投资0.0313亿元，无越权审批项目。新建项目环评执行率和“三同时”执行率达100%。

【执法监察】 年内，共出动执法车345次、出动执法人员850余人次，对全县建设项目领域、养殖场、食品加工厂、垃圾填埋场、卫生服务中心、污水处理厂等重点单位开展巡查，对辖区内各排污单位或个人的环境保护法律、法规执行情况进行现场监督检查，组织开展“环境大检查”“环境安全隐患排查”等专项执法检查。重点开展集中式饮用水水源地、污染物总量减排、危险废物、环境风险隐患、机动车污染防治、核与辐射环境安全、规模化畜禽养殖、建设项目生态环境等专项执法检查，要求县域内3家大中型餐饮业安装油烟净化器。防范事故风险，确保环境安全。

【解决突出环境问题】 年内，按照“四个一批”要求，重拳整治违法违企业。对全县26家采石采砂场、3家水泥制品厂和1家商混站进行集中关闭整治，要求在限期内完成设备拆除和生态恢复作业。同时按照拉孜县燃煤锅炉淘汰方案，采取煤改电、煤改太阳能等措施，淘汰取缔燃煤锅炉10台，保质保量完成淘汰洗浴行业和水泥制品行业燃煤锅炉任务。

2017年6月1日，县委书记陈钢，县委副书记、县长巴桑旺堆主持召开第二次迎接中央环保督查工作动员部署会

【规范排污申报与排污费征收】 年内，认真做好排污费征收工作。大力宣传排污申报工作，做好排污申报登记与核定，对全县辖区内所有污染源和污染排放种类、数量等情况进行调查与登记。依法依规向排污单位分别发送《排污核定通知书》和《排污费缴纳通知书》，保证排污费征收工作的公开公正和规范化管理。2017年，小型第三产业实收排污费共收21419元整。

2017年3月13日，副县长多吉顿珠带队对拉孜县违规河道采砂开展整顿关闭

【生态村建设】 年内，以生态文明建设为纽带，积极带动全县11乡镇98个行政村投入到创建生态村工作中，扎实推进自治区级生态村创建工作，查务乡森格隆村和芒普乡乃村获得2017年度自治区级生态村命名。

【生态红线划定】 年内，先后召开2次政府专题会议，研讨划定生态红线工作。与县发改委、林业局、水利局等9家相关部门详细研讨，科学合理划分全县生态保护红线区，认真梳理各部门上报的详细规划，作为生态环境保护红线划定的支撑材料，确保生态保护红线划定工作科学、合理。现已将各相关单位生态保护区红线划定支撑材料、反馈意见、会议纪要等各项材料汇总上报市环保局，前期工作基本完成。

【环境保护基础设施建设】 农村饮用水源地环境保护项目（2016年26个点）已完成建设，总投资260万元，同时与上级环保部门积极沟通衔接争取农村饮用水源地环境保护项目（2017年15个点），总投资150万元，正在开展招投标工作。积极落实湿地保护项目，已建设完成拉孜镇白列村湿地保护项目，总投资32万元，拉孜村湿地保护项目，总投资26万元，正在建设当中，为保护生物多样性和重要的湿地资源提供保障。规范垃圾填埋场环保设施，针对县城生活垃圾填埋场环保措施未完善的问题，督促责任单位对垃圾填埋场进行整改，完善环保设施，并投入整改资金98万元。为环境卫生综合整治工作取得实效，投入100.5万元，对318国道沿线乡镇配备垃圾清运车6辆，有力推进农村生活垃圾处置工作常态化、规范化。

【环保宣传】 年内，制定出台《拉孜县关于营造环境保护浓厚氛围宣传的实施方案》，对社会各界人士关注环保、参与环保、支持环保的有力呼吁和引导，积极构建人人讲环保、人人做环保的良好社会氛围。加大宣传工作力度，充分利用信息网络平台、国道沿线广告宣传牌、制作专题宣传图片及迎检信息简报，进行全方位宣传教育。在街道人员密集区开展开展环保宣传活动6场。编制拉孜县环保专题纪录片一部，制作宣传展板22个，国道和公路沿线设立宣传牌50个，悬挂宣传横铺106个，发放各类环保宣传单800余张，环保书籍719余册，环保相关法律法规860余册、扑克牌940余个，环保编织袋1200余个，环保宣传投入资金约25万。

（嘎玛央宗）

财政 税务

财政

【概况】 拉孜县位于雅鲁藏布江中上游,辖9个乡2个镇、98个行政村,国土面积4488.7平方公里,平均海拔4050米,总人口6万人,东连萨迦县,西南接定日县,西靠昂仁县,北邻谢通门县。县政府东距日喀则市150公里,经日喀则至拉萨276公里。是西部的大县之一。县财政局位于县南汇路8号,是政府的经济综合部门,主要负责全县的经济工作。人员编制8人(正科级3人,副科级5人),现有干部职工及公益性工作人员19名;男女比例为90;本科13名,大专2名。

【政务公开】 年内,积极推行政务公开制度。在规范管理的同时,公开机关办事程序,公开领领导班子成员分工职责,公开开各项管理制度;公开政府预算、决算,并在财政预决算公开工作上进行积极探索,积极主动通过政府门户网站的方式,公开经本级人大审议批准的政府收支预算和安排明细,统一格式、细化内容(除公检法等涉密单位),真实反映县本级财政收支情况。

【财政科学化精细化管理】 年内,贯彻实施积极财政政策,整体推进国库集中支付改革工作,全面推行部门预算改革,强化绩效预算意识,严格预算编制程序,改革预算编制方法,细化预算编制,进一步公平预算分配;进一步扩大政府采购范围,健全政府采购机制,积极实行财政业务网上大平台办公;全面加强国有资产清理清查和会计核算工作,建立健全国有资产软件登录和台账制度,防止国有资产流失;在现有基础上不断完善后勤服务中心改革,按照统筹兼顾、突出重点、有保有压的原则,大力压缩"人、车、会、话、电费"等一般性开支,确保维护稳定、社会保障、教科文卫、改善民生等重点支出需要;加强财

2017年8月3日,日喀则市国库科一行到拉孜县财政局调研

2017年3月10日，拉孜县财政局干部开展宣传惠民政策

政各项基础性工作，不断提高财政管理水平，规范和加强乡村财务管理，大力推行乡村财务公开制度，确保财政资金安全、合规、高效运行，不断提高财政管理质量和水平。

【经济运行】 年内，拉孜县总财力为104923万元，一般公共财政预算收入完成4877万元，比2016年同期增加1531万元，增长45.76%。完成拉孜县目标任务4852万元的101%。税收完成2055万元，占一般公共财政预算收入总额的42.14%，非税收入完成2822万元，占一般公共财政预算收入总额的57.86%。财政总支出完成103033万元，同比减支15036万元，减少率12.73%。

【“三农”投入】 “三农”工作始终是财政支持的重中之重，为拉孜县2017年顺利实现脱贫摘牌提供资金保障。还有易地搬迁、蔬菜大棚、农村人饮、农田水利基本建设、农村公路等项目的实施，使农牧民群众生产生活条件明显改善。“三农”支出18487万元，同比减支8521万元，减少率31.55%，兑现生态补偿脱贫转移就业人员岗位补助资金3222.9万元，10743人。

【社会稳定投入】 年内，为维护拉孜县社会秩序、保障公共安全，保护公民人身、财产安全，促进经济社会和谐发展，落实公共安全社会稳定资金1435万元。

【精准扶贫】 年内，拉孜县把围绕精准扶贫工作及“4·25”灾后重建两项工作放在重中之重，拉孜县精准脱贫攻坚时间紧迫，任务繁重，刻不容缓，需要采取超常规措施，拿出过硬办法，因地制宜，精准施策，精准发力，确保脱贫攻坚任务如期完成。加大资金投入力度，本级统筹整合资金1097.11万元，其中扶贫专项资金县配套334.6万元，建设为突破口的新农村建设。拉孜县“4·25”灾后重建及时启动恢复重建各项工作，各领域恢复重建项目全面开工建设，顺利完成年初既定目标任务。

【科学理财】 年内，为切实提高各项财政资金的综合使用效益，把保工资、保稳定、保运转放在首位。年初对全县各单位包干经费重新核定，各项配套资金足额打入预算，经过认真分析预算中存在的问题，及时修改后提交县长办公会、县人代会、人大常委会通过。总体上预算编制的程序及有关部门执行情况由县人大监督，原则上不予追加预算，如遇特殊情况有变动或追加现象的，及时提交县人大常委会审批。除“三大班子”经费统筹考虑外，其余各部门按年初预算控制，从编制预算到预算执行整个过程，严格控制超预算或无预算开支现象。

（陶俊辉）

国家税务

【概况】 拉孜县国家税务局1994年正式挂牌成立，2017年实有干部9人，其中，汉族5人，藏族4人；党组书记、局长1人，副局长1人，纪检组长1人，主任科员2人，副主任科员2人，科员2人；党员7人，男性4人，女性3人。

2017年拉孜县国家税务局继续坚持组织收入为中心，积极协调征纳关系，狠挖税源征收潜力，认真落实组织收入原则,共组织各项税收收入4180.06万元,同比2016年减收90.06万元,下降2.11%。

【拓展纳税服务手段】 在顺利实现“营改增”阶段性改革成果的前提下,为确保环境保护税改革工作顺利实施。组织干部采取集中与自学相结合的方式彻学文件精神,做足准备工作,通过室内、室外LED滚动播放相关税收政策,向所辖纳税人送去藏汉双语宣传资料的同时,对不识字的纳税人进行一对一的讲解,保障环境税改革工作顺利实施。

2017年是环境保护税开征准备重要的一年,拉孜县国家税务局积极制定《拉孜县国家税务局环境保护税开征工作实施方案》,认真组织开展环境保护税纳税人识别及档案资料接收工作,认真进行内部信息核对、平级信息核对、逐户核实、档案资料接收等工作,为环保税开征奠定一定基础。从拉孜县环保局接收25户排污费征收户档案资料,初步识别6户环境保护税纳税人。

【开展耕地占用税清理工作】 年内,积极与县国土局沟通,组织开展耕地占用税专项清理工作,取得显著成效,2017年耕地占用税清理入库690.89万元。有效堵塞征管漏洞,推进运用税收信息促进土地节约集约利用成效。

【绩效管理】 年内,该局把绩效管理作为统揽全局工作抓落实的总抓手,充分发挥好绩效管理“指挥棒”作用,围绕指标导向,狠抓各项工作落实,提升税收工作质效。2017年该局以100%的小微企业优惠政策惠及面、100%的汇算清缴面等以优异的成绩圆满完成各项绩效指标任务。

【个税申报】 年内,早部署安排,做好申报前期准备;早学习政策,提高分析解决问题的能力。早督促申报,确保完成申报任务。2017年完成年所得12万元以上自行申报7人,同比增加申报人数1人,完成申报个人所得税4.02万元。

【开征车购税】 年内,根据区局安排,以及为进一步体现简政放权,经日喀则市国家税务局领导同意,通过前期系列相关准备,自2017年12月1日起江孜、拉孜两个县局正式增加车辆购置税职能,开设车辆购置税征收业务。拉孜县国家税务局充分利用“12·4”国家宪法日,借助LED屏,纳税服务微信群等网络新闻媒体大力宣传车辆购置税税收政策,扩大知晓度。利用业余时间加强学习车辆购置税相关业务,努力提升办税效率。经过前期努力,在相关部门的多方协调和精心指导下,2017年12月12日14点25分成功办理第一笔车辆购置税业务,开启日喀则市局办理车购税业务的新征程,为2017年“便民办税春风行动”工作添上亮丽的一笔。

【“以票控税”】 年内,通过加强发票缴销验旧工作,逐笔认真审核发票开具情况,对发票开具金额超出起征点的用户严格控制其发票用量,督促其及时补税。在日常管理中,通过读取用户卡中的开具金额与起征点、以往该户纳税信息等进行比对,超出起征点或超出定额部分的,坚决进行补税处理,有力地震慑税收违法者,2017年通过以票控税实现税收入

2017年4月1日，拉孜县国家税务局纪检组长旦增索朗开展入户宣传

2017年7月31日，拉孜县国家税务局大厅工作人员向纳税人示范新软件操作

库138.48万元。

【税务检查】 年内，本着“抓早、抓实、抓出成效”的原则，该局将日常检查与专项检查相结合，及时掌握重点税源实际经营状况，财务数据信息，通过开展税务检查，加强重点税源企业的监控力度。2017年借汇算清缴工作的机会，补缴企业所得税4.88万元。

【干部队伍建设】 年内，利用“业务充电站”等平台，将双语学习日常化，从每天学一个字、学说一句话做起、干部自学和单位强化学习，提高学习效果，促进工作互相交流，增进干部的情感交流。领导干部带头参加各民族干部传统节日互访，通过加强日常互访各民族干部之间文化互动、礼节互知、相互交融，树立平等、互助、互学、互帮、互尊的民族关系，促进税收工作和谐可持续发展。

（德庆旺姆）

农业银行

【概况】 中国农业银行股份有限公司拉孜县支行位于日喀则市拉孜县曲下镇嘉定路7号，成立于1995年7月1日，于2009年10月与全国农行一起成功上市，更名为中国农业银行股份有限公司拉孜县支行。服务面为县城及11个乡镇98个行政村委，是拉孜县唯一一家在乡镇上有网点的金融机构，支行所辖7个营业网点，其中1个县支行营业室，6个营业所（于2017年均已实现电子化）。县支行在职员工42人，其中大学本科学历20人，占员工总数的47.62%，大专学历13人，中共党员11人，占员工总数的26.19%。按照上级行党委要求，县支行成立农行拉孜县支行党总支部和县支行本部党支部，根据业务性质设有会计、出纳、信贷、联行、代理国库、代理发行、安全保卫等岗位，主要经营存款、贷款、结算、理财基金销售、电子银行及代理人行、农发行等业务。

【业务辐射范围】 中国农业银行股份有限公司拉孜县支行是拉孜县业务辐射范围最广的大型现代化股份制商业银行分支机构，业务由最初的农业信贷、结算业务，发展为品种齐全、国内通行的各类金融业务。主要包括存款服务、综合业务、外汇理财、人民币理财、代客境外理财、银行卡、汇款及外汇结算保管箱租赁缴费服务、代发薪服务、出国金融服务、电子银行服务、私人银行、融资业务、国内支付结算、基金相关业、企业理财服务、金融机机构服务等。

【业务发展】 截至年底，农行拉孜县支行各项存款余额为159287万元，较年初增加8726万元，增长5.79%，其中：对公存款为127841万元，较年初增加2788万元；储蓄存款余额为31446万元，较年初增加5931万元。各项贷款余额为105269万元，较年初增加43665万元，增长率为70.88%。其中：涉农贷款余额为98730万元，较年初增加41773万元，完成年度计划（4900万元）的852.51%。农户小额贷款余额为37581万元，较年初增加5149万元，精准扶贫小额到户贷款余额为6939万元，较年初增加6524万元。

【服务“三农”】 年内，农行拉孜县支行充分发挥“面向三农 服务城乡”的金融服务职能，切实履行

2017年6月28日，农行拉孜县支行行长扎旺与柳乡德吉达民族手工农民专业合作社签订借款合同

历史使命、政治责任和社会责任，锐意进取，攻坚克难，用足、用好、用实中央和自治区各项特殊优惠金融政策，做好服务“三农”工作，惠及广大农牧民群众。为推动解决妇女就业民生问题，帮助妇女自主创业，促进社会和谐稳定，农行拉孜县支行以“银担”合作模式开办拉孜县城乡妇女小额担保财政贴息贷款业务。截至年底，共向8户妇女发放城乡妇女小额担保财政贴息贷款76万元，为广大妇女创业搭建融资平台。为解决农牧区金融空白，使农牧民充分享受出门便有金融服务，2017年加大投放助农取款安装力度，同时对原先的助农取款机具进行升级优化。截至年底，全辖98个行政村安装101台助农取款机具，极大方便农户小额取现、转账、汇款、查询等金融业务的办理。为解决农牧区发展资金不足等问题，2017年农行拉孜县推广开办种养殖户、农家乐、专业合作社、惠农e贷等适应形势的贷款业务，丰富“三农”信贷担保方式，为金融服务“三农”工作注入新的活力。积极开展信贷扶农、支农工作。通过“一次核定、随用随贷、余额控制、周转使用、动态管理”的信贷模式，大力推广“钻、金、银、铜”四个不同信用等级和授信额度的农牧户“四卡”小额信用贷款业务，并根据地方经济社会发展步伐，适度提升信贷投放规模，助力地方经济发展和金融精准扶贫。

【金融扶贫】 年内，农行拉孜县支行紧紧围绕“精准扶贫、精准脱贫”的基本方略，切实加强扶贫金融服务的精准性和有效性，有条不紊开展金融产业扶贫工作。在区、市两极分行的正确领导和积极指导下累计发放精准扶贫到户贷款6749万元，收益贫困户达到1418户，发放产业项目贷款两笔，金额800万元，切实解决产业项目户融资需求难的问题。

【代理人行发行】 年内，农行拉孜县支行根据拉孜县作为日喀则西部中心的区位优势，为日喀则西部的萨迦县、定结县、昂仁县、定日县、萨嘎县、仲巴县、聂拉木县及拉孜本县等8个承担人行发行基金代保管及发行业务，全年累计发行现金252300万元、累计回笼现金11397万元，其中收缴残损人民币3647万元，为兄弟县提供优质、安全、便捷的金融服务。

（达　瓦）

教育 文化

教育管理

【概况】 1956年12月，拉孜宗办事处成立，下设文教科；1961年，设立民教科；1975年5月，增设文教科；1981年，文教科与卫生科合并为文教卫生科；1983年8月，撤销文教卫生科，设立文教局；1987年6月，文教局更名为教育局。2017年，拉孜县教育局抓方向、稳队伍、建制度、优管理、提质量、巩均衡、推素质，形成从学前、小学、初中到高中的基础教育办学格局；内设局长办公室、副局长办公室、纪检组长办公室、办公室（学前办）、党群办、督导室、项目办、财务室、教研室，挂靠全民健身活动中心、青少年活动中心，共有干部职工29人，其中行政人员5人、事业人员20人、公益性岗位及临时工4人。截至年底，拉孜县共有各级各类学校35所，其中高级中学1所、初级中学1所、小学11所、幼儿园22所；共有292个教学班，其中学前教育60个、小学教育152个、初中教育47个、高中教育33个，较2016年增加2个教学班；共有在校学生11004人，其中学前教育1613人、小学教育5447人、初中教育2414人、高中教育1530人，在校学生总数较2016年增加465人；共有教师777人，其中学前教育30人、小学教育386人、初中教育164人、高中教育136人、教研事业20人、离退休41人，教师总数较2016年增加23人。拉孜县城区适龄儿童学前三年入园率达到88.5%，农村适龄儿童学前两年入园率达到77.5%；小学适龄儿童入学率达到100%，初中适龄儿童少年入学率达到99.5%，义务教育阶段在校学生巩固率达到99%以上。拉孜县青壮年文盲率下降到2.1%，主要劳动人口平均受教育年限为9.5年。

【办学条件】 拉孜县各级各类学校总占地面积为608285.6平方米、生均为55.28平方米，总建筑面积177855.17平方米、生均为

2017年3月8日，西藏自治区教育厅副厅长刘伯清（右二）到拉孜县检查指导教育工作

16.16 平方米；共有图书 208171 册、生均为 18.92 册，教学仪器设备值为 15182800 元、生均为 1617.74 元，共有计算机 1509 台、人机比为 8 ：1。各项指标均超出西藏自治区、日喀则市规定标准，基本能够满足各级各类学校日常教育教学的需求，教育事业呈现出健康发展的良好态势。

2017年11月29日，日喀则市教育局党委书记、副局长董昆红（左三）到拉孜县检查指导教育工作

【投入力度】 续建国家投资项目 1 个、总投资 180 万元，新建国家投资项目 16 个、总投资 3660 万元，其中：续建幼儿园 1 所、总投资 180 万元，新建幼儿园 14 所、总投资 2660 万元，新建乡（镇）小学风雨操场 2 个、总投资 1000 万元。上海市援藏对口区对拉孜县教育投入 965 万元、设计项目 5 个，其中：新建拉孜县中学乒羽中心 1 个、总投资 390 万元，新建拉孜县中学远程教育中心 1 个、总投资 340 万元，新建拉孜县柳乡西嘎村幼儿园 1 所、总投资 200 万元，实施拉孜县骨干教师赴沪培训项目 1 个、总投资 25 万元，实施拉孜县贫困学生资助项目 1 个、总投资 10 万元。此外，拉孜县坚持教育优先发展战略，逐年加大县级财政对教育的投入，2016 年教育总投入为 1161 万元，2017 年教育总投入为 1176 元，其中教育奖励金为 150 万元，专门用于激发教师工作热情，提高教师工作效率。

【教育教学】 年内，围绕“5 个 100%”教育目标，以创建特色教研年为契机，通过建章立制、签订目标、巡回调研、蹲点教研、学科论坛、全员赛课、薄弱攻坚、培优补差、交流轮岗、“双带双扶”“远交近攻”、互助共建等有效途径，积极实施教学质量提升行动。小学教育质量方面，共有 12 名毕业生考入内地西藏初中班（校），毕业班全市统考总体成绩位列 18 县（区）第 9 名，学业完成率达到 100%。初中教育质量方面，共有 167 名毕业生考入区内外各级各类重点高中、297 名学生考入区内普通高中，中考总体成绩位列全市 23 所初中第 7 名，升学率达到 69.57%。高中教育质量方面，共有 94 名毕业生考入区内外本科学校、298 名毕业生考入区内外大专学校，文科班、理科班毕业生升学率分别达到 99.44% 和 87.35%。

【队伍建设】 年内，出台《拉孜县教育系统干部职工管理制度（试行）》《拉孜县教师调动管理暂行办法》等重要文件，从依法治教、依法治校、依法从教等方面敦促教师恪守职业道德底线，对教师从教行为提出明确要求和禁止性规定，把师德师风考核结果作为教师评优评先、评职晋级、年度考核、调整交流的硬性指标，严格实行“一票否决”制度。2017 年，拉孜县配合上级有关部门，聘任二级职称教师 35 人，聘任一级职称教师 16 人，聘任高级职称教师 6 人，选派 127 名教师参加县级以上实地培训，配备 7 名县级学科教研员，充实 7 名校级干部、校级干部总数达到 44 人，表彰 66 个先进集体和 425 个优秀个人。

【学前教育】 拉孜县双语幼儿园建成并投入使用，续建 1 所村级幼儿园，新建 14 所村级幼儿园，幼儿园尤其是农村幼儿园规模的进一步扩大，有效化解拉孜县农村适龄儿童入园难的问题。幼儿在幼儿园内学习掌握认字、识数、绘画、音乐、舞蹈等基础知识的同时，自理能力也得到锻炼和培养。

2017年9月10日，县委书记陈钢慰问离退休及在职老教师

各级各类幼儿园紧紧依托“亲子互动日”、“六一”国际儿童节等时间节点，组织在园幼儿向学生家长展示各自才艺，进一步调动广大群众送子女入园的积极性和主动性。

【素质教育】 拉孜县素有“后藏堆谐之乡”的美誉。拉孜县教育系统以优秀传统文化进校园为突破口，以“四讲四爱”“一校一品”为抓手，以校园文化展示月为平台，不断将以拉孜堆谐为主的优秀传统文化植入校园，先后推出拉孜镇小学堆谐学生社团、锡钦乡小学藏汉书法学生社团、柳乡小学西嘎拉姆藏戏学生社团、曲玛乡小学唐卡传承学生社团、芒普乡小学朗读者学生社团、扎西宗乡小学绿化天使学生社团、扎西岗乡小学我爱运动学生社团、拉孜县中学锅庄学生社团等优秀传统文化学生社团，特别是拉孜镇小学堆谐学生社团先后登上日喀则市、西藏自治区藏历新年晚会和中央电视台六一晚会以及中国五大自治区文化艺术节的舞台，受到主流媒体的深入报道和全国观众的喜爱褒奖。

【教育扶贫】 年内，兑现“三包”经费3537.532万元、受益学生10353人，兑现“营养改善计划”资金606.392万元、受益学生7418人。坚持精准扶贫、精准脱贫的基本方略，出台《拉孜县大学生资助暂行办法》，拉孜县教育系统777名干部职工出资17.2万元结对帮扶贫困户，通过争取援藏干部、社会爱心人士、企业团体资金28.3万元、物资折合人民币2万元帮扶624名贫困学生，兑现西藏自治区日喀则市拨付的2016—2017学年建档立卡贫困学生免费教育补助资金126.82万元。

【特殊教育】 年内，落实教育部等8部委《关于进一步加快特殊教育事业发展的意见》和组织实施教育部等7部委《第二期特殊教育提升计划(2017—2020年)》，采取送入特殊教育学校和随班就读、送教上门的方式，保证94名残疾学生正常接受教育。

【职业教育】 年内，贯彻落实国家《中华人民共和国职业教育法》和《国务院关于大力发展职业教育的决定》《国务院关于加快发展现代职业教育的决定》，充分发动“两后生”和中(高)考学生就读区内外中(高)职学校，共有122名学生就读区内外职业技术学校。

【全民健身活动中心】 由国家投资450万元建设，于2014年6月建成并投入使用，场馆建筑面积1581.22平方米，内配有健身房、篮球场等，每周定时面向学校和社会开放。2017年共接纳8739人次锻炼，其中干部职工7278人次、学生1461人次。

【青少年活动中心】 由国家投资470万元建设，于2010年11月建成并投入使用，场馆建筑面积2192.35平方米，内配有健身房、篮球场、机房和汽车模拟驾驶室、台球乒乓球室、科学室、实验室、美术室、音乐室、舞蹈室等，每周定时面向学校和社会开放。2017年共接纳6153人次锻炼，其中干部职工1285人次、青少年4868人次。

【教育大事记】 3月7日，自治区人大常委会副主任维色到拉孜县检查指导学校安全工作。3月8日，自治区教育厅副厅长刘伯清深入拉孜县调研指导教育信息化工作。3月8日，日喀则市教育局党委副书记、局长索旺到拉孜县检查指导教育工作。4月6日，日喀则市教育局副局长冯学成到拉孜县检查指导“五个100%”教育目标推进落实工作。5月4日，日喀则市副市长李玉建到拉孜县检查指导教育工作。8月20日，拉孜县双语幼儿园建成并投入使用，标志着城区学前教育迈入规范化轨道。9月28日，拉孜县召开2017年度全县教育工作会议。10月10日，日喀则市食药局到拉孜县检查指导学校食品安全工作。10月13日，日喀则市委副书记、常务副市长倪俊南到拉孜县检查指导学校安全生产工作。2017年10月16日至17日，拉孜县素质教育工作接受市级工作组过程督导。11月9日，拉孜县发放2016—2017学年度自治区建档立卡贫困大学生资助金。11月29日，日喀则市政府副市长李玉建到拉孜县检查指导学校安全工作。11月29日，日喀则市教育局党委书记、副局长董昆红到拉孜县检查指导教育工作。

【文件选编】《中共拉孜县委员会关于调整充实拉孜县教育工作领导小组的通知》《中共拉孜县委员会 拉孜县人民政府印发〈拉孜县定期议教制度〉的通知》《拉孜县教师调动管理暂行办法》《拉孜县教育系统干部职工管理制度（试行）》《中共拉孜县委员会印发〈关于调整充实拉孜县部分工作领导小组〉的通知》《拉孜县大学生资助暂行办法》《中共拉孜县委 拉孜县人民政府关于进一步推动教育优先发展的决定》《拉孜县人民政府关于印发〈拉孜县贯彻落实自治区第九次党代会教育工作目标“五个100%”实施意见〉的通知》《拉孜县政府关于印发〈拉孜县人民政府关于进一步推进素质教育的实施意见〉的通知》《拉孜县人民政府〈拉孜县教育系统财务管理实施细则〉的通知》。

（贺习良）

2017年9月9日，上海市第八批援藏干部拉孜小组一行到拉孜县中学调研

文化管理

【概况】 2017年，拉孜县文化新闻出版广电局（文物局、版权局）共有干部职工9人，其中行政人员5人、专业技术人员3人、工勤人员1人，借调1人。

2个国家级文物保护单位、7个自治区级文物保护单位、28个县级文物保护单位，不可移动文物64处，可移动文物921件。国家级非物质文化遗产项目（拉孜藏刀锻造技术、扎念琴制作技艺、拉孜堆谐），1名国家级非物质文化遗产传承人、3名自治区级非物质文化遗产传承人、3名市级非物质文化遗产传承人、3个市级文化产业示范基地、9名县级非物质文化遗产传承人，2个县级文化产业示范基地、2个县级非物质文化遗产项目，1个自治区级非物质文化遗产进校园示范点（拉孜镇中心小学）。

【公共文化服务体系】 年内，拉孜县有1个县广播影视文化服务站（22个专业技术人员）、1个县综合文化活动中心、1个县电影院、1个县图书馆、11个乡镇综合文化站、98个农家书屋（村文化室）、30个寺庙书屋、1个县堆谐文化中心、1个县民间艺术团、1个县堆谐文化旅游公司。

【非物质文化遗产】 经向拉孜县人民政府请示，命名格桑卓玛等9位传承人列入县级非物质文化遗产项目代表性传承人；命名罗布央吉藏医学世家等2个项目列入县级非物质文化遗产名录；曲玛乡农民藏靴专业合作社等2个基地列入县级文化产业示范基地，并于10月组织各级各类非物质文化遗产代表性传承人举办拉孜县首批县级非物质文化遗产代表性传承人、第二批县级非物质文化遗产名录及文化产业示范基地授牌仪式暨传承人培训会，进一步做好非遗的保护和管理，引导和支持文化产业示范基地做好做强做出特色奠定坚实的基础；同时在县举办的堆谐文化节、市举办的珠峰文化节期间积极组织非物质文化遗产传承人参加非遗展示展演活动，为他们提供宣传拉孜非遗的良好平台。

【文化市场】 年内，拉孜县文化市场暨扫黄打非办按照上级的部署，认真组织县文广局以及乡镇文化站“扫黄打非”专职人员参加日喀则举办的“扫黄打非”业务培训班，不断提高执法人员的执法水平、业务平台操作水平。结合自身的工作实际，制定《娱乐场所应急处理预案》《娱乐场所安全经营工作方案》；针对未成年人进入网吧、KTV等娱乐场所，开展集中专项整治；规范演出经营活动，严格审查演出经营单位资质，杜绝无证、无资质非法演出团体来拉孜县演出。共开展突击检查9次，联合执法行动18次，累计出动执法人员478余人次，检查经营单位近189家（次），对4家未在显著区域悬挂未成年人禁止入内的警示牌经营单位给予警告及下发责令整改通知书。进一步增强事业心，树立大局意识、责任意识和危机意识，提高认真履行工作职责的自觉性，切实承担起保卫国家文化安全，维护文化市场秩序，保障文化市场繁荣发展的重要任务。

【文物保护】 年内，进一步健全完善县、乡、村三级文物保护网络，县文广局与各乡镇、国家级和区级文物保护单位签订《2017年度文物保护目标责任书》，与野外文物看管员签订《野外文物看管人员的目标责任书》，层层落实文物安全管理责任；制定《拉孜县文物消防安全应急演练方案》《拉孜县建立健全文物安全长效机制》《拉孜县文物安全保护应急预案》《拉孜县文物保护点突发事件应急预案》《拉孜县文物安全排查和整治行动的实施方案》，积极开展寺庙消防演练活动，联合县消防大队、民宗局、乡镇、寺管会等单位在全县开展文物安全隐患大排查大整治专项行动，对辖区内文物点开展安全巡查，对检查中发现的消防义务队组织能力欠缺、安全巡逻未形成常态化、灭火栓过期、乱接线路、香火防控措施不当、消防预警设备使用和监控设施使用不好等安全隐患进行备案，及时进行整改，坚持落实文物安全检查记录等制度。始终坚持积极配合相关机关开展文物安全大检查，2017年全县范围内未发生文物盗窃事件，有力地维护全县文物的安全。经向县人民政府请示，完成16个县级文物保护单位命名工作。

【文化产业】 年内，积极向市文化局申报拉孜镇拉孜藏刀，拉孜县彭措林乡传统六弦琴民族手工业农民专业合作社、拉孜县曲玛

2017年11月22日，拉孜县文广局驻村工作队参加曲玛乡娃隆村“两委”换届

2017年8月5日，拉孜县扎西岗乡若作村民间藏戏队参加拉孜县堆谐文化旅游节

乡卧龙村农民民族手工业藏靴专业合作社、拉孜县柳乡孜龙董夏藏刀加工店、拉孜县锡钦乡羊毛制品专业合作社列入文化产业示范基地的工作。积极向市委宣传部申报拉孜县国家级非物质文化遗产传习所建设项目、拉孜县民间艺术团新剧目文化产品开发项目、曲玛乡卧龙村传统民族手工产业制作项目、曲下镇传统民族手工艺品产业基地项目为文化产业事业单位项目工作。

【民间艺术团】 年内，拉孜县民间艺术团在“元旦”“藏历新年”“春节”“3·28”西藏百万农奴解放纪念日，“四讲四爱”主题教育活动，民族团结进步日、拉孜首届中国堆谐之乡文化旅游节暨雅江骑行活动、珠峰文化旅游节等一系列活动中，编排群众喜闻乐见的优秀节目到各乡镇、行政村、学校、寺庙、部队进行公益性文艺演出，丰富全县干部群众业余文化生活，演出共计126场次、观看人数累计达30800余人。

（云丹顿珠）

新闻出版广播影视

【概况】 拉孜县文化广播影视服务站，现有干部职工27人，正式工作人员16名。公益性岗位1人、临时工5人、工人5人。设有办公室、新闻组、维修组、电影队、值机组等。

【新闻宣传报道】 年内，拉孜县文化广播影视服务站围绕中心工作，认真组织策划，不断改革新闻宣传报道方式，创新新闻宣传运行机制，努力提升内、外宣工作力度，电视新闻公信力显著提高。

在办好《拉孜藏语新闻》《拉孜汉语新闻》《一周要闻》栏目的同时，制作专题片，开通“拉孜藏汉”微信公众平台、“拉孜窗口”，围绕县委、县政府中心工作，制作当地藏汉新闻，上传至区市电视台。2017年，拉孜县广播电视台正式成立，现拥有拉孜县本地广播电视频率、频道；设立更多本地特色的节目，完成录制拉孜县第六届西藏堆谐之乡文化旅游节暨雅江骑行获得开幕式盛况及各乡镇文艺演出实况。《模范十九大—讲好拉孜故事》讲述最美乡村（医生仲吉、环卫工人皮拉、致富带头人平拉、80后检查站民警加措）等故事专栏，具有拉孜特色节目《非遗》专题等制作。每年拉孜县电视台平均制作新闻830条，微信公众平台上发布拉孜新闻及各单位及各乡镇信息共平均1800条左右。

【广播电视“村村通”工程建设】 年内，为加大广播电视“村村通、户户通、寺寺通、舍舍通”工程后续管理，为了群众清醒收听收看广播电视节目，特别是顺利完成十九大盛况转播工作，制定各乡镇，各村每月不少于2次巡回检查，安全播出以及管理，发现问题及时维修处理，结合“四讲四爱”主题教育实践活动内容，全面实现“村村通”工程覆盖面，新设及恢复12座村级广播电视转播站，扩大广播电视节目的覆盖面。截至年底，全县电视覆盖率99.8%，广播综合覆盖率99.5%。

【安全播出】 年内，拉孜县文化广播影视服务站对广播电视安全生产和安全播出工作，一贯高度重视，及早部署，制定广播电视安全

2017年4月28日，县文化广播影视服务站站长欧珠到曲下镇桑珠村发放卫星接收器

生产和安全播出工作措施，成立安全播出领导小组，进一步完善安全播出指挥系统。建立和完善各项安全播出管理制度，加强领导和管理各类值班技术人员，合理配备工作岗位和人员，对于重要播出设备的操作要具备相应的操作权限。对值班人员要严格要求“上下班交接制度”，落实24小时值班，对重点工作岗位应有监控录像，层层落实安全播出责任制，确保不发生任何播出事故。

【农村公益电影放映】 年内，拉孜县文化广播影视服务站组织巡回放映队，深入12个乡镇，98个行政村围绕“爱国”主题教育活动，进农村、进寺庙、进学校、进军营放映《爱国主义》《嘎达梅林》《太行山上》《勇士》《废奴》等放映电影，按时完成市电影公司下发的电影放映任务，完成率达100%。

（尼玛普赤 普布玉珍）

西藏自治区新闻出版广电局拉孜中波转播台

【概况】 拉孜中波转播台直属西藏自治区新闻出版广电局（区版权局），全属公益性事业单位，肩负着“把敌人的声音压下去，党和国家的声音传入千家万户”的政治使命。拉孜中波台2005年8月开始建台，2006年9月竣工，2006年12月1日正式开始播音，是由国家全额投资开办，开办资金683，8万元，台区总面积9692.06平方米，总建筑面积1729平方米。拉孜中波台共有10部1KW PDM全固态中波发射机（主、备），分别转播五套广播节目：中央人民广播电台第一套（中国之声）、中央人民广播电台第二套（经济之声）、中央人民广播电台第十一套（中央藏语）、西藏人民广播电台藏语节目、西藏人民广播电台汉语节目。全天播音104.42小时，广播覆盖拉孜县人口5.9万人和临近的萨迦县、定日县、昂仁县周边村庄。拉孜中波台核定编制人数为：18人，2017年正式在编人数为：16人（藏族12人，汉族4人），其中具有专业技术人员工程师职业资格证书的3人，助理工程师职业资格证书的13人。台班子成员3人，其中台长1名、副台长1名、机房主任1名。

【安全播出】 年内，累计总播音时间为2152246分钟。完成全年的各项安全播出任务，拉孜中波转播台全年没有出现过任何形式的停播事故，确保“三满”播出。

10月18日，中国共产党第十九次全国代表大会在北京召开，为确保拉孜中波台在中共十九大安全播出重要保障期间的各项工作万无一失，完成中共十九大安全播出重要保障期间的“三满”播出工作任务，拉孜中波台严格按照《广播电视安全播出管理制度》的相关要求和西藏自治区新闻出版广电局中波管理处下发的关于做好中共十九大期间安全播出相关文件通知要求，做到提前动员部署、隐患排查和各项技术准备工作，从中共十九大重要保障期的前期动员部署到最后的顺利结束，严格按照有关文件和通知要求，始终以高度负责任的态度，发扬连续作战的作风，勇挑重担、砥砺奋进、不负重托，以高标准地完成中共十九大重要保障期间的“三满”播出任务。

【学习情况】 年内，深入学习宣传

2017年9月24日，西藏自治区新闻出版广电局副局长明珍（左一）一行到拉孜中波转播台检查指导工作

贯彻中共十九大精神以习近平新时代中国特色社会主义思想为指导，不忘初心，牢记使命，锐意进取，埋头苦干，大力弘扬“老西藏精神”把中共十九大战略部署转换为工作思路，坚持问题导向，强化责任意识。深入开展“四讲四爱”主题教育实践活动，使广大党员干部职工实现中华民族伟大复兴中国梦的共同理想信念更加坚定，爱党爱国爱社会的感情，更加深厚，拥戴信赖，忠诚捍卫核心的思想意识更加牢固，对伟大的祖国破除陈规陋习的行为更加自觉，增强道德文明意识、环境保护意识，实现自我价值，建设美丽拉孜的动力更加强劲，争做感党恩、听党话、跟党走的一支队伍。

【为人民服务】 年内，拉孜中波转播台始终坚持为人民服务的宗旨，围绕安全播出这个工作重心，坚持“不间断、高质量、既经济、又安全”的维护方针，充分发挥党和政府的“喉舌”作用，以“零秒”停播的完成好“把敌人的声音压下去，把党和国家的声音传入千家万户”的工作任务，为拉孜县的长治久安和长足发展营造良好的舆论氛围、提供强大的支持。

（扎西平措）

藏语言及编译工作

【概况】 2017年拉孜县藏语委办（编译局）有2名在职人员，现有在职人员2人，1名人员调出拉萨工作。主要负责县委、县人大、县政府、县政协交办的各种文字材料、领导讲话及转发涉农惠农、强农富农、涉僧惠寺等文件的翻译工作；指导拉孜县辖区内的学习、使用和发展藏语文文字工作，规范使用藏语文社会用字。

【加强学习】 2017年，拉孜县藏语委办（编译局）认真学习贯彻“三个代表”重要思想，中共十九大精神，以落实科学发展观为首要目标，广泛运用藏文用字标准为宗旨，以维护社会稳定、紧紧围绕上级下达的各项目标任务，认真扎实开展各项工作，在编译事业上得到稳步的发展和进步。拉孜县藏语委办（编译局）以“两学一做”学习教育活动为契机，通过集中学习和个人自学相结合的方式，认真学习习近平总书记系列重要讲话精神和《中国共产党章程》《中国共产党党组工作条例（试行）》《中国共产党地方委员会工作条例》《中国共产党纪律处分条例》等党章党规，进一步提高干部职工的理论水平；认真学习贯彻自治区、日喀则市藏语言文字工作会议精神，学习《西藏自治区学习使用和发展藏语文的规定》以及规范的藏语文名词术语，进一步提高干部职工的业务水平。

【翻译工作】 年内，拉孜县藏语委办（编译局）紧紧围绕县委、县政府的中心工作，积极发挥藏语言文字工作和编译部门的桥梁和纽带作用，克服困难，保质保量地完成县委、县政府安排的翻译任务及各部门的文件翻译工作。自拉孜县藏语委办（编译局）成立以来，一直负责县两会期间各类会议材料翻译工作，按时完成“两会”期间的报告、领导讲话等相关材料的翻译任务，为拉孜县顺利召开“两会”做好服务保障工作。全年翻译各类文件字数达220299字，审核翻译公章232枚。

2017年4月13日，拉孜县编译局工作人员到热萨乡热玛村进行核实村名、寺庙、山川名称

【藏语言文字社会用字规范】 年内，拉孜县根据区、市两级藏语委办(编译局)的工作要求，以维稳工作为重点，按照工作安排，着重对县城大院的宣传栏、县城街道两旁宣传栏、各单位门牌、窗口行业、路识标牌、会议使用座签等藏语言使用情况进行摸底，突出检查整改没有使用藏文、藏文排序有误、藏文不规范、藏汉翻译不完整等问题进行检查整改，共检查出藏汉排序错误、门牌错字、比例失调等62处。在整改过程中，坚持规范化，整改与督促相结合，确保整改到位，确保藏语文社会用字意思表达准确，能让群众读得懂，看得明白。同时，为确保全县良好的藏语文社会用字环境，不断提高藏语文社会用字规范化和标准化水平；拉孜县藏语委办(编译局)向11个乡镇及打字复印店发放社会用字规范化使用公告14个，推动了拉孜县藏语文社会用字工作迈上了新台阶。

4月7日，拉孜县藏语委办(编译局)根据日喀则市藏语委办《关于核实各县(区)村名寺庙山川名称的通知》和拉孜县行政村名及各寺庙山川名称普查工作实施方案要求，深入全县各乡(镇)、各村、各寺庙对行政村村名、寺庙、山川及著名景区进行藏文名称的检查核实和记录书写的普查工作。对漏字、错字、错译、翻译不完整等现象进行及时的更正和补充。通过普查工作，编译局基本上全面掌握全县相关各地名的准确藏文名称，有效推动全县藏语文社会用字的高效率、高标准的检查整改工作。

【新词术语搜集整理方面】 年内，为加强藏语文工作和规范藏语文用字，结合自身业务特点和广大农牧区翻译工作的实际需求，结合翻译过程中出现的常用词汇，通过查阅藏文名词术语规范公报，藏文网站以及相关书籍、报刊等，利用闲暇时间组织干部集体讨论、学习新词，并整理编排《汉藏新词术语使用手册》(第一册)发放给各乡镇、有关单位，满足了广大受众和翻译工作人员的工作需要。

【队伍建设】 年内，为确保拉孜县藏语委办(编译局)工作的连续性，促使编译局工作快速走入正轨、合理、科学，持续加强干部管理，制定请示报告制度、请销假制度等，办公室固定资产、设备购置使用管理制度，办公室内务管理制度等，切实做到利用制度管人管事，提高干部职工工作积极性，队伍建设得到加强。

(格桑旺姆)

气象

【概况】 拉孜县气象站始建于1977年7月，国家基本气象站，国家一类艰苦气象台站。位于北纬29° 05′，东经87° 36′ 平均海拔高度4000米。拉孜气象站建站之初由县农牧科领导；1981年收回建制，由日喀则地区气象台领导管理。1996年机构规格为正科级，实行局站合一，命为拉孜县气象局，实行日喀则市气象局、拉孜县人民政府双重管理体制。2014年，拉孜县气象局根据县级气象机构综合改革要求，设立综合管理科、防灾减灾科2个管理机构和气象台1个直属业务单位。拉孜县气象局编制人员8人，现有职工7人(内编6人，外编业务临时工1名)1名高级工程师、3名工程师,1名助理工程师,1名技术人员、1名业务临时工兼驾驶员。主要开展的观测业务有:气压、降水、气温、蒸发、低温、湿度、风、草温、能见度、云(人工)、天气现象(自动)、日照(人工)、冻土(人工)。

【自然灾害】 拉孜县受高原奇特多样的地形,地貌和高空空气环流等诸多因素的影响,形成日照强烈,气温较低,温差大,雨水集中,干湿明显,冬春季少雨大风的气候,引起干旱、冰雹、洪涝、沙尘、雷电、病虫害等是制约拉孜县农业发展的主要气象灾害。拉孜县自1997年起开展人工防雹作业,在全县主要产粮乡布设"37"高炮、火箭炮作业点共31个,保护农田面积达8.43万多亩,多年来人影防雹作业上千次,累计创直接经济效益上千万元,取得显著的经济、生态保护及社会效益,已成为全县农业防灾减灾体系中重要组成部分。

【开展专项气象服务】 年内,明确气象服务工作职责,建立健全天气预报与服务工作流程,制定气象台工作规章制度,积极开展农牧业生产和农牧民增产增收专项气象服务,主动为各类重大活动、重要庆典提供科学决策依据,全程为各级政府和社会公众提供全面、及时、精准、出色的气象保障服务,成绩显著,得到各级政府和广大群众的一致好评。

【以学促做、知行合一】 年内,按照"两学一做"学习教育活动要求,拉孜县气象局结合本单位实际情况,全体党员干部职工一起学习领会中共十九大及习近平总书记系列重要讲话精神,认真学习习近平总书记关于改革发展稳定、内政外交国防、治党治国治军的重要思想。同时开展民主评议、参加组织生活会,带头开展批评和自我批评。5月4日,组织党员干部在单位内的一块地来开垦"小菜园",清除观测场杂草及气象局商品房租户们集中对县城主要街道老中尼路进行大扫除等党员义务活动,努力做到坚持理论联系实际,以学促做、知行合一,以"学和做"检视自己,提振精气神、展示新作为、发挥党员的模范作用,在气象工作岗位上建功立业。

【业务稳步提升】 年内,制定拉孜县气象局业务学习计划。由经验丰富的地面业务骨干人员用通俗易懂的理论知识和实际操作结合起来授课,除理论的学习,还开展共同清洗观测仪器、仪器巡检、升级软件等日常工作,基本实现人人掌握排除业务故障能力,并在每月组织业务人员进行集体观测,继续掌握云的演变过程,有利于基础观测与人影工作的进一步开展,提供保障。在日常工作中找寻不足之处,进一步地完善业务工作制度,现有工作平台:Cmacast卫星数据接收处理分发系统和Micaps县级预报预警业务,要求每一位业务人员进行操作与分析。

【为农服务】 年内,拉孜县气象局已指定专人将每月的旬预报、月预报、重要天气报分送至县委办、县政府、农牧局、水利局等相关单位,通过县级公共气象服务平台发至各乡(镇)政府。在全局职工学习使用微信平台的基础上,利用手机短信将拉孜县、曲下镇等9个乡镇信息服务中心电子显示屏上发布每日天气预报,预警信息

2017年10月12日,拉孜气象局协同县农牧、安监、公安等部门组成人工影响天气工作联合安全检查组,对全县境内的10个乡镇31个人影作业点进行安全检查

2017年3月23日，拉孜县气象局开展“3·23”世界气象日“观云识天”主题宣传活动

分发至全县副科以上干部职工。及时采集各乡镇灾情情况，并到灾情严重地区进行实地调研与取证，将及时地有关灾情情况报送至上级有关部门，为当地群众宣传有关防灾减灾知识，充分发挥乡镇气象信息员的职能，以便更好地服务于百姓。

积极借助“3·23”世界气象日“观云识天”为主题和“5·12”防灾减灾宣传日机会，通过邀请近百名高中学生到气象局参加气象科普专题讲座，并观看世界气象日宣传片，同时在老中尼路街头进行摆摊宣传，发放气象科普挂历、扑克、人影防雹条例以及气象日藏语版的主题宣传材料等多样化的形式广泛宣传气象科普知识及气象工作的重要作用，进一步引起社会对气象的关注，让更多的人了解气象防灾减灾和如何应对气象灾害等相关知识，使气象科普知识真正的惠及百姓。顺利完成拉孜县气象局管辖的萨迦县及本县的防雷常规检测和易燃易爆场所检测工作，并对拉孜县范围的新建建筑物进行防雷跟踪检测。

【监督制度】 2017年，根据上级财务管理规定要求，实行四级预算国库集中支付工作，严格执行财经纪律及各项规定制度，保证预算执行进度，合理开支并及时对账，认真执行预算外资金管理制度，凡涉及“三重一大”必须开展三人决策，设有兼职会计、出纳。资金来往清楚，支出相平。认真执行财务与局务公开栏，及时将单位各项开支进行公开，做到领导安心、纪检员放心，群众舒心。严格控制公车使用情况，出车有登记，出差有明细，杜绝各种违法违规行为，做到心存敬畏、手握戒尺，廉洁从政，从严治家，筑牢拒腐防变的防线。8月，拉孜局全面性开展一次2017年纪检工作自检自查，并将开展工作情况汇报至市局纪检组及人事科。

【重大安全隐患】 拉孜县范围内共有31个人影作业点，未按照标准化作业点要求建立，影响到作业人员的人身安全，由于资金问题一直未能建设标准化作业点，作业点存在很大的安全隐患

【收集调查】 年内，拉孜县气象局组织业务人员对全县辖2个镇、9个乡进行气象主要灾害收集与调查。

（次仁卓嘎）

卫生与计划生育

卫生

【概况】 2017年，拉孜县卫生行政机构共有县、乡、村医疗卫生机构111个，其中县级卫生服务中心1所，疾病防控中心1所，乡卫生院11所，村卫生室98所，村卫生室覆盖率为100%。2017年，拉孜县卫生和计划生育委员会现有8人，其中正式5人，从乡镇卫生院借用3人。全县卫生技术人员共计366人，其中县卫生服务中心卫生技术人员78人（其中10人公益性岗位），县疾控中心10人，11个乡镇卫生院现有医护人员77人（其中正式干部50人、公益性27人），村医196人，技术人员职称结构为高级1人，中级7人，初级36人，无职称317人（含公益性岗位）。学历结构为本科及以上59人、大专62人、中专16人。

【农村合作医疗】 年内，拉孜县农牧民参加合作医疗集资人数达53953人，参保率达到99.58%。3月，卫计委实行随时报销制，2017年农牧民每人免费医疗配套资金475元。报销比例上，乡镇卫生院住院费用在出院时均减免90%，县级医院减免85%，市级以上医院报销75%，住院分娩报销100%，未集资者降低20%的报销比例，实行农村五保户等特殊困难人群住院费用在封顶线内全额报销政策；继续实行农牧民孕产妇住院分娩、新生儿抢救、白内障复明手术、大骨节病治疗费用全额报销政策；继续实行20种特殊门诊和包虫病费用从门诊统筹基金中报销70%的政策。实行22种重大疾病和包虫病住院费用报销比例在原普通报销比例上提高10%进行报销的政策。拉孜县县级即时结算住院904人，报销1666132.5元；县级以上即时结算住院564人，报销6845760.19元；11个乡镇合医办共报销8222641.09元（其中普通门诊19672人次，报销2001601.44元；住院分娩270人，报销1657122.36元；普通住院498人次，报销

2017年6月9日，日喀则市卫计委主任索多（右一）到拉孜县督导检查包虫病及重大疾病筛查、健康扶贫等卫生工作进展情况

4541213.51元；特殊门诊11人次，报销22703.78元）。巩固县乡基本药物制度，重视藏医药发展事业，截至年底，6个乡镇卫生院开展藏医药服务，覆盖率达到54.5%。

【妇幼工作】 年内，为保障母婴安全，降低孕产妇和婴幼儿死亡率，进一步加强基层医疗保健机构助产技术服务和孕产妇相关信息的报送工作，加强孕产妇产前检查等系统管理。截至年底，全县产妇数1121人、住院分娩率达到98.2%，孕产妇建卡率100%，产妇产前检查率100%、5岁以下儿童死亡率为14‰、婴儿死亡率为12‰、新生儿死亡率为10.2‰、孕产妇死亡为89.1/10万高危人群住院分院率100%，2017年兑现农牧民孕产妇住院分娩奖励补助78万元。总兑现"一孩双女"扶助资金555840元，受助579人，兑现计划生育特殊家庭扶助人数103人，特别扶助资金393840元，办理准生证89人，严格落实人口与计划生育免费技术服务，落实三项扶助政策。

【疾病防控】 年内，接种各种疫苗28953人次，接种率达到97.95%。做到入托入学接种证查验工作，准确率达到100%，乙肝疫苗接种率达到80%，全县甲乙丙类传染病报告率100%，及时率100%，接种率和建证、建卡率均达100%，传染病网络直报率和准确率100%，及时率为100%。对重点疾病健康教育：艾滋病、结核病、碘缺乏病等共宣传12次，发放宣传单6000余张。进一步完善

2017年8月18日，县委书记陈钢一行参加包虫病筛查体检

学校传染病防治体系建设，每季度对学校传染病防控情况进行监督检查，及时将检查结果反馈给县教育局，卫生监督覆盖率达到100%，学校卫生监督覆盖率达到100%，对县城医疗机构卫生监督检查覆盖率达到100%。农村饮用水监测覆盖11个乡镇，监测枯水期、丰水期水样数44份。

开展碘盐监测300户，合格率为90.6%。艾滋病干预共筛查591名其中产妇574人，公共场所服务人员17人，未发现感染人员。上海包虫病专家在拉孜县4个乡1个村包虫病筛查工作，共计筛查1000余人，其中发现6个阳性。县疾控开展对牲畜脏器采集样本其中200余大畜、200余小畜，并样本及时报送上级业务部门做进一步检查。吉林省、黑龙江省精神病专家对全县重性精神障碍患者人筛查，其中对81人确诊为重度精神病，并制定诊治方案，卫计委结合实际进行梳理汇总，需手术的积极联系手术，需药物治疗的购买药品给药，积极治疗患者。

【健康扶贫】 2016年建档立卡贫困户因病致贫、因病返贫户共288户、1131人。2017年经核实更新后现204户、807人需进一步治疗工作。2017年3月7—10日组织全县健康扶贫建档立卡人员共计119人进行免费健康体检。按照"大病集中救治一批，慢病签约服务一批，重病兜底保障一批"的原则充分利用援藏优势，能在县救治的统一在县集中救治，不能在县救治的积极，根据病情积极联系上级业务部门，统一安排救治；针对慢性病特点按照上级要求进行家庭医生签约服务，对全县建档立卡人员全部进行家庭医生签约服务；对重病患者产生住院费用较大的，按照新农合报销规定和大病保险理赔规定积极上报相关材料，剩余部分有民政进行兜底保障。先后出台《关于拉孜县健

康扶贫实施方案》、拉孜县人民政府办公室关于印发《拉孜县建档立卡贫困户因病致贫医疗救助实施细则（暂行）》的通知、《拉孜县关于健康扶贫工程“三个一批”行动计划实施方案》《拉孜县家庭医生签约服务实施方案》切实为健康扶贫提供科学、精准的政策依据，提升拉孜县扶贫工作水平，从根本上解决“因病致贫、因病返贫”问题，加快脱贫致富奔小康进程。

对患有慢性疾病的所有建档立卡贫困人口实行慢并签约服务，以县人民医院医生为技术指导、乡镇卫生院为责任医生、村医作为上门医生，组建家庭医生服务团队与贫困家庭签约。签约率达到100%；在建档立卡贫困人口报销比例上，原有的各种政策上，专门对家庭账户基金用完的门诊费用进行补偿，得到政策兜底保障。截至年底，拉孜县对所有建档立卡贫困户共总现全县建档立卡贫困人员普通门诊，274 人次、168567.7 元。特殊门诊 3 人次、3144.23 元，住院 90 人次、769299.23 元。

【全民健康体检】 年内，根据《拉孜县人民政府办公室关于印发全民健康体检暨重大疾病筛查工作实施方案的通知》精神，卫计委组织县卫生服务中心、疾控中心、部分乡镇卫生院业务骨干，整合人力、整合项目、整合资金，统筹推进全民健康体检和重大疾病筛查工作，从 5 月 11 日开始陆续对县中学学生进行健康体检和重大疾病筛查工作，把全民健康体检与包虫病、结核病、骨关节疾病、先心病筛查等工作整合后同步开展，统筹安排、分类登记、全面推进健康体检和重大疾病筛查救治工作。截至年底，共完成 54959 人，体检率达到 98.4%，发现疑似包虫病 179 人，已有 23 人确诊的患者进行包虫病手术治疗。尤其是卫计委牵头年初召开包虫病综合防治工作动员部署会，制订包虫病综合防治实施方案，专门对各乡镇卫生院、村医、驻村工作队培训 3 次 132 人次，各种宣传达 8 次，受教育达 4 万多人次，发放包虫病科普手册 10000 本，包虫病宣传海报 2000 套。

（艾　华）

2017年5月11日，县委副书记、县长巴桑旺堆主持召开拉孜县全民健康体检暨重大疾病筛查以及包虫病综合防治工作动员部署会议

卫生服务中心

【概况】 拉孜县卫生服务中心前身是拉孜县卫生所建于 1961 年。1968 年，拉孜县卫生所更名为拉孜县人民医院。1998 年上级业务部门评审核准为一级甲等医院。1998 年，拉孜县人民医院创建一级甲等医院。2003 年，在县人民医院的基础上，联合县妇保站、藏医医院成立拉孜县卫生服务中心。2014 年，成功创建二级乙等综合性医院。2016 年 11 月，县卫生服务中心与拉孜县委、县政府签订医院创二级甲等综合医院军令状。创建二乙时，中心占地 27798 平方米，建筑面积 15787 平方米。卫生服务中心设有内科、外科、儿科、妇产科、五官科、藏医科、急诊科、医技科、护理部、医务科、信息科、人事科（绩效办）、财务科、总务科十四大科室，辅助科室设有药剂、检验、放射、B 超、心电图、供应室等。卫生服务中心编制床位 65 张，实际开放床位 104 张，其中住院部 66 张、妇保站 20 张、急诊观察床 12 张、藏医 6 张。职工有 115 名，卫生技术人员有 86 名，其中副主任医师 1 名、主治医师 7 名、执业医师（执业助理医师）61 名、行政后勤 29 名。本科学历

34 名、大专学历 64 名、中专及以下学历 17 名。卫生服务中心正式干部有 78 名、合同工有 4 名、公益性有 10 名、临时工有 23 名。卫生服务中心主要设备有彩色超声仪、DR 机、双排螺旋 CT 机、全自动生化分析仪、全自动血球分析仪、牙科综合治疗仪、B 超、12 导联心电图机、除颤仪、多参数监护仪、胃镜、眼科手术显微镜、角膜裂隙灯等一大批高科技精密医疗设备、藏医熏针等药浴设备齐全。

【日常业务】 年内，门诊就诊人数达 36837 人次，急诊人数 2055 人次，住院人数 1446 人，手术人数 64 例（包括妇产科、五官科手术），其中藏医部门诊就诊人 7679 人次，住院人数 17 人，藏医特色疗法及其他 646 人次。建立农牧民健康档案 52000 人次（包括重大疾病筛查），健康体检 1200 人（包括高考体检），征兵体检 68 人，免费孕前检查 28756 人，出生缺陷检查 79 人、巡回医疗义诊人数 4862 人次、积极参加县委组织的各种活动及下乡工作免费义诊和免费提供价值 6 万元左右常用药品。

【"四讲四爱"主题教育实践活动】 年内，开展"四讲四爱"主题教育实践活动，利用义诊、巡诊等多形式宣传，使单位干部和群众的核心意识更加坚定，思想认识更加统一，民族团结更加和睦，社会局势更加稳定，发展动能更加强劲，基层基础更加牢固，社会风尚更文明，进一步夯实西藏长足发展和长治久安的思想基础、群众基础、基层基础，凝聚起各族群众感党恩、听党话、跟党走的广泛共识，汇聚办好西藏事情、做好西藏工作的强大正能量。

【学习贯彻中共十九大精神】 年内，拉孜县卫生服务中心按照县委、县政府相关要求，制定十九大期间维稳应急预案、实施方案，并成立中共十九大期间护院队，做好医院的安全巡逻工作，加大宣医疗政策知识，提高基层服务能力水平，在营造喜迎中共十九大医疗氛围的同时，开展十九大期间大型义诊活动，为拉孜镇齐加村、下杂村附近近 300 名村民免费健康体检、技术指导并送去价值 1 万元的常用药品。

2017年6月15日，县委书记陈钢到卫生服务中心调研

【信息化建设】 7 月，拉孜县卫生服务中心新上医院信息系统，信息化建设已经平稳运行。提升卫生服务中心的整体形象；就医流程优化；医疗质量提升；病历实现电子化；决策实现科学化；办公实现自动化。

【医疗援藏】 年内，第八批上海援藏为拉孜县卫生服务中心建立医疗远程会诊中心，并于 8 月投入使用，于上海市杨浦区市东医院、日喀则市人民医院建立远程会诊 3 次；在上海"组团医疗援藏"专家的扶持下，建立高原疾病氧疗中心；为藏药批量生产提供基地并帮助申请专利。

【确保患者医疗安全】 年内，提高医务人员对患者身份识别的准确性。完善关键流程的患者识别措施。在治疗活动中，严格执行查对制度，准确执行紧急情况下的口头医嘱。加强落实手术安全核查制度。强化风险管理，构建安全体系，制定全方位的应急方案和安全管理程序。

【实现三个"转变"】 年内，在管理理念上，由经验管理向信息化

2017年7月4日，县委常委、副县长陶文权参加“创二甲”推进会

管理，充分利用逐步实现的数字化医院信息资源平台，提升管理的运作环境，使卫生服务中心管理人员掌握信息管理“驾驶舱”，实现信息管理系统全覆盖，实时监控增强医院管理的系统性和有效性，由过去的事后干预，提升至现在的实时干预、预测提前干预；在内部运行机制上，加强各部门协调和科间协作，充分发挥质量管理委员会和相关专业委员会职能，全面实施质量管理，完善考核制度，健全激励机制。重视基础质量，加强环节质量，保证终末质量，防范差错事故，保障医疗安全；在实际工作中，进一步完善质量安全管理组织体系和考核体系，运用统计学管理工具进行持续改进，不断提高。

【业务培训与考核】 年内，对不同职级的医务人员确定不同的培养重点。对初级职称的医务人员重点抓好“三基”“三严”训练。对新分配的人员实行严格的岗位前培训，进行岗前轮转及学科培训，岗前培训不少于一周，岗位轮转一年的全科培训，执业医师考核合格后分配岗位；对高中级职称的医务人员重点进行专业培训，重点面向科教带头人才领域培训，注重发挥他们传、帮、带作用，使年轻的医务人员迅速成才。医务科、护理部等职能部门每年都要组织集中考试、考核和不定期抽查，成绩记入个人技术档案。年内，共开展麻疹诊断、治疗，除颤仪的使用，开放性损伤处置流程、护理人员岗前培训等培训32次。

【骨干医务人才选拔和管理】 年内，立足医院发展，以争创二级甲等综合医院为工作主线，提高医务人员技术素质，强调临床与实践相结合。年内，委派年轻医师到上级医院进修学习，送送出进修学习外科、藏医科、病理科、妇产科、儿科等5人次。年初开展“走出去、请进来”项目，参加人数达30余人次。接受乡、村级医护人员培训100余人次。

【合理用药管理】 年内，根据自治区、市有关文件精神，卫生服务中心2015年11月1日正式执行自治区《基本用药目录》，落实药品零差价，制定抗生素使用规范，2017年援藏医生及药械科对临床医生抗菌药物使用方法4次授课培训，临床抗菌药物品种合理选择率提高，用药时机及频率、疗程逐渐规范。

【新项目】 年内，拉孜县卫生服务中心在第八批上海援藏医疗队的帮助下，开展膝关节滑膜软骨瘤切除术、掌骨多发性骨折切开复位内固定术等11个新项目。同时，藏医开展涂搽法、敷法两项藏医用新项目。

【强基惠民】 年内，拉孜县卫生服务中心干部职工利用各法定节假日及地方节假日等开展“送医、送药、送健康”活动5次，现场开展健康咨询、免费派发药品、测量血压等，送去常用药品合计5万余元，得到群众的一致好评。

【协调争取项目】 年内，中心领导以医院创建二级甲等综合医院为契机，积极配合充分利用上级的好政策，努力争取各项基建项目。卫生服务中心拟建住院楼，中心领导和相关科室负责人多次沟通和向县人民政府领导申请新建住院楼的同时，新建住院楼的初设建筑图已完成并提交县发改委审核通过，新建住院楼正在施工中有望2018年9月投入运行。

（胡 娇）

社 会

民政工作

【概况】 拉孜县民政局属于正科级单位，核定行政编制4人，领导职数3人。2017年有干部职工23人，其中正科级干部2人，副科级1人，科员1人，事业人员4人，工人3人，志愿者1人，公益性岗位1人，五保集中供养中心公益性岗位10人，县民政局负责全县城乡低保、城乡医疗救助、五保户、老龄和孤儿管理工作，双拥优抚安置、残疾人事业、救灾救济、婚姻登记管理、基层政权建设、勘界、区域地名管理等工作。

【政策宣传】 年内，随着民政工作范围的不断扩大，为进一步加强民政政策的宣传引导，提高群众对民政惠民政策的知晓率，使广大农牧民群众真正知道惠在何处、惠从何来，拉孜县民政局通过多种形式，将社会救助、社会福利、防灾减灾、优抚政策等进行全方位、深层次的宣传，召集乡（镇）长、民政助理员开展3次民政业务培训，及时传达和学习最新出台各类惠民政策，便于基层民政业务员全面掌握动态政策，并积极参与和配合宣传民政社会救助等相关政策，发放2000余本宣传手册、宣传单。

2017年6月10日，西藏自治区民政厅副厅长江娟（前排左三）到拉孜县五保集中供养中心调研

【城乡低保】 年内，拉孜县民政局践行“两学一做”学习教育规范最低生活保障政策落实核查工作严格执行“六步工作流程”，强力打造“阳光低保”和“责任低保”。通过城乡低保核查，对群众反映强烈的“人情保”“错保”“漏保”“轮流坐庄”“保人不保户”“关系保”等进行清退，切实做到动态管理下的“应保尽保，应退则退”。同时，还专门派人对11个乡镇的城乡低保人员进行30%的抽查，均未发现有上述现象的发生。截至年底，全县低保共计5804人，其中农村低保对象5733人，城镇低保对象71人。在完成各类救助对象的复核后，进一步完善归类档案资料，

根据复核工作新确定的纳保人数，及时更新保障对象基本情况，细化保障类别，推进分类施保；加强公开力度，将各类保障政策、保障程序、保障对象、保障资金及保障标准进行公开，并将发放资金表上墙公示，增强城乡社会救助的透明度。年内，按规定兑现城镇低保对象低保资金 76.77 万元，兑现农村低保资金 1219.8 万元。

【医疗救助】 年内，拉孜县民政局按照区、市医疗救助相关政策，认真落实医疗救助审批手续，确保被救助人员能及时得到救治。对城乡低保户参加当年城乡基本医疗保险个人缴纳部分进行全额资助。从低保对象、特困供养人员（重点救助对象）扩大至建档立卡贫困人口，低收入家庭的老年人、未成年人、重度残疾人、重特大疾病患者及因病致贫家庭重特大疾病患者等。对重点救助对象在年度救助限额内进行全额救助，一般救助对象在年度救助限额内，以个人自负部分的 70% 进行救助。对经新农合、大病保险、商业保险、医疗救助后，剩余个人自负医疗费用仍然较高，符合重特大疾病医疗救助政策的，予以再次救助，救助额度不超过 15 万元。2017 年，拉孜县民政局救助人数达 751 人次，救助金额为 218.27 万元。

【临时救助】 年内，拉孜县民政局坚持“保底线、救急难、可持续”的方针，统筹兼顾，突出重点，完善政府领导、民政牵头、部门配合、社会参与的社会救助工作机制，

2017年10月26日，拉孜县民政局副局长旦增普尺主持召开2016年度退役士兵自主就业一次性经济补助及优待金发放仪式

发挥救急难作用，完善拉孜县社会救助协调机制建设。2017 年，拉孜县民政局临时救助人次达 303 人次，救助金额为 53.96 万元。

【五保供养】 年内，拉孜县民政局根据《全区五保集中供养和孤儿集中收养工作会议精神传达提纲》、西藏自治区人民政府《关于全面推进五保集中供养和孤儿集中收养工作意见》，与 19 个乡镇签订“双集中”目标责任书。对各乡镇符合集中供养条件的五保户通过实地试住、做思想教育等多重形式，积极吸收到拉孜县社会福利院中集中供养，不断提高农村五保集中供养率。截至年底，拉孜县共有 92 名农村五保户，其中 65 名实现集中供养，有意愿集中供养率达 100%。

【残疾人福利事业】 年内，拉孜县民政局实施困难残疾人生活补贴和重度残疾人护理补贴民生工程。开展残疾人基本服务状况和需求专项调查工作，为 1258 名残疾人进行摸底调查，并完成数据的录入、编辑、审核、上报以及初步数据统计分析等工作。2017 年，拉孜县民政局共兑现残疾人“两项”补贴资金 149.1 万元。

【老龄工作】 年内，拉孜县民政局切实保障全县老龄人的切身利益，2017 年，拉孜县 60 岁以上老年人有 4325 人，其中 60—69 岁 2814 人，70—79 岁 1178 人，80—89 岁 305 人，90—99 岁 28 人。兑现寿星老人健康补助 10.55 万元，333 人。

【基层政权】 年内，拉孜县民政局为不断深化和完善村务公开民主管理制度，使“管理民主”制度更加健全，形式更加多样，内容更加丰富，机制更加完善，领导更加有力，成效更加显著，推动拉孜县村务公开民主管理工作再上新水平，拉孜县民政局在两个试点乡

镇（曲下镇、热萨乡）的基础上，扎实推进其他乡镇村务公开民主管理示范单位创建活动。在全县村"两委"换届的基础上，对村务监督委员会也进行换届，共有村务监督委员会成员294人，其中主任98人，成员196人，同时落实务工补助，共兑现务工补贴224.5万元。

【社会组织】 年内，拉孜县登记在册的社会组织有拉孜县农民用水协会、拉孜县青年志愿者协会、拉孜县藏刀民间交流协会。根据日喀则市民政局基层政权科的指导意见，拉孜县民政局于2017年4月启动对社会组织的年检工作，并对已经过期的社会团体法人登记证书及时督促更换新证。拉孜县农民用水协会、拉孜县青年志愿者协会因人数不足，无法开展工作，于2017年12月撤销。

【"双拥"优抚】 年内，拉孜县民政局在优抚资金的管理和使用上，坚持专户储存，专款专用，专人负责，确保资金的高效安全运行。对年满60周岁的43名农村籍退伍老兵兑现生活补助金11.61万元。8月1日，由拉孜县政府副县长普布多布拉带队，携同拉孜县民政局局长付征勇、拉孜县民政局副局长旦增普尺对全县重点优抚对象开展慰问活动，送去价值7.3万元的慰问物资，并走访慰问县机动大队、县人武部、县武警中队、县生产营、县消防大队、锡钦兵站，向他们致以节日的问候和祝福。拉孜县2016年退役士兵共15名，兑现2016年度退役士兵优待金及自主择业一次性经济补助123.6万元。

【防灾减灾】 年内，拉孜县民政局及时兑现2017年冬春受灾群众生活救助资金163.28万元，切实解决拉孜县冬春期间受灾群众口粮、衣被、取暖等基本生活困难，帮助解决受灾群众的基本生活需求，使受灾群众的基本生活得到切实保障。认真做好灾情核查，灾情上报工作，2017年拉孜县受洪涝、冰雹等自然灾害的影响共造成拉孜县11个乡镇4413户26482人受灾，因灾造成农作物受灾面积30176亩，其中绝收面积6418亩，重灾面积8295亩，轻灾面积13673亩，房屋倒塌38间，房屋严重损坏27间，房屋一般损坏23间，牲畜死亡306只，共造成经济损失1765万元；认真做好防灾减灾宣传工作，结合"防灾减灾日"，紧扣"城镇化与减灾"主题，召集宣传部、交通局、卫生局、消防支队等相关部门，精心安排和部署"防灾减灾日"各项工作，在县城主要路段发放《防灾减灾知识手册》《道路交通安全法》《食品安全知识》等宣传册共计200余册，同时，邀请消防大队在曲下镇吉如村以及五保供养中心进行应急疏散演练，深受群众欢迎。

2017年11月29日，拉孜县民政局局长付征勇、副局长顿珠、旦增普尺到彭措林乡谢曲村宣讲党的十九大精神

【婚姻登记】 年内，拉孜县民政局婚姻登记室严格遵守婚姻登记规程，实行一次性告知制度，避免当事人跑冤枉路，赢得群众好评。2017年，共办理结婚登记676对，离婚登记40对，补办45对，无一例违法登记事件发生，登记合格率100%。

【勘界工作】 年内，因拉孜县查务乡与定日县界线纠纷问题，拉孜县和定日县分管领导在加措拉山两县交界处组织召开协调会。因拉孜县柳乡和萨迦县吉定镇界线纠纷问题，拉孜县和萨迦县分管

2017年9月23日，拉孜县民政局全体干部职工到彭措林乡谢曲村开展助农收割活动

领导在吉定镇召开协调会。拉孜县民政局、国土局和定日县、萨迦县相关部门以及自治区测绘专家参加会议。根据1998年勘界成果资料，经自治区测绘专家拉巴多吉的实地勘测定日县、萨迦县确实侵占拉孜县国土面积较多，对界桩进行重新设定。为拉孜县乡（镇）边界地区的稳定和经济发展做出了积极贡献。

（朱 超）

人力资源和社会保障

【概况】 拉孜县人力资源和社会保障局成立于2010年，由拉孜县人事局和拉孜县劳动保障局整合而成。为拉孜县人民政府的职能部门。拉孜县人力资源和社会保障局有行政编制5名，劳动仲裁院事业编制2名，社保中心事业编制2人（参照公务员管理单位）。2017年，全局干部职工17人，其中正科级3人，副科级2人，科员2人，专技人员7人，驾驶员1人、公益性岗位2人，中共党员12人。

【基本数据库动态管理】 年内，拉孜县共有未就业大学生278人，其中应届毕业生164人，往届毕业生114人。已就业135人，未就业98人。积极开展招聘会，共招聘高校毕业生44名，工资待遇为2600元/月。2017年5月，拉孜县在拉孜县锡钦乡羊毛制品专业合作社成立“拉孜县大学生创业示范基地”，基地的成立真正为拉孜县高校毕业生就业创业起到带动和辐射作用。为进一步做好拉孜县未就业大学生（中职生）“321”结对帮扶工作及相关政策解读，2017年12月6号至12月11日，拉孜县人社局深入11个乡镇开展为期6天的“拉孜县未就业大学生（中职生）结对帮扶摸底确认暨相关政策宣讲活动”。9月15日，拉孜县委常委、副县长温双龙带领拉孜县人社局、县妇联和大学生、中职生创业代表等6个人组成的创业学习交流小组到上海市杨浦区参加“全国大众创业、万众创新”活动周。

【业务知识学习】 年内，拉孜县人力资源和社会保障局进一步加强业务知识的学习，并积极参加区、市组织的各种业务知识培训，深入开展社会保障业务知识相关法律、法规及规章制度学习，加强对就业再就业政策措施、专业技术人员管理、机关事业单位社会养老保险等业务知识的学习，加强对兄弟单位先进经验的学习，不断提高全局干部职工的业务素质。为更好地宣传“事业单位岗位设置”和“事业单位职称评聘”工作，加深拉孜县事业干部职工对岗位设置和职称评聘的了解，拉孜县人力资源和社会保障局邀请日喀则市人社局事业管理科工作人员为拉孜县事业岗位人员开展业务培训一次，提升干部职工对事业单位业务的理论水平。组织拉孜县11个乡镇基层社保经办人员及人社专干进行全民参保业务培训一次，确保全年全民工作有序开展。

【劳务输出】 年内，通过各部门、各乡镇、各驻村工作队走村入户以及短信平台、网络平台等形式，全方位地宣传就业及再就业相关政策措施，做到家喻户晓，人尽皆知。全年劳务输出26466人次，16601人，总收入12850万元。分别完成任务目标的102%、103.8%和171%。

【精准扶贫就业技能培训】 年内，共举办各类技能培训17期，实现农牧民转移就业培训878人，其中建档立卡672人。完成目标任务的103.29%、103.38%。参训工种分为：实用技术类和就业技术类，实用技术类为：汽车驾驶213人（其中建档立卡174人）、挖掘机、装载机94人（其中建档立卡91人）；就业技术类为木工绘画50人（其中建档立卡22人）、农机维修50人（其中建档立卡47人）、中式面点45人（其中建档立卡45人）、民族服装制作50人（其中建档立卡50人）、民族手工业211人（其中建档立卡184人）、蔬菜种植、藏鸡养殖专门培训83人（其中建档立卡21人）、酒店管理与民族礼仪培训40人（其中建档立卡14人）、"六弦琴"制作培训14人（其中建档立卡3人）、摩托车维修13人（其中建档立卡11人）、家电维修10人（其中建档立卡10人）。

2017年，已安置就业及自主择业的建档立卡人员共计1515人（其中培训后就业546人），就业人员工资待遇如下：月工资1500以下的98人，1500—3000元的有1332人，3000—6500元的有85人。

2017年10月27日，西藏自治区人社厅副厅长、公务员局局长陈齐华（左三）一行到拉孜县督查大学生就业创业工作

【社会保险】 年内，严格贯彻落实国家社保惠民政策，全方位组织宣传，加强拉孜县城乡居民社会养老保险基金管理，促进社保事业的健康发展，拉孜县人力资源和社会保障局干部职工深入98个行政村，养老保险领取人员信息进行一对一认证，停发42名去世人员，养老待遇金额共计19000元，将资金全部退还至市人社局养老保险收入账中。此次核查后录入的数据、迁移等信息准确率达到100%，杜绝冒领待遇金的情况发生。

2017年，城乡居民基本养老保险方面：全县城乡居民基本养老保险参保人数有28856人，共收缴保险基金312.8132万元，征缴率100%。企业职工基本养老保险方面：企业参保3家，共计263人，征缴参保基金377.489万元，征缴率100%。机关事业单位职工基本养老保险方面：全县各机关事业单位57家，共计2197人，征缴参保基金9552.3051万元，征缴率100%。城镇职工基本医疗保险方面：全县各机关事业单位、企业及中直单位参保75家，共计2226人，征缴参保基金2764.9766万元，征缴率100%。城镇居民医疗保险方面：全县共955人、征缴基金46.8520万元。失业保险方面：全县各事业单位、企业及教育系统参保80家，共计1460人，征缴参保基金153.4608万元，征缴率100%。工伤保险方面：全县各机关事业单位、企业及中直单位参保72家，共计2187人，征缴参保基金85.34万元。征缴率100%。生育保险方面：全县各机关事业单位、企业及中直单位参保74家，共计1963人，征缴参保基金164.0049万元，征缴率100%。报销方面：城镇职工报销97人（次），报销金额1132668.55元；城乡居民报销48人，金额515280.65元。生育报销计17人，报销金额114158.79元。

【劳动保障监察】 年内，拉孜县人力资源和社会保障局2名专职劳动监察员，定期不定期去施工现场进行检查，并询问民工工资发放情况，对用工中出现的个别不良现象及时给予纠正，全县劳动用工市场基本和谐稳定。全年接到纠纷投诉并立案17起，成功处理17起，为100多名农民工追讨工资200万余元,结案率100%。全年共开展法治宣传6余次,参加综治宣传人员20余人次,前来咨询的人员达到200多人,发放宣传资料700余份,到工地为农牧民发放便民服务卡2000多份。

【基金管理】 年内,为确保拉孜县人力资源和社会保障局各项资金使用安全,拉孜县单独设立财务机构,并严格执行社保基金监督管理的法律法规,加强内部控制制度,使社保基金核定、征缴、支付、管理和存储等各环节有法可依、有章可循;坚持每季度社保经办机构、银行、财政部门三方对账机制,及时掌握社保基金运行状况,妥善处置基金运营过程中存在的问题。管理账目需要有会计、出纳,收款收据、现金缴款单、转账支票、现金支票、入账单等相关凭证必须一致,并在单位一把手审阅同意后方能进行账目往来,不能私自一人直接接触大额资金,以达到账与账相平,各账目之间相平。

【人事人才工作】 年内,做好全县干部职务与职级并行工作,并将符合条件的人员按照职务晋升形式进行民主测评,最后将民主测评选出的1名干部职工信息上报到市人社局、市组织部。进一步做好干部职工工资福利工作,确保每个干部职工的基本权益。2017年公务员正科级正常晋升19人,折算工龄补贴变动137人,学历固定2人,5年浮动35人。副科级正常晋升76人,折算工龄补贴变动178人,学历固定15人,五年浮动32人,职务变动15人,工资理顺20人。科办以下正常晋升140人,折算工龄补贴变动379人,工资理顺33人,职务变动23人,五年浮动15人,20年固定1人,学历固定9人。事业正科级正常晋升3人,折算工龄补贴变动3人。副科级正常晋升15人,折算工龄补贴变动16人,学历固定2人。副高正常晋升1人,折算工龄补贴变动1人。中级正常晋升10人,折算工龄补贴变动16人。初级正常晋升64人,折算工龄补贴变动69人,学历固定4人。员级正常晋升231人,折算工龄补贴变动226人,五年浮动18人,学历固定7人。机关事业工人正常晋升24人,折算工龄补贴变动74人。做好政府系统公务员信息更新及维护工作,做到与个人档案一致。拟晋升2名中级专业技术干部,进行民主测评、个别谈话,并及时兑现相关待遇。做好全县干部职工工资调标工作,维护好干部职工的基本权益。

【贯彻落实工资保证金制度】 年内,加强与工资保证金监督管理委员会成员单位间的沟通与协调,同时做好拉孜县区域内开工建设项目的统计工作,确保各建设项目都准时、足额缴存民工工资保证金。工资保证金收取、退还情况。拉孜县人力资源和社会保障局根据日喀则市统一要求设立农牧民工工资保证金专户,贯彻落实工资保证金制度,在人员和制度上严格按照规定履职尽责。建立缴存、退还明细账目,保证每一笔保证金都收缴、退还都有账可查,心中有数。2017年征缴农民工工资保证金51起,共668.759万元。依法退还保证金11起,退还金额600余万元。

【教育实践活动】 年内,根据县委关于中共十九大主题教育学习活动部署要求,组织召开中共十九

2017年5月4日,日喀则市副市长李玉建(中)到拉孜县锡钦乡羊毛制品专业合作社参加“拉孜县大学生创业示范基地”揭牌仪式

2017年5月10日，拉孜县人社局局长格桑旺拉到彭措林乡开展惠民政策进万家活动

大主题教育实践活动学习会议。传达学习陈钢书记在拉孜县开展中共十九大主题教育实践活动会上的重要讲话精神。按照制定拉孜县人社局关于深入学习宣传中共十九大工作方案要求，进一步加强集中学习。同时，深入驻点村以通俗易懂的方式进行中共十九大主题教育活动宣传。及时制订驻村点的中共十九大主题教育活动方案并根据实施方案逐步落实。

【窗口服务】 年内，始终坚持以"民生为本、人才优先"的工作主线，作为服务窗口的单位，承载着全县创业就业、社会保险保障、和谐劳动关系、人事人才、工资分配等方方面面，涉及群众的切身利益。通过设立征求意见等方式广泛征求群众意见，进一步提高服务质量及办事效率，简化劳动者维权投诉手续，及时化解劳动纠纷，切实地将便民承诺落到实处。

（方云飞）

扶贫开发（扶贫办）

【概况】 2017年，拉孜县扶贫开发办公室实有干部3人（在编1人，借调1人，志愿者1人），脱贫攻坚指挥部办公室实有干部10人（志愿者1人）。2017年，通过突出重点、精准发力，大力推进扶贫产业项目建设、易地搬迁等工作，实现1294户5181人脱贫，9个行政村整村出列，贫困发生率由原来的27.26%降至17.7%。

【产业助力脱贫】 拉孜县严格按照市委"6677"发展总思路和县委确定的县域发展思路，2017年实施项目8个，总投资2.7亿元，为脱贫攻坚提供强有力的产业支撑。拉孜县以有机加工业、民族手工业、养殖业等为代表的扶贫特色产业不断壮大，以"3185"、锡钦温泉、赤玛勒旅游观光园为代表的民族特色旅游业不断完善，开启旅游与农村扶贫建设深度融合模式。拉孜县藏鸡养殖孵化基地建设项目，是拉孜产业发展重点项目，实行由合作总社为11个合作分社提供适龄产蛋鸡苗、技术支持、统一回收销售的服务模式，覆盖全县11个乡镇，助力贫困群众增收脱贫。拉孜县万亩油菜加工基地建设项目，通过油菜收购价格略高于市场和就业有限聘用建档立卡贫困户和产业分红三种方式助理脱贫攻坚。2017年扶贫项目中万亩油菜加工厂、商混搅拌站、西藏老阿妈民族手工发展有限公司、吾木宗农家旅社已全部投入运营，通过转移就业、土地流转、产业分红等方式，带动497户，2169名贫困群众实现致富增收。

【易地搬迁】 年内，坚持"离村不离地、县城为主迁入地"的原则，拉孜县将易地搬迁与"日喀则西部中心"建设、新型城镇化建设相结合，重点将自然条件好、产业辐射带动力强的区域作为易地搬迁集中安置点规划选址，确定县城安置和乡村安置两大安置点，确保"搬得出"。安置区住房按照"保障基本、安全使用"的要求，实行统规统建模式，建立四级工程管理控制体系，不断提升工程质量，通过国家投资、本级财政投入、援藏支持等，共投入9810.84万元资金用于安置区"三通"，确保"稳得住"。坚持"产业先行、以业定搬"，依托产业扶持和就业培训等为易地搬迁户解决后顾之忧。县城集中安置区依托粮油加工厂、羊毛加工厂、商品混凝土搅拌站、双创基地等项目提供就业岗位，为搬迁户搭建经商和就创业平台；各乡镇村内安置依托小城镇建设、万亩油菜和藏鸡养殖等特色种养茶叶发展，逐步提高搬迁群众收入，确保“能致富”。2017年，拉孜县易地扶贫搬迁投入2.63亿元，已建安置房面积6.01万平方米，实施的867户3229人搬迁已完成总工程量的70%，搬迁安置区基础设施建设不断完善，公共服务不断优化，已实现明玛村整村搬迁示范点工程建设，为扶贫搬迁提供成功的经验。

2017年7月29日，西藏自治区副主席其美仁增（中）到拉孜县验收产业

【完善基础设施】 年内，按照“缺什么补什么、什么问题最突出就重点解决什么问题”，大力实施乡村振兴战略，以长补短、以强补弱，着眼全力补齐影响如期脱贫的基础设施建设这个突出短板，拉孜县共投入21.63亿元。新建公路通车里程206.2公里，全县公路通畅率继续保持全市前列，综合交通网络体系初步形成；实施农网改造升级工作，全县基本实现用电全覆盖，解决271户未通电问题；政府在水利项目上投入42.5万元，共解决700多人的安全饮水问题；拉孜县实施民生项目138个，总投资26.03亿元，实现社会公共服务保障水平不断提高。

【发展教育】 年内，始终坚持把发展教育作为精准扶贫的根本之策，不断加大教育投入，2017年县级财力投入教育资金1076.5万元，同比增长23.59%；援藏资金投入911万元，同比增长42.8%；同年划拨4.3万平方米教育用地，完成第二幼儿园选址工作；投资160万元为4所乡镇小学实施阳光棚“暖心工程”；为帮助贫困大学生享有优质教育，出台《拉孜县大学生资助暂行办法》，如期兑现资金126.82万元；通过积极争取多方支持，为全县832名贫困学生争取到帮扶资金37.79万元，确保不让一个贫困户子女因经济困难而失学。

【提升医疗水平】 年内，拉孜县配备乡医生共80人，村医生共196人；对5人进行大病救治，剩余因病致贫返贫贫困人口慢病签约活集中计划实施医疗救助；报销建档立卡贫困户274人次普通门诊16.86万元、3人次特殊门诊0.31万元、90人次住院医疗费用76.93万元。

农牧区新农合参保人数5.4万人，其中建档立卡贫困户参保率100%；进一步提高建档立卡报销比例5%，将22种重大疾病报销比例提高10%，对农牧民产妇住院分娩、新生儿抢救、大骨节病治疗全额报销。出台《拉孜县医务人员脱产聘用服务协议》，不断充实乡级卫生院和村级卫生室医技人员；全县行政村医务室覆盖率达100%；建立《村医任务清单》，落实村医基本医疗服务轮流和巡回制度、基本公共卫生服务包片制度。推行建档立卡贫困人口免费体检政策，体检率95%；启动县乡村三级医生家庭签约式服务，签约率100%；孕妇体检建卡率100%。

【社保兜底】 年内，制定出台《拉孜县社会救助兜底实施方案》《医疗救助规范手册》和《拉孜县城乡最低生活保障动态调整管理实施方案》，建立城乡低保对象“应保尽保、应退尽退”的动态管理机制，对拉孜县城乡低保中存在的“错保”“漏保”等不规范行为和现象进行全面深入的清理整顿，清退城镇低保户143户159人、农村低保户206户939人。2017年拉孜县农村低保1606户5733人，农村最低生活保障资金兑现1270.26万元，城镇低保56户71人，兑现资金82.7万元；临时救助兑现资金53.96万元；医疗救助兑现资金515.57万元，救助751人次。通过实施资金救助，保障因病、因灾致贫返贫群众基本生活，全力推进兜底保障扶贫。

2017年7月29日，县委书记陈钢到脱贫攻坚指挥部调研

【生态补偿】 年内，坚持“绿水青山是金山银山，冰天雪地也是金山银山”的发展理念，按照“盘活存量、用好增量、重点突破、雪中送炭”原则，将10743名贫困群众就地转成护林员、自然保护区管护员、环境保护监督员、草原监督员等，共兑现生态岗位补助资金3222.9万元。在有效促进群众增收的同时，提升群众自觉参与环境保护、环境监管的意识，让有劳动能力及意愿的贫困人口和农村低保人口实现“体面地、有尊严的”脱贫。

【技能培训】 年内，围绕拉孜县特色产业和各类用人单位用工需求，整合职业技能培训项目，开展贫困户挖掘机、汽车驾驶、农机维修、民族手工业等各类培训17期878人，其中建档立卡户672人；通过组织劳务洽谈会、职业介绍、群众自主创业就业等措施，在阿里地区、拉孜县扶贫产业园区、农牧民合作社累计转移就业建档立卡贫困群众1515人，每人每月平均收入2400元；针对性地开展市场需求量大的“谢玛氆氇”及藏式服装制作技能培训，贫困户群众可直接加入当地合作社，实现贫困群众就近就便就业。

【结对帮扶】 年内，严格落实“4321”结对帮扶措施，制定出台《拉孜县抓党建促脱贫攻坚工作实施意见》，组织结对帮扶责任人走访联系结对帮扶户3751户，投入帮扶资金300余万元，通过“一对一”帮扶的形式实现672户取得一技之长。全县共392名驻村队员深入一线开展精准扶贫工作，严格落实“三个捆绑”工作措施，有效解决帮扶项目资金不足、帮扶力量不均等问题。年内，全县驻村队伍共投入600多万元帮扶资金，协调解决难点问题500多个。拉孜县积极推动企业帮扶，开启“百企帮百村”模式，2017年，组织动员22家民营企业与22个行政村“一对一、点对点”结对帮扶，共筹集帮扶资金114.3万元，引导非公企业提供大学生就业岗位203个，全县9家企业与43名大学生建立正式用人关系，真正实现“输血”向“造血”延伸。

【金融支撑】 年内，拉孜县成立拉孜县扶贫开发投资有限责任公司，授权为拉孜县政府风险补偿基金管理单位，上级配套和县级筹措1700万元作为政府风险补偿资金，扶持全县范围内能够带动贫困户脱贫增收的扶贫企业和合作社。拉孜县积极对接融资贷款事宜，2017年，县混凝土搅拌站、万亩油菜基地、吾木宗农家旅社、锡钦羊毛加工制品专业合作社四个项目与农行、西藏银行、珠峰扶贫开发有限公司等机构签订5085.83万元的贷款协议，全力发展扶贫产业，实现为1131户建档立卡贫困户发放小额贷款5393.3万元，切实形成金融促脱贫的强大合力。为进一步发挥金融撬动作用，按照“盘活存量、用好增量”的原则，拉孜县强力推进资源整合，将更多的资源用在“点上”，有效改善人民生活。全县基本实现村有卫生室、乡有卫生院、县有综合性医院的三级医疗服务网络体系全覆盖，民政五保户集中供养中心已全面建成并成功搬迁入住，等等一系列的扶贫民生工作落地见效，财政资金效益发挥显著。拉孜县的发展离不开国家政策的扶持，作为上海杨浦区对口支援县，拉孜县充分发挥援藏人才、资金和技术优势，将援藏工作与扶贫工作紧密结合，以“输血”促“造血”。年内，拉孜县投入实施的“智慧拉孜”、藏鸡养殖产业、柳乡西嘎小康示范村建设、西部农业科技示范园、全民健身广场等项目，不仅帮助贫困人员就业创业，更是助力全县脱贫攻坚。

【“两学一做”学习教育】 年内，组织全办党员干部，结合“两学一做”学习教育活动，以党支部为基本单位、以“三会一课”等党的组织生活为基本形式、以党员教育管理制度为基本依托，组织指导各级党组织和广大党员传达学习中共十九大精神、学习贯彻习近平总书记系列重要讲话精神，不断提升党员干部、群众的政治意识、大局意识、核心意识、看齐意识，切实把思想和行动统一到中共十九大精神上来。

【精准扶贫产业发展缓慢】 2017年精准扶贫产业多为大型产业，投入金额大，建设周期长，“输血”向“造血”转化慢，同时产业发展链单一，扶贫成果不明显。拉孜县必须立足实际，扬优成势，抓住“日喀则西部中心”这一政策红利，抓紧培育一批特色鲜明的优势产业，并顺应经济社会发展的需求，不断优化三产结构，推进拉孜产业加速发展。

【县域财政压力增大】 拉孜县的财源多靠投资和税收拉动，自身发展能力不强，且没有支柱性产业，产业发展链非常单一，可持续发展作用的财源极少，再加上拉孜县经济发展底子薄、基础差、先天不足，政府财力保障经济发展的能力明显不足，全县必须增强责任心和紧迫感，充分发挥主观能动性，进一步理清思路，明确目标，扎实工作，推动产业新发展。

（鲁芳婷）

民族宗教

【概况】 拉孜县位于西藏自治区西南部，念青唐古拉山最西部，隶属于西藏自治区日喀则市，总面积4505平方千米，全县平均海拔在4050米以上，总人口为60782人，其中藏族58053人、汉族、回族、白族、苗族、东乡族、撒拉族等其他民族共2729人。2017年拉孜县民族宗教事务局共有8人，其中汉族1名、藏族7人。现有领导班子及干部职工局长1名、副局长2名，主任科员2名，科员3名。本科5名，党员7名，平均年龄35.5岁。

【民族工作】 年内，认真学习贯彻中央领导关于民族宗教工作的重要指示精神以及中央、自治区、市三级民族宗教工作会议精神，紧紧围绕全面协调推进“五位一体”“四个全面”战略布局，市委

2017年6月25日，县委常委、统战部部长泽吉一行到曲德寺开展宗教领域“四讲四爱”巡回宣讲

"6677"工作思路和县委"12341"县域发展工作思路，召开拉孜县民族团结进步工作会议和拉孜县统战民族宗教工作会议、再次排部署下一步工作任务，按照既定的工作目标任务，协同县委统战部、县宗教办与各乡镇签订社会流动从事宗教活动人员管理责任书，与各寺管会签订拉孜县统战民族宗教工作管理责任书，压实工作责任，进一步认清当前民族宗教工作面临的新形势、新任务，坚定不移地以科学发展观统领民族宗教工作全局，推动民族宗教工作稳步向前发展。

在"三大节日"及中共十九大、"两会"期间，民宗局不定期在全县各驻寺管委会（特派员）和寺庙，进行宗教领域维稳工作督导检查，上级文件精神及时通知和传阅到各寺庙管委会（特派员），认真贯彻落实上级召开的各项文件及会议精神，确保拉孜县各宗教领域各项工作措施和责任落实到实处，确保实现长期稳定、全面稳定、持续稳定。

【开展"三防"隐患督查】 年内，为保护拉孜县宗教领域重要文物和寺庙、僧众的生命财产安全，深入贯彻落实区、市、县维稳部署会议精神，切实做好各寺庙"三防"（防火、防水、防盗）隐患排查工作，拉孜县民宗局联合县统战、公安、消防、文广、安监等部门不定期形式对拉孜县所辖寺庙、拉康、进行"三防"的隐患监督检查共12次，开展消防演练、消防安全知识宣传活动等8次，受教人数达210人次，确保拉孜县宗教活动场所无发生任何火灾、水灾、盗窃事故。

【走访慰问寺庙僧尼】 年内，由统战部部长和民宗局分管副县长带队在拉孜县各寺庙开展走访慰问活动，并向全县寺庙发放慰问金27万元，让广大僧尼切实感受到党和政府的温暖，促使他们积极投身到社会事业上，共同促进和谐拉孜的建设中，为节日期间拉孜县宗教领域局势稳定奠定基础，同时还认真倾听僧尼的意见，呼声和要求，了解他们的生活状况和迫切需要解决的问题，并向广大宗教界人士宣传相关法律法规和各项惠民政策，同时督促检查节日期间的寺庙"三防"工作和各项惠民政策落实情况。

【开展僧尼健康体检】 年内，进一步落实在编僧尼免费健康体检政策，拉孜县涉宗部门高度重视，组织专人负责，积极协调县政府办、卫生服务中心、各寺管委会（特派机构）等相关单位对僧尼进行健康体检，完善个人健康档案。

【包虫病筛查防治】 年内，民宗局协调相关部门深入开展宣传包虫病预防工作，专门制作宗教领域防治包虫病宣传手册，并及时发放给全县各寺管机构，各寺管机构根据各自实际，深入寺庙僧人中，加强宣传引导工作，通过座谈、聊天形式传达包虫病防治知识，加强宣传力度，对寺庙周边环境卫生及水源安全进行大排查等，年内共开展宣传场次240场次，发放资料300余册，宣传工作全县30座寺庙全覆盖。深入开展僧尼包虫病筛查工作，年内共参加体检筛查僧尼304人，尚未发现包虫病患者或疑似包虫病患者。

2017年10月26日，拉孜县民宗局党支部召开巡视整改组织生活会

【寺庙维修申报项目】 年内，进一步落实到位县级财政投入的寺

2017年5月4日，拉孜县召开民族团结进步工作会议

庙维修补助资金100万元，解决查务乡查玛格培寺、芒普乡木古龙寺受损的主殿、拉康、僧舍等抢修，解决“4·25”地震灾后恢复重建本级财政解决修缮壁画所需经费款24.74万元，为更好地发挥投资效益，提升有力保障，得到寺庙僧尼的一致好评；争取落实到自治区寺庙修缮补助资金33.69万元。为查务乡查玛格培寺、拉孜曲德寺维修面大，资金紧缺的问题；年底争取到日喀则市重点宗教活动场所保护修缮项目资金共564万元即“十三五”规划项目，涉及寺庙共四座。分别有投入132万元的仁青顶寺，投入102万元的西嘎兴龙寺，投入140万元土登格培寺，投入190万元下庆扎仓寺等。项目资金到账后民宗局专门组织涉及项目的寺庙负责人及寺管会主任，进一步强调项目实施过程中务必要严格按照“三不增加”“修旧如旧”原则做好寺庙维修工作，并确保专款专用，切忌出现挤占、挪用、占用现象。现项目图纸设计等前期工作已完成，正走招标程序，预计2018年内完工；拉孜县“4·25”地震灾后恢复重建项目已全部竣工。《拉孜县12座宗教活动场所4·25地震灾后重维修保护工程》总投资5353914.4元，项目资金除5%质保资金以外已全部兑现完成，现待审核验收。另外年内顺利通过拉孜县2015年第二批少数民族发展项目8个项目的验收，已全部投入使用。

【高度重视，健全机构】 年内，根据日喀则市委、市政府关于“六城共建”工作部署和《日喀则市创建全国民族团结进步示范市活动实施方案》精神，及时动员部署，以县委书常委政法委书记为组长，县委统战部部长为常务副组长成立创建全国民族团结进步示范县领导小组，建立健全领导体制机制，设立宣传栏，制定实施方案，明确工作目标、任务和措施，对创建民族团结进步示范县活动精心安排部署，召开工作部署会，制定出台部署和指导性文件10余份，编写简报36期，为创建民族团结进步示范工作取得阶段性成效。

【加大投入，经费保障】 年内，共投入100万元寺庙维修经费，27万元特困僧尼生活补助资金，18万元统战民宗综合专项经费，民族团结表彰经费（含县配套表彰奖励经费2.2万元）13.2万元。根据日喀则市委下发《创建全国民族团结进步示范市活动实施方案》要求，拉孜县委、县政府在创建民族团结进步示范县活动经费保障上高度重视，经县政府、县发改委审批，同意从本级财政支付36.61万元搭建民族团结文化广场P5彩色电子屏安装工程。在全县范围内逐步打造“民族团结一条街”整体式宣传展，制定宣传牌，创建民族团结浓厚氛围，使民族团结融入全县各族人民群众的日常生活中，通过打造“民族团结一条街”“民族团结广场”，激发全县各族人民群众的创建热情。

【大力宣传，统一思想】 年内，以3月综治宣传月及“6·2”民族团结进步日、9月民族团结宣传月等活动为载体，结合“四讲四爱”主题教育实践活动，成立宣讲组，采取“现身说法、文艺演出、集中宣传”等形式在各乡镇、各村组、各寺庙开展宣传教育活动。截至年底，在全县范围各种宣讲活动60余场次，召开座谈会5次，在主要路口、特殊地理位置制作大型户外宣传高炮3处；利用入城口、广场等LED滚动电子显示屏宣传民族团结；在县域内醒目地方张贴民族团宣传标语共120余条，先后发放宣传册（单）共3350余份；充分利用拉孜县发布、拉孜窗口、智慧拉孜大讲堂等互联网平台持续宣传民族团结工作；利用移动平台发送民族工作政策、法规及民族团结宣传标语短信23580条，以民族团结进步日为抓手，推动民族团结进机关、进企业、进社区、进学校、进乡村、进军营、进寺庙活动，组织寺庙僧尼开展书法比赛，参赛作品达40余张。同时，召集党员干部和农牧民举办民族法律知识有奖竞答活动，本次活动参与党员人数55人，群众达1200余人次。宣传活动多措并举，有力提升拉孜县人民群众人人参与民族团结创建的积极性。

【挖掘典型，树立标杆】 年内，根据自治区、日喀则市相关指示精神，制定出台《拉孜县民族团结模范表彰工作的方案》，并召开拉孜县民族团结模范表彰大会，对全县各条战线涌现出来的扎西岗乡等10个民族团结进步模范集体和15名模范个人进行表彰，推荐为日喀则市级民族团结模范个人4名和模范集体2个，推荐为自治区级民族团结进步模范个人1个。在全县各领域中深入开展民族团结进步示范点创建工作，2017年上半年拉孜县曲下镇打造为“创建县级民族团结进步示范点”，民宗局从单位公用经费中投入1.5万元为曲下镇民族团结示范点完善基础设备，举办民族团结进步示范点挂牌仪式，充分发挥示范作用，引领全县11个乡镇积极创建示范行列。

【开展“七进”活动】 年内，以“党群干群共建和谐家园为”主要内容推进民族团结“进机关”，把党的民族政策及各级领导讲话精神纳入理论中心组学习计划中认真学习民族政策，全力以赴创建民族团结进步示范县；以“加强民族团结、升华企业文化”为主要内容民族团结“进企业”，拉孜县曲下镇为示范点大力推进民族团结示范创建工作，打造以民族服饰、民族手工艺品等展示厅；民族团结从“娃娃抓起”民族团结“主题班会”等为主要内容推进民族团结“进学校”，将民族团结纳入校学课堂，“团结一家，共创和谐”为主题，大力推进民族团结“进乡村”，牢固树立“三个离不开”思想；以“军爱民、民拥军、军民团结一家亲”为主题，推进民族团结“进军营”；以“做爱国守法僧尼，创和谐寺庙”为主题，推进民族团结“进寺庙”等，顺利完成拉孜县民族团结“七进”活动。

【交心谈心，增进感情】 年内，县委书记主持召开少数民族座谈会，畅谈对未来民族工作的感想，与少数民族交心谈心，了解少数民族的心声；并由书记带头，以“民族团结一家亲”为主题，带动县级领导包寺点深入开展“走访慰问”活动，对驻寺干部、寺庙僧尼进行走访慰问，交心谈心、发放慰问物资等；以属地管理原则，由各乡镇对所属寺庙在“三大节日”期间的走访慰问，及时把党的温暖送到他们的心坎上，增进党群关系。

【结对帮扶】 年内，民宗局高度重视党员干部结对帮扶工作，充分掌握各联系点的民情、民意，民宗局长期生病的一名党员外，其余7名党员干部结对帮扶点分别在曲玛共康村、曲玛乡新格拉康、拉孜镇格旦开曲寺、热萨乡恰西村、杰村等共有11贫困户（37人）结成帮扶对子，年初开展“结对子、认亲戚”走访慰问活动，活动中以谈心事、提困难的形式了解各自结对户生产生活状况，理清他们的思路，大力宣传党的优惠政策等。年内，组织干部职工开展三次结对帮扶活动，送去慰问物资折合人民币7700元。三次的慰问活动中不仅送去脱贫致富的鼓励、理清思路、灌输相关政策，送去的慰问物资。通过开展慰问活动，使群众感受党和政府的关怀，进一步增强群众尽快脱贫的决心。

（米玛仓决）

乡（镇）概况

曲下镇

【概况】 曲下镇地处拉孜县城驻地，位于县城北部，雅鲁藏布江南岸，距离日喀则市区158公里，平均海拔4100米左右，总地域面积为54平方公里，全镇耕地面积为18728亩，草蓄平衡面积126640亩。在生产和增收方式上主要是以农业为主、外出务工为辅，以产业为抓手，以多种形式促进农牧民增收。2017年，全镇总人口为1237户、4889人；其中城镇人口61户、181人，分别占比总人口的4%、3%。

从镇村两级现有的机构编制和人员分布来看，曲下镇现辖9个行政村（36个自然村），11个党支部，共287名党员；107个联保单元（含镇机关）。从属地管理层面下辖一所派出所、一所卫生院、一所县完小及一所营业所和4座寺庙（达尔昌木钦寺、贡达下寺、乃萨寺、桑珠归桑寺）、2个寺管会。2017年镇机关共有干部职工人数为51名；行政编制内25名（其中4名干部于2017年10月正调、借调2名）、事业编制内20名（其中2名干部于2017年12月新分配）、聘用干部1名，工人编制2人（其中1人长期借调），公益性岗位3名。领导职数8名，行政职数8名、事业职数1名，村级组织下辖9个村“两委”、50名村干部、27名监督委员；另下辖蔬菜瓜果农民专业合作社一所及驻油点2处。

【学习贯彻中共十九大精神】 年内，为深入学习宣传贯彻中共十九大精神，使全体党员干部运用新时代的新精神、新思想武装头脑，开创曲下镇工作新篇章，曲下镇开展多种形式学习十九大精神的专题活动。由镇党员干部和优秀农牧民群众代表组成3个宣讲团，围绕十九大精神，结合“四讲四爱”主题教育实践活动，不定期对全镇所辖9个行政村，进行巡回宣讲活动。并通过LED、横幅不间断地进行宣传，给农牧民

2017年5月26日，县委书记陈钢，县委副书记、县长巴桑旺堆一行到曲下镇调研

群众发放十九大书籍100余本，在4月开展“党员志愿服务队”活动，在查务检查站一带植树300余株，在9月在曲下村开展“助农收割”活动，这些活动受到群众的一致好评。镇党员和农牧民群众代表还参加县里举办的十九大知识竞赛，通过宣讲、参加实践活动，竞赛等丰富多彩的活动，让大家更加铭记党的历史，传承党的优良传统，使大家把“不忘初心，牢记使命”的十九大精神铭刻在心中。

【人大工作】 8月15日，曲下镇人大代表在镇“代表之家”召开曲下镇第十四届人民代表第二次会议。会议严格按照法定程序进行选举事项，由代表投票选举产生白玛群培和江东涛两人为曲下镇人民政府副镇长。针对曲下镇辖区内存在的问题，向镇人大代表提交的意见建议共有6条。

【换届选举】 年内，村“两委”班子实际配备职数50人，分三种类别，大村1个、中村3个、小村5个；大村配备职数7人（曲下村）、中村配备职数6人（吉如村、德林村、桑珠村）、小村配备职数5人（拉曲村、鲁如村、木村、乃萨村、土林村）；曲下村有3名“两委”交叉任职，其余行政村各有4名“两委”交叉任职；学历（含同等学历）结构（人）：小学及以下34人、初中13人、高中（中专）2人、本科1人（选派干部）。党员比例100%，该届村“两委”班子在上级党委、政府的正确领导下，团结带领全村群众坚持以党建促进经济发展，以服务为民为工作的着力点，立足岗位实际，恪尽职守，勤奋工作，奋力拼搏、锐意进取，为建成小康社会贡献出自己的力量。

【扶贫工作】 年内，全面开展精准扶贫，大力实施产业扶贫，全镇贫困户316户、1074人，占总户数的25.54%，占总人口的21.8%。2016年脱贫36户、126人；2017年脱贫160户、576人。2017年医疗救助人数80人，救助金共兑现200997.51元，其中建档立卡贫困户人数49人，救助金共兑现109992.58元；2016年和2017年建档立卡贫困户28名学生考入大学，通过产业分红绑定3名学生，每年每名学生3000元资助，结对帮扶5名学生，每年每名学生5000元，捐资助学2名学生，每名学生5000元的帮扶，共解决10名大学生的就读困难。3名待就业中专毕业生，通过对接“两后生”继续教育政策得以续读职业技术学院。截至年底，曲下镇建档立卡贫困户大学生45名，其中享受政策性补贴的有18名大学生。

2017年3月10日，党委书记巴桑次旦检查指导驻寺工作开展情况

【“两学一做”学习教育专题活动】 年内，针对“三会一课”制度执行不到位、发展党员程序不规范、党员党性观念淡薄、不按时交纳党费、带头致富能力不强等问题，曲下镇把“两学一做”学习教育融入日常、抓在经常，把全面从严治党落实到每个支部、每名党员，永葆党的先进性和纯洁性。并创新党内组织生活形式，根据党员文化层次需求，有开展主题党日活动、体验式教育、警示教育等活动。

【“四讲四爱”主题教育实践活动】 年内，深入宣传以习近平同志为核心的党中央治国理政新理念新思想新战略，利用广播、悬挂横幅、LED电子显示屏等宣传方式建立起全镇内的良好舆论氛围，充分利用新兴的传播媒介（电视、互联

2017年1月17日，曲下镇人大主席拉巴次仁一行到乃萨村慰问人大代表、村离任干部、“双联户”等工作人员

网、投影仪）进行新旧西藏对比工作，让群众更加铭记党的恩情。曲下镇召开“四讲四爱”主题教育实践活动宣讲场次乡镇级达96场，其受众人数为4575人；村级宣讲场次已达99场，其受众人数为7706人。宣讲覆盖率达99.5%，“五个起来”落实情况已达100%。

【发展壮大村集体经济】 年内，全镇共有产业14个，其中发展成熟的产业共5个，为蔬菜瓜果种植产业、桑珠村特色民族手工业、拉曲村人工种草项目、曲下村店铺宾馆综合经营店、曲下村惠民修车洗车场。正在推进项目有5个，为德林村综合养殖基地、土林村藏鸡养殖项目、土林村奶牛养殖、木村吉雄休闲林卡、木村藏香猪养殖基地和生态村建设。筹划建设产业有4个，为达尔查木钦融糖饼鲁如村加工厂、鲁如村旅游商务宾馆建设、吉如村旅游综合经营店、乃萨村民族特色家具。2017年，以曲下和吉如村为重点的全镇蔬菜瓜果产业，实现年产量分别为蔬菜类72万斤，收入为130万元，其中合作社供销95602斤，金额为147446元；西瓜总销售25万斤，收入为125万元，其中合作社供销45700斤，金额为320000元；樱桃西红柿销售2750斤，收入为22000元，理事工资为101150元。

【办实事解难题】 年内，镇政府积极响应县脱贫攻坚指挥部，镇政府积极协调县人社局、政府后勤、县林业局等部门解决贫困群众8人稳定就业；利用镇村两级资源通过、蔬菜瓜果、打砖厂、人工草场、洗车修车厂等产业和地质灾害监测岗解决贫困群众24人就业创收。桑珠村按照5+3任务要求“扶贫先富脑、扶贫先扶志”的扶贫总体工作思路，驻村工作队联合村“两委”于2017年1月20日至2月15日，组织桑珠村返乡大学生开办寒假综合补习班，参加补习班的学生涵盖高中、初中、小学，学生人数从开班的76人增加至158人，参加教学的大学生从开班之初的19人增加至22人，投入帮扶资金10795.38元，取得较好的效果，获得群众和镇党委、政府的一致好评。

【经济发展】 年内，全镇农村经济总收入为7941.45万元，同比增长22.16%。第一产业收入2778.14万元，其中种植业收入2313.02万元，林业收入39.73万元，牧业收入425.39万元；第二产业收入1539.04万元，其中工业收入381.3万元，建筑业收入1157.74万元；第三产业收入3624.27万元，其中交通运输业收入21.8万元，商业、饮食业收入191.25万元，其他收入3411.22万元。农牧民人均总收入为9101.22元，同比增长1.3%。其中现金收入为4424.1万元。

【农业发展】 年内，全镇农作物播种面积11825亩，其中青稞面积6873亩、油菜面积1835亩、小麦面积345.76亩、豌豆面积262.38亩、蔬菜种植面积2508.86亩。2017年实际粮油总产量估算为510.86万斤左右。2017年农资综合补贴面积5573亩，每亩15元，落实补助资金83595元；粮食直补面积5573亩，每亩22.3元，落实补助资金124277.9元。

【畜牧业】 年内，全镇草场面积为126640亩，人工种草面积为1868亩，牲畜载畜量20950（头、只、匹）

(折合绵羊单位19778.1只),2017年春季牲畜免疫注射共7816(头、只、匹),2017年牲畜存栏数为8865(头、只、匹),与12月完成牲畜清点工作,2017年兑现草补资金131612.27元。出栏1573(头、只、匹),自食719只(头、只、匹),出栏率为8%。

全镇重点公益林面积9610亩,退耕还林面积2932.65亩。2017年,森林生态效益补偿及技术人员补助48050元。

【农业保险】 年内,共兑现34730元,其中房屋赔偿14000元,野生动物赔偿14270元,种植业赔偿6460元。

【"河长制"工作】 年内,曲下镇累计投资达到50余万元,对辖区内芒嘎河、萨迦冲曲河和雅鲁藏布江河等重要河段进行维护治理工程。同时,镇党委、政府加强防洪抗洪工作力度,备石5600立方米,编织袋20000条,并成立防汛抗洪应急队,对全镇各水塘、沟渠进行全面排查,坚持主汛期24小时值班制度,确保防汛抗洪工作得到及时的处理,并签订目标责任书。大力推进"河长制"工作落实,明确政府一把手负总责、亲自抓的工作格局。设立镇级总河长1名,村级河长9名,对全乡10条沟渠进行逐一造册登记,建立河道沟渠档案资料,形成"一河一档"。

【环境综合整治】 年内,为切实做好迎接中央环保督查工作,镇党委、政府组织开展G318和芒嘎河、萨迦冲曲河及雅鲁藏布江河等重要河段辖区内环境整治工作180余次。制定"河长制"工作方案,成立领导小组,对各村辖区河道实行分段包干制,划定河道垃圾清理区域,设立"河长制"标识牌,落实镇、村两级河长职责。同时结合主题党日活动,组织辖区内的镇机关、学校、卫生院、派出所干部职工以及9个行政村党员群众生态岗位人员,清扫各自辖区、G318公路沿线、芒嘎河、萨迦冲曲河和雅鲁藏布江河道内的卫生150余次。

【劳务输出】 年内,劳务输出750人次,实现劳务收入1012万元,各项指标均超额完成。

【教育工作】 年内,全镇辖内拥有一所初中、一所完小、两所幼儿园覆盖9个行政村全部适龄儿童就地就读九年义务教育,全镇学生共计1226人,其中学前班206人,小学生453人,中学生184人,高中生162人,大学生221人。中小学生入学率分别达到100%,巩固率分别达到100%。

【卫生工作】 年内,镇卫生院门诊2681人次,核销金额92714.48元,兑现住院分娩奖励70000元。健康体检总人数3238人,其中全项体检1017人,在重大疾病筛查工作方面,共检查出包虫病疑似和阳性病人10列,结核病人12列,先心病筛查107人,已完成2104人建档立卡贫困人员家庭医生签约服务。

【妇联工作】 11月13日,曲下镇曲下村"会改联"试点召开第一次妇女代表大会。市妇联党组副书记、主席叶青莲到会祝贺,县委组织部负责同志到会指导。会议听取并审议通过《上一届曲下村妇代会工作报告》,报告从精神文

2017年11月13日,曲下镇曲下村妇女组织第一届执委会第一次会议

明建设、妇女儿童权益的维护以及妇联自身建设等多方面对全村进行全面总结。会议以投票选举方式，选举出13名执委会成员。还召开曲下镇曲下村第一届执委第一次会议，选举产生曲下村第一届妇联主席、副主席、兼职副主席以及挂职副主席。当天，市县乡村四级妇联组织还慰问贫困母亲，向她们发放"母亲邮包"。

【人社工作】 年内，全镇低保户有87户，282人，占总户数的7%，占总人口的5.7%。60岁以上的人员340名，五保户7人，残疾人130人，退伍军人28人。由于"两线合一"的要求，2018年清退卡外低保26户、113人。全镇合医参保为4775人，参保率99%。2017全年医疗报销达到863441.32元，其中，住院报销628961.36元，门诊医疗报销230881.49元，特殊门诊报销3598.47元。贫困户门诊报销30825.4元，住院报销168613.54元。养老保险为2186人，参保率99%，2017年上缴养老保险金20.66万元。

【民政工作】 2017年上半年兑现低保资金16.0292万元、上半年兑现低保提标资金85311.5元。进一步提高曲下镇低保工作科学化、规范化、精确化管理水平，让低保工作更加公开、透明，打造阳光低保。另外兑现2016年10月至12月基础养老资金152250元、2017年1月至6月基础养老资金307800元、"三老人员"资金197560元、残疾人监护人员补助24000元、退伍军人补助20400元、寿星老人补助6500元、高龄老人补贴12000元、2016年失能老人补贴9600元，2016年村级兽医及防雹人员工资118800元，2016—2017年冬春受灾群众生活补助50000元，兑现农牧民住院分娩奖励资金139230元、村医工资110600元。

【文化事业】 年内，结合传统节日曲下镇组织开展各类文化活动。在春节藏历年期间：慰问各驻村工作队、策划筹备3月举办庆"三八"干部职工拔河比赛。6月，协助完全小学组织一年一度的"六一"儿童文艺会和开展"唱红歌"比赛、8月参加县里举办的珠峰文化节雅江骑行比赛等等活动。在弘扬中华传统文化的同时，更能寓教于乐，深刻体验传统节日中蕴涵的历史意义，从而使民族精神得以传承，既丰富干部群众的精神文化生活，又紧密联系党群、干群关系。

（余　燕）

拉孜镇

【概况】 拉孜镇距拉孜县城10公里、日喀则市区155公里，平均海拔3972米。全镇共有10个行政村（拉孜村、齐加村、措布村、拉龙村、白列村、玉哲村、琼嘎村、下杂村、孜果村、萨龙村），1531户6906人，其中劳3997人。2017年村组织换届选举村"两委"班子、村监督委员会、村妇代会主任、团支部书记等共105人，其中村"两委"班子成员58人。耕地面积15900.06亩，可利用草场面积571449.95亩，实施草畜平衡奖励面积571449.95亩，牲畜总数29903头（只、匹），草畜平衡面积占可利用草场面积571449人，均年收入约11686.02元。全镇共有143个联户单位、143名户长，建

2017年7月20日，县委书记陈钢参加拉孜镇拉孜村富民藏鸡养殖场合作社第一批受益资金发放仪式

2017年9月23日，县委副书记、县长巴桑旺堆到拉孜镇中心小学检查指导工作

档立卡贫困户共465户1662人，其中低保贫困户91户338人，一般贫困366户1315人，五保户8户9人。

2017年，镇机关共有行政编制17名，核定领导职数10名，业编制24名（农牧综合服务中心12名，文化站12名），政府购买人员1人；公益性岗位2人：曲德寺管会编制14名，萨龙寺管会编制3名；格旦开曲寺管会编制5人；镇派出所10名，卫生院6名，学校43名；全镇实有干部职工42人，其中藏族干部37人、汉族干部4人、仡佬族干部1人，党员44人；乡卫生院现共有干部职工5人，党员4人；镇中心小学共有教职工43人，党员29人，其中藏族教师40人，汉族教师2人，回族1个；镇派出所共有干警7人，辅警1人，党员7人；曲德寺管会共有干部10人，党员7人，汉族1人；萨龙寺管会共有干部3人，党员2人；格旦开曲寺管会共有干部6人，党员6人。

【学习贯彻中共十九大精神】 年内，为深入学习宣传贯彻中共十九大精神，使全镇党员干部群众运用新时代的新精神、新思想武装头脑，全镇党员干部职工分五个组在拉孜镇10个行政村宣传中共十九大精神，并开展“党员先锋服务队”活动。受到群众的一致好评。截至年底，共制作横幅30条。发放书籍十九大书籍70余本。条通过参观图片、影像播放，演出等各种形式等活动，使大家更加铭记党的历史，传承党的优良传统。组织全体党员干部面对党旗集体宣誓，重温入党誓词。庄严肃穆的党旗，铿锵有力的宣誓，使大家把“不忘初心，牢记使命”的十九大精神铭刻在心中。

【人大工作】 年内，召开镇十四届人民代表大会第二次、第三次会议，选举产生一名副镇长，征求人大代表意见建议14条，督促政府落实14条。

【换届选举】 年内，严格执行换届纪律，制作宣传栏、标语横幅90余个（条），组织村干部做出换届纪律承诺58余份，10个村级组织换届全部顺利完成，选出新任村“两委”班子和村监督委员会、妇代会主任、团支部书记等共105人。

【扶贫工作】 年内，召集扶贫专干、驻村干部、村“两委”班子成员、村监督委员会委员等共96人开展扶贫业务培训，严格按照“四议两公开”工作法开展入户调查，推进精准再识别工作规范有序进行。经动态调整，全镇建档立卡贫困户共465户1662人，全年脱贫79户243人。按照“4321”结对帮扶要求，各级干部共为建档立卡户送去帮扶资金和物资共计25100元。

【“两学一做”学习教育活动】 年内，针对“三会一课”制度执行不到位、发展党员程序不规范、党员党性观念淡薄、不按时交纳党费、带富致富能力不强等问题，把集中整改与加强日常教育管理结合起来，做到制度引领，责任兜底，切实做到抓细抓常抓长。创新党内组织生活形式，根据党员不同的需求，开展主题党日活动12次、警示教育等活动。

【“四讲四爱”主题教育实践活动】 年内，制作宣传牌10处、张贴宣传标语100余张、墙体喷绘50余处、向群众发放宣传手册两次，最大程度使宣传工作覆盖到每村每户、每座寺庙、每个学校，在全镇形成浓厚的舆论氛围；针对农牧民群众、青少年学生、寺庙僧尼共开展大小宣讲14场次，受教育群众3000余人次，青少年学生600余人次，寺庙僧尼50人次。认真开展好19项规定动作。定期举行升国旗仪式；通过制作宣传展板、授课宣讲方式宣传新旧西藏的差异；广泛动员农牧民群众、青少年学生积极参与环境保护工作，形成每星期组织一次环境卫生大扫除活动的长效机制；开展“手拉手、富帮穷”结对帮扶活动，全镇每名干部都与一至两名贫困人员结成帮扶对子；开展“尊法学法守法用法”从我做起活动，县政法委多次组织法院、检察院、公安干警深入拉孜镇、学校、寺庙开展法制宣传活动；市规定动作“五个起来”已完成红旗飘起来、领袖像挂起来、广播响起来。

2017年12月23日，党委书记平措主持召开拉孜镇“四讲四爱”群众教育实践活动村级宣讲员培训会

【发展壮大村集体经济】 年内，运行村级集体经济项目10个，申报中2个，实现脱贫人数243人。积极发展壮大村级集体经济，萨龙饲300亩草料种植加工基地；拉龙村采石专业合作社；措布村挖掘机，翻斗车等雇佣；拉孜村500亩藜米种植、规模化藏鸡养殖。

【办实事解难题】 年内，解决各村村集体实体经济；解决贫困户，护林员、水生态岗位、环境整治小组岗位1088个；积极开展藜米种植，饲草料基地建设，联合去农科院加大“藏青2000号”“喜马拉22号”作物种植，提高产量质量；解决中小型农田水利设施，拉孜镇累计争取资金大40万元，投资400万元实施灾后重建农村安全饮用水建设项目，投资2300万元实施农村安全饮水建设项目、农田水利设施得到前所未有的改善和提高。

【经济发展】 年内，全乡农村经济总收入达到9900.21万元，比2016年增长9%，其中，第一产业收入1878.26万元，第二产业收入1753.67万元，第三产业收入6268.28万元。农牧民人均纯收入达到11686.02元，比2016年增长8%，其中现金收入达到8764.52元，占人均纯收入比例达到75%。

【农业发展】 年内，严格按照粮经饲比例67∶21∶12的要求，成立拉孜镇农业工作领导小组和青稞增产行动技术服务小组，全力助推青稞增产；按照每亩增产50斤的目标，落实地块，做号种子精选、包衣工作，扎实开展深耕深松面积达1000亩，组织全乡科技特派员开展春耕备播技能培训，做到系统培训全覆盖；落实好各项春耕备耕前期准备工作，拉孜镇先后发放化肥315吨（尿素100.15吨、二胺44.75吨、氯化钾18.1吨、复混肥152吨）；商品有机肥197吨；追肥20吨；农药4292斤（地下杀虫剂40斤、地上杀虫剂32斤、大骠马20斤、燕麦畏4200斤）；2017年3月5日，农牧工作人员对各村种子筹备情况进行调查（缺种情况），农家肥积造情况；秋翻、冬灌、春耕等工作开展情况进行摸底调查，并对调查中发现的问题及时进行处理和指导督促，根据存在的问题县农牧局给玉哲和拉孜村“喜拉22号”种子田免费提供17500斤种子。对外销售“喜马拉22号”，良种79640斤，增加群众现金收入2548.48万元，乡农业生产做到种植安排统一化、种子生产标准化、生产技术简易化、农民培训常规化、互评互谏制度化。全镇实播面积1.62万亩，播种“藏青2000”1500亩、“喜马拉22号”8500亩、春麦420亩、经济作物1400亩、黎米播种面积500亩，青稞、油菜自家种子播种面积为2205亩。

【畜牧业】 截至年底，牲畜总数达到29903头（只、匹），全镇草原面积达603709亩，可利用草场面积571449.9亩，实施草畜平衡奖励面积达571449.9亩，草畜平衡面积占可利用草场面积100%，及时兑现2016年、2017年草奖资金共878502.31元。可利用草场面积571449.9亩，实施草畜平衡奖励面积达571449.9亩，草畜平衡面积占可利用草场面积100%，并兑现2017年草原生态保护补助奖励资金共计共880803.22元，受益农牧户达1230户。

【农业保险】 年内，拉孜镇牛出险数31头，赔款金为126000元，羊出险数99只，赔款金为39600元。农房出险数1户，赔款金为14000元；种植业出险数青稞亩数为1026.75亩，赔款金为270263.6元。

【“河长制”工作】 年内，拉孜镇累计争取资金大40万元，投资400万元实施灾后重建农村安全饮用水建设项目，投资2300万元实施农村安全饮水建设项目、农田水利设施得到前所未有的改善和提高。同时，镇党委、政府加强防洪抗洪工作力度，备石17000立方米，编织袋8000条，铁丝笼20卷，铁丝10卷，并成立防汛抗洪应急队，对各水塘、沟渠进行全面检查，坚持主汛期24小时值班巡逻制度，确保防汛抗洪工作得到及时的处理。大力推进“河长制”工作落实，明确政府一把手负总责、亲自抓的工作格局。设立镇级总河长1名，村级河长10名，对全镇3条河道和7座水塘进行逐一造册登记，建立河道水塘档案资料。

2017年11月3日，拉孜镇十九大宣讲团到孜果村召开党员大会宣讲党的十九大精神

【环境综合整治】 年内，切实加强城镇管理力度，特别是中央环保督察组检查期间，拉孜镇政府统一环境整治标准，落实管理责任，狠抓监管执法，使全镇城镇管理水平得到明显提高。镇域现有垃圾中转15座，各类垃圾箱桶151只，2017年全镇在卫生设施方面的投入超过20万元。健全卫生保洁网络。对G349沿线组建专职卫生保洁队伍，做到常年保洁。提高城镇管理实效。在镇域内实施路段管理承包责任制，年初将镇辖区主干道的管理责任分段给具体行政村，行政村按政府要求和标准确保路段日常保洁和管理。镇域内30多公里主干道路全部实行承包管理制，增强管理责任，提高管理成效。每周一、周三、周五组织辖区内的镇机关、学校、卫生院、派出所干部职工以及10个村党员群众，主动清扫各自辖区、G349公路沿线、雅江沿岸内的卫生920次。

【劳务输出】 年内，劳务输出3870人次，实现劳务收入1753.6万元，各项指标均超额完成。

【教育工作】 年内，学校现有17个教学班，在校学生583人，入学率达到100%，学校附设1所幼儿园，1个学前点，在园人数198人，全镇享有国家“三包”政策学生

781 人，小学专任教师学历合格率 100%，2 名学生顺利考入西藏初中班。

【卫生工作】 年内，镇卫生院门诊 643 人次，核销金额 29931.92 元，住院人数 75 人，实际报销金 1118700.75，健康体检总人数 5828 人，门诊病人 6000 人次，救护车出诊 12 车次，保障救治 12 人次。制作宣传栏 6 期，举办 4 期健康咨询活动、6 期健康知识讲座，播放高血压、糖尿病防治、中医药健康教育知识、老年人合理用药等音像资料，发放健康读本 1000 本。年内，共对 300 人进行健康体检，其中 65 岁以上老年人 418 人，包虫病阳性病人 11，结核病人 11。为辖区 0—6 岁儿童免费接种一类疫苗并建卡、建册，接种率达 98%，按年龄段进行体检和指导，接种人数达 748 人，为小学和幼儿园 607 名学生进行查漏补种，其中幼儿园补种 116 人，小学补种 491 人；为了预防春季传染病，卫生院对全镇中小学、幼儿园的 607 名学生接种麻疹疫苗。发现、登记并报告传染病 47，其中感染性腹泻 2 例；流行性感冒 1 例；流行性腮腺炎 2 例；水痘 0 例；疑似肺结核 11 例；处理 1 起手足口疫情，对结核病进行管理督导。农民健康工程服务，各乡村医生负责自己的辖区内的在家居民，为其测血压、测血糖，筛查高血压、糖尿病患者，每家每户签订农民健康协议。加强学校、托幼机构食品、饮水卫生、传染病管理，春季学期开学前对辖区内所有学校、托幼机开展督导检查。2017 年的主要和重点工作是包虫病，进行 5828 人的筛查人数，在重大疾病筛查工作方面，共检查出包虫病疑似和阳性病人 11 列，结核病人 11 列。已完成 465 人建档立卡，贫困人员家庭医生签约服务。

【妇联工作】 镇妇联牵头，引导各村驻村工作队利用“3·8”国际劳动妇女节给各村妇女讲解“两降一升”相关妇幼保健知识。

【人社工作】 年内，城乡居民养老保险参保人数 3302 人，缴费人数 3048 人，征缴基金 353600 元，参保率为 92.3%；完成全民参保入户登记 6335 人，入库率 100%。

【民政工作】 年内，开展低保户核查工作，全镇 180 户 540 人低保户兑现 2017 年上半年低保金 367962 元，2017 年下半年低保金 540822 元；兑现 7 名 60 岁以上农村籍退伍军人老年生活补助 18900 元；兑现 2017 年度 179 名困难残疾人生活补贴 118140 元和 75 名重度困难残疾人补助 9000 元，为 15 名老人兑现 2017 年度享受低保高龄老年人补助 9000 元；为 40 名老人兑现 2016 年度 80 岁以上寿星老人补助 20000 元。

【文化事业】 年内，组织拉孜镇堆谐民间演艺队参加拉孜县举办的“拉孜县首届中国堆谐之乡文化旅游节暨雅江骑行活动”为主题的文艺汇演，参加文艺演出活动，取得第一名的优异成绩。演员 14 名（男：7 名，女：7 名），排练歌舞 60 余首，并已逐步走入市场，达到以文促商的前期目标。文化站共设有 10 个村级农家书屋，2 个寺庙农家书屋。书籍有农业类、科技类、佛学类、文化类、政教类、藏汉对照、西藏日报等 4 万多册，民歌和纪录片等碟子 2000 多个、书架共有 50 多架。另外所有行政村均已

2017年8月4日，拉孜镇组织干部职工、拉孜村群众加固防洪堤

配备音响设备。“三下乡”演出等共下村演出4场，每场演出共有节目10余个。拉孜镇堆谐传承传统文化，将堆谐发扬光大。

（次仁玉珍）

扎西宗乡

【概况】 扎西宗乡位于拉孜县东北部雅鲁藏布江沿岸，总面积182.4平方公里，距拉孜县城43公里，距日喀则市193公里，海拔3996米，下辖扎西林村、杂村、扎西宗村、旁吉村、乃萨村、加当村6个行政村，有29个自然村。东面彭措林乡，西部拉孜镇，南面热萨乡，北接曲玛乡。属于高原半干旱农牧气候区，雨季集中在每年的6月到9月，占全年降雨量的90%。2017年，乡域面积32.19万亩，其中耕地面积1.08万亩，可利用草场面积22.52万亩，草蓄平衡面积占可利用草场面积44%，牲畜总数19937（头、只、匹），人均年收入11992.28元左右。2017年，粮油总产量3373.62吨，农村经济总收入4021.46万元。截至年底，全乡716户3169人（其中纯牧户23户）。2016年，扎西宗乡扶贫建档立卡贫困户171户695人，其中脱贫户23户100人。2017年，审核通过的扶贫建档立卡贫困户有156户612人，其中一般贫困户有122户、514人，低保户31户、95人，五保户3户、3人。党员贫困户34户、39人。2017年动态调整时，清退贫困户15户91人，脱贫62户、220人，剩余贫困户71户。截至年底，贫困人数发生率达到16.9%。

2017年，乡机关共有行政编制14名，核定领导职数11名；事业编制23名；乡派出所6名，卫生院3名，学校43名；乡卫生院现共有干部职工3人，藏族3人；乡小学共有教职工25人，正式党员18人，预备党员4人，其中藏族教师25人，汉族教师0人；乡派出所共有藏族5人，汉族1人；党员5人，预备党员1人。

【学习贯彻中共十九大精神】 年内，为深入学习宣传贯彻中共十九大精神，巴扎乡开展多种形式学习十九大精神的专题活动。截至年底，参与喷刷十九大标语共计64人，喷刷标语29处，出动拖拉机和电动三轮车及其他车辆共7辆。发放十九大书籍100余本。积极开展丰富多彩的学习活动，以喜闻乐见的形式，深入浅出地向各族群众宣传好解读好中共十九大精神，推动中共十九大精神进农牧区、进机关、进校园，确保不留死角、全面覆盖，开展各种宣讲活动共计50余场。

【人大工作】 年内，响应县人大常委会号召，认真开好十四届人民代表大会第二次会议。对村两委换届选举进行监督，对换届选举工作中出现的违法现象及时向政府提出质疑，督促其纠正，并落实好事前、事中、事后全程督办机制。

【换届选举】 年内，乡党委及时召开动员部署会议，成立换届选举工作机构，制定换届工作方案，并实施“一村一策”工作，以走村入户进行换届前期工作摸底排查，顺利开展民主测评、述职述廉、村民推荐，借助“四讲四爱”主题实践活动平台大力宣传换届工作，发放《给党员的一封信》《给选民一封信》《村“两委”换届宣传资料》藏汉“双语”版500余份资料，根

2017年7月12日，日喀则市政法系统到扎西宗乡开展“四讲四爱”主题教育活动宣讲

据市委"3个10条"选人要求，严格拟定换届人事方案，本次村组织换届选举33名候选人和18名村务监督委员会候选人均为中共正式党员，符合选人用人条件。

2017年7月30日，扎西宗乡召开第八次党委（扩大）会议

【扶贫工作】 年内，经动态调整后，脱贫62户、220人，清退15户、91人，无新识别户；共计发放"一证"361张，"两卡"和"四手册"156户，"三图"发放至6个行政村。加强产业发展，民族手工业产值达37万元，良种示范培育基地面积达2771亩。加强异地搬迁工作，配合县脱贫攻坚易地搬迁组，建设易地搬迁住房40套，总投资899万元。强化社会保障兜底，扎西宗乡共有低保户33户108人，发放社会保障兜底保障资金14.1485万元。提高生态补偿效能，全乡生态岗位人数为385人、建档立卡贫困户享受生态岗位补偿资金115.5万元，建档立卡贫困户中326人享受政策性补贴49.6万元。深入推进教育补助工作，乡辖区内5名贫困生得到"金秋圆梦行动"资助；加大医疗救助，对精准扶贫人员实施医疗救助21人，补偿费用35899元。做好培训就业工作，对辖区内建档立卡贫困户34人进行各项技能的培训。提高金融扶持力度，金融扶持贷款73户328万元。扎实开展"一对一"结对帮扶工作，党员干部到贫困户家中，了解其身体和生活情况，为每位贫困户送去大米、青稞、糌粑、砖茶等生活物资，为结对户出谋划策，理清脱贫致富思路。全乡开展12场扶贫工作宣讲，参与群众600余人，发放宣传资料600余份，开辟宣传专栏3期。在"党员干部进村入户、结对认亲交朋友"活动中，全乡党员干部与贫困户"结对子"49户、138人。2017年，在摸清底数的情况下，结合乡实际，完成脱贫37户154人，通过精准扶贫帮扶到户的实施，使被帮扶的贫困户有自我发展和稳定收入的基础。

【"两学一做"学习教育专题活动】 年内，为持续深化"两学一做"学习教育常态化制度，成立"两学一做"学习教育领导小组，将"两学一做"学习教育常态化制度化延伸到辖区8个党支部，建立完善"两学一做"学习教育资料、台账、信息简报和书记巡查督导机制，将活动开展情况纳入年度目标任务，开展督促检查，确保活动不漏一人、不留死角。同时，定期召开乡党委中心理论学习会和乡党委会议，并要求每名同志认真撰写学习笔记，学习心得体会。不断创新学习形式，丰富学习内容，确保学习取得更好效果。截至年底，已成功召开26次学习。

【办实事解难题】 年内，对藏鸡养殖大户扶持资金2万元，用于鸡舍改造、场地拓宽、饲料购买等。投入资金4万元解决加当村、乃萨村、旁吉村、扎西宗村4个村的进水口清淤问题。投入资金2万元帮助杂村集体粮油加工作坊购买油渣饼，解决扎西林、杂村农牧户的饲料问题。投入资金2万元从乃萨村购买1万青稞良种兑现给扎西宗村受灾户。

【经济发展】 年内，高产创建示范田、良种实验田、一二级种子田达到8500亩，经济作物种植面积达950余亩。科技示范田成效显著，经测产最高亩产达1300斤左右。大力推进草场承包，以草定畜效果明显，年牲畜出栏998头，实现收入近80万元。特色产业逐步壮大。申请立项扩大亭村藏鸡养殖基地规模，新发展藏鸡养殖户20户。大力支持杂村民族手工业发展，实现年效益20万元，年培训贫困户人数30余人。农机合作社“造血功能”初显，通过深松深翻项目实施、大型农用机械租赁等方式，为村集体经济创收22万余元。全年共计转移输出农村劳动力870余人，实现创收1500余万元。

【农业发展】 年内，严格按照区、市两级青稞增产行动相关工作安排部署要求，成立扎西宗乡农业工作领导小组和青稞增产行动技术服务小组，全力助推青稞增产。按照每亩增产每亩50斤增收的目标，落实地块，做到种子精选、包衣100%，扎实开展深耕深松面积达1000亩。为实现粮食增产行动计划打下坚实的基础。派乡农牧综合服务中心工作人员和各村科技特派员参加由县农牧局组织的“青稞增产行动技术骨干培训班”，组织全乡科技特派员春耕备耕备播技能培训，做到系统培训全覆盖。发放化肥236吨，有机肥243.6吨，确保增产所需的生产资料。

2017年，全乡实播面积10760亩，其中青稞播种面积9600亩，油菜846亩，蔬菜314亩。

【畜牧业】 年内，实行草原生态保护补助奖励工作机制，截至年底，牲畜总数达到19937（头、只、匹），全乡草场面积达23.68万亩，其中可利用草场面积22.52万亩，实行草畜平衡奖励面积达99195.3亩，草畜平衡面积占可利用草场面积的44%，及时兑现2017年草奖资金共149709.8元，受益户达266户。

【农业保险】 年内，扎西宗乡牛出险数6头，赔款金为25200元，羊出险数4只，赔款金为1600元，农房出险数1户，赔款金为1850元，种植业出险3756.21亩，赔款金为1142657.7元，受益农牧户达247户。

2017年7月30日，扎西宗乡组织干部职工下农田参加抗汛救灾

【“河长制”工作】 年内，成立以党委副书记、乡长为组长的乡“河长制”工作领导小组，及时制定《扎西宗乡全面推行河长制工作实施方案》，6月底前全面建立乡级和村级河长，全乡召开“河长制”工作专题会议5次，制作“河长制”公示牌56块，宣传标语18副，发放保护河道倡议书800份，并将环保和“河长制”工作作为7月“四讲四爱”主题教育实践活动内容，在全乡6个行政村召开群众大会，广泛宣传发动，形成家喻户晓、人人参与浓厚氛围。

【环保工作】 年内，为切实做好迎接中央环保督查工作，乡党委、政府组织开展G349和雅江辖区环境整治工作90余次，关闭采砂场两处，砖场三处，督促各村每周定期对村内、国道沿线、农田、黑颈鹤自然保护区进行打扫卫生，并成立督查组每月不定期进行打分，并将打分情况列入年末的考核当中。

【劳务输出】 年内，劳务输出552人次，实现劳务收入1330.93万元。

【教育工作】 年内，1名学生顺利考入西藏班，小考综合成绩位列全县第七名。开展扫盲班学习，

2017年9月27日，扎西宗乡机关党员志愿服务队到旁吉村助农收割

组织全乡40名20—30岁之间的农牧民群众进行藏语文、汉语文、数学等课程学习，取得良好效果。截至年底，全乡在校大学生70人，其中建档立卡贫困大学生9人，低保1人，扎西宗乡建档立卡贫困户在校生共计168人。

【卫生工作】 年内，新型农村合作医疗健康运转，参合率达100%，医疗报销8万余元，兑现村医基本报酬7万余元，“一孩双女”扶助资金5.23万元。

【妇联工作】 年内，“一孩双女”共计39人，特别扶助对象8人。

【人社工作】 年内，城乡居民养老保险参保人数1604人，缴费人数1549人，征缴基金174100元，参保率为100%。

【社会保障】 年内，五保集中供养3人，落实农村低保资金14.1万元，争取完成低保户退保30%的目标。积极开展城乡居民社会养老保险工作，兑现基础养老金9.85万元。涉农保险参保率达到98%，兑现16年受灾补助10.1万元。农村电网改造工程进展顺利，可实现全乡6个行政村29个自然村全部通电。2017年在雅江汛期，全乡4个行政村3720亩农田受灾后，在积极开展群众自救的同时，积极协调农保、民政、农牧等相关单位予以支持，确保冬春生活救助保障和生产恢复。

【民政工作】 年内，兑现农村60岁以上无对象老人共计11名无对象生活补助4000元。兑现2017年上半年农村居民38户119人保资金40949元，兑现上半年农村居民低保资金100536.5元，兑现2017年16名寿星老人健康补助4800元，兑现60岁以上退伍兵补助5400元，兑现2017年严重精神障碍患者监护补贴16800元，兑现2017年6名高龄老人补贴3600元，兑现2017年62名困难残疾人生活补贴40920元和25名重度困难残疾人补助33000元。

【文化事业】 年内，组织20个农牧民群众积极参加“拉孜堆谐文化节”文艺比赛；组织20多个农牧民及干部职工参加“拉孜堆谐文化旅游节”雅江骑行赛、拔河赛等比赛项目，先后投入7.5万元。

（孟　瑞）

曲玛乡

【概况】 曲玛乡位于拉孜县东北部，雅鲁藏布江北岸，距离拉孜县城30公里、日喀则市区150公里，平均海拔3972米。全乡共有12个行政村（措娃村、斯内村、唐嘎村、坚达村、娃龙村、贡康村、曲玛村、达布村、藏洛村、昌达村、昌庆村、藏村），868户5160人，其中劳力2716人。2017年村组织换届选举村“两委”班子、村监督委员会、村妇代会主任、团支部书记等共93人，其中村“两委”班子成员63人。乡域面积287平方公里，其中耕地面积14943亩，可利用草场面积437761亩，实施草畜平衡奖励面积437761亩，牲畜总数24476头（只、匹），草畜平衡面积占可利用草场面积100%，人均年收入约11032.76元。全乡共有86个“双联户”单位、86名户长，建档立卡贫困户共228户1035人，其中低保贫困户26户114人，一般贫困203户929人。

2017年，乡机关共有行政编制17名，核定领导职数11名；事业编制26名（农牧综合服务中心10名，文化站4名，后勤服务中心3名，卫生院9名）；星格拉康寺管会编制7名，乡派出所12名，学校89名；全乡实有干部职工32人，其中藏族干部24人、汉族干部8人，党员26人；乡卫生院现共有干部职工9人，党员5人；乡小学共有教职工37人，党员23人，其中藏族教师37人，汉族教师0人；乡派出所共有干警4人，辅警2人，党员2人；星格拉康寺管会共有干部5人，党员5人。

【学习贯彻中共十九大精神】 年内，为深入学习宣传贯彻中共十九大精神，使全体党员干部运用新时代的新精神、新思想武装头脑，开创曲玛乡工作新篇章，曲玛乡开展多种形式学习十九大精神的专题活动。曲玛乡党委高度重视，精心组织，周密部署，制定贯彻落实中共十九大精神实施方案以及学习计划，成立以县政协副主席、乡党委书记周顺波为团长，乡宣传委员索朗白珍为副团长，各村支部书记以及驻村工作队队长为成员的曲玛乡学习贯彻中共十九大精神宣讲团，具体负责中共十九大精神宣传到田间地头，向群众讲明白中共十九大报告的主题以及习近平新时代中国特色社会主义思想，引导群众转变思想观念，脱贫致富，跟紧新时代步伐。全乡共有245个党员，每个村党支部为一个单位成立12小队党员志愿服务，并积极组织开展整治环境卫生以及帮助弱势群体活动等系列活动，受到群众的一致好评。截至年底，共制作横幅84条，3屏LED宣讲平台，宣讲团共下村宣讲5次，受众800多余人次，机关党员干部集中观看2次十九大报告，驻村工作队同群众观看24次十九大报告，宣讲36次，受众2000多余人，中心小学组织学生观看2次报告，受众400多余人次，寺管会同僧尼观看2次十九大报告，宣讲6次，受众32余人次，在乡里组织开展宣讲培训3次，共撰写简报23余期，1期周报，整理1册藏汉“双语”宣讲材料，发放书籍十九大书籍100余本，宣传登记台账、督导台账以及宣讲统计等基本台账制作，乡村两级每周星期一开展升国旗唱国歌活动，被上级部门督导由3次，得到上级领导的肯定。通过学习和观看报告等活动，使党员干部更加铭记党的历史，传承党的优良传统。组织全体党员干部面对党旗集体宣誓，重温入党誓词。庄严肃穆的党旗，铿锵有力的宣誓，使大家把“不忘初心，牢记使命”的十九大精神铭刻在心中。

【人大工作】 年内，召开乡十四届人民代表大会第四次会议，组织人大代表进行2次业务培训，监督财务落实资金。

【换届选举】 年内，严格执行换届纪律，制作宣传栏、标语横幅98余个（条），3屏LED，组织村干部做出换届纪律承诺95余份，12个村级组织换届全部顺利完成，选出新任村“两委”班子和村监督委员会、妇代会主任、团支部书记等共93人。

【扶贫工作】 年内，召集扶贫专干、驻村干部、村“两委”班子成员、村监督委员会委员等共145人开展扶贫业务培训，严格按照

2017年10月6日，日喀则市委常委，统战部部长巴桑（右一）到曲玛乡检查指导工作

"四议两公开"工作法开展入户调查，推进精准再识别工作规范有序进行。经动态调整，全乡建档立卡贫困户共228户1035人，全年脱贫26户140人，各级干部共为建档立卡户送去帮扶资金和物资共计117500元。

2017年11月1日，党委副书记、乡长米玛旦增向昌庆村困难群众发放慰问品

【"两学一做"学习教育专题活动】 年内，针对"三会一课"制度执行不到位、发展党员程序不规范、党员党性观念淡薄、不按时交纳党费、带富致富能力不强等问题，把集中整改与加强日常教育管理结合起来，做到制度引领，责任兜底，切实做到抓细抓常抓长。制定"两学一做"学习教育常态化制度化实施方案及领导小组，学习教育计划，按照学计划的时间，提醒分管领导，及时开展党员学习会议报送简报信息，经常督促党员干部手抄党章，以理论武装头脑，提高全体党员干部党性意识和党性修养，同时开展村级党员"两学一做"常态化制度化学习教育，下村督导检查农牧民党员"两学一做"常态化制度化学习教育开展情况，查阅笔记和记录，怎么开展"两学一做"常态化制度化学习教育工作方面给村支部书记指导和讲解，让农牧民党员不断学习，能够及时了解党的方针政策及决策部署，督促手抄党章，提高党性意识和党性修养，全乡两百多名党员手抄党章以及党章测试工作圆满完成。

创新党内组织生活形式，根据党员不同的需求，开展主题党日活动、体验式教育、警示教育等活动。截至年底，共撰写45期简报，完成12个约稿，制作横幅有20余条，党章党规测试3次，完成手抄党章笔记机关41本，农牧民88余本，习近平系列讲话精神学习笔记共有机关45本，农牧民86本，完成各类基本台账。

【"四讲四爱"主题教育实践活动】 年内，开展集中宣讲1200场次，开展各类文体活动25余场，受教育农牧民群众、青少年学生、寺庙僧尼8540余人，全乡氛围内打造"践行'四讲四爱'喜迎党的十九大"的浓厚氛围。同时，悬挂红旗900多余面、发放领袖像868幅、立文化墙72面，发放宣讲资料600余本，制作宣传栏35个、悬挂横幅100余条，24小时2屏滚动放映LED。严格落实"四讲四爱"主题教育实践活动19个规定动作，大力实施五个起来活动，发放海报1300余张、各村委会广播播放率达95%以上。截至年底，撰写方案由3个、计划有3个、简报54期、26期周报，典型材料有2篇，被上级部门督导由6次，得到上级领导的肯定，完成各类基本台账，在群众中"四讲四爱"主题教育实践活动入脑入心，家喻户晓、人人皆知，圆满完成"四讲四爱"主题教育实践活动。

【经济发展】 年内，全乡农村经济总收入达到7615.44万元，比2016年增长8%，其中，第一产业收入2601.35万元，第二产业收入963.1万元，第三产业收入4050.99万元。农牧民人均纯收入达到11032.76元，比2016年增长6%，其中现金收入达到5749.45元，占人均纯收入比例达到52%。

【农业发展】 年内，严格按照粮经饲比例要求，成立曲玛乡农业工作领导小组和青稞增产行动技术服务小组，全力助推青稞增产；按照每亩增产50斤的目标，落实地块，做到种子精选、包衣100%，扎实开展深耕深松面积达4900亩，建立一级种子田500亩（“喜拉22号”500亩）、二级种子田2300亩（“藏青2000”500亩、喜拉22号1800亩）；发放化肥574.5吨，有机肥440吨、奖励化肥29吨、农药87.93吨。

【畜牧业】 截至年底，牲畜总数达到21940头（只、匹），全乡草原面积达471314.01亩，可利用草场面积437761亩，实施草畜平衡奖励面积达437761亩，草畜平衡面积占可利用草场面积100%，及时兑现2016年、2017年草奖资金共1214511.19元。

【“河长制”工作】 年内，曲玛乡加强防洪抗洪工作力度，备石6000立方米，编织袋26000条，并成立防汛抗洪应急队，对各水塘、沟渠进行全面检查，坚持主汛期24小时值班制度，确保防汛抗洪工作得到及时的处理。大力推进“河长制”工作落实，明确政府一把手负总责、亲自抓的工作格局。设立乡级总河长1名，乡级河长8名，村级河长12名。

【劳务输出】 年内，劳务输出933人次，实现劳务收入865.94万元，纯收入达649.46万元，人均收入达6960.9元。

【教育工作】 年内，在校编制教师37名教师，其中党员23名，实际在岗教师36名。全乡接受九年义务教育适龄儿童522人，在校生522人，控辍保学率百分之百。“三包”生522人，适龄儿童入学率100%。17年招生七岁生122名，六岁生90名，五岁生23名，毕业班79名学生顺利毕业到县中学，学前学生总计113名。

【卫生工作】 年内，门诊诊疗人次数12248人，核销金额228246.41元，住院人数91人，其中住院分娩33人，麻疹隔离病人58人，急诊4人，转院病人4人，院内住院病人死亡无，巡诊次数3次，人数1700人，核销金额19879.05元，新农合参合率达99.9%。实行重点人群服务，加强对重点人群定期跟踪服务，管理高血压79人，精神病15人，老年人346人，0—6岁545人，贫困建档人数7人，肺结核人数15人，免疫接种人数116人，住院分娩人数33人，县医院分娩76，县级以上分娩6人，在家分娩1人，母子保健卡95人，孕检120人，产检检查175人高危孕妇8人，住院分娩补助兑现58人，每人1050元整，村医护送26人，护送费50元，新法接生率达95%，产后访视人次为33人，新生儿访视33人。

【民政工作】 年内，开展低保户核查工作，调整后曲玛乡有79户258人低保户，其中卡内有26户112人、卡外有53户146人；2017年上半年为曲玛乡79户258人的低保户兑现低保金为147518.5元，提标金为78421.5元；下半年以打卡形式给低保户兑现资金；兑现3名60岁以上农村籍退伍军人老年生活补助8100元；兑现9名（60岁以下）农村优抚对象生活补助3600元；兑现2017年938名困难残疾人生活补贴64680元和36名重度困难残疾人补助47520元，为3名失能老人兑现老年人补助1800元；20名高龄老人兑现补贴12000元；2017年22名80岁以上寿星老人

2017年3月28日，曲玛乡中心小学开展“3·28”西藏百万农奴解放纪念日“唱响校园杯”红歌合唱比赛

补助6800元。

【文化事业】 年内，成功举办拉孜首届中国堆谐文化旅游节暨雅江骑行活动，通过开展骑行赛，拔河比赛，文艺比赛等等一系列活动，采取群众喜闻乐见的方式，激发广大群众参与文化活动的热情，弘扬民族精神，营造良好的氛围，堆谐文化不断发扬光大，传统文化得到传承。

（仵延伟）

2017年12月20日，彭措林乡人大主席尼玛扎西一行到那嘎村建档立卡贫困易地搬迁户督察指导相关工作

彭措林乡

【概况】 彭措林乡位于雅鲁藏布江和多雄藏布江的交汇处，距拉孜县城62公里、日喀则市区120公里，平均海拔3940米。全乡共有7个行政村（彭措林村、普松村、谢曲村、萨卓村、那嘎村、查达村、孜江村），918户4373人，其中劳力2329人。2017年村组织换届选举村“两委”班子、村监督委员会、村妇代会主任、团支部书记等共59人，其中村“两委”班子成员40人。乡域面积700平方公里，其中耕地面积8100亩，草场面积651350亩，实施草畜平衡奖励面积647265.47亩，牲畜总数20147头（只、匹），草畜平衡面积占可利用草场面积99.37%，人均年收入约6374.06元。全乡共有91个联户单位、91名户长，建档立卡贫困户共401户1702人，其中低保户275户1170人。

2017年，乡机关共有行政编制15名，核定领导职数11名；事业编制24名（农牧综合服务中心8名，文化站4名，卫生院9人，后勤服务中心3名）；平措林寺寺管会编制8名，曲龙强孜寺寺管会编制4名，仁青顶寺寺管会编制2名，学校32名；全乡实有干部职工34人，其中藏族干部26人、汉族干部7人、蒙古族干部1人，党员24人；乡卫生院现共有干部职工9人，党员5人；乡小学共有教职工33人，党员13人，其中藏族教师33人；乡派出所共有干警12人，辅警2人，党员6人；平措林寺管会共有干部7人，党员7人；曲龙强孜寺寺管会共有干部4人，党员3人；仁青顶寺寺管会共有干部2人，党员2人。

【学习贯彻中共十九大精神】 年内，为深入学习宣传贯彻中共十九大精神，使全体党员干部运用新时代的新精神、新思想武装头脑，开创彭措林乡工作新篇章，彭措林乡开展多种形式学习十九大精神的专题活动。全乡党员干部职工、各驻村工作队在彭措林乡7个行政村宣传中共十九大精神，并开展“党员志愿服务队”活动。受到群众的一致好评。截至年底，共制作横幅160余条。发放十九大书籍700余本。通过参观实物、图片等活动，使大家更加铭记党的历史，传承党的优良传统。组织全体党员干部面对党旗集体宣誓，重温入党誓词。庄严肃穆的党旗，铿锵有力的宣誓，使大家把“不忘初心，牢记使命”的十九大精神铭刻在心中。

【人大工作】 年内，召开乡十四届人民代表大会第三次会议，选举产生一名副乡长、一名人大主席，征求人大代表意见建议14条，督促政府落实6条。

【换届选举】 年内，严格执行换届纪律，制作宣传栏、标语横幅91余个（条），7个村级组织换届全部

2017年12月13日，彭措林乡召开2017年度人大代表述职报告会

顺利完成，选出新任村“两委”班子和村监督委员会、妇代会主任、团支部书记等共59人。

【扶贫工作】 年内，召集扶贫专干、驻村干部开展入户调查，推进精准再识别工作规范有序进行。经动态调整，全乡建档立卡贫困户共401户1702人，全年脱贫67户297人。按照“4321”结对帮扶要求，各级干部共为建档立卡户送去帮扶资金和物资共计80200元。

【“两学一做”学习教育专题活动】 年内，针对“三会一课”制度执行不到位、发展党员程序不规范、党员党性观念淡薄、不按时交纳党费、带富致富能力不强等问题，把集中整改与加强日常教育管理结合起来，做到制度引领，责任兜底，切实做到抓细抓常抓长。创新党内组织生活形式，根据党员不同的需求，开展主题党日活动、体验式教育、警示教育等活动。

【“四讲四爱”主题教育实践活动】 年内，开展集中宣讲100余场次，开展各类文体活动12场，受教育农牧民群众、青少年学生、寺庙僧尼18000余人次，形成“践行‘四讲四爱’喜迎党的十九大”的浓厚氛围。同时，悬挂红旗1840面、发放领袖像920幅、立文化墙48面，发放宣讲资料2000余本，制作宣传栏50个、悬挂横幅180余条，24小时滚动放映LED。严格落实“四讲四爱”主题教育实践活动19个规定动作，大力实施五个起来活动，各村委会广播播放率达98%以上。

【发展壮大村集体经济】 年内，运行有彭措林村民族手工业、便民服务店等三个产业项目，带动当地贫困户15户15人解决就业问题；通过彭达路项目施工12名贫困人员实现临时就业；给萨卓村争取帮扶20万元资金；带动扶持藏鸡养殖1户，乡政府投资2万元对鸡舍进行扩建。截至年底，该鸡舍现有成年鸡150只。

【办实事解难题】 年内，投入184万资金建设彭措林村便民服务中心建设；投入45万资金建设孜江村防洪坝建设；投入13.63万元建设萨卓村自来水项目；投入50万元资金到孜江村老人院。彭措林乡确保把每一笔资金使用到位，并为最广大的农牧民群众提供便利。

【经济发展】 年内，全乡农村经济总收入达到3641.85万元，比2016年增长13.18%，其中，第一产业收入562.71万元，第二产业收入540.5万元，第三产业收入2538.64万元。农牧民人均纯收入达到6374.06元，比2016年增长18.03%，其中现金收入达到4246.33元，占人均纯收入比例达到66.62%。

【农业发展】 年内，春播前完成水渠清淤和维修工8公里。2017年调运青稞良种3万斤，扩大良种播种面积，总播种面积达5343亩。2017年青稞总产量1741.96吨，小麦总产量55吨，豆类总产量45吨，油菜总产量260吨，蔬菜总产量950吨。

【畜牧业】 截至年底，牲畜总数达到20147头（只、匹），全乡草原面积达651350亩，可利用草场面积651350亩，实施草畜平衡奖励面积达 647265.47 亩，草畜平衡面积占可利用草场面积 99.37%，及时兑现 2016 年草奖资金 1465173.15 元、2017 年草奖资金 1476509.11 元。

【农业保险】 年内，彭措林乡野生动物肇事赔偿金为 18630 元，涉农保险赔偿金为 31200 元。

【"河长制"工作】 年内，乡党委、政府加强防洪抗洪工作力度，备编织袋 2000 条，并成立防汛抗洪应急队，对各河道、沟渠进行全面检查，坚持主汛期 24 小时值班制度，确保防汛抗洪工作得到及时的处理。大力推进"河长制"工作落实，明确政府一把手负总责、亲自抓的工作格局。设立乡级总河长 1 名，乡级河长 6 名，村级河长 1 名，对全乡 7 条河道进行逐一造册登记，建立河道档案资料，形成"一河一档"。

【环境综合整治】 年内，召集各行政村、乡卫生院、学校、派出所、寺管会等主要负责人进行召开会议，对各环保辖区内创卫工作进行安排部署鼓励自觉履行"门前三包"责任制，实现门前卫生、绿化、秩序；深入各村实地排查是否存在乱采、乱挖、偷挖等现象，加强对上级相关文件精神传达，杜绝出现采砂挖沙现象发生；同时结合"周五奉献日"和主题党日活动，将每周五定为全民环境美化日，组织辖区内的乡机关、学校、卫生院、派出所干部职工以及 7 个村党员群众，主动清扫各自辖区、雅江沿线的卫生 217 次。

【劳务输出】 年内，劳务输出 831 人次，实现劳务收入 1461.72 万元。

【教育工作】 年内，按照分级管理的原则，为继续抓好控辍保学工作，乡政府专门成立控辍保学领导小组，积极组织劝学工作。2017 年全乡适龄儿童入学率达到 100%，小学和初中长期控辍率为 0。

2017年11月27日，彭措林乡向建档立卡贫困易地搬迁户征求拨付易地搬迁资金

【卫生工作】 年内，乡新农合参保人数 4246 人，参保率 100%，2017 年共报销金额 514178.69 元，其中住院报销 374955.4 元，门诊报销 139223.29 元。兑现住院分娩奖励 58 人，共 70000 元。

【人社工作】 年内，适龄养老保险参保人数 2207 人，缴费人数 2207 人，征缴基金 258100 元，参保率为 96%；完成全民参保入户登记 4178 人，入库率 100%。

【民政工作】 年内，为全乡 275 户 1170 人低保户兑现 2017 年上半年低保金 1156767 元，兑现 2017 年下半年低保金 1156767 元；兑现 2017 年度 4 名 60 岁以上农村籍退伍军人老年生活补助 2700 元；兑现 2017 年度 7 名 60 岁以下农村籍退伍军人生活补助 2800 元；兑现 2017 年度 56 名困难残疾人生活补贴 36960 元和 20 名重度困难残疾人补助 26400 元，为 36 名老人兑现 2017 年度高龄老年人补助 21600 元；为 8 名老人兑现 2017 年度失能老年人补助 4800 元；为 35 名老人兑现 2017 年度 80 岁以上寿星老人补助 11500 元。

（丁振寰）

扎西岗乡

【概况】 扎西岗乡位于拉孜县东北部，乡政府所在地海拔 3930 米，距县城88公里、距日喀则市区82公里。全乡12个行政村(扎西岗村、玉托村、若措村、响卓村、燕卓村、苏村、吉荣村、旁达村、朵门村、宁日村、顿珠顶村、乃琼村)、47个自然村,2017年共1559户、7675人,其中农业户1499户、7388人;牧业户数17户、147人,非农户43户、140人。2017年村组织换届选举村"两委"班子、村监督委员会、村妇代会主任、团支部书记等共100人,其中村"两委"班子成员67人。全乡国土面积398.6平方公里,其中耕地面积12.1平方公里(1.81万亩)、草场面积325.4平方公里、林地面积28.8平方公里、河流面积32.3平方公里。2017年,全乡粮油产量6892.45吨,居全县第二位;牲畜存栏20283头(只、匹),其中大畜5121头(匹)、小畜15162只,人均纯收入10868.98元,其中现金收入7611.58元。全乡共有157个联户单位、157名户长,建档立卡贫困户共435户2012人。

2017年,乡机关共有行政编制18名,核定领导职数11个;事业编制28名(农牧综合服务中心10名,文化站4名,后勤服务中心4名,卫生院10名),核定领导职数4个;普东玉托寺管会编制6名,乡派出所5名;全乡实有干部职工44人(其中公益性2名、聘用干部2名),其中藏族干部38人、汉族干部6人,党员28人;乡卫生院现共有干部职工12人,其中公益性2名,党员2名;乡小学共有教职工46人,党员31人;乡派出所共有干警6人,其中辅警1人,党员4人;普东玉托寺管会共有干部4人,其中聘用干部1名,党员4人。

【学习贯彻中共十九大精神】 年内,为深入学习宣传贯彻中共十九大精神,使全体党员干部运用新时代的新精神、新思想武装头脑,开创扎西岗乡工作新篇章,扎西岗乡开展多种形式学习十九大精神的专题活动。组建扎西岗乡中共十九大宣讲队深入辖区内12个行政村宣传中共十九大精神,并开展"党员志愿服务队"活动,受到群众的一致好评。截至年底,共制作横幅50余条。发放有关十九大和新党章等书籍500余本。组织全体党员干部面对党旗集体宣誓,重温入党誓词。庄严肃穆的党旗,铿锵有力的宣誓,使大家把"不忘初心,牢记使命"的十九大精神铭刻在心中。

【人大工作】 年内,召开乡十四届人民代表大会第二、三、四次会议,选举产生1名政府乡长、3名政府副乡长,征求人大代表意见建议43条,已全部提交上一级人大常委会。

【换届选举】 年内,严格执行换届纪律,制作宣传栏、标语横幅100余个(条),组织村干部做出换届纪律承诺100余份,12个村级组织换届全部顺利完成,选出新任村"两委"班子和村监督委员会、妇代会主任、团支部书记等共100人,全为党员和非建档立卡贫困户。

【扶贫工作】 年内,召集扶贫专干、驻村干部、村"两委"班子成员、村监督委员会委员等共344人开展扶贫业务培训,严格按照"四议两公开"工作法开展入户调查,推进精准再识别工作规范有序进行。经动态调整,全乡建档立卡贫困户共435户2012人,全

2017年10月28日,县委书记陈钢带领全县11个乡镇党委书记到扎西岗乡检查指导工作

年脱贫20户117人。按照“4321”结对帮扶要求，各级干部共为建档立卡户送去帮扶资金和物资共计12万元。

【“两学一做”学习教育专题活动】 年内，按照全县统一安排部署，及时制定符合乡实际的《扎西岗乡推进“两学一做”学习教育常态化制度化工作方案》，明确推进“两学一做”学习教育常态化制度化集中学习任务表和个人自学任务表，在深入学习的基础上，列出若干专题，党支部（党小组）每开展4次学习讨论。同时，将推进“两学一做”学习教育常态化制度化与乡党委中心组学习相结合，制度化地开展学习。以推进“两学一做”学习教育常态化制度化为契机，教育引导党员增强“四个意识”“四个自信”，对照“四讲四有”标准，做到政治合格、执行纪律合格、品德合格、发挥作用合格。大力开展不信教不迷信活动，通过签订承诺书、开展“主题党日”等，着力解决个别党员干部对达赖集团态度暧昧问题。

【“四讲四爱”主题教育实践活动】 年内，开展集中宣讲62场次，开展各类文体活动20余场，受教育农牧民群众、青少年学生、寺庙僧尼6100余人，形成“践行‘四讲四爱’喜迎党的十九大”的浓厚氛围。同时，悬挂红旗900余面、发放领袖像900余幅、立文化墙20面，发放宣讲资料2800余本，制作宣传栏16个、悬挂横幅90余条，24小时滚动放映LED。严格落实

2017年10月9日，拉孜县政协党组书记、主席次仁到扎西岗乡中心小学检查食品卫生工作

“四讲四爱”主题教育实践活动19个规定动作，大力实施五个起来活动，保证每个群众熟悉“四讲四爱”主题教育实践活动相关知识，为群众办办实事做好事共62余件。

【办实事解难题】 年内，针对近年来雨水量剧增情况，积极联系、协调县水利等部门，为乃琼村、顿珠顶村、扎西岗村、玉托村、吉荣村解决防汛袋12200个和铅丝笼50圈，有效保障雅江压线各村农牧民群众生命财产安全。

【经济发展】 年内，全乡农村经济总收入达到11309.64万元，其中，第一产业收入1804.78万元，第二产业收入789.92万元，第三产业收入8714.94万元。农牧民人均纯收入达到10868.98元，比2016年增长23%，其中现金收入达到7611.58元。

【农业发展】 严格按照粮经饲比例69:29:2的要求，成立扎西岗乡农业工作领导小组和青稞增产行动技术服务小组，全力助推青稞增产；按照每亩增产50斤的目标，落实地块，做到种子精选、包衣100%，扎实开展深耕深松面积（深松整地）达900亩；二级种子田2500亩（“藏青2000”500亩，喜拉22号2000亩）

为实现粮食增产行动计划打下坚实的基础；乡级技术员派科技特派员参加由县、市农牧局、科技局组织的“青稞增产行动技术骨干培训班”，组织全乡科技特派员开展春耕备播技能培训，做到系统培训全覆盖；发放化肥883.19吨，有机肥531.84吨，发放2500亩种子田的良种77500万斤，确保增产所需的生产资料；对外销售“藏青2000”，良种1.24万斤，增加群众现金收入3.472万元，乡农业生产做到种植安排统一化、种子生产标准化、生产技术简易化、农民培训常规化、互评互谏制度化。2017年，全乡实播面积

2017年10月30日至11月9日，拉孜县扎西岗乡顺利完成第九届村组织换届选举工作

1.81 万亩,其中青稞种子田 2500 亩、大田 9300 亩、春小麦 400 亩、经济作物 2300 亩、饲草 600 亩、油菜 3000 亩,青稞增产每亩达 50 斤,顺利完成既定指标。

【畜牧业】 截至年底,牲畜总数达到 32671 头(只、匹),全乡草原面积达 462900 亩,可利用草场面积 462900 亩,实施草畜平衡奖励面积达 462900 亩,草畜平衡面积占可利用草场面积 100%,及时兑现 2016 年、2017 年草奖资金共 1191827.34 元。

【农业保险】 年内,扎西岗乡牛出险数 63 头(其中 8 头牛未受理),赔款金为 212100 元,羊出险数 411 只,赔款金为 38150 元。农房出险数 4 户,赔款金为 24000 元;种植业出险数 2660.78 亩,其中青稞亩数为 2150.78 亩,赔款金为 626181.86 元,小麦亩数为 510 亩,赔款金为 89740 元,种植业共计赔款金为 715921.86 元。

【"河长制"工作】 年内,乡党委、政府切实加强防洪抗洪工作力度,备石 5 万立方米,编织袋 24000 条,铅丝笼 25 卷,并成立防汛抗洪应急队,对各水塘、沟渠进行全面检查,坚持主汛期 24 小时值班制度,确保防汛抗洪工作得到及时的处理。大力推进"河长制"工作落实,明确政府一把手负总责、亲自抓的工作格局。设立乡级总河长 1 名,乡级河长 7 名,村级河长 7 名,对全乡 12 条河道和 37 座水塘进行逐一造册登记,建立河道水塘档案资料。

【环境综合整治】 年内,为切实做好迎接中央环保督查工作,乡党委、政府组织开展环境整治工作 350 余次。制定"河长制"工作方案,成立领导小组,对各村辖区河道实行分段包干制,划定河道垃圾清理区域,设立"河长制"标识牌,落实乡、村两级河长职责。同时结合"周五奉献日"和主题党日活动,将每周五定为全民环境美化日,组织辖区内的乡机关、学校、卫生院、派出所干部职工以及 12 个村党员群众,主动清扫各自辖区、拉柳公路沿线、雅江沿线的卫生 260 余次。完成全乡辖区内非法采沙点、砖厂整顿、还原 3 处。

【劳务输出】 年内,劳务输出 3830 人次,实现劳务收入 3103.4 万元,各项指标均超额完成。

【教育工作】 年内,配合县教育、国土等部门开展中心小学教师周转房以及中心幼儿园的建设征地工作,对学校食堂实行动态管理,开展学校周边环境专项整治活动 3 次,抓好学校软件建设、假期防火防盗等安全工作,适龄儿童和适龄少年入学率均巩固在 99%

【卫生工作】 年内,扎西岗乡新型农村合作医疗参保 7311 人,参合率 98%,应缴参保基金 144200 元,门诊 377 人次,医疗报销金额 267438.85 元,住院 121 人次,医疗报销金额 936093.05 元,医疗救助 42 人次,医疗救助金额 87537.09 元。体检总人数 5105 人,其中全项体检在重大疾病筛查工作方面,开展健康教育宣传工作,健康教育覆盖到村,提高牧民对包虫病及其危害性的知晓率,逐步培养健康的生活方式。开展针对传染源犬的管理和驱虫,使犬驱虫覆盖率达到 85% 以上,使家犬感染率与项目启动前之比下降

60% 以上，有效控制传染源。对主动就医人群进行B超检查，对发现的包虫病确诊病人给予免费药物治疗，全程治疗率达到80%以上。对防治人员进行集中培训，并能独立开展各项防治工作。

【妇联工作】 年内，扎西岗乡妇联工作根据县妇联要求，结合本乡实际状况开展“五项建设”活动，充分发挥妇联自身的作用，扎西岗乡共统计妇女3500人，加强潜力建设，用心参加持续共产党员先进性教育活动的学习，提高做好妇女工作的潜力。组织乡直机关党员妇女用心参加各支部先进性教育活动的学习。抓妇联干部的学习，从动员到总结始终要求村妇代会主任参加先进性教育的学习，目的是提高妇联维权潜力建设，同时学习妇女工作有关的业务知识和技能，努力提高自我发现、分析、解决问题的潜力，透过学习体会到新时期该做什么，为谁做，有新的认识就更好地理论联系实际开展妇女维权工作。引导妇女用心参与社会主义文化建设，发挥妇女应有的作用。“三八”国际劳动妇女节期间，组织表彰会、打扫卫生，精心组织“三八”国际劳动妇女节活动。

【民政工作】 年内，开展低保户核查工作，将调整后的89户573人纳入低保户。全乡89户573人低保户兑现2017年上下半年低保金1090754元；兑现4名60岁以上农村籍退伍军人老年生活补助10800元，兑现17名（60岁以下）农村优抚对象生活补助6800元；兑现2017年度198名困难残疾人生活补贴130680元和78名重度困难残疾人补助102960元，为25名老人兑现2016年度享受低保高龄老年人补助15000元，为11名老人兑现2016年度享受低保失能老年人补助6600元；为38名老人兑现2017年度80岁以上寿星老人补助12600元。

2017年4月29日，扎西岗乡举办第二期“村干部素质能力”提升考前强训暨开展模拟考试

【人社工作】 年内，城乡居民养老保险参保人数3577人，缴费人数3577人，征缴基金412700元，参保率为96%；完成全民参保入户登记7502人，入库率100%；建立城乡居民养老保险相关制度45条、台账30本；建立全民参保相关制度10条、台账12本。

【文化事业】 年内，扎西岗乡文化保护工作制度，确保文化遗传健康长久发展，明确分管领导小组和专兼干部负责文物保护工作和责任，各文保护人员严格执行文物安全工作，真正责任落实到位。扎西岗乡12个行政村免费开放农家书屋实行后，对解决农民买书难、借书难、看书难问题，保障农民群众基本文化权益，推进社会主义新农村建设具有重要意义。扎西岗乡三大藏戏表演队宁日派、若措派、扎西岗派每年进行组织开展演艺活动，宣传非物质文化力度，受到广大群众的大力支持和喜爱，同时也得到优异成绩。

（邓 亮）

柳 乡

【概况】 柳乡距拉孜县城72公里、日喀则市区78公里，平均海拔4100米。全乡共有5个行政村（柳村、西嘎村、孜龙村、吾木宗村、春门村），836户4385人，其中劳力2480人。2017年村组织换届选举村“两委”班子、村监督委员会、村妇代会主任、团支部书记等共45人，其中村“两委”班子成员30人。乡域面积255平方公里，其中耕地面积12000亩，可利用草场面积364640亩，实施草畜平衡奖励面积364640亩，牲畜总数23279头(只、匹)，草畜平衡面积占可利用草场面积100%，人均年收入约8745.61元。全乡共有78个联户单位、78名户长，建档立卡贫困户共273户1208人，其中低保贫困户47户170人，一般贫困226户1038人。

2017年，乡机关共有行政编制19名，核定领导职数11名；事业编制18名(农牧综合服务中心12名，文化站5名，后勤服务中心1名)；兴隆寺管会编制3名，乡派出所5名，卫生院4名，学校33名；全乡实有干部职工40人，其中藏族干部37人、汉族干部3人，党员38人；乡卫生院现共有干部职工5人，党员0人；乡小学共有教职工33人，党员23人，其中藏族教师33人，汉族教师0人；乡派出所共有干警3人，辅警1人，协警1人，党员5人；兴隆寺管会共有干部3人，党员3人。

【学习贯彻中共十九大精神】 年内，为深入学习宣传贯彻中共十九大精神，使全体党员干部运用新时代的新精神、新思想武装头脑，开创柳乡工作新篇章，柳乡开展多种形式学习十九大精神的专题活动。全乡党员干部职工分5组在柳乡5个行政村宣传中共十九大精神，并开展“党员志愿服务队”活动。受到群众的一致好评。截至年底，共制作横幅23条，发放十九大书籍30余本。通过参观实物、图片等活动，使大家更加铭记党的历史，传承党的优良传统。组织全体党员干部面对党旗集体宣誓，重温入党誓词。庄严肃穆的党旗，铿锵有力的宣誓，使大家把“不忘初心，牢记使命”的十九大精神铭刻在心中。

【人大工作】 年内，召开乡十四届人民代表大会第二次会议，依法选举3名副乡长，审议通过乡人民政府工作报告和人大报告，完善修改乡规民约。征求人大代表意见建议9条，督促政府落实9条。

【换届选举】 年内，严格执行换届纪律，制作宣传栏、标语横幅300余个(条)，组织村干部做出换届纪律承诺482余份，5个村级组织换届全部顺利完成，选出新任村“两委”班子和村监督委员会、妇代会主任、团支部书记等共45人。

【扶贫工作】 年内，召集扶贫专干、驻村干部、村“两委”班子成员、村监督委员会委员等共85人开展扶贫业务培训，严格按照“四议两公开”工作法开展入户调查，推进精准再识别工作规范有序进行。经动态调整，全乡建档立卡贫困户共273户1208人，全年脱贫103户399人。按照“4321”结对帮扶要求，各级干部共为建档立卡户送去帮扶资金和物资共计30500元。全面完成2016年柳村3户26人易地搬迁项目，已入住率达100%。

【“两学一做”专题活动】 年内，开展“两学一做”主题教育常态化制度化，针对“三会一课”制度执行不到位、发展党员程序不规范、党员党性观念淡薄、不按时交纳党费、带富致富能力不强等问题，把集中整改与加强日常教育管理结合起来，做到制度引领，责任兜底，切实做到抓细抓常抓长。创

2017年3月22日，县委书记陈钢到柳乡西嘎村调研

新党内组织生活形式，根据党员不同的需求，开展主题党日活动、体验式教育、警示教育等活动。

【“四讲四爱”主题教育实践活动】 年内，开展集中宣讲68场次，开展各类文体活动4余场，受教育农牧民群众、青少年学生、寺庙僧尼3000余人，形成“践行‘四讲四爱’喜迎党的十九大”的浓厚氛围。同时，悬挂红旗848面、发放领袖像853幅、立文化墙31面，发放宣讲资料150余本，制作宣传栏9个、悬挂横幅29余条，24小时滚动放映LED。严格落实“四讲四爱”主题教育实践活动19个规定动作，大力实施“五个起来”活动，各村委会广播播放率达85%以上。

【发展壮大村集体经济】 年内，村级集体经济申报中5个。

【办实事解难题】 年内，投资20万全面完善5个行政村办公设施配备；投资8万元，解决柳村人畜饮水困难问题，共受益柳村1000人；投资3万元，有效解决吾木宗村人畜饮水困难问题；对西嘎村藏鸡养殖场进行规范化建设，产蛋量、销售逐步提高，共计投资5万元；投资6万元，维修孜龙村水塘，有效解决孜龙村900亩田地灌溉问题；投资3万元，维修春门乡村公路，大大提升春门村百姓外出安全系数，同时受益春门村经济发展；投资15万元，新建柳乡便民服务大厅，利用此平台，能够在第一时间了解民情民意，第一时间解决老百姓的难事；开展党员义务植树，2017年在柳乡辖区共计植树3800棵。

2017年10月18日，柳乡组织干部职工观看党的十九大开幕式

【经济发展】 年内，全乡农村经济总收入达到5184.52万元，比2016年增长11%，其中，第一产业收入781.28万元，第二产业收入1335.69万元，第三产业收入3067.55万元。农牧民人均纯收入达到8745.61元，比2016年增长8%，其中现金收入达到5854.65元，占人均纯收入比例达到70%。

【农业发展】 年内，严格按照拉孜县青稞增产行动的要求，成立柳乡农业工作领导小组和青稞增产行动技术服务小组，全力助推青稞增产；按照每亩增产50斤的目标，落实地块，做到种子精选、包衣100%，建立二级种子田500亩（“喜拉22号”）；为西嘎村新建3600米左右的水渠，全面维修2条水渠，解决孜龙等村灌溉难的问题，为实现粮食增产行动计划打下坚实的基础；派员参加由市农牧局、科技局组织的“青稞增产行动技术骨干培训班”，组织全乡科技特派员开展春耕备播技能培训，做到系统培训全覆盖；发放化肥112吨，有机肥263吨、争取到价值0.42万余元的农药，发放500亩种子田的良种1.75万斤，对外销售17.5万斤，增加群众现金收入33.25万元，乡农业生产做到种植安排统一化、种子生产标准化、生产技术简易化、农民培训常规化、互评互谏制度化。2017年，全乡实播面积12810.56亩，其中青稞种子田8564亩、小麦300亩、经济作物1600亩、饲草213.28亩、油菜2133.28亩，青稞增产每亩达50斤，顺利完成既定指标。

【畜牧业】 截至年底，牲畜总数达到23279头（只、匹），全乡草原面积达383236亩，可利用草场面积364640亩，实施草畜平衡奖励面积达364640亩，草畜平衡面积占可

2017年11月1日，柳乡柳村村民投票选举新一届村“两委”班子成员

利用草场面积95%，及时兑现2016年、2017年草奖资金共1305940.99元。并兑现2017年草原生态保护补助奖励资金共计651395.55元，受益农牧户达696户。

【农业保险】 年内，柳乡牛出险数30头，赔款金为126000元，羊出险数123只，赔款金为49200元。种植业出险数9510.58亩，其中青稞亩数为293.20亩，赔款金为64746.30元，种植业共计赔款金为64746.30元。

【“河长制”工作】 年内，投资700多万元实施西嘎卓布下、孜龙沟地质灾害易发段治理项目，农田水利设施得到前所未有的改善和提高。同时，乡党委、政府加强防洪抗洪工作力度，备石3000立方米，编织袋5000条，并成立防汛抗洪应急队，对各水塘、沟渠进行全面检查，坚持主汛期24小时值班制度，确保防汛抗洪工作得到及时的处理。大力推进“河长制”工作落实，明确政府一把手负总责、亲自抓的工作格局。设立乡级总河长1名，乡级河长7名，村级河长6名，对全乡7条河道和10座水塘进行逐一造册登记，建立河道水塘档案资料，形成“一河一档”。

【环境综合整治】 年内，为切实做好迎接中央环保督查工作，乡党委、政府组织开展G318和柳乡辖区环境整治工作144余次。制定“河长制”工作方案，成立领导小组，对各村辖区河道实行分段包干制，划定河道垃圾清理区域，设立“河长制”标识牌，落实乡、村两级河长职责。同时结合主题党日活动，组织辖区内的乡机关、学校、卫生院、派出所干部职工以及5个村党员群众，主动清扫各自辖区、G318沿线、辖区河道内的卫生163次。

【劳务输出】 年内，劳务输出人693次，实现劳务收入1081.08万元，各项指标均超额完成。

【教育工作】 年内，结合教研特色创半年活动要求，组织学科带头人上示范课并进行教学技能大赛，为下一步教学工作指明方向。高度重视毕业班工作，定期召开六年级师生大会，总结课堂教学经验教训，分析考试质量，召开毕业班家长座谈会，取得良好的效果。在该学期全市统考中列为49名，比2016年提升7个名次。10名学生考入西藏班，统考成绩位列全县第三名。

【卫生工作】 年内，乡卫生院门诊8871人次，核销金额369697.59元，县级以上医院门诊报销253141.03元，县级以上住院人数95人，实报金额1276267.41元，兑现住院分娩奖励117300元。健康体检总人数2513人，其中全项体检2511人，在重大疾病筛查工作方面，共检查出包虫病疑似22人和阳性病人20列，结核病人6列，先心病筛查1人，风湿性关节6人，已完成1583人建档立卡贫困人员家庭医生签约服务。

【妇联工作】 年内，乡妇联牵头，引导各村驻村工作队利用“三八”国际劳动妇女节给各村妇女讲解“两降一升”相关妇幼保健知识，组织各村妇女开展“美化环境、人人有责”G318沿线垃圾清理服务活动。

【人社工作】 年内，城乡居民养

老保险参保人数2014人，缴费人数1912人，征缴基金220200元，参保率为97%；完成全民参保入户登记4020人，入库率94%；建立城乡居民养老保险相关制度14条、台账12本；建立全民参保相关制度5条、台账7本；全年宣讲有关城乡居民养老保险4次。

【民政工作】 年内，开展低保户核查工作，调整后为47户170人。兑现2017年低保金226262元，兑现2016年度96名困难残疾人生活补贴112200元，为22名老人兑现2017年度享受低保高龄老年人补助13200元，为34名老人兑现2017年度80岁以上寿星老人补助10600元，为11户兑现临时救助金39000元，为“双拥”优抚对象16人兑现生活补贴金6400元。

【文化事业】 年内，成功举办6次文艺汇演，参演人数及观众达412人次。通过开展演讲比赛1次，参加人数42人。歌舞比赛4次，参加人数近260人。拔河比赛1次，人数60人，这一系列文体活动，采取群众喜闻乐见的方式，激发广大群众参与文化活动的热情，弘扬民族精神，营造良好的氛围，柳村谐钦、西嘎村藏戏不断发扬光大，传统文化得到传承。

（扎西旺堆）

热萨乡

【概况】 热萨乡距拉孜县城45公里、离日喀则市区105公里，国道318公路东西穿越而过，平均海拔4300米，有耕地6000.15亩，林地722.4亩，草场739380亩。下辖10个行政村（拉荣村、宗白村、堆康村、恰西村、热玛村、查卧村、强公村、杰村、久娃村和三麦村），有797户3969人（女性1990人），劳动力2308人。建档立卡贫困户350户1654人，贫困发生率为42.5%，辖区内有寺庙1所。

全乡实有干部89名（事业干部59名），其中，藏族干部79名，汉族干部8名，土家族干部1名，门巴族干部1名，有党员38名，占全乡干部职工的42.69%。乡机关实有干部职工38人，其中有领导班子10名、下派村支部书记1名、科员4名、事业编制人员19名、大学生村官2名、村干部转干2名；卫生院实有医护人员6名（含红会医生2名）；乡派出实有民警6名（含辅警1名）；乡中心小学实有正式教职工36名、临时工9名；寺管会实有驻寺干部2名，驻寺民警1名。

【学习贯彻中共十九大精神】 年内，为深入学习宣传贯彻十九大精神，11月，热萨乡党委成立3个宣讲小组，与驻村工作队员、村干部、老党员一道，深入10个行政村开展十九大精神宣讲，各宣讲团通过座谈、入户走访等方式，向农牧民宣传十九大精神及新政策，每组轮流宣讲2次。2017年，在318公路沿线悬挂横幅及粘贴幅宣传标语80处，在318国道旁堆康村石刻宣传标语1处，发放宣讲书籍1640本，受教育群众8000余人次。

【“四讲四爱”主题教育实践活动】 年内，乡党委、政府以“四讲四爱”主题教育实践活动为背景，在辖区内创办感党恩教育基地1个，建立专题文化墙13面，喷绘“四讲四爱”标语80余条，悬挂横幅250余条，发放2500余面国旗和650

2017年9月24日，县委书记陈钢到热萨乡宗白村检查指导村级党建和驻村工作

余张领袖像，向各村发放国歌歌词800余份和光碟20余张，向农牧民群众、青少年学生及寺庙僧尼发放拉孜县委、县政府主要领导在“四讲四爱”主题教育实践活动上的讲话藏语版光盘30余张，爱国歌曲光盘30余张，“四讲四爱”主题教育实践活动日历1000余张，习近平总书记“心连心”胸章3000枚，全乡会唱国歌的群众达80%以上、学生达100%。

2017年10月3日，副县长赵玮到热萨乡调研扶贫工作开展情况

【“两学一做”学习教育专题活动】 年内，乡党委召开热萨乡“两学一做”学习教育常态化制度化动员部署会1次，制定教育实施方案1个，出台《热萨县机关干部三做三评实施方案》1个，共计召开党委理论中心组学习会议24次，召开组织生活1次，开展“讲党课”活动6次、“主题党日”活动12次、“升国旗、唱国歌、学党章”活动48次。

【换届选举】 年内，为严肃换届纪律和换届风气，全乡发放换届政策宣传单2000余份，制作宣传栏20余个、标语70余条。顺利完成10个行政村换届选举工作，选出新任村“两委”班子和村监督委员会、妇代会主任、团支部书记等共73名，村正职干部达到初中以上文化程度的占60%。

【经济发展】 年内，全乡农村经济总收入达3777.93万元，比2016年增长16.3%，其中，第一产业收入785.88万元，第二产业收入185.8万元，第三产业收入2806.25万元。农牧民人均纯收入达7016.75元，比2016年增长16.8%，其中，现金收入达4788.87元，占人均纯收入比例68.25%。

【重点项目推进】 年内，投资近2亿元，完成全乡10个行政村的农网升级改造，结束116户长期不通电的历史，实现用电全覆盖。投资250余万元，开工建设强公行政村到强公普自然村的道路升级改造；投资7000余万元，积极推进长19.9公里覆盖堆康、恰西、查卧、热玛4个行政村的堆帕公路项目，已完成所有前期工作和招投标；投资4000余万元，推进318国道至久娃村到升级改造项目，已完成项目设计审查等前期工作。重点投资350余万元，全面开工建设热玛村防洪坝建设项目。重点投资70余万元，建设完成拉荣水塘工程项目，解决21户群众、250亩土地用水难题。投资200余万元，推进杰村占补平衡土地开垦项目，已完成所有前期工作，项目将新增土地300余亩。投资90余万元，推进实施久娃村牲畜短期育肥及牲畜品种改良项目，已完成部分前期工作。

【农业发展】 年内，成立热萨乡青稞增产领导小组1个，组织“青稞增产行动技术骨干培训班”1个，全乡20名科技特派员全部参加；有偿发放化肥32吨、农药10箱，免费发放有机肥64.4吨，组织群众积造农家肥近2000方。全乡实播面积6000.15亩，其中，青稞亩3700.05亩、春小麦100.05亩、豌豆100.05亩、青饲料300亩、蔬菜600亩、油菜1200亩，完成既定指标。

【农业保险】 年内，全乡共计兑现涉农保险资金84015.8元，野生动物肇事保险资金20720元。

【畜牧业发展】 年内，全乡可利用草场面积达739380亩，牲畜总数达到29377头（只、匹），共开展春秋防疫2次，覆盖率100%。全面推行草原生态保护补助奖励工作机制，实施草畜平衡奖励面积达739380亩，草畜平衡面积占可利用草场面积100%，全年共计兑现资金1795347.36元（草原生态保护补助奖励资金1708947.36元、草原监督员补助资金86400元），受益农牧户达592户。

【扶贫工作】 年内，召集扶贫专干、驻村干部、村“两委”班子成员、村监督委员会委员等共45人，组织开展扶贫业务培训，严格按照“四议两公开”工作法开展入户调查，制定《热萨乡建档立卡贫困人口信息“一包十”跟踪服务实施方案》推进精准再识别工作规范有序进行。经动态调整，热萨乡清退21户102人、新识别38户188人、脱贫24户94人、补录16户31人、人员自然增加（新生、嫁入、迁入）45人、自然减少（去世、嫁出、迁出）36人。热萨乡建档立卡贫困户共350户1655人，全年脱贫33户125人。全年完成93套易地扶贫搬迁房屋建设，在确保工程质量的基础上，加快推进工程进度，完成投资1810.95万元。进一步提高建档立卡户生产生活质量，年内完成十项提升工程投资713.62万元。其中，易地扶贫搬迁基础设施建设670.12万元、易地扶贫搬迁饮水工程43.5万元。在乡人大、纪委的监督下严格落实两项资金兑现，生态岗位资金总兑现716人，兑现资金340.66万元；定项补助资金兑现812人，兑现资金125.86万元。帮助贫困人口实现就业助脱贫、农村富余劳动力实现转移就业，建档立卡户外出务工人员164人，其中从事餐饮服务行业16人、从事建筑技工行业32人、从事木工加工行业18人、从事汽修行业8人、从事汽车和挖掘机驾驶行业90人，人均月工资收入在4500元。按照“4321”结对帮扶要求，各级干部共为建档立卡户送去帮扶资金和物资共计185300元，为24名特困学生分别兑现爱心助学基金70000元。

2017年6月1日，党委书记平措在热萨乡中心小学为“三好学生”颁奖

【集体经济】 年内，运行村级集体经济项目3个，其中久娃村手工艺合作社项目产生效益近5万元，带动5户12名农牧民群众增收；杰村短期育肥项目，产生效益近15万元，带动7户28名群众创收；强公村“3185”旅游服务中心项目，产生经济效益近50万元，带动40余户180余群众增收致富。

【劳务输出】 年内，全乡劳务输出900人，实现劳务收入1684.8万元，各项指标均超额完成。

【办实事解难事】 年内，热萨乡为三麦村、久娃村、热玛村更新村委会办公设备投入9.44万元。为乡中心小学教职工之家争取11万元，用于安装阳光棚、添置家具。为久娃村15个自然村解决未通电问题。协调市招标代理企业，投入8万元为村内老党员、大学生进行慰问。投入10.5万元为拉荣、宗白、堆康等3个行政村村委会办公设备进行更新改善。

【人大工作】 年内，召开热萨乡十四届人民代表大会第二、三次会议，共选举产生2名副乡长，征求人大代表意见建议45条，督促政府落实38条。

【教育工作】 年内，热萨乡小学

在校生476人(学前班幼儿60名)。"两基"成果不断巩固,幼儿园、小学、初中入学率巩固为81%、100%和100%,达到西藏班招录分数线并完成招录学生有12名。

【卫生工作】 年内,全乡农牧民医疗制度参合率100%,乡卫生院西药门诊人数6214人次,核销金额185142.63元,藏医门诊人数1119人次,核销金额34845.3元,县级门诊人数165人次、核销金额17689.22元,县级以上门诊人数458人次、核销金额77757.08元,住院人数38人次,实报金额469233.32元(不包括即时结算),住院分娩率达98%,兑现住院分娩奖励24000元,健康体检人数3128人,其中全项体检1825人次,在重大疾病筛查工作方面,共检查出包虫病疑似18例,阳性5例,结核病5例,脂肪肝13例,胆结石15例,已完成建档立卡贫困人员家庭医生签约服务255户。

【民政工作】 年内,全乡共有低保户236户1055人,自7月开展低保户动态调整后,按照"应保尽保、应退进退"原则,共清退73户376人,自然减少3人(死亡2人,迁户1人),新增6人,年底剩余低保户163户682人。全年共兑现低保金173.5459万元,其中,兑现退保户上半年低保金36.3601万元。全年兑现4名60岁以上农村籍退伍军人老年生活补助10800元;兑现92名困难残疾人生活补贴60720元和40名重度困难残疾人补助52800元;兑现10名农村困难优抚对象生活补贴4000元;兑现34名高龄老年人补助20400元,兑现29名80岁以上寿星老人补助9100元,兑现23名失能老人生活补贴13800元。

【人社工作】 年内,城乡居民养老保险参保人数3907人(2017年初人数),缴费人数2102人,征缴基金252900元,参保率为100%;完成全民参保入户登记3907人,入库率100%;建立城乡居民养老保险相关制度42条、台账42本;建立全民参保相关制度7条、台账10本。

【文化工作】 年内,举办以"感党恩 跟党走"为主题的爱国歌曲大家唱红歌文艺比赛活动1次,表彰队伍3支,颁发奖状3张,发放奖金1000元,表彰群众58人。组织27名干部群众参加2017年拉孜县堆谐文化节,获得团体二等奖1个、三等奖1个。

【"河长制"工作】 年内,制定"河长制"工作方案1个、应急预案1个、成立领导小组1个,设立"河长制"标识牌79张,投资350余万元在热萨乡热玛村实施防洪坝建设项目1个。

【环境综合整治】 年内,为切实做好迎接中央环保督察工作,对乡领范围内的河道、村道、"G318"沿线实行分段包干制,划定垃圾清理区域,重点开展"G318"沿线和热曲河内的环境整治工作100余次,组织500余人次的农牧民群众到"3185"和措拉山旅游景点打扫卫生、捡白色垃圾每周2次。关停辖区内沙场3座,投资10余万元恢复查卧村历史遗留的矿点2处。

【妇联工作】 年内,制定全乡妇联工作计划方案1个,组织开展"三八"国际劳动妇女节系列活动

2017年6月8日,热萨乡政府组织农牧民群众对堆康村垃圾进行清理

1次，积极组建巾帼志愿服务队1支，开展系列志愿服务活动10余次，并积极配合上级妇联部门开展相关活动。

（冉柏松）

芒普乡

【概况】 芒普乡位于拉孜县城东南部，距县城15公里，乡驻地海拔4300米，全乡共辖7个行政村（达龙村、乃村、普村、扎木加村、那拉赤村、公琼村、秋古村），26个自然村，1所中心小学，1个派出所，1个卫生院，2所学前班，1个畜牧兽防站。2017年，全乡农业总户数801户，总人口3665人，人口比2016年增加49人，劳动力2116人，其中外出务工903人。全乡贫困户339户、1288人。2017年计划完成脱贫户49户、208人，实际脱贫93户、236人，秋古村、公琼村全村脱贫摘帽。2017年扶贫户动态调整后，全乡新识别2户、11人，清退2户、2人，新增45人、删减17人。

2017年，乡机关共有行政编制15名，事业编制17名；全乡实有干部职工46人，其中藏族干部42人、汉族干部4人，党员32人；塔杰林寺管会编制6名，现有3名；乡卫生院共有干部职工6人，党员4人；乡小学共有教职工28人，党员19人，其中藏族教师28人；乡派出所共有干警5人，辅警1人，党员6人。

【学习贯彻中共十九大精神】 年内，为深入学习宣传贯彻中共十九大精神，使全体党员干部运用新时代的新精神、新思想武装头脑，开创芒普乡工作新篇章，芒普乡开展多种形式学习十九大精神的专题活动。乡党委、政府主要领导带队对7个行政村宣传中共十九大精神，并开展“党员志愿服务队”活动。受到群众的一致好评。截至年底，共制作横幅36条。发放十九大书籍100余本。条通过参观实物、图片等活动，使大家更加铭记党的历史，传承党的优良传统。组织全体党员干部面对党旗集体宣誓，重温入党誓词。庄严肃穆的党旗，铿锵有力的宣誓，使大家把“不忘初心，牢记使命”的十九大精神铭刻在心中。

【换届选举】 年内，严格执行换届纪律，制作宣传栏、标语横幅60余个（条），组织村干部做出换届纪律承诺50余份，7个村级组织换届全部顺利完成，选出新任村“两委”班子和村监督委员会、妇代会主任、团支部书记等共60人。

【扶贫工作】 年内，召集扶贫专干、驻村干部、村“两委”班子成员、村监督委员会委员等共115人开展扶贫业务培训，严格按照“四议两公开”工作法开展入户调查，推进精准再识别工作规范有序进行。经动态调整，全乡建档立卡贫困户共339户1288人，全年脱贫93户236人。按照“4321”结对帮扶要求，全乡贫困户339户1288人实现结对帮扶全覆盖，先后组织两次结对帮扶慰问，帮扶物资与资金折合人民币共计6.5万元。

【“两学一做”学习教育专题活动】 年内，针对“三会一课”制度执行不到位、发展党员程序不规范、党员党性观念淡薄、不按时交纳党费、带富致富能力不强等问题，把集中整改与加强日常教育管理结合起来，做到制度引领，责任兜

2017年10月9日，县委书记陈钢到芒普乡调研

底，切实做到抓细抓常抓长。创新党内组织生活形式，根据党员不同的需求，开展主题党日活动、体验式教育、警示教育等活动。

【"四讲四爱"主题教育实践活动】 年内，开展集中宣讲369场次，开展各类文体活动15场，受教育农牧民群众、青少年学生、寺庙僧尼3600余人，形成"践行'四讲四爱'喜迎党的十九大"的浓厚氛围。同时，悬挂红旗786面、发放领袖像843幅、立文化墙35面，发放宣讲资料300余本，制作宣传栏9个、悬挂横幅50余条，24小时滚动放映LED。严格落实"四讲四爱"主题教育实践活动19个规定动作，大力实施"五个起来"活动。

【办实事解难题】 年内，全力以赴支持配合教育工作，基于学生便于洗衣乡中心小学解决9台洗衣机，并积极协调联系上海普陀区委统战部等爱心人士，向7个行政村捐助价值十几万衣物的同时，向芒普乡中心小学捐助学生冬衣新的100件，旧的668件。

【经济发展】 年内，全乡农村经济总收入3699.04万元，比2016年增长7.9%，纯收入2722.04万元，比2016年增长8%，人均收入7427.11元，比2016年增长7%。现金总收入1794.86万元，人均现金收入7427.11元，分别比2016年增长7.9%。

【农业发展】 年内，全乡共播种粮食作物3250.1亩（"藏青2000"等高产粮食品种播种面积410亩），经济作物1800亩，种植饲草饲料725亩，植树造林6560颗。全年全乡粮食总产量338.6万斤。其中：青稞产量332.8万斤、油菜产量52.4万斤、蔬菜产量180.3万斤。全年使用化肥及农药43.8吨。芒普乡及时兑现2016年草原生态保护补助奖励资金123.038万元和2017年草补金121.820296万元，2016年草原监督委员补贴19.44万元和2017年草原监督员补贴9.72万元。

【畜牧业】 年内，全乡共计接羔育幼7897头（只、匹），成活7581头（只、匹），成活率为96%；成畜死亡494头（只、匹），死亡率控制在0.6%。2017年末全乡牲畜存栏共计32770头（只、匹），其中大畜3747头（匹）、小畜29023只，顺利完成2017年全乡各项经济工作指标。

【农业保险】 年内，全乡统计因雪灾死亡牲畜113头，野生动物肇事死亡牲畜85头，因病死亡牲畜6头。汛期全乡统计农田受灾181.79亩，兑现2017年政策性涉农保险和野生动物肇事金9.507万元。

【"河长制"工作】 年内，芒普乡积极开展防汛抗旱、地质灾害防治工作。2017年汛期，乡政府组织抢修秋古村、达龙村因灾损毁防洪堤共2.8公里，累计投入机械42工时，人力800余人次，给各村解决铁丝8000米，编织袋1.5万个。另外乡政府积极跟县国土局沟通衔接，落实16名地质灾害监测员编制，为芒普乡及时发现和预防各种灾害，做到强有力的保障。

【环境综合整治】 年内，芒普乡圆满完成迎接国家、自治区、市三级环保督察工作任务，全乡全年无一起涉及环保上访事件，未发生一起涉及环保案件。乡政府制定

2017年6月1日，党委副书记、乡长扎西旺姆参加乡中心小学"六一"庆祝活动

2017年芒普乡环境保护工作任务及计划，开展3次环境保护知识宣讲及12次集中环境整治工作，悬挂关于环境保护宣传横幅25条、设置宣传牌1个，营造出良好的环境保护氛围。注重建立乡环境保护与整治工作的长效机制，坚持“门前三包制”与各村每周例行环境清洁工作制度。加大乡政府对村（居）环境清洁工作的监督管理。大力开展环保政策宣传工作，不断提高全乡群众爱护环境的思想认识。

2017年5月13日，党委副书记、人大主席次仁向优秀集体颁发奖状

【劳务输出】 年内，劳务输出1806人次，实现劳务收入523.8万元，各项指标均超额完成。

【教育工作】 年内，召开全乡年度教育教学工作会议和中心小学教师教育素质提升研讨会议，分析研究教育教学质量工作，全面安排部署全年的教育教学各项工作。协同乡卫生院、派出所做好校园食品安全和安全生产、环境卫生等领域的各项工作，全年检查学校食品安全卫生6次，排查安全隐患30余次。2017年乡中心小学学生总数334人，入学率100%，全乡初中级学生49人，入学率100%。2017年全乡应届高中毕业生考入大专及以上院校20人。

【卫生工作】 年内，芒普乡卫生院全年西药门诊人次5332人，累计门诊开药资金19.31万元。藏医门诊人次502人，累计门诊开药资金2.1万元。全年接收普通住院病人14人。全年全乡农牧民物理体检人数2500人。2017年孕产妇90人，母子保健卡建卡率100%，全年新生儿86人，新生儿童保健卡建卡率100%，新生儿乙肝接种率100%。各种疫苗接种率100%。认真组织开展全乡包虫病筛查工作，全乡统一组织体检筛查率达到95%，发现包虫病拟似患者31人，并及时开展后期治疗工作。在3月和党的十九开幕期等，卫生院专门组织医疗巡诊队，深入全乡各驻村点、驻寺点开展维稳医疗巡诊工作，共巡诊40余干部。进一步加强食品安全知识宣传工作与定期督导检查工作。全年芒普乡卫生院组织在乡中心小学及各小卖部食品安全检查6次，严厉打击出售假冒伪产品及有毒有害食品。

【人社工作】 年内，城乡居民养老保险参保人数2355人，缴费人数2355人，征缴基金18.73万元，参保率为100%。完成全民参保入户登记3298人，入库率90%。建立城乡居民养老保险相关制度23条、台账20本。建立全民参保相关制度8条、台账8本。

【民政工作】 年内，全乡农村低保户198户、735人，五保户7户、7人，退伍军人17人，寿星老人29人，残疾人65人，精神病患者19人，留守儿童44人。全乡低保户以“应保尽保、应退尽退”的工作要求，乡政府特成立工作队，重新评估低保户家庭条件，根据各项标准，清退17家原低保户，共83人。2017年，共发放农村低保户最低生活保障金169.63万元，发放优抚资金4800元和60岁以上优抚资金1.35万元，发放寿星老人补贴金8600元，发放残疾人补贴金7.72万元，发放高龄老人和失能老人补助金1.86万元。

【文化事业】 年内，芒普乡积极参与拉孜首届中国堆谐之乡文化旅游节暨雅江骑行活动，集体获得雅江骑行鼓励奖，个人各获得第二名、第四名、第六名、第十四名的优异成绩。全年文化工作中组织开展各种群众文化活动，通过结合“3·28”西藏百万农奴解放纪念日、“七一”中国共产党建党日、国庆节等特别节日，芒普乡政府和各村委会组织各式各样的文体活动，得到群众和干部职工的一致好评。

（央　吉）

锡钦乡

【概况】 锡钦乡距拉孜县城12公里、日喀则市区138公里，318国道东西穿越，平均海拔4050米。全乡共有11个行政村（夏拉苏村、夏鲁村、格白村、荣白村、锡钦村、多玛村、仁达村、吉布村、岗西村、扎宗村、增村），全乡总户数为1532户、6770人、劳力4906人。2017年村组织换届选举村“两委”班子、村监督委员会、村妇代会主任、团支部书记等共88人，其中村“两委”班子成员60人。乡域面积589.3平方公里，其中耕地面积30187.3亩，林地面积174531.4亩（自生林、人工造林9263.9亩，沙生槐灌木林165267.5亩），草场面积470000亩。牲畜总数44862头（只、匹），草畜平衡面积占可利用草场面积100%，外出务工人员为2249人，劳务输出收入达到2968.68万元，人均年收入约1.32万元。全乡共有145个联保单位（双联户长），建档立卡贫困户共304户1243人，其中低保贫困户115户341人，一般贫困189户902人。

2017年，乡机关共有行政人员22名，核定领导职数12名；事业人员16名（农牧综合服务中心7名，文化站8名，后勤服务中心1名），全乡实有干部职工38人，其中藏族干部31人、汉族干部7人，党员29人；乡卫生院现共有干部职工6人，党员4人；乡小学共有教职工40人，党员29人，其中藏族教师39人，汉族教师1人；乡派出所共有干警4人，辅警1人，党员4人；怎巴寺寺管会共有干部4人，党员4人，增寺寺管会共有干部4人，党员4人。

【学习贯彻中共十九大精神】 年内，为深入学习宣传贯彻中共十九大精神，使全体党员干部运用新时代的新精神、新思想武装头脑，开创锡钦乡工作新篇章，锡钦乡开展多种形式学习中共十九大精神的专题活动。全乡党员干部职工分两组在锡钦乡11个行政村宣传中共十九大精神，并开展“党员志愿服务队”活动。受到群众的一致好评。截至年底，共制作横幅44条。发放书籍十九大书籍160余本。通过参观实物、图片等活动，使大家更加铭记党的历史，传承党的优良传统。组织全体党员干部面对党旗集体宣誓，重温入党誓词。庄严肃穆的党旗，铿锵有力的宣誓，使大家把“不忘初心，牢记使命”的十九大精神铭刻在心中。

【人大工作】 年内，召开乡十四届人民代表大会第二次、第三次会议，选举产生两名副乡长，征求人大代表意见建议12条，督促政府落实10条。

【换届选举】 年内，严格执行换届纪律，制作宣传栏、标语横幅70余个（条），组织村干部做出换届纪律承诺100余份，11个村级组织换

2017年1月15日，县委副书记施忠明一行到锡钦乡增村贫困户家中调研

届全部顺利完成，选出新任村“两委”班子和村监督委员会、妇代会主任、团支部书记等共88人。

【扶贫工作】 年内，召集扶贫专干、驻村干部、村“两委”班子成员、村监督委员会委员等共164人开展扶贫业务培训，严格按照“四议两公开”工作法开展入户调查，推进精准再识别工作规范有序进行。经动态调整，全乡建档立卡贫困户共304户1243人，全年脱贫53户263人。已落实农村低保资金984412元。2017年五保户3人，资金共兑现14520元。低保户中高龄老人17人，共兑现资金10200元，失能老人9人，共兑现资金4200元。优抚对象47名（其中60岁以上重点优抚对象6名）。寿星老人45人，共兑现资金14500元，残疾人146人，共兑现资金155760元，全乡村监督委员会成员共33名，务工补贴兑现资金251927.5元，发放母亲邮包180份。

【“两学一做”学习教育活动】 年内，锡钦乡以“两学一做”常态化教育活动为契机，每月组织党政班子成员和党员干部集中学习不少于1次，每次不少于60分钟，以每周五学习日工作要求，每周五组织乡党员干部集中传达学习会，已形成长效机制，提高全体党员干部的政治理论水平和业务水平；按照“三会一课”制度要求，党员干部都要参加组织生活会，认真开展批评和自我批评，使民主生活会成为交心会、团结会和鼓劲会，进一步增强党员干部的整体合力。

2017年3月15日，锡钦乡党委副书记、乡长格桑次仁与学生一起种树

【“四讲四爱”主题教育实践活动】 年内，助推主题教育实践活动深入开展，完成“五个起来”自选动作。家家户户插挂国旗，让国旗飘起来。全乡国旗插挂率达到100%。实现领袖像家庭、僧舍、教室全覆盖。建设文化墙，使文化墙立起来。全乡90%行政村已建立起文化墙。利用村级文化设施设备，叫广播响起来，全乡11个党支部已全覆盖配备广播，同时滚动播放习近平系列重要讲话精神、“四讲四讲”主题教育实践活动等音频资料内容。制作发放荣辱观宣传画，开展荣辱观教育，把新风树起来。锡钦乡统一制作1000余张“四讲四爱”主题教育实践活动内容与社会主义核心价值观内容相结合的宣传单发放到各农户、学校、寺庙实现全覆盖。

【发展壮大村集体经济】 年内，非公有制经济完成16.5亿元，财政收入完成290万元。乡政府以项目助推各项工作，格白村藏鸡养殖孵化基地项目将投入2000余万元；锡钦村羊毛制品专业合作社升级改造项目将投入500万元择地扩建；锡钦村温泉疗养基地升级改造项目将投入9000万元，拟扩建成为一个集疗养、旅游、休闲、商务、度假为一体的多功能温泉城；增村荣自然村卓玛山泉天然矿泉水建设项目将投入590.58万元，拟打造“拉孜好水、西藏好水”的拉孜矿泉水产业。根据现在已投入运营、在建、拟建的项目，保守估计，锡钦乡辖区内产业投入总额将突破1亿元。

【办实事解难题】 年内，锡钦乡新型农村社会养老保险为主体的社会化养老制度全面实施，参保人数2952人，缴费总额为276400元，参保人数稳中有升，参合率保持95%，共发放基础养老金259840.00元。

【经济发展】 年内，锡钦乡经济运行状况总体平稳，各项经济指标稳中有升，农业产业化发展势头强劲，实现农村经济总收入10976.42万元。外出务工人员为2249人，劳务输出收入达到2968.68万元，人均收入为1.32万元。

【农业发展】 截至年底，牲畜存栏数达到44862头（只、匹），其中大畜6108头（匹），小畜38754只。农业产业结构不断调整，粮、经、饲比例为57∶30∶13，2017年粮食作物产量达到7206.58吨（其中青稞产量达7146.58吨，小麦产量达60吨），油菜产量达到540吨，蔬菜产量达到3308.4吨，青饲料产量为652吨。2017年生产总值完成25.4亿元，农业总产值完成5.9亿元。

【畜牧业】 年内，实行草原生态保护补助奖励工作机制。截至年底，牲畜总数达到44862头（只、匹），全乡草原面积达470000亩，可利用草场面积470000亩，实施草畜平衡奖励面积达470000亩，草畜平衡面积占可利用草场面积100%。

【合作医疗】 年内，合作医疗参保人数已覆盖全乡辖区范围内100%。

【"河长制"工作】 年内，乡党委、政府加强防洪抗洪工作力度，组成立防汛抗洪应急队，对各水塘、沟渠进行全面检查，坚持主汛期24小时值班制度，确保防汛抗洪工作得到及时的处理。大力推进"河长制"工作落实，明确政府一把手负总责、亲自抓的工作格局。设立乡级总河长1名，乡级河长11名，村级河长11名，对萨迦冲曲河和5座水塘进行逐一造册登记，建立河道水塘档案资料，形成"一河一档"。

【妇联工作】 年内，锡钦乡组织开展"三八"国际劳动妇女节活动，在全乡范围内组织妇女开展环境卫生志愿服务活动9次。

【教育工作】 年内，锡钦乡大力发展教育文化事业，全乡辖区内拥有1所完小、3个幼儿园。小学生入学率达到100%，巩固率分别达到100%。同时采取"以优带弱"的方式，激发教师队伍活力，教育综合排名指数从垫底跃升至全县第一。

【安全生产】 年内，锡钦乡严格落实安全生产目标，强化安全生产责任，各村签订目标责任书11份，严格落实安全生产目标管理责任制和各项防范措施。在重大节假日组织机关干部开展宣传教育活动，乡派出所、村干部、"双联户长"、红袖标加强巡逻、检查。从数据上看交通事故发生频次明显低于2016年，人民群众的生命财产得到有效保障。

【环境综合治理】 年内，锡钦乡全面践行绿色发展新路，全力做好环保迎国检工作。严格贯彻落实习近平总书记"绿水青山就是金山银山"的重要指示精神，全面落实"党政同责、一岗双责、终身追责、权责一致"的要求，建立以乡主要领导任组长的工作领导小组，建立"锡钦乡环境保护网格化"的乡、村两级环境监管网格体系。强化环保宣传教育，通过设置环保宣传展板，悬挂横幅、标语等形式不断提高群众绿色环保意识，共投入宣传资金5万余元及垃圾清理设备等资金8.58万元。

2017年5月4日，锡钦乡举办"全民健身、团结友爱"运动会

2017年9月15日，锡钦乡组织干部职工到夏拉苏村开展助农收割

实行林业管护人员有偿有责的管护制度，与林业管护人员签订管护责任书，实行专人负责、专人管理318国道两侧绿化带及其他重点公益林项目的保护与管理，对缺苗和死亡苗木及时进行补栽，确保苗木成活率在92%以上。同时按照县有关河长制工作安排部署，在县级领导的带领下对锡钦乡范围内的重点河沟加强水资源保护和水域岸线管理保护。

【卫生工作】 年内，锡钦乡强化包虫病防治工作。按照年初制定的工作方案，积极开展包虫病防治宣传和预防工作，加强传染源的管理和控制，在全乡范围内开展流浪狗清理工作，此项工作的落实一直名列全县前列，得到市检查督导和县农牧局的认可。

【脱贫攻坚】 年内，锡钦乡精心组织实施产业扶贫大力发展下拉苏村农村产业特色林业园区，锡钦村羊毛加工合作社，格白村、锡钦村藏鸡养殖场等特色优势产业和养殖业。大力实施易地搬迁扶贫，有序引导贫困人群向县区、工业园区、行政村搬迁转移。锡钦乡有92户人纳入易地搬迁对象中。积极推动“捐资助学”帮贫困学生，减少因学返贫现象，截至年底，已对12名贫困学生得到资助，共计34500余元。实施精准结对帮扶。实行领导干部结对帮扶贫困户及干部包户制度。全面落实结对帮扶精准扶贫“54321”行动，通过结对帮扶行动，实现建档立卡贫困户123户、365人脱贫致富。

全面落实森林生态效益补偿机制和草原生态保护奖励机制，2017年生态岗位资金总兑现1043人，共兑现资金3129000元，兑现2016年无劳力人员资金1176450元。低保政策兜底一批。全力推进农村低保与扶贫开发工作无缝衔接、建立两者数据互通、资源共享的信息平台，提高城乡低保、五保人员供养标准，五保户集中供养、孤儿集中收养率达到100%。通过低保兜底，实现低保户108户325人和五保户5户5人脱贫致富。加大农牧民技能培训投入，2017年已有75人参加挖掘机、电焊技工培训，将有12人毕业并与相关行业部门签订上岗合约。锡钦乡紧紧围绕年度脱贫目标任务，认真贯彻落实县脱贫攻坚指挥部有关指示精神，结合年度脱贫方案和措施，上下联动精准施策，扎实有效的开展产业帮扶，就业帮扶，低保兜底以及教育和医疗等帮扶工作，做到政策扶持“不少一户”锡钦乡贫困户生活水平不断得到提升，取得脱贫攻坚实实在在的成效。

（王开疆）

查务乡

【概况】 查务乡距拉孜县城5公里，日喀则市区163公里，紧靠G318与G219交汇处，平均海拔4030米。全乡共有9个行政村（查务村、那布西村、森格隆村、生尖村、杰地村、明玛村、吉角村、加嘎村、达尔村），1所中心小学，1个卫生院，1个派出所，1座寺庙，共1001户4437人，其中劳动力2708人。2017年村组织换届选举村“两委”班子、村监督委员75人，其中村“两委”班子49人。乡域面积524平方公里，其中耕地面积8007亩，可利用草场面积397211.13亩，实施草畜平衡奖励面积 381103.92 亩，牲畜总数 25932 头（只、匹），草蓄平衡面积占可利用草场面积的 96%。全乡共有 92 个联户单位，92 名户长。

2017 年全乡共有干部职工 54 人，其中行政人员 18 名，事业工作人员 20 人，公益性 2 人，临时工 3 人，派出所 6 人，卫生院 5 人。

【学习贯彻中共十九大精神】 年内，乡领导班子带头学习，按节点组织自学、集体学以及研讨会，强化督促各驻村开展宣讲活动。开展“面对面宣讲点对点落实，中共十九大精神进万家”活动，由乡领导班子带头下村宣讲，并开展乡级知识竞赛，促进全民学习。截至年底，共制作横幅 40 条，发放十九大书籍 50 余本，乡政府每天滚动播放十九大宣传标语。组织全体党员干部面对党旗集体宣誓，重温入党誓词。庄严肃穆的党旗，铿锵有力的宣誓，使大家把“不忘初心，牢记使命”的十九大精神铭刻在心中。

【人大工作】 年内，顺利开展查务乡第十四届二次、三次人民代表大会。二次会上全票通过选举产生 1 名副乡长，三次会上全票通过选举产生 1 名乡长和 1 名副乡长。各与会代表提出民生、水利、交通等方面的若干意见、建议，乡人大会后认真梳理并提交上级人大。

【换届选举】 年内，成立换届工作领导小组和检查指导小组、“村霸、蝇贪”后进村整改检查小组，严格执行换届纪律，制定工作方案，制作宣传栏、标语横幅 60 余个（条），完成 9 个村级组织的换届选举工作，选出新任村“两委”班子和村监督委员共 75 人。

【扶贫工作】 2016 年全乡建档立卡贫困户 343 户 1369 人（脱贫 60 户 262 人），2017 年动态调整后全乡建档立卡贫困户 347 户 1396 人（脱贫 83 户 268 人），明玛村和加嘎村 2 个贫困村出列。按照“54321”结对帮扶要求，查务乡干部职工结对建档立卡贫困户已全覆盖，各级干部共为建档立卡贫困户送去帮扶资金和物资共计 22 万余元。

【“两学一做”学习教育专题活动】 年内，抓好“两学一做”常态化制度化工作。通过党委理论中心组、民主生活会等党的组织生活制度，带头“强制”督促党员学习，并要求制定个人学习计划，做好学习笔记，定期检查学习成效，从而将学习教育变成党员心里的“固定意识”；通过开展植树、助农收割和垃圾清理等党员志愿服务活动，培养党员的社会责任意识、奉献意识；通过开展“支部主题党日”活动引导党员切实履行党员义务，坚定党员理想信念，强化党性修养，推动作风建设，有效增强支部的创造力、凝聚力和战斗力。

【“四讲四爱”主题教育实践活动】 年内，开展集中宣讲 150 余次，开展各类文体活动 10 余场，受教育农牧民群众、青少年学生，形成“践行‘四讲四爱’喜迎党的十九大”的浓厚氛围。同时，悬挂红旗 1005 面、发放领袖像 1001 幅、立文化墙 20 面，发放宣讲资料 200 余本，制作宣传栏 10 个、悬挂横幅 40 余条，24 小时滚动放映 LED。严格落实“四讲四爱”主题教育实践活动 19 个规定动作，大力实施“五个起来”活动，发放海报 1000 余张、各村委会广播播放

2017年10月26日，县委书记陈钢到查务乡调研

率达 90% 以上。

【产业促脱贫】 在森格隆村养殖藏鸡 168 只，共产蛋 3576 枚，总收入 10728 元，2018 年拟扩大规模到 2000 只，带动 50 贫困户。引进区农科院在达尔村成功试种的青稞超高产，种植 500 亩，2018 年将在达尔村推广，受益 23 户 105 人。在明玛村投入扶持资金 35 万元，购买种牛 43 头，把“扶贫牛”变成“致富牛”，受益户数 43 户、231 人。

【办实事解难题】 做好明玛村整体搬迁 55 户 279 人相关后续工作。将森格隆村、杰地村 5 户，22 人分散安置，并已安排入住。完成 2017 年县城搬迁 133 户 450 人的统计和入住前相关工作。完成 843 人的生态岗位安排，兑现生态岗位资金 252.9 万元。从人社局争取 14.5 万元，在生尖村组织为期 2 个月的面点技能培训，培训人员 35 户 45 人，带动贫困户 11 户 44 人。为贫困户积极向上级争取驾驶、钢筋工等技能培训。对丧失劳动能力、残疾等贫困户实行政策性保障兜底，已兑现建档立卡 90 户 373 人资金 306233 元。兑现建档立卡户无劳力 527 人，资金 816850 元；查务村建筑队吸纳辖区内 4 户建档立卡户到本企业务工，发放工资 6000 元。扶持摩托车维修店 10000 元，乡政府出资 6500 元帮助村民看病。

【经济发展】 年内，全乡农村经济总收入达到 4844.18 万元，其中第一产业收入 1585.51 万元，第二产业收入 732.81 万元，第三产业收入 2525.86 万元。农牧民人均纯收入达到 8092.04 元，其中现金收入达到 5572.06 元，占人均纯收入比例达 69%。

2017年12月5日，查务乡党委书记胡太勇到查务村宣讲党的十九大精神

【农业发展】 年内，共种植青稞 4800.9 亩，小麦 199.5 亩，豌豆 100.5 亩，油菜 1600.1 亩，蔬菜 1200 亩，饲料 106.95 亩。成立青稞增产领导小组、行政与技术指导小组，设立专班，制定方案，细化步骤任务，全力助推青稞增产。种植“喜马拉 22 号”500 亩，派员参加县农牧局、科技局组织的“青稞增产行动技术骨干培训班”3 次，组织全乡科技特派员开展春播技能培训，做到系统培训全覆盖；争取到 5.07 吨农药。

【畜牧业】 截至年底，牲畜总数达 25932 头（只、匹），可利用草场面积 397211.13 亩，实施草畜平衡奖励面积 381103.92 亩，草蓄平衡面积占可利用草场面积 96%，及时兑现 2017 年草奖资金 713951.26，组织全乡干部职工完成查务乡草原基本划定工作。

【农业保险】 年内，查务乡牛出险数 14 头，赔款金额为 13680 元，羊出险数 44 只，赔款金额为 11750 元。农房出险数 4 户，赔款金额为 9700 元。青稞出险数为 77 亩，赔款金额为 29260 元。

【“河长制”工作】 年内，成立以乡党委书记为组长的“河长制”工作领导小组，乡长任总河长，亲自抓落实。设立乡级总河长 1 名，乡级河长 2 名，村级河长 7 名，村级河湖巡查员 17 名。

【环境综合整治】 年内，为切实做好迎接中央环保督查工作，乡党委、政府组织开展 G318 和雅江辖区环境整治工作 200 余次。制定

2017年6月30日，查务乡开展支部主题党日活动

“河长制”工作方案，成立领导小组，对各村辖区河道实行分段包干制，划定河道垃圾清理区域，设立“河长制”标识牌，落实乡、村两级河长职责。同时不定期组织辖区内的乡机关、学校、卫生院、派出所干部职工以及9个村的党员群众，主动清扫各自辖区、318公路沿线、工地上的建筑垃圾、垃圾处理厂附近、雅江河道内的卫生150余次。

【劳务输出】 年内，劳务输出1105人次，实现劳务收入1856.4万元。

【教育工作】 乡政府联系西藏凌河建筑工程有限公司，争取捐资助学金15000元，解决6名建档立卡大学生各2500元学费；通过金秋助学金，为4名大学生兑现1.6万元帮助资金；2017年共帮助43大学生通过圆梦计划获得资助。

【卫生工作】 年内，乡卫生院门诊5493人次，核销金额224889元，县级以上医院门诊报销88228.58元，县级以上住院人数167人。在重大疾病筛查工作方面，共检查出包虫病疑似和阳性病人33例，结核病人2例，已完成1432建档立卡贫困人员家庭医生签约服务。对9个行政村和寺庙开展义务巡诊服务。每季度开展一次健康宣传活动，重点宣传艾滋病、结核病等的预防，提醒广大群众早发现、早治疗。

【妇联工作】 年内，乡妇联牵头，引导各村驻村工作队和卫生院一起，利用“三八”国际劳动妇女节和其他时间给各村妇女讲解“两降一升”等相关妇幼保健知识。

【人社工作】 年内，城乡居民养老保险参保人数2018人，缴费人数1780人，征缴基金17.8万元，参保率为88%。为359名60岁（含）以上人员兑现1至6月份资金295200元。

【民政工作】 年内，为143户646人兑现上半年城乡低保资金593059.5元，兑现城乡医疗救助资金231612.85元，为3名60岁以上农村籍退伍军人老年生活补助8100元，为115名残疾人员兑现生活补贴141900元，为22名80岁以上退休老人兑现寿星老人补助7100元。

【文化事业】 年内，成功举办以“四讲四爱喜迎党的十九大歌咏、演讲、新旧对比比赛”为主题的文艺汇演，与此同时，开展演讲、歌舞、拔河等一系列文体活动，使“讲党恩 爱核心 讲团结 爱祖国 讲贡献 爱家园 讲文明 爱生活”的观念深入人心，激发广大群众爱党爱国爱社会主义的热忱，弘扬拉孜堆谐等传统文化。

（李仪鲜）

荣誉榜

受县(区)级以上表彰的先进集体名录

表1

获奖单位	获奖名称	表彰时间	授予单位
拉孜县公安局	全国公安机关改革创新大赛铜奖	2017年	公安部
拉孜县人民政府办公室	2016年度信访工作“三无”县(市、区)	2017年	国家信访局
拉孜县委组织部	创先争优强基础惠民生活动优秀组织单位	2018年	自治区党委、自治区政府
拉孜县民间艺术团	西藏自治区《感党恩 爱核心 喜迎党的十九大》全区民间文艺汇演并获得优秀作品奖	2017年	自治区党委、自治区政府
拉孜县民间艺术团	西藏自治区举办的感动西藏扶贫十大人物颁奖晚会,舞蹈《妙音踏舞》获日喀则市第一届雅鲁藏布文学艺术奖	2017年	自治区党委、自治区政府
拉孜县民间艺术团	舞蹈《妙音踏舞》获全国十七届群星奖	2017年	自治区党委宣传部
拉孜县人民政府办公室	雅江骑行活动最佳配合部门	2017年	日喀则市委、市政府
拉孜县委宣传部	2017年日喀则市创先争优强基础惠民生活动先进驻村工作队	2017年	日喀则市委、市政府
拉孜县总工会	先进驻村工作队	2017年	日喀则市委、市政府
拉孜县人民检察院	2017年日喀则市民族团结进步模范集体	2017年	日喀则市委、市政府
拉孜县妇女联合会	先进驻村工作队	2017年	日喀则市委、市政府
拉孜县民族宗教事务局	宗教工作先进集体	2017年	日喀则市委、市政府
拉孜县民间艺术团	“日喀则地区第十五届珠峰文化旅游节”十八县(区)主题日文艺展演三等奖	2017年	日喀则市委、市政府
拉孜县环境保护局	日喀则市先进驻村工作队	2017年	日喀则市委、市政府
拉孜县民间艺术团	第十五届珠峰文化旅游节18县区主题日文艺展演三等奖	2017年	日喀则市委、市政府
拉孜县芒普乡	市级“先进双联户”创建活动先进集体	2017年	日喀则市委、市政府

续表1

获奖单位	获奖名称	表彰时间	授予单位
曲下镇贡巴下寺管委会	2017年上半年先进寺庙管理委员会	2017年	日喀则市委、市政府
拉孜县扎西岗乡普东玉托寺	2017上半年和谐模范集体单位	2017年	日喀则市委、市政府
武警拉孜县中队	日喀则市民族团结进步模范集体	2017年	日喀则市政府
拉孜县委政法委	市级先进驻村工作队	2017年	日喀则市委组织部
拉孜县委宣传部	2017年度全市宣传思想工作进步奖	2018年	日喀则市委宣传部
共青团拉孜县委员会	先进驻村工作队	2017年	日喀则市强基础惠民生活动领导小组办公室
拉孜县人民检察院	2016年度全市检察机关先进集体	2017年	日喀则市人民检察院
拉孜县人民法院	党风廉政建设先进体	2017年	日喀则市中级人民法院
拉孜县人民法院	信息化工作先进集体	2017年	日喀则市中级人民法院
拉孜县人民法院	日喀则市法院先进集体	2018年	日喀则市中级人民法院
拉孜县文化广播影视服务站	2017年度新闻出版广电工作二等奖	2017年	日喀则市新闻出版广电局
拉孜县人力资源和社会保障局	综合工作三等级	2017年	日喀则市人力资源和社会保障局党组
拉孜县委宣传部	第四届市级文明单位	2017年	日喀则市精神文明建设指导委员会
拉孜县人民检察院	市级文明单位	2017年	日喀则市精神文明建设指导委员会
拉孜县完全小学	教学质量突出奖	2017年	日喀则市教育局
拉孜县扎西岗乡小学	教学质量突出奖	2017年	日喀则市教育局
拉孜县中学	教学质量突出奖	2017年	日喀则市教育局
拉孜县中学	优秀组织奖	2017年	日喀则市教育局
拉孜县热萨乡小学	教学质量突出奖	2017年	日喀则市教育局
拉孜公路养护段	2017年度养护生产先进单位	2017年	日喀则公路分局
拉孜公路养护段十二工区	2017年度先进工区	2017年	日喀则公路分局
拉孜县商务局（旅游局、经合办）	2017年度质监业务联系单位三等奖	2017年	日喀则市质量技术监督管理局
拉孜县国家税务局	全市全面推开营改增工作先进集体一等奖	2018年	日喀则市国家税务局
拉孜县人民检察院	拉孜县优秀基层党组织	2017年	拉孜县委
拉孜县人民政府办公室	2017年度信息报送先进集体	2017年	拉孜县委、县政府
拉孜县委组织部	2017年度信息报送先进集体	2018年	拉孜县委、县政府

续表1

获奖单位	获奖名称	表彰时间	授予单位
拉孜县委宣传部	拉孜首届中国堆谐之乡文化旅游节暨雅江骑行活动优秀组织奖	2018年	拉孜县委、县政府
拉孜县委宣传部	2017年度社会治安综合治理工作先进集体	2018年	拉孜县委、县政府
拉孜县委宣传部	2017年度信息报送先进集体	2018年	拉孜县委、县政府
拉孜县委统战部	2017年度信息报送　先进集体	2018年	拉孜县委、县政府
拉孜县公安消防大队	民族团结进步模范集体	2017年	拉孜县委、县政府
拉孜县公安局	2017年度目标绩效争先进位考核二等奖	2018年	拉孜县委、县政府
拉孜县公安局	2017年度社会治安综合治理工作先进集体	2018年	拉孜县委、县政府
拉孜县公安局	2017年度信息报送先进集体	2018年	拉孜县委、县政府
拉孜县公安局	2017年度“先进双联户”创建评选工作先进集体	2017年	拉孜县委、县政府
拉孜县人民检察院	2017年度目标绩效争先进位考核一等奖	2018年	拉孜县委、县政府
拉孜县人民检察院	2016年度综治工作先进单位	2017年	拉孜县委、县政府
拉孜县司法局	2017年度目标绩效争先进位考核进步奖	2017年	拉孜县委、县政府
拉孜县司法局	2017年度社会治安综合治理工作先进集体	2017年	拉孜县委、县政府
拉孜县财政局	县级优秀驻村工作队	2018年	拉孜县委、县政府
拉孜县财政局	拉孜县创先争优强基础惠民生活动优秀组织单位	2017年	拉孜县委、县政府
拉孜县财政局	民族团结进步模范集体	2017年	拉孜县委、县政府
拉孜县财政局	2017年度目标绩效争先进优考核三等奖	2018年	拉孜县委、县政府
拉孜县国土资源局	进步奖	2017年	拉孜县委、县政府
拉孜县安全生产监督管理局	2017年度社会治安综合治理工作先进集体	2018年	拉孜县委、县政府
拉孜县安全生产监督管理局	2017年度目标绩效争先进位考核三等奖	2018年	拉孜县委、县政府
拉孜县国家税务局	最佳配合部门	2017年	拉孜县委、县政府
拉孜县国家税务局	2017年度支持地方经济发展先进集体	2018年	拉孜县委、县政府
拉孜县人力资源和社会保障局	目标绩效争先进位考核二等奖	2017年	拉孜县委、县政府
拉孜县人力资源和社会保障局	民族团结进步模范集体	2017年	拉孜县委、县政府
拉孜县人力资源和社会保障局	先进驻村工作队	2017年	拉孜县委、县政府
拉孜县文化新闻出版广电局（文物局、版权局）	拉孜县首届中国堆谐之乡文化旅游节暨雅江骑行活动优秀组织奖	2017年	拉孜县委、县政府

续表1

获奖单位	获奖名称	表彰时间	授予单位
拉孜县农牧局（林业局、科技局）	2017年度信息报送先进集体	2018年	拉孜县委、县政府
拉孜县查务乡小学	综合管理先进奖	2017年	拉孜县委、县政府
拉孜县芒普乡小学	综合管理先进学校	2017年	拉孜县委、县政府
拉孜县芒普乡小学	县内统考总成绩第三名	2017年	拉孜县委、县政府
拉孜县芒普乡小学	县内统考成绩进步学校	2017年	拉孜县委、县政府
拉孜县芒普乡小学	全市毕业班学业水平测试成绩提升学校	2017年	拉孜县委、县政府
拉孜县芒普乡小学	县内统考成绩达标学校	2017年	拉孜县委、县政府
拉孜县柳乡小学	全市毕业班学业水平测试成绩提升学校	2017年	拉孜县委、县政府
拉孜县柳乡小学	突出贡献学校	2017年	拉孜县委、县政府
拉孜县柳乡小学	县内统考总成绩第二名	2017年	拉孜县委、县政府
拉孜县柳乡小学	综合管理先进学校	2017年	拉孜县委、县政府
拉孜县完全小学	“日喀则市推进义务教育均衡发展先进学校”	2017年	拉孜县委、县政府
拉孜县完全小学	2016—2017学年度突出贡献学校	2017年	拉孜县委、县政府
拉孜县锡钦乡小学	民族团结进步奖	2017年	拉孜县委、县政府
拉孜县锡钦乡小学	综合管理先进学校	2017年	拉孜县委、县政府
拉孜县锡钦乡小学	县内统考成绩进步学校	2017年	拉孜县委、县政府
拉孜县锡钦乡小学	县内统考总成绩第一名	2017年	拉孜县委、县政府
拉孜县锡钦乡小学	县内统考成绩达标学校	2017年	拉孜县委、县政府
拉孜县扎西宗乡小学	县内统考成绩达标学校	2017年	拉孜县委、县政府
拉孜县扎西宗乡小学	县内统考成绩进步学校	2017年	拉孜县委、县政府
拉孜县扎西宗乡小学	综合管理先进学校	2017年	拉孜县委、县政府
拉孜县中学	“七一”爱国歌曲大家唱红歌比赛	2017年	拉孜县委、县政府
拉孜县中学	2016—2017学年度综合管理先进学校	2017年	拉孜县委、县政府
拉孜县中学	2016—2017年度突出贡献学校	2017年	拉孜县委、县政府
拉孜县中学	2016—2017学年度中考成绩达标学校	2017年	拉孜县委、县政府
拉孜县环境保护局	2017年度目标绩效争先进位考核三等奖	2018年	拉孜县委、县政府

续表1

获奖单位	获奖名称	表彰时间	授予单位
拉孜县城市管理综合执法局	2017 年度目标绩效争先进位考核三等奖	2018 年	拉孜县委、县政府
拉孜公路养护段	2017 年度社会治安综合治理工作先进集体	2017 年	拉孜县委、县政府
拉孜公路养护段	2017 年度支持地方经济发展先进集体	2017 年	拉孜县委、县政府
农行拉孜县支行	2017 年度支持地方经济建设先进集体	2018 年	拉孜县委、县政府
拉孜县柳乡	目标绩效争先进位第三名	2018 年	拉孜县委、县政府
拉孜县柳乡	年度信息报送先进集体	2018 年	拉孜县委、县政府
拉孜县柳乡	寺庙属地管理先进乡镇	2017 年	拉孜县委、县政府
拉孜县柳乡	拉孜县庆祝建党 96 周年暨“七一”爱国歌曲大家唱红歌比赛组织奖	2017 年	拉孜县委、县政府
拉孜县柳乡	拉孜首届中国堆谐只想文化旅游节暨雅江骑行活动骑行比赛 35 公里团队鼓励奖	2017 年	拉孜县委、县政府
拉孜县柳乡	拉孜首届中国堆谐只想文化旅游节暨雅江骑行活动绑腿竞赛二等奖	2017 年	拉孜县委、县政府
拉孜县柳乡	拉孜首届中国堆谐只想文化旅游节暨雅江骑行活动拔河比赛三等奖	2017 年	拉孜县委、县政府
拉孜县柳乡	拉孜首届中国堆谐只想文化旅游节暨雅江骑行活动文艺比赛二等奖	2017 年	拉孜县委、县政府
拉孜县柳乡	拉孜县创先争优强基础惠民生活动优秀组织单位	2017 年	拉孜县委、县政府
拉孜县柳乡	学习十九大知识竞赛四等奖	2017 年	拉孜县委、县政府
拉孜县柳乡	拉孜县干部职工运动会组织奖	2017 年	拉孜县委、县政府
拉孜县曲玛乡	拉孜县堆谐之乡文化旅游节暨雅江骑行活动文艺比赛二等奖	2017 年	拉孜县委、县政府
拉孜县曲玛乡	拉孜县堆谐之乡文化旅游节暨雅江骑行活动拔河比赛一等奖	2017 年	拉孜县委、县政府
拉孜县曲玛乡	拉孜县堆谐之乡文化旅游节暨雅江骑行活动抱石头竞赛二等奖	2017 年	拉孜县委、县政府
拉孜县曲玛乡	拉孜县堆谐之乡文化旅游节暨雅江骑行活动押加竞赛一等奖	2017 年	拉孜县委、县政府
拉孜县热萨乡人民政府	先进“双联户”创建评选工作先进集体	2017 年	拉孜县委、县政府
拉孜县热萨乡人民政府	拉孜县首届中国堆谐之乡文化旅游节暨雅江骑行活动押加竞赛二等奖	2017 年	拉孜县委、县政府
拉孜县热萨乡人民政府	拉孜县首届中国堆谐之乡文化旅游节暨雅江骑行活动抱石头竞赛三等奖	2017 年	拉孜县委、县政府
拉孜县热萨乡人民政府	社会治安综合治理工作优秀乡镇	2017 年	拉孜县委、县政府
拉孜县拉孜镇人民政府	2017 年度社会治安综合治理工作优秀乡镇	2017 年	拉孜县委、县政府

续表1

获奖单位	获奖名称	表彰时间	授予单位
拉孜县拉孜镇人民政府	2017年度"先进双联户"创建评选工作先进集体	2017年	拉孜县委、县政府
拉孜县拉孜镇人民政府	拉孜县首届中国堆谐之乡文化旅游节暨雅江骑行活动拔河比赛一等奖	2017年	拉孜县委、县政府
拉孜县拉孜镇人民政府	拉孜县庆祝建党96周年暨"七一"红歌比赛二等奖	2017年	拉孜县委、县政府
拉孜县拉孜镇人民政府	拉孜县首届中国堆谐之乡文化旅游节暨雅江骑行活动骑行比赛35公里团队优秀组织奖	2017年	拉孜县委、县政府
拉孜县芒普乡	目标绩效争先进位第一名	2018年	拉孜县委、县政府
拉孜县芒普乡	"先进双联户"创建评选工作先进集体	2017年	拉孜县委、县政府
拉孜县芒普乡	社会治安综合治理工作优秀乡镇	2018年	拉孜县委、县政府
拉孜县芒普乡	信息报送先进集体	2018年	拉孜县委、县政府
拉孜县芒普乡	男子拔河第一名	2017年	拉孜县委、县政府
拉孜县芒普乡	女子篮球亚军	2017年	拉孜县委、县政府
拉孜县芒普乡	女子拔河第三名	2017年	拉孜县委、县政府
拉孜县芒普乡	雅江骑行35公里鼓励奖	2017年	拉孜县委、县政府
拉孜县查务乡	"先进双联户"创建评选工作先进乡镇	2018年	拉孜县委、县政府
拉孜县查务乡	综治工作先进乡镇	2018年	拉孜县委、县政府
查务乡驻生尖村工作队	先进集体	2018	拉孜县委、县政府
拉孜县查务乡	"学思践悟"十九大知识竞赛二等奖	2017	拉孜县委、县政府
拉孜县查务乡	拉孜县庆祝建党96周年暨"七一"爱国歌曲大家唱红歌比赛组织奖	2017	拉孜县委、县政府
拉孜县曲下镇土林村	拉孜县曲下镇土林村2017年度"先进双联户"创建评选工作	2017年	拉孜县委、县政府
拉孜县曲下镇人民政府	2017年度社会治安综合治理工作先进集体	2018年	拉孜县委、县政府
拉孜县曲下镇人民政府	拉孜县2017年度寺庙属地管理先进乡镇	2017年	拉孜县委、县政府
拉孜县曲下镇人民政府	拉孜首届中国堆谐之乡文化旅游节暨雅江骑行活动(文艺比赛三等奖、拔河比赛三等奖、绑腿竞赛二等奖)	2017年	拉孜县委、县政府
拉孜县曲下镇人民政府	拉孜县庆祝建党96周年暨"七一"爱国歌曲大家唱组织奖	2017年	拉孜县委、县政府
拉孜县扎西宗乡	"人大代表之家"作用发挥奖	2017年	拉孜县委、县政府
拉孜县扎西宗乡	拉孜县堆谐之乡文化旅游节暨雅江骑行活动文艺比赛组织奖	2017年	拉孜县委、县政府

续表1

获奖单位	获奖名称	表彰时间	授予单位
拉孜县扎西宗乡	拉孜县堆谐之乡文化旅游节暨雅江骑行活动拔河比赛三等奖	2017 年	拉孜县委、县政府
拉孜县扎西宗乡	拉孜县堆谐之乡文化旅游节暨雅江骑行活动骑行比赛 35 公里团队优秀组织奖	2017 年	拉孜县委、县政府
拉孜县扎西宗乡	拉孜县堆谐之乡文化旅游节暨雅江骑行活动绑腿竞赛三等奖	2017 年	拉孜县委、县政府
拉孜县扎西宗乡	拉孜县庆祝建党 96 周年暨“七一”爱国歌曲大家唱红歌比赛组织奖	2017 年	拉孜县委、县政府
拉孜县彭措林乡	目标绩效争先进位进步奖	2018 年	拉孜县委、县政府
拉孜县彭措林乡	拉孜县 2017 年度寺庙属地管理先进乡镇	2017 年	拉孜县委、县政府
拉孜县彭措林乡	拉孜首届中国堆谐之乡旅游文化节暨雅江骑行活动绑腿竞赛二等奖	2017 年	拉孜县委、县政府
拉孜县彭措林乡	拉孜首届中国堆谐之乡文化旅游节暨雅江骑行活动优秀节目奖	2017 年	拉孜县委、县政府
拉孜县扎西岗乡	拉孜县 2017 年度寺庙属地管理先进乡镇	2017 年	拉孜县委、县政府
拉孜县扎西岗乡	民族团结进步模范集体	2017 年	拉孜县委、县政府
拉孜县扎西岗乡	优秀组织单位	2017 年	拉孜县委、县政府
拉孜县扎西岗乡	2017 年度目标绩效争先进位考核二等奖	2017 年	拉孜县委、县政府
拉孜县扎西岗乡普东玉托寺	2017 下半年和谐模范集体单位	2018 年	拉孜县委、县政府
拉孜县商务局（旅游局、经合办）	2017 年度信息报送先进集体	2017 年	拉孜县政府
拉孜县商务局（旅游局、经合办）	拉孜中国堆谐之乡文化旅游节雅江骑行活动优秀组织奖	2017 年	拉孜县政府
拉孜县商务局（旅游局、经合办）	拉孜中国堆谐之乡文化旅游节雅江骑行活动最佳配合奖	2017 年	拉孜县政府

说明：由于各单位资料提供不全，可能有遗漏

受县(区)级以上表彰的先进个人名录

表2

姓名	性别	民族	工作单位	获奖名称	表彰时间	授予单位
米玛罗加	男	藏	查务公安一级检查站	优秀学员	2017年	公安部
边　　吉	女	藏	拉孜县统计局	全国统计系统先进个人	2018年	国家统计局
陈　　尚	男	汉	中国移动日喀则分公司	2016—2017年度共建共享先进个人	2017年	中国移动通信集团
普布扎西	男	藏	拉孜县纪委监委	自治区级优秀驻村工作队员	2017年	自治区党委、自治区政府
郭宝华	男	汉	拉孜县委组织部	西藏自治区创先争优强基础惠民生活动先进工作者	2018年	自治区党委、自治区政府
普　　次	男	藏	拉孜县委组织部	西藏自治区创先争优强基础惠民生活动先进驻村工作队员	2018年	自治区党委、自治区政府
次仁央拉	女	藏	拉孜县委统战部	优秀驻村工作队员	2017年	自治区党委、自治区政府
白玛卓嘎	女	藏	拉孜县总工会	先进驻村工作队员	2017年	自治区党委、自治区政府
多吉扎西	男	藏	拉孜县仁青顶寺特派点	优秀驻寺干部	2017年	自治区党委、自治区政府
格桑罗布	男	藏	拉孜县平措林寺管会	优秀驻寺干部	2017年	自治区党委、自治区政府
边巴顿拉	男	藏	拉孜县格旦开曲寺管会	优秀驻寺干部	2017年	自治区党委、自治区政府
顿　　珠	男	藏	拉孜县民政局	先进驻村工作队员	2017年	自治党委、自治区政府
索朗旦增	男	藏	拉孜县拉孜镇人民政府	优秀驻村队员	2017年	自治区党委、自治区政府
阿旺罗布	男	藏	拉孜县拉孜镇人民政府	优秀驻村队员	2017年	自治区党委、自治区政府
仓木拉	女	藏	拉孜县拉孜镇人民政府	优秀驻村队员	2017年	自治区党委、自治区政府
占　　堆	男	藏	拉孜县拉孜镇格旦开曲寺管会	优秀驻寺干部	2017年	自治区党委、自治区政府
边巴顿拉	男	藏	拉孜县拉孜镇格旦开曲寺管会	优秀驻寺干部	2017年	自治区党委、自治区政府
巴　　加	男	藏	拉孜县扎西岗乡普东玉托寺管会	优秀驻寺干部	2017年	自治区党委、自治区政府
索朗多杰	男	藏	拉孜县公安局2号警务站	先进驻村工作队员	2017年	自治区政府
白玛央金	女	藏	拉孜县人力资源和社会保障局	优秀驻村工作队员	2017年	自治区政府
巴　　顿	男	藏	拉孜县农牧局(林业局、科技局)	2017年西藏自治区级优秀驻村工作队员	2017年	自治区政府
平措次仁	男	藏	拉孜县农牧局(林业局、科技局)	2017年西藏自治区级优秀驻村工作队员	2017年	自治区政府

续表2

姓名	性别	民族	工作单位	获奖名称	表彰时间	授予单位
殷琳飞	男	汉	拉孜县农牧局（林业局、科技局）	2017年西藏自治区级优秀驻村工作队员	2017年	自治区政府
次仁片多	女	藏	拉孜县彭措林乡人民政府	优秀公务员记三等功	2018年	自治区党委组织部、自治区人力资源和社会保障厅
旦增旺扎	男	藏	拉孜县司法局	全区法治宣传教育先进个人	2017年	自治区党委宣传部、区司法厅、区普法办
刘帅	男	汉	拉孜县脱贫攻坚指挥部	自治区2017年脱贫攻坚知识竞赛三等奖	2017年	自治区脱贫攻坚指挥部办公室、自治区党委宣传部、自治区扶贫开发办公室、自治区新闻出版广电局
刘帅	男	汉	拉孜县扶贫开发投资有限责任公司	西藏自治区2017年脱贫攻坚知识竞赛三等奖	2017年	自治区脱贫攻坚指挥部办公室、自治区党委宣传部、自治区扶贫开发办公室、自治区新闻出版广电局
王孟	男	汉	拉孜县纪委监委	自治区级纪检监察信息优秀信息员	2018年	自治区纪委办公厅、自治区纪检监察信息中心
罗杰	男	藏	拉孜县柳乡人民政府	优秀驻村工作队	2017年	自治区强基础惠民生活动领导小组办公室
旦增卓玛	女	藏	拉孜县商务局（旅游局、经合办）	优秀驻村工作队员	2017年	自治区强基础惠民生工作领导小组办公室
格列平措	男	藏	拉孜县芒普乡人民政府	优秀驻村队员	2017年	自治区强基础惠民生活动领导小组办公室
次仁旺堆	男	藏	拉孜县扎西岗乡人民政府	自治区级优秀驻村工作队队员	2017年	自治区强基础惠民生活动领导小组办公室
尼琼	女	藏	拉孜县扎西岗乡人民政府	自治区级优秀驻村工作队队员	2017年	自治区强基础惠民生活动领导小组办公室
边巴央吉	女	藏	拉孜县扎西岗乡人民政府	自治区级优秀驻村工作队队员	2017年	自治区强基础惠民生活动领导小组办公室
尼玛	男	藏	拉孜县委宣传部	“喜迎十九大——西藏百名书法家书写‘四讲四爱’作品微信展”被评为优秀作品	2017年	西藏书法家协会、西藏互联网公众号
米玛罗加	男	藏	拉孜县公安局政工室	三等功	2018年	自治区公安厅
尼桑	男	藏	查务公安一级检查站	优秀学员	2017年	自治区公安厅
边珍	女	藏	拉孜县人民法院	优秀法官	2017年	自治区人民法院
孙太松	男	汉	拉孜县国家税务局	“营改增”个人嘉奖	2017年	自治区国家税务局
次仁平措	男	藏	拉孜县中学	教学竞赛一等奖	2017年	自治区教育厅
次仁平措	男	藏	拉孜县中学	首批自治区级中小学骨干教师	2017年	自治区教育厅
朗杰	男	藏	拉孜县扎西宗乡小学	民族团结进步模范个人	2017年	自治区教育厅、自治区民族宗教事务所

续表2

姓名	性别	民族	工作单位	获奖名称	表彰时间	授予单位
陈　尚	男	汉	中国移动日喀则分公司	关于陈尚同志的重大保障工作鉴定	2017年	西藏军区参谋部信息保障部
洛桑次仁	男	藏	拉孜公路养护段	养护先进个人	2017年	西藏自治区公路局
米玛次仁	男	藏	拉孜公路养护段	养护先进个人	2017年	西藏自治区公路局
扎西平措	男	藏	拉孜公路养护段	养护先进个人	2017年	西藏自治区公路局
罗　布	男	藏	拉孜公路养护段	养护先进个人	2017年	西藏自治区公路局
边巴多拉	男	藏	拉孜公路养护段	养护先进个人	2017年	西藏自治区公路局
多布拉	男	藏	拉孜公路养护段	养护先进个人	2017年	西藏自治区公路局
索朗多布杰	男	藏	拉孜公路养护段	养护先进个人	2017年	西藏自治区公路局
扎西次仁	男	藏	拉孜公路养护段	养护先进个人	2017年	西藏自治区公路局
陈　尚	男	汉	中国移动日喀则分公司	2017年先进个人	2018年	中国移动西藏公司
尼　玛	男	藏	拉孜县委宣传部	拉萨市公安局第三届书法摄影大赛荣获“三等奖”	2017年	拉萨公安局政治部
丹　珍	女	藏	拉孜县委宣传部	日喀则市优秀驻村工作队员	2017年	日喀则市委、市政府
李晓波	男	汉	拉孜县委统战部	下半年优秀涉宗干部	2018年	日喀则市委、市政府
普　琼	男	藏	拉孜县公安局曲玛乡派出所	民族团结进步模范个人	2017年	日喀则市委、市政府
次仁央拉	女	藏	拉孜县民族宗教事务局	上半年市级优秀涉宗干部	2017年	日喀则市委、市政府
德　吉	女	藏	拉孜县司法局	日喀则市先进驻村工作队员	2017年	日喀则市委、市政府
杨艳飞	男	汉	拉孜县环境保护局	优秀驻村工作队队员	2018年	日喀则市委、市政府
尼玛次仁	男	藏	拉孜县拉孜镇人民政府	优秀驻村队员	2017年	日喀则市委、市政府
次旺伟思	男	藏	拉孜县芒普乡人民政府	优秀驻村队员	2017年	日喀则市委、市政府
边　巴	女	藏	拉孜县查务乡人民政府	优秀驻村队员	2017年	日喀则市委、市政府
阿旺卓嘎	女	藏	拉孜县查务乡人民政府	优秀驻村队员	2017年	日喀则市委、市政府
德吉央宗	女	藏	拉孜县查务乡人民政府	优秀驻村队员	2017年	日喀则市委、市政府
鲁永军	男	藏	拉孜县查务乡人民政府	优秀驻村队员	2017年	日喀则市委、市政府
旦增伦珠	男	藏	拉孜县查务乡人民政府	优秀驻村队员	2017年	日喀则市委、市政府
格桑琼达	女	藏	拉孜县扎西岗乡人民政府	市级优秀驻村工作队队员	2017年	日喀则市委、市政府
加　央	男	藏	拉孜县扎西岗乡普东玉托寺管会	优秀驻寺干部	2017年	日喀则市委、市政府

续表2

姓名	性别	民族	工作单位	获奖名称	表彰时间	授予单位
米玛片多	女	藏	拉孜县住房和城乡建设局	优秀驻村工作队队员	2017年	日喀则市政府
尼玛元登	男	藏	拉孜县达尔昌木其寺管会	优秀驻寺干部	2017年	日喀则市政府
塔　杰	男	藏	拉孜县教育局	优秀教研员	2017年	日喀则市政府
次旺多吉	男	藏	拉孜县教育局	优秀教育工作者	2017年	日喀则市政府
达　罗	男	藏	拉孜县教育局	乡村学校从教15年	2017年	日喀则市政府
扎西平措	男	藏	拉孜县查务乡小学	先进教育工作者	2017年	日喀则市政府
巴　吉	女	藏	拉孜县查务乡小学	优秀教师	2017年	日喀则市政府
扎西平措	男	藏	拉孜县查务乡小学	先进教育工作者	2017年	日喀则市政府
巴　吉	女	藏	拉孜县查务乡小学	优秀教师	2017年	日喀则市政府
刘凤玲	女	汉	拉孜县双语幼儿园	优秀校(园)长	2017年	日喀则市政府
仓木拉	女	藏	拉孜县芒普乡小学	乡村学校从教15年	2017年	日喀则市政府
琼　瓦	女	藏	拉孜县芒普乡小学	乡村学校从教15年	2017年	日喀则市政府
旦　增	男	藏	拉孜县芒普乡小学	乡村学校从教15年	2017年	日喀则市政府
次　多	男	藏	拉孜县芒普乡小学	乡村学校从教15年	2017年	日喀则市政府
卓　拉	女	藏	拉孜县芒普乡小学	乡村学校从教15年	2017年	日喀则市政府
大普次	男	藏	拉孜县芒普乡小学	乡村学校从教15年	2017年	日喀则市政府
巴桑次仁	男	藏	拉孜县芒普乡小学	乡村学校从教15年	2017年	日喀则市政府
旦木真旺姆	女	藏	拉孜县芒普乡小学	乡村学校从教15年	2017年	日喀则市政府
尼玛普赤	女	藏	拉孜县芒普乡小学	乡村学校从教15年	2017年	日喀则市政府
拉　珍	女	藏	拉孜县柳乡小学	优秀教师	2017年	日喀则市政府
多　拉	男	藏	拉孜县扎西岗乡小学	乡村学校从教15年	2017年	日喀则市政府
普　琼	男	藏	拉孜县扎西岗乡小学	乡村学校从教15年	2017年	日喀则市政府
吴坚旺拉	男	藏	拉孜县扎西岗乡小学	乡村学校从教15年	2017年	日喀则市政府
普　布	男	藏	拉孜县扎西岗乡小学	乡村学校从教15年	2017年	日喀则市政府
顿　珠	男	藏	拉孜县扎西岗乡小学	乡村学校从教15年	2017年	日喀则市政府
大多吉	男	藏	拉孜县扎西岗乡小学	乡村学校从教15年	2017年	日喀则市政府

续表2

姓名	性别	民族	工作单位	获奖名称	表彰时间	授予单位
次旦欧珠	男	藏	拉孜县锡钦乡小学	乡村学校从教15年	2017年	日喀则市政府
次仁旺拉	男	藏	拉孜县锡钦乡小学	乡村学校从教15年	2017年	日喀则市政府
格桑朗加	男	藏	拉孜县锡钦乡小学	乡村学校从教15年	2017年	日喀则市政府
央　宗	女	藏	拉孜县锡钦乡小学	乡村学校从教15年	2017年	日喀则市政府
达娃卓玛	女	藏	拉孜县锡钦乡小学	乡村学校从教15年	2017年	日喀则市政府
索朗普赤	女	藏	拉孜县锡钦乡小学	乡村学校从教15年	2017年	日喀则市政府
拉巴普尺	女	藏	拉孜县锡钦乡小学	乡村学校从教15年	2017年	日喀则市政府
徐学典	男	汉	拉孜县中学	优秀教师	2017年	日喀则市政府
次仁平措	男	藏	拉孜县中学	优秀教育工作者	2017年	日喀则市政府
多布杰	男	藏	拉孜县彭措林乡小学	乡村学校从教15年	2017年	日喀则市政府
普　布	男	藏	拉孜县彭措林乡小学	乡村学校从教15年	2017年	日喀则市政府
次旺琼拉	女	藏	拉孜县彭措林乡小学	乡村学校从教15年	2017年	日喀则市政府
尼玛旺拉	男	藏	拉孜县热萨乡小学	乡村学校从教15年	2017年	日喀则市政府
赤　列	男	藏	拉孜县热萨乡小学	乡村学校从教15年	2017年	日喀则市政府
边　琼	男	藏	拉孜县热萨乡小学	乡村学校从教15年	2017年	日喀则市政府
拉琼旺堆	男	藏	拉孜县热萨乡小学	乡村学校从教15年	2017年	日喀则市政府
边巴欧珠	男	藏	拉孜县热萨乡小学	乡村学校从教15年	2017年	日喀则市政府
尼玛琼达	女	藏	拉孜县热萨乡小学	乡村学校从教15年	2017年	日喀则市政府
尼玛普赤	女	藏	拉孜县热萨乡小学	乡村学校从教15年	2017年	日喀则市政府
米　多	男	藏	拉孜县热萨乡小学	乡村学校从教15年	2017年	日喀则市政府
央　吉	女	藏	拉孜县热萨乡小学	乡村学校从教15年	2017年	日喀则市政府
群　培	男	藏	拉孜县热萨乡小学	乡村学校从教15年	2017年	日喀则市政府
张昆明	男	汉	拉孜县司法局	全市法治宣传教育先进个人	2017年	日喀则市委宣传部、市司法局、市普法办
尼　玛	男	藏	拉孜县委宣传部	第十五届珠峰文化旅游节“鲁藏杯‘手机摄影大赛’三等奖”	2017年	日喀则市委宣传部、日喀则报社、第十五届珠峰文化旅游节目组委会

续表2

姓名	性别	民族	工作单位	获奖名称	表彰时间	授予单位
尼玛	男	藏	拉孜县委宣传部	第十五届珠峰文化旅游节“鲁藏杯“‘手机摄影大赛’三等奖”	2017年	日喀则市委宣传部、日喀则报社、第十五届珠峰文化旅游节目组委会
刘帅	男	汉	拉孜县脱贫攻坚指挥部	日喀则市脱贫攻坚政策知识竞赛一等奖	2017年	日喀则市脱贫攻坚指挥部
刘帅	男	汉	拉孜县扶贫开发投资有限责任公司	日喀则市脱贫攻坚政策知识竞赛一等奖	2017年	日喀则市脱贫攻坚指挥部
巴桑普尺	女	藏	拉孜县完全小学	优秀少先队辅导员	2017年	共青团日喀则市委员会
次央	女	藏	拉孜县柳乡人民政府	优秀驻村工作队	2017年	日喀则市强基础惠民生活动领导小组办公室
拉巴次仁	男	藏	拉孜县柳乡人民政府	优秀“双联户户长”	2017年	日喀则市社会治安综合治理委员会
王东俊	男	汉	拉孜县曲玛乡人民政府	优秀驻村队员	2017年	日喀则市强基础惠民生活动领导小组办公室
苟小勇	男	汉	武警拉孜县中队	基层优秀干部	2017年	武警日喀则支队
罗布旺堆	男	藏	拉孜县人民法院	全市办案标兵	2017年	日喀则市中级人民法院
美朵	女	藏	拉孜县人民法院	全市法院执行工作先进个人	2017年	日喀则市中级人民法院
孙太松	男	汉	拉孜县国家税务局	优秀公务员	2017年	日喀则市国家税务局
德庆旺姆	女	藏	拉孜县国家税务局	优秀党员	2018年	日喀则市国家税务局
范超	男	汉	拉孜县国家税务局	优秀公务员	2017年	日喀则市国家税务局
王娟莉	女	汉	拉孜县国家税务局	优秀公务员	2018年	日喀则市国家税务局
旦增索朗	男	藏	拉孜县国家税务局	优秀公务员	2018年	日喀则市国家税务局
达罗	男	藏	拉孜县教育局	内地西藏初中班招生考试阅卷工作中表现突出奖	2017年	日喀则市教育局
益西白珍	女	藏	拉孜县芒普乡小学	德育工作先进个人	2017年	日喀则市教育局
中普次	男	藏	拉孜县芒普乡小学	珠峰好教师	2017年	日喀则市教育局
拉珍	女	藏	拉孜县柳乡小学	珠峰好教师	2017年	日喀则市教育局
巴桑卓玛	女	藏	拉孜县柳乡小学	内地西藏初中班招生考试阅卷工作中表现突出奖	2017年	日喀则市教育局
平措旺拉	男	藏	拉孜县完全小学	优秀校(园)长	2017年	日喀则市教育局
小次央	女	藏	拉孜县完全小学	先进德育工作者	2017年	日喀则市教育局
罗布	男	藏	拉孜县锡钦乡小学	珠峰好教师	2017年	日喀则市教育局
次仁顿珠	男	藏	拉孜县扎西宗乡小学	珠峰好老师	2017年	日喀则市教育局

续表2

姓名	性别	民族	工作单位	获奖名称	表彰时间	授予单位
白玛桑布	男	藏	拉孜县拉孜镇小学	优秀阅卷教师	2017年	日喀则市教育局
普　布	男	藏	拉孜县中学	市级教学大赛	2017年	日喀则市教育局
扎西顿珠	男	藏	拉孜县中学	市级教学大赛	2017年	日喀则市教育局
桑珠(体)	男	藏	拉孜县中学	优秀学员称号	2017年	日喀则市教育局
肖方芳	女	汉	拉孜县中学	一师一优课(市级优课)	2017年	日喀则市教育局
刘红英	女	汉	拉孜县中学	一师一优课(市级优课)	2017年	日喀则市教育局
普琼次仁	男	藏	拉孜县中学	模范班主任	2017年	日喀则市教育局
次仁平措	男	藏	拉孜县中学	教学大赛一等奖	2017年	日喀则市教育局党委、日喀则市教育局
央　吉	女	藏	拉孜县热萨乡小学	模范班主任	2017年	日喀则市教育局
达娃卓玛	女	藏	拉孜公路养护段	优秀基层统计员	2017年	日喀则公路分局
旦增多吉	男	藏	拉孜公路养护段	先进工作者	2017年	日喀则公路分局
次旦桑珠	男	藏	拉孜公路养护段	先进工作者	2017年	日喀则公路分局
尼玛普赤	女	藏	拉孜公路养护段	先进工作者	2017年	日喀则公路分局
次旦央吉	女	藏	拉孜县气象局	2017年度气象部门先进工作者	2018年	日喀则市气象局
增太措	女	藏	拉孜县气象局	2017年度气象部门先进工作者	2018年	日喀则市气象局
登增扎西	男	藏	拉孜县气象局	2017年度气象部门先进工作者	2018年	日喀则市气象局
扎　旺	男	藏	农行拉孜县支行	2017年度先进个人	2018年	农行日喀则分行
索朗曲培	男	藏	农行拉孜县支行	2017年度先进个人	2018年	农行日喀则分行
达瓦扎西	男	藏	农行拉孜县支行	2017年度先进个人	2018年	农行日喀则分行
江　巴	男	藏	农行拉孜县支行	2017年度先进个人	2018年	农行日喀则分行
王　倩	女	汉	拉孜县委组织部	优秀党务工作者	2017年	拉孜县委
次仁拉姆	女	藏	拉孜县委组织部	优秀共产党员	2017年	拉孜县委
德吉央宗	女	藏	拉孜县人民法院	优秀公务员	2017年	拉孜县委
向巴土多	男	藏	拉孜县人民法院	优秀公务员	2017年	拉孜县委
白玛旺加	男	藏	拉孜县人民法院	优秀事业工作人员	2017年	拉孜县委
陈　钢	男	汉	拉孜县委	优秀公务员	2017年	拉孜县委、县政府

续表2

姓名	性别	民族	工作单位	获奖名称	表彰时间	授予单位
施忠民	男	汉	拉孜县委	优秀公务员	2017年	拉孜县委、县政府
郭宝华	男	汉	拉孜县委	优秀公务员	2017年	拉孜县委、县政府
仓木决	女	藏	拉孜县委	优秀公务员	2017年	拉孜县委、县政府
白玛央金	女	藏	拉孜县委办公室	优秀公务员	2017年	拉孜县委、县政府
达瓦次仁	男	藏	拉孜县委办公室	优秀公务员	2017年	拉孜县委、县政府
李飞	男	汉	拉孜县委办公室	优秀公务员	2017年	拉孜县委、县政府
龙水彪	男	汉	拉孜县委办公室	优秀公务员	2017年	拉孜县委、县政府
牛得犇	男	汉	拉孜县委办公室	优秀公务员	2017年	拉孜县委、县政府
巴桑旺堆	男	藏	拉孜县人民政府	优秀公务员	2017年	拉孜县委、县政府
陶文权	男	汉	拉孜县人民政府	优秀公务员	2017年	拉孜县委、县政府
陶文权	男	汉	拉孜县人民政府	2017年上半年优秀党务工作者	2017年	拉孜县委、县政府
李鑫	男	汉	拉孜县人民政府办公室	优秀党员	2017年	拉孜县委、县政府
李鑫	男	汉	拉孜县人民政府办公室	优秀公务员	2017年	拉孜县委、县政府
李正	男	汉	拉孜县人民政府办公室	优秀公务员	2017年	拉孜县委、县政府
林媛	女	汉	拉孜县人民政府办公室	优秀公务员	2017年	拉孜县委、县政府
吕频	女	汉	拉孜县人民政府办公室	优秀信息员	2017年	拉孜县委、县政府
次仁多吉	男	藏	拉孜县人大常委会	优秀党员	2017年	拉孜县委、县政府
达瓦普赤	女	藏	拉孜县人大办公室	优秀公务员	2018年	拉孜县委、县政府
索朗欧珠	男	藏	中国人民政治协商会议拉孜县委员会	优秀公务员	2018年	拉孜县委、县政府
周顺波	男	藏	中国人民政治协商会议拉孜县委员会	民族团结进步模范个人	2017年	拉孜县委、县政府
索朗群培	男	藏	中国人民政治协商会议拉孜县委员会办公室	优秀公务员	2018年	拉孜县委、县政府
央金卓嘎	女	藏	拉孜县纪委监委	优秀公务员	2018年	拉孜县委、县政府
普珍	女	藏	拉孜县纪委监委	优秀公务员	2018年	拉孜县委、县政府
王孟	男	汉	拉孜县纪委监委	优秀信息员	2018年	拉孜县委、县政府
王孟	男	汉	拉孜县纪委监委	先进驻村工作队员	2017年	拉孜县委、县政府
罗赟	男	土家	拉孜县委组织部	优秀公务员	2018年	拉孜县委、县政府

续表2

姓名	性别	民族	工作单位	获奖名称	表彰时间	授予单位
朱学森	男	汉	拉孜县委组织部	优秀公务员	2018年	拉孜县委、县政府
张　雄	男	汉	拉孜县委组织部	优秀公务员	2018年	拉孜县委、县政府
杨鑫国	男	藏	拉孜县委组织部	拉孜县创先争优强基础惠民生活动先进驻村工作队员	2018年	拉孜县委、县政府
连鹏章	男	藏	拉孜县委组织部	拉孜县创先争优强基础惠民生活动先进驻村工作队员	2018年	拉孜县委、县政府
仓木决	女	藏	拉孜县委宣传部	优秀公务员	2017年	拉孜县委、县政府
尼　玛	男	藏	拉孜县委宣传部	优秀事业工作人员	2017年	拉孜县委、县政府
扎西玉珍	女	藏	拉孜县委宣传部	优秀公务员	2017年	拉孜县委、县政府
扎西曲宗	女	藏	拉孜县委统战部	优秀公务员	2018年	拉孜县委、县政府
顿珠加布	男	藏	拉孜县委统战部	优秀公务员	2018年	拉孜县委、县政府
杨江尧	男	汉	拉孜县委统战部	优秀公务员	2018年	拉孜县委、县政府
尼旦增	男	藏	拉孜县委统战部	综治工作先进者	2018年	拉孜县委、县政府
多吉杰布	男	藏	拉孜县委统战部	优秀共产党员	2018年	拉孜县委、县政府
洛桑扎西	男	藏	拉孜县委统战部	优秀共产党员	2018年	拉孜县委、县政府
白玛卓嘎	女	藏	拉孜县总工会	重教家长	2017年	拉孜县委、县政府
米玛旺堆	男	藏	拉孜县总工会	优秀公务员	2017年	拉孜县委、县政府
王中一	男	汉	共青团拉孜县委员会	优秀公务员	2017年	拉孜县委、县政府
尼　达	男	藏	拉孜县委政法委	先进驻村工作队员	2017年	拉孜县委、县政府
李　静	女	汉	拉孜县委政法委	优秀公务员	2018年	拉孜县委、县政府
武红影	女	汉	拉孜县委政法委	优秀公务员	2018年	拉孜县委、县政府
贵　桑	男	藏	拉孜县欧嘎曲德寺	优秀驻寺干部	2017年	拉孜县委、县政府
次旺南加	男	藏	拉孜县贡巴下寺管会	优秀驻寺干部	2017年	拉孜县委、县政府
普布顿珠	男	藏	拉孜县怎巴寺管会	优秀驻寺干部	2017年	拉孜县委、县政府
庆热罗布	男	藏	拉孜县公安局柳乡派出所	先进工作者	2017年	拉孜县委、县政府
普　琼	男	藏	拉孜县公安局曲玛乡派出所	民族团结进步模范个人	2017年	拉孜县委、县政府
旦木真次旺	男	藏	查务公安一级检查站	三等功	2017年	拉孜县委、县政府
达瓦次仁	男	藏	拉孜县公安局	优秀公务员	2018年	拉孜县委、县政府

续表2

姓名	性别	民族	工作单位	获奖名称	表彰时间	授予单位
加　　布	男	藏	拉孜县公安局	优秀公务员	2018年	拉孜县委、县政府
娃娃旺堆	男	藏	拉孜县公安局	优秀公务员	2018年	拉孜县委、县政府
格桑达瓦	男	藏	拉孜县公安局	优秀公务员	2018年	拉孜县委、县政府
尼　　桑	男	藏	查务公安一级检查站	优秀公务员	2018年	拉孜县委、县政府
扎　　西	男	藏	拉孜县公安局特警大队	优秀公务员	2018年	拉孜县委、县政府
罗　　珍	女	藏	拉孜县公安局	优秀公务员	2018年	拉孜县委、县政府
顿　　珠	男	藏	拉孜县公安局情报中心	优秀公务员	2018年	拉孜县委、县政府
普　　琼	男	藏	拉孜县公安局5号警务站	优秀公务员	2018年	拉孜县委、县政府
张德诚	男	藏	拉孜县公安局4号警务站	优秀公务员	2018年	拉孜县委、县政府
普布索朗	男	藏	拉孜县公安局网安大队	优秀公务员	2018年	拉孜县委、县政府
庆热罗布	男	藏	拉孜县公安局柳乡派出所	优秀公务员	2018年	拉孜县委、县政府
周龙江	男	藏	查务公安一级检查站	优秀公务员	2018年	拉孜县委、县政府
晋　　美	男	藏	拉孜县公安局刑警大队	优秀公务员	2018年	拉孜县委、县政府
次旦欧珠	男	藏	拉孜县公安局情报中心	优秀公务员	2018年	拉孜县委、县政府
大旦增	男	藏	拉孜县公安局交警大队	优秀公务员	2018年	拉孜县委、县政府
普　　布	男	藏	拉孜县公安局刑警大队	优秀公务员	2018年	拉孜县委、县政府
云丹曲久	男	藏	拉孜县公安局网安大队	优秀公务员	2018年	拉孜县委、县政府
索　　多	男	藏	拉孜县公安局国保大队	优秀公务员	2018年	拉孜县委、县政府
拉　　巴	男	藏	拉孜县公安局财务室	优秀公务员	2018年	拉孜县委、县政府
永忠扎西	男	藏	拉孜县公安局交警大队	优秀公务员	2018年	拉孜县委、县政府
次　　央	女	藏	拉孜县公安局治安大队	优秀公务员	2018年	拉孜县委、县政府
次　　仁	男	藏	拉孜县公安局治安大队	优秀公务员	2018年	拉孜县委、县政府
多布杰	男	藏	拉孜县公安局特警大队	优秀公务员	2018年	拉孜县委、县政府
米玛罗加	男	藏	查务公安一级检查站	优秀公务员	2018年	拉孜县委、县政府
加　　布	男	藏	查务公安一级检查站	优秀公务员	2018年	拉孜县委、县政府
加　　措	男	藏	查务公安一级检查站	优秀公务员	2018年	拉孜县委、县政府

续表2

姓名	性别	民族	工作单位	获奖名称	表彰时间	授予单位
邓易胜	男	藏	查务公安一级检查站	优秀公务员	2018年	拉孜县委、县政府
旺久多吉	男	藏	查务公安一级检查站	优秀公务员	2018年	拉孜县委、县政府
旦增欧珠	男	藏	查务公安一级检查站	优秀公务员	2018年	拉孜县委、县政府
廖才义	男	藏	查务公安一级检查站	优秀公务员	2018年	拉孜县委、县政府
巴桑次仁	男	藏	拉孜县公安局指挥中心	优秀公务员	2018年	拉孜县委、县政府
蒲刚	男	藏	拉孜县公安局督察大队	优秀公务员	2018年	拉孜县委、县政府
陈磊	男	藏	拉孜县公安局特警大队	优秀公务员	2018年	拉孜县委、县政府
边巴次仁	男	藏	拉孜县公安局曲下镇派出所	优秀公务员	2018年	拉孜县委、县政府
加央	男	藏	拉孜县公安局2号警务站	优秀公务员	2018年	拉孜县委、县政府
仁增措姆	女	藏	拉孜县人民检察院	2017年上半年优秀党务工作者	2017年	拉孜县委、县政府
仁增措姆	女	藏	拉孜县人民检察院	优秀公务员	2018年	拉孜县委、县政府
索朗扎西	男	藏	拉孜县人民检察院	优秀公务员	2018年	拉孜县委、县政府
落登贡呷	男	藏	拉孜县人民检察院	优秀公务员	2018年	拉孜县委、县政府
平措德旦	男	藏	拉孜县人民检察院	优秀公务员	2018年	拉孜县委、县政府
巴桑仓木决	女	藏	拉孜县人民检察院	优秀公务员	2018年	拉孜县委、县政府
张昆明	男	汉	拉孜县司法局	民族团结进步模范个人	2017年	拉孜县委、县政府
达普尺	女	藏	拉孜县司法局	优秀公务员	2017年	拉孜县委、县政府
格宗	女	藏	拉孜县司法局	优秀党员	2017年	拉孜县委、县政府
白骏	男	汉	拉孜县发展和改革委员会	优秀公务员	2018年	拉孜县委、县政府
罗布扎西	男	藏	拉孜县发展和改革委员会	优秀公务员	2018年	拉孜县委、县政府
扎西央金	男	藏	拉孜县发展和改革委员会	优秀公务员	2018年	拉孜县委、县政府
次仁卓嘎	女	藏	拉孜县统计局	优秀公务员	2018年	拉孜县委、县政府
米玛仓决	女	藏	拉孜县统计局	优秀事业干部	2018年	拉孜县委、县政府
次仁央宗	女	藏	拉孜县财政局	优秀公务员	2018年	拉孜县委、县政府
达贵	男	藏	拉孜县财政局	优秀公务员	2018年	拉孜县委、县政府
旦增	男	藏	拉孜县财政局	优秀共产党员	2018年	拉孜县委、县政府

续表2

姓名	性别	民族	工作单位	获奖名称	表彰时间	授予单位
徐　颖	女	汉	拉孜县财政局	优秀共产党员	2018年	拉孜县委、县政府
次　旦	男	藏	拉孜县审计局	优秀公务员	2018年	拉孜县委、县政府
次旺罗杰	男	藏	拉孜县国土资源局	优秀公务员	2017年	拉孜县委、县政府
格　桑	女	藏	拉孜县商务局(旅游局、经合办)	优秀公务员	2017年	拉孜县委、县政府
次　仁	男	藏	林周县安全生产监督管理局	优秀党员	2018年	拉孜县委、县政府
仓　决	女	藏	拉孜县安全生产监督管理局	优秀公务员	2018年	拉孜县委、县政府
旦增普尺	女	藏	拉孜县民政局	优秀公务员	2017年	拉孜县委、县政府
次仁央珍	女	藏	拉孜县民政局	优秀事业干部	2017年	拉孜县委、县政府
巴桑仓	女	藏	拉孜县民政局	优秀事业干部	2017年	拉孜县委、县政府
格　桑	男	藏	拉孜县民政局	优秀党员	2017年	拉孜县委、县政府
索　朗	男	藏	拉孜县民政局	先进工作队员	2017年	拉孜县委、县政府
次仁旺姆	女	藏	拉孜县人力资源和社会保障局	优秀公务员	2017年	拉孜县委、县政府
巴　珠	男	藏	拉孜县人力资源和社会保障局	优秀党务工作者	2017年	拉孜县委、县政府
边巴曲珍	女	藏	拉孜县人力资源和社会保障局	优秀公务员	2017年	拉孜县委、县政府
索朗次仁	男	藏	拉孜县人力资源和社会保障局	优秀工作者	2017年	拉孜县委、县政府
加　措	男	藏	拉孜县人力资源和社会保障局	优秀工作者	2017年	拉孜县委、县政府
米玛仓决	女	藏	拉孜县民族宗教事务局	优秀公务员	2017年	拉孜县委、县政府
格桑次仁	男	藏	拉孜县卫生和计划生育委员会	优秀公务员	2018年	拉孜县委、县政府
泽仁斯朗	男	藏	拉孜县卫生和计划生育委员会	优秀公务员	2018年	拉孜县委、县政府
艾　华	男	土家	拉孜县卫生和计划生育委员会	优秀公务员	2018年	拉孜县委、县政府
央　吉	女	藏	拉孜县疾控中心	优秀事业工作人员	2018年	拉孜县委、县政府
次仁顿珠	男	藏	拉孜县食品药品监督管理局	2017年度综治先进工作者	2018年	拉孜县委、县政府
顿珠次仁	男	藏	拉孜县食品药品监督管理局	优秀公务员	2018年	拉孜县委、县政府
格桑卓拉	女	藏	拉孜县文化新闻出版广电局(文物局、版权局)	优秀党员	2017年	拉孜县委、县政府

续表2

姓名	性别	民族	工作单位	获奖名称	表彰时间	授予单位
边巴普尺	女	藏	拉孜县文化新闻出版广电局（文物局、版权局）	先进工作人员	2017年	拉孜县委、县政府
达瓦格桑	男	藏	拉孜县文化新闻出版广电局（文物局、版权局）	先进工作人员	2017年	拉孜县委、县政府
洛　追	男	藏	拉孜县文化广播影视服务站	优秀事业工作者	2017年	拉孜县委、县政府
索朗次仁	男	藏	拉孜县文化广播影视服务站	优秀事业工作者	2017年	拉孜县委、县政府
德　央	女	藏	拉孜县文化广播影视服务站	优秀事业工作者	2017年	拉孜县委、县政府
多　吉	男	藏	拉孜县文化广播影视服务站	优秀事业工作者	2017年	拉孜县委、县政府
张如宾	男	汉	拉孜县农牧局（林业局、科技局）	优秀公务员	2018年	拉孜县委、县政府
张如宾	男	汉	拉孜县农牧局（林业局、科技局）	三等功	2018年	拉孜县委、县政府
殷琳飞	男	汉	拉孜县农牧局（林业局、科技局）	优秀党员	2018年	拉孜县委、县政府
扎西平措	男	藏	拉孜县农牧局（林业局、科技局）	优秀公务员	2018年	拉孜县委、县政府
武延斌	男	藏	拉孜县农牧局（林业局、科技局）	优秀公务员	2018年	拉孜县委、县政府
党　勇	男	汉	拉孜县农牧局（林业局、科技局）	优秀公务员	2018年	拉孜县委、县政府
索朗平措	男	藏	拉孜县农牧局（林业局、科技局）	优秀党员	2018年	拉孜县委、县政府
次仁巴桑	女	藏	拉孜县农牧局（林业局、科技局）	优秀党员	2018年	拉孜县委、县政府
曾　凯	男	汉	拉孜县脱贫攻坚指挥部	优秀公务员	2018年	拉孜县委、县政府
强　珍	女	藏	拉孜县脱贫攻坚指挥部	优秀公务员	2018年	拉孜县委、县政府
刘　帅	男	汉	拉孜县脱贫攻坚指挥部	优秀事业干部	2018年	拉孜县委、县政府
刘　帅	男	汉	拉孜县扶贫开发投资有限责任公司	2017年度优秀事业干部	2018年	拉孜县委、县政府
范艺超	男	汉	拉孜县水利局	优秀公务员	2017年	拉孜县委、县政府
次　拉	女	藏	拉孜县水利局	优秀事业干部	2017年	拉孜县委、县政府
贺习良	男	汉	拉孜县教育局	党建知识竞赛一等奖	2017年	拉孜县委、县政府
贺习良	男	汉	拉孜县教育局	优秀信息员	2017年	拉孜县委、县政府

续表2

姓名	性别	民族	工作单位	获奖名称	表彰时间	授予单位
索朗平措	男	藏	拉孜县教育局	优秀教育工作者	2017年	拉孜县委、县政府
扎西平措	男	藏	拉孜县查务乡小学	名校长	2017年	拉孜县委、县政府
旦增次旺	男	藏	拉孜县查务乡小学	县级优秀副校长	2017年	拉孜县委、县政府
次仁玉珍	女	藏	拉孜县查务乡小学	优秀教育工作者	2017年	拉孜县委、县政府
边　巴	女	藏	拉孜县查务乡小学	师德标兵	2017年	拉孜县委、县政府
罗布卓玛	女	藏	拉孜县查务乡小学	优秀教师	2017年	拉孜县委、县政府
拉巴次仁	男	藏	拉孜县查务乡小学	优秀教育工作者	2017年	拉孜县委、县政府
尼玛参拉	女	藏	拉孜县查务乡小学	模范班主任	2017年	拉孜县委、县政府
德　吉	女	藏	拉孜县查务乡小学	模范班主任	2017年	拉孜县委、县政府
次仁旺久	男	藏	拉孜县查务乡小学	优秀交流教师	2017年	拉孜县委、县政府
扎西平措	男	藏	拉孜县查务乡小学	名校长	2017年	拉孜县委、县政府
旦增次旺	男	藏	拉孜县查务乡小学	县级优秀副校长	2017年	拉孜县委、县政府
次仁玉珍	女	藏	拉孜县查务乡小学	优秀教育工作者	2017年	拉孜县委、县政府
边　巴	女	藏	拉孜县查务乡小学	师德标兵	2017年	拉孜县委、县政府
罗布卓玛	女	藏	拉孜县查务乡小学	优秀教师	2017年	拉孜县委、县政府
拉巴次仁	男	藏	拉孜县查务乡小学	优秀教育工作者	2017年	拉孜县委、县政府
尼玛参拉	女	藏	拉孜县查务乡小学	模范班主任	2017年	拉孜县委、县政府
德　吉	女	藏	拉孜县查务乡小学	模范班主任	2017年	拉孜县委、县政府
次仁旺久	男	藏	拉孜县查务乡小学	优秀交流教师	2017年	拉孜县委、县政府
次　仁	女	藏	拉孜县双语幼儿园	先进教育工作者	2017年	拉孜县委、县政府
仓　琼	女	藏	拉孜县双语幼儿园	优秀班主任	2017年	拉孜县委、县政府
罗　莉	女	汉	拉孜县双语幼儿园	优秀教师	2017年	拉孜县委、县政府
次　多	男	藏	拉孜县芒普乡小学	优秀教师	2017年	拉孜县委、县政府
小普次	男	藏	拉孜县芒普乡小学	优秀教师	2017年	拉孜县委、县政府
尼玛普赤	女	藏	拉孜县芒普乡小学	优秀教师	2017年	拉孜县委、县政府
大普次	男	藏	拉孜县芒普乡小学	优秀班主任	2017年	拉孜县委、县政府

续表2

姓名	性别	民族	工作单位	获奖名称	表彰时间	授予单位
旦　增	男	藏	拉孜县芒普乡小学	优秀副校长	2017年	拉孜县委、县政府
旦增普尺	女	藏	拉孜县芒普乡小学	师德标兵	2017年	拉孜县委、县政府
普　布	男	藏	拉孜县芒普乡小学	模范班主任	2017年	拉孜县委、县政府
罗卓加拉	男	藏	拉孜县柳乡小学	优秀副校长	2017年	拉孜县委、县政府
落　桑	男	藏	拉孜县柳乡小学	优秀教育工作者	2017年	拉孜县委、县政府
边巴次旦	男	藏	拉孜县柳乡小学	名校长	2017年	拉孜县委、县政府
益西卓玛	女	藏	拉孜县柳乡小学	模范班主任	2017年	拉孜县委、县政府
普布曲珍	女	藏	拉孜县柳乡小学	模范班主任	2017年	拉孜县委、县政府
央　珍	女	藏	拉孜县柳乡小学	师德标兵	2017年	拉孜县委、县政府
次仁卓玛	女	藏	拉孜县柳乡小学	优秀教育工作者	2017年	拉孜县委、县政府
落桑次仁	男	藏	拉孜县柳乡小学	优秀教师	2017年	拉孜县委、县政府
次仁卓嘎	女	藏	拉孜县柳乡小学	优秀教师	2017年	拉孜县委、县政府
米　确	女	藏	拉孜县柳乡小学	先进党员干部	2017年	拉孜县委、县政府
平　措	男	藏	拉孜县完全小学	优秀财务工作人员	2017年	拉孜县委、县政府
吉　巴	女	藏	拉孜县完全小学	优秀教师	2017年	拉孜县委、县政府
次仁德吉	男	藏	拉孜县完全小学	模范班主任	2017年	拉孜县委、县政府
央　拉	女	藏	拉孜县完全小学	师德标兵	2017年	拉孜县委、县政府
仁增玉珍	女	藏	拉孜县完全小学	先进教育工作者	2017年	拉孜县委、县政府
仁增拉姆	女	藏	拉孜县完全小学	信息报送突出个人	2017年	拉孜县委、县政府
达瓦普尺	女	藏	拉孜县扎西岗乡小学	模范班主任	2017年	拉孜县委、县政府
白玛拉吉	女	藏	拉孜县扎西岗乡小学	师德标兵	2017年	拉孜县委、县政府
次仁拉姆	女	藏	拉孜县扎西岗乡小学	模范班主任	2017年	拉孜县委、县政府
大达仓	女	藏	拉孜县扎西岗乡小学	优秀教师	2017年	拉孜县委、县政府
卓玛拉姆	女	藏	拉孜县扎西岗乡小学	优秀教师	2017年	拉孜县委、县政府
次仁旦增	男	藏	拉孜县扎西岗乡小学	优秀副校长	2017年	拉孜县委、县政府
达娃潘多	女	藏	拉孜县扎西岗乡小学	优秀教育工作者	2017年	拉孜县委、县政府
德吉卓嘎	女	藏	拉孜县扎西岗乡小学	优秀教育工作者	2017年	拉孜县委、县政府
边巴普赤	女	藏	拉孜县锡钦乡小学	优秀教师	2017年	拉孜县委、县政府

续表2

姓名	性别	民族	工作单位	获奖名称	表彰时间	授予单位
梁　雪	女	汉	拉孜县锡钦乡小学	师德标兵	2017年	拉孜县委、县政府
达　瓦	男	藏	拉孜县锡钦乡小学	优秀副校长	2017年	拉孜县委、县政府
朗　加	男	藏	拉孜县锡钦乡小学	优秀交流教师	2017年	拉孜县委、县政府
次旺普尺	女	藏	拉孜县锡钦乡小学	先进教育工作者	2017年	拉孜县委、县政府
加　措	男	藏	拉孜县锡钦乡小学	优秀教育工作者	2017年	拉孜县委、县政府
拉巴扎西	男	藏	拉孜县锡钦乡小学	模范班主任	2017年	拉孜县委、县政府
托美多吉	男	藏	拉孜县锡钦乡小学	优秀财务工作者	2017年	拉孜县委、县政府
次　旺	女	藏	拉孜县锡钦乡小学	优秀统计员	2017年	拉孜县委、县政府
云　丹	男	藏	拉孜县扎西宗乡小学	优秀副校长	2017年	拉孜县委、县政府
达娃顿珠	男	藏	拉孜县扎西宗乡小学	信息报送突出奖	2017年	拉孜县委、县政府
赤　列	男	藏	拉孜县扎西宗乡小学	优秀教师	2017年	拉孜县委、县政府
德　吉	女	藏	拉孜县扎西宗乡小学	优秀教师	2017年	拉孜县委、县政府
普布扎西	男	藏	拉孜县扎西宗乡小学	优秀教育工作者	2017年	拉孜县委、县政府
米玛仓决	女	藏	拉孜县扎西宗乡小学	模范班主任	2017年	拉孜县委、县政府
朗　杰	男	藏	拉孜县扎西宗乡小学	先进教育工作者	2017年	拉孜县委、县政府
边巴次仁	男	藏	拉孜县扎西宗乡小学	优秀统计工作人员	2017年	拉孜县委、县政府
多吉旺姆	女	藏	拉孜县扎西宗乡小学	模范班主任	2017年	拉孜县委、县政府
顿　珠	男	藏	拉孜县扎西宗乡小学	师德标兵	2017年	拉孜县委、县政府
赤列加措	男	藏	拉孜县拉孜镇小学	模范班主任	2017年	拉孜县委、县政府
巴　桑	男	藏	拉孜县拉孜镇小学	先进教育工作者	2017年	拉孜县委、县政府
巴　桑	男	藏	拉孜县拉孜镇小学	优秀教师	2017年	拉孜县委、县政府
米玛次仁	男	藏	拉孜县拉孜镇小学	优秀财务工作人员	2017年	拉孜县委、县政府
拉巴琼达	男	藏	拉孜县拉孜镇小学	师德标兵	2017年	拉孜县委、县政府
央　珍	男	女	拉孜县拉孜镇小学	模范班主任	2017年	拉孜县委、县政府
曲　旦	男	藏	拉孜县拉孜镇小学	优秀优秀教育工作者	2017年	拉孜县委、县政府
达娃仓木决	女	藏	拉孜县拉孜镇小学附属幼儿园	优秀教师	2017年	拉孜县委、县政府

续表2

姓名	性别	民族	工作单位	获奖名称	表彰时间	授予单位
拉巴旺堆	男	藏	拉孜县中学	优秀教育工作者	2017年	拉孜县委、县政府
扎西卓玛（音）	男	女	拉孜县中学	模范班主任	2017年	拉孜县委、县政府
次仁曲宗	男	女	拉孜县中学	优秀教师	2017年	拉孜县委、县政府
达瓦顿珠	男	藏	拉孜县中学	优秀教师	2017年	拉孜县委、县政府
秦梦圆	女	汉	拉孜县中学	优秀教育工作者	2017年	拉孜县委、县政府
夏德珍	女	藏	拉孜县中学	优秀教育工作者	2017年	拉孜县委、县政府
拉巴多吉	男	藏	拉孜县中学	优秀教师	2017年	拉孜县委、县政府
旺扎	男	藏	拉孜县中学	模范班主任	2017年	拉孜县委、县政府
米罗	男	藏	拉孜县中学	模范班主任	2017年	拉孜县委、县政府
普琼次仁	男	藏	拉孜县中学	均衡工作突出个人奖	2017年	拉孜县委、县政府
拉旺	男	藏	拉孜县中学	优秀教师	2017年	拉孜县委、县政府
德吉普赤	女	藏	拉孜县中学	模范班主任	2017年	拉孜县委、县政府
扎西顿珠	男	藏	拉孜县中学	优秀教师	2017年	拉孜县委、县政府
平平	女	藏	拉孜县中学	优秀工作人员	2017年	拉孜县委、县政府
尼玛潘多	女	藏	拉孜县中学	优秀教师	2017年	拉孜县委、县政府
次仁多布杰	男	藏	拉孜县中学	优秀教师	2017年	拉孜县委、县政府
普琼	男	藏	拉孜县中学	优秀教师	2017年	拉孜县委、县政府
阿旺	男	藏	拉孜县中学	优秀教育工作者	2017年	拉孜县委、县政府
方俊	男	藏	拉孜县中学	均衡工作突出个人奖	2017年	拉孜县委、县政府
米玛普赤	女	藏	拉孜县中学	优秀教育工作者	2017年	拉孜县委、县政府
旦增扎西	男	藏	拉孜县热萨乡小学	优秀电教员	2017年	拉孜县委、县政府
边琼	男	藏	拉孜县热萨乡小学	模范班主任	2017年	拉孜县委、县政府
仁青	男	藏	拉孜县热萨乡小学	优秀统计员	2017年	拉孜县委、县政府
普布琼达	女	藏	拉孜县热萨乡小学	师德标兵	2017年	拉孜县委、县政府
扎西次仁	男	藏	拉孜县热萨乡小学	优秀教育均衡工作者	2017年	拉孜县委、县政府
扎西次仁	男	藏	拉孜县热萨乡小学	优秀教育工作者	2017年	拉孜县委、县政府

续表2

姓名	性别	民族	工作单位	获奖名称	表彰时间	授予单位
旺　堆	男	藏	拉孜县热萨乡小学	优秀教育工作者	2017年	拉孜县委、县政府
次仁央金	女	藏	拉孜县热萨乡小学	优秀教师	2017年	拉孜县委、县政府
尼玛旺拉	男	藏	拉孜县热萨乡小学	优秀教师	2017年	拉孜县委、县政府
米玛郑堆	男	藏	拉孜县热萨乡小学	模范班主任	2017年	拉孜县委、县政府
除　多	女	藏	拉孜县热萨乡小学	优秀交流教师	2017年	拉孜县委、县政府
次仁顿珠	男	藏	拉孜县热萨乡小学	优秀教师	2017年	拉孜县委、县政府
桑珠卓玛	女	藏	拉孜县曲玛乡小学	先进教育工作者	2017年	拉孜县委、县政府
珍　拉	女	藏	拉孜县曲玛乡小学	优秀教师	2017年	拉孜县委、县政府
尼玛潘多	女	藏	拉孜县曲玛乡小学	优秀教师	2017年	拉孜县委、县政府
普布次旦	男	藏	拉孜县曲玛乡小学	先进教育工作者	2017年	拉孜县委、县政府
拉　珍	女	藏	拉孜县曲玛乡小学	师德标兵	2017年	拉孜县委、县政府
小拉珍	女	藏	拉孜县曲玛乡小学	模范班主任	2017年	拉孜县委、县政府
巴桑吉拉	女	藏	拉孜县曲玛乡小学	模范班主任	2017年	拉孜县委、县政府
格桑旺姆	女	藏	拉孜县藏语委办（编译局）	先进个人	2018年	拉孜县委、县政府
旺　加	男	藏	拉孜县住房和城乡建设局	优秀公务员	2017年	拉孜县委、县政府
胡建冬	男	汉	拉孜县住房和城乡建设局	优秀公务员	2017年	拉孜县委、县政府
次旦顿珠	男	藏	拉孜县住房和城乡建设局	优秀公务员	2017年	拉孜县委、县政府
江白益西	男	藏	拉孜县住房和城乡建设局	优秀公务员	2017年	拉孜县委、县政府
曾军昌	男	汉	拉孜县环境保护局	优秀公务员	2018年	拉孜县委、县政府
扎西普尺	女	藏	拉孜县环境保护局	优秀事业干部	2018年	拉孜县委、县政府
毛师飞	男	汉	拉孜县城市管理综合执法局	优秀公务员	2018年	拉孜县委、县政府
普　琼	男	藏	拉孜县柳乡人民政府	优秀公务员	2017年	拉孜县委、县政府
其米热旦	男	藏	拉孜县柳乡人民政府	优秀公务员	2017年	拉孜县委、县政府
李相松	男	汉	拉孜县柳乡人民政府	优秀公务员	2017年	拉孜县委、县政府
罗　布	男	藏	拉孜县柳乡人民政府	优秀事业干部	2017年	拉孜县委、县政府
巴桑仓木决	女	藏	拉孜县柳乡人民政府	优秀事业干部	2017年	拉孜县委、县政府

续表2

姓名	性别	民族	工作单位	获奖名称	表彰时间	授予单位
扎西旺堆	男	藏	拉孜县柳乡人民政府	优秀党务工作者	2017 年	拉孜县委、县政府
扎西旺堆	男	藏	拉孜县柳乡人民政府	优秀公务员	2017 年	拉孜县委、县政府
拉巴次仁	男	藏	拉孜县柳乡人民政府	优秀气象信息员	2017 年	拉孜县委、县政府
次旦普赤	女	藏	拉孜县柳乡人民政府	十九大演讲比赛“二等奖”	2017 年	拉孜县委、县政府
庆热罗布	男	藏	拉孜县柳乡派出所	优秀公务员	2017 年	拉孜县委、县政府
庆热罗布	男	藏	拉孜县柳乡派出所	社会治安综合治理先进工作者	2017 年	拉孜县委、县政府
周顺波	男	汉	拉孜县曲玛乡人民政府	民族团结先进个人	2017 年	拉孜县委、县政府
陈巨峰	男	汉	拉孜县曲玛乡人民政府	优秀公务员	2017 年	拉孜县委、县政府
陈巨峰	男	汉	拉孜县曲玛乡人民政府	三等功	2017 年	拉孜县委、县政府
云旦拉姆	女	藏	拉孜县曲玛乡人民政府	优秀公务员	2017 年	拉孜县委、县政府
云旦拉姆	女	藏	拉孜县曲玛乡人民政府	优秀信息员	2017 年	拉孜县委、县政府
旦增顿珠	男	藏	拉孜县曲玛乡人民政府	优秀事业干部	2017 年	拉孜县委、县政府
顿珠	男	藏	拉孜县曲玛乡人民政府	优秀事业干部	2017 年	拉孜县委、县政府
罗布顿珠	男	藏	拉孜县曲玛乡人民政府	优秀公务员	2017 年	拉孜县委、县政府
索朗白珍	女	藏	拉孜县曲玛乡人民政府	优秀公务员	2017 年	拉孜县委、县政府
陈均华	男	汉	拉孜县曲玛乡人民政府	优秀公务员	2017 年	拉孜县委、县政府
平措	男	藏	拉孜县热萨乡人民政府	优秀公务员	2017	拉孜县委、县政府
平措	男	藏	拉孜县热萨乡人民政府	优秀公务员记三等功	2017	拉孜县委、县政府
边巴次仁	男	藏	拉孜县热萨乡人民政府	优秀事业干部	2017	拉孜县委、县政府
苏洲鹏	男	藏	拉孜县热萨乡人民政府	优秀公务员	2017	拉孜县委、县政府
边巴普赤	女	藏	拉孜县热萨乡人民政府	优秀事业工作人员	2017	拉孜县委、县政府
尼玛片多	女	藏	拉孜县热萨乡人民政府	优秀事业干部	2017	拉孜县委、县政府
仁青拉姆	女	藏	拉孜县拉孜镇人民政府	社会治安综合治理先进工作者	2017 年	拉孜县委、县政府
措姆	女	藏	拉孜县拉孜镇人民政府	优秀公务员	2017 年	拉孜县委、县政府
扎西次仁	男	藏	拉孜县拉孜镇人民政府	优秀公务员	2017 年	拉孜县委、县政府
王志刚	男	藏	拉孜县拉孜镇人民政府	优秀公务员	2017 年	拉孜县委、县政府
仓木啦	女	藏	拉孜县拉孜镇人民政府	优秀事业干部	2017 年	拉孜县委、县政府
巴桑次仁	男	藏	拉孜县拉孜镇人民政府	优秀事业干部	2017 年	拉孜县委、县政府

续表2

姓名	性别	民族	工作单位	获奖名称	表彰时间	授予单位
普珠拉姆	女	藏	拉孜县拉孜镇人民政府	优秀事业干部	2017年	拉孜县委、县政府
平措顿珠	男	藏	拉孜县拉孜镇人民政府	优秀事业干部	2017年	拉孜县委、县政府
巴桑次仁	男	藏	拉孜县拉孜镇曲德寺管会	优秀公务员记三等功	2017年	拉孜县委、县政府
达　仓	女	藏	拉孜县拉孜镇格旦开曲寺管会	优秀公务员	2017年	拉孜县委、县政府
拉巴普尺	女	藏	拉孜县拉孜镇格旦开曲寺管会	优秀驻村队员	2017年	拉孜县委、县政府
巴桑次仁	男	藏	拉孜县拉孜镇人民政府	优秀驻村队员	2017年	拉孜县委、县政府
达瓦平措	男	藏	拉孜县拉孜镇人民政府	优秀驻村队员	2017年	拉孜县委、县政府
张德城	男	藏	拉孜县拉孜镇派出所	优秀驻村队员	2017年	拉孜县委、县政府
尼玛次仁	男	藏	拉孜县拉孜镇人民政府	优秀党员	2017年	拉孜县委、县政府
李洪涛	男	汉	拉孜县芒普乡人民政府	优秀公务员	2017年	拉孜县委、县政府
李洪涛	男	汉	拉孜县芒普乡人民政府	优秀党员	2017年	拉孜县委、县政府
扎西旺姆	女	藏	拉孜县芒普乡人民政府	优秀党员	2017年	拉孜县委、县政府
尼玛仓木决	女	藏	拉孜县芒普乡人民政府	优秀公务员	2017年	拉孜县委、县政府
加　央	男	藏	拉孜县芒普乡人民政府	优秀党员	2017年	拉孜县委、县政府
曲　珍	女	藏	拉孜县芒普乡人民政府	优秀公务员	2017年	拉孜县委、县政府
仁　增	女	藏	拉孜县芒普乡人民政府	优秀公务员	2017年	拉孜县委、县政府
格桑拉姆	女	藏	拉孜县芒普乡人民政府	优秀公务员	2017年	拉孜县委、县政府
洛桑曲珍	女	藏	拉孜县芒普乡人民政府	优秀事业干部	2017年	拉孜县委、县政府
达瓦次仁	男	藏	拉孜县芒普乡人民政府	优秀事业干部	2017年	拉孜县委、县政府
罗　宗	女	藏	拉孜县芒普乡人民政府	优秀事业干部	2017年	拉孜县委、县政府
阿旺扎西	男	藏	拉孜县芒普乡人民政府	优秀党员	2017年	拉孜县委、县政府
尊追它青	男	藏	拉孜县芒普乡人民政府	优秀党员	2017年	拉孜县委、县政府
次旺伟思	男	藏	拉孜县芒普乡人民政府	优秀党员	2017年	拉孜县委、县政府
拉姆曲珍	女	藏	拉孜县查务乡人民政府	综治工作先进工作者	2018年	拉孜县委、县政府
噶玛次白	男	藏	拉孜县查务乡人民政府	优秀公务员	2018年	拉孜县委、县政府
阿　达	男	藏	拉孜县查务乡人民政府	优秀公务员	2018年	拉孜县委、县政府

续表2

姓名	性别	民族	工作单位	获奖名称	表彰时间	授予单位
刘建军	男	汉	拉孜县查务乡人民政府	优秀公务员	2018年	拉孜县委、县政府
路青山	男	汉	拉孜县查务乡人民政府	优秀公务员	2018年	拉孜县委、县政府
扎西普尺	女	藏	拉孜县查务乡人民政府	优秀事业干部	2018年	拉孜县委、县政府
拉姆曲珍	女	藏	拉孜县查务乡人民政府	优秀事业干部	2018年	拉孜县委、县政府
拉珍	女	藏	拉孜县查务乡人民政府	优秀事业干部	2018年	拉孜县委、县政府
胡太勇	男	汉	拉孜县查务乡人民政府	优秀党员	2017年	拉孜县委、县政府
琼琼	男	藏	查务村	优秀党员	2017年	拉孜县委、县政府
扎西多吉	男	藏	拉孜县查务乡人民政府	优秀驻村队员	2017年	拉孜县委、县政府
次仁德吉	女	藏	拉孜县查务乡人民政府	优秀驻村队员	2017年	拉孜县委、县政府
郭宁宁	女	汉	拉孜县曲下镇人民政府	优秀公务员	2017年	拉孜县委、县政府
卓玛次仁	女	藏	拉孜县曲下镇人民政府	优秀公务员	2017年	拉孜县委、县政府
卓玛次仁	女	藏	拉孜县曲下镇人民政府	三等功	2017年	拉孜县委、县政府
旦增欧珠	男	藏	拉孜县曲下镇人民政府	优秀公务员	2017年	拉孜县委、县政府
旦增欧珠	男	藏	拉孜县曲下镇人民政府	三等功	2017年	拉孜县委、县政府
索朗	男	藏	拉孜县曲下镇人民政府	优秀公务员	2017年	拉孜县委、县政府
米玛普赤	女	藏	拉孜县曲下镇人民政府	优秀事业干部	2017年	拉孜县委、县政府
普赤	女	藏	拉孜县曲下镇人民政府	优秀事业干部	2017年	拉孜县委、县政府
贡吉	女	藏	拉孜县曲下镇人民政府	优秀公务员	2017年	拉孜县委、县政府
次旦占堆	男	藏	拉孜县曲下镇人民政府	优秀公务员	2017年	拉孜县委、县政府
尼顿	男	藏	拉孜县锡钦乡人民政府	优秀公务员	2017年	拉孜县委、县政府
严臣伟	男	汉	拉孜县锡钦乡人民政府	优秀公务员	2017年	拉孜县委、县政府
白玛央宗	女	藏	拉孜县锡钦乡人民政府	优秀公务员	2017年	拉孜县委、县政府
刘玉琳	女	汉	拉孜县锡钦乡人民政府	优秀公务员	2017年	拉孜县委、县政府
卓嘎	女	藏	拉孜县锡钦乡人民政府	优秀工作人员	2017年	拉孜县委、县政府
格桑曲珍	女	藏	拉孜县锡钦乡人民政府	优秀工作人员	2017年	拉孜县委、县政府
袁坤娆	男	汉	拉孜县锡钦乡人民政府	优秀工作人员	2017年	拉孜县委、县政府
加央白玛	女	藏	拉孜县锡钦乡人民政府	优秀工作人员	2017年	拉孜县委、县政府
王培槐	男	汉	拉孜县扎西宗乡人民政府	优秀公务员	2017年	拉孜县委、县政府
达娃卓嘎	女	藏	拉孜县扎西宗乡人民政府	优秀公务员	2017年	拉孜县委、县政府
扎西拉姆	女	藏	拉孜县扎西宗乡人民政府	优秀公务员	2017年	拉孜县委、县政府

续表2

姓名	性别	民族	工作单位	获奖名称	表彰时间	授予单位
旦增旺久	男	藏	拉孜县扎西宗乡人民政府	优秀公务员	2017年	拉孜县委、县政府
达娃欧珠	男	藏	拉孜县扎西宗乡人民政府	优秀事业干部	2017年	拉孜县委、县政府
贡桑旦珍	女	藏	拉孜县扎西宗乡人民政府	优秀事业干部	2017年	拉孜县委、县政府
尼玛	男	藏	拉孜县扎西宗乡人民政府	优秀党员	2017年	拉孜县委、县政府
旦增旺加	女	藏	拉孜县扎西宗乡人民政府	优秀党员	2017年	拉孜县委、县政府
平顿列珠	女	藏	拉孜县扎西宗乡人民政府	优秀党员	2017年	拉孜县委、县政府
次仁卓嘎	女	藏	拉孜县扎西宗乡人民政府	优秀党员	2017年	拉孜县委、县政府
土果	女	藏	拉孜县扎西宗乡人民政府	优秀党员	2017年	拉孜县委、县政府
次旦白玛	女	藏	拉孜县扎西宗乡人民政府	优秀党员	2017年	拉孜县委、县政府
尼玛伟私	男	藏	拉孜县扎西宗乡人民政府	优秀公务员	2017年	拉孜县委、县政府
赤列多杰	男	藏	拉孜县彭措林乡人民政府	优秀公务员	2018年	拉孜县委、县政府
公保才让	男	蒙古	拉孜县彭措林乡人民政府	优秀公务员	2018年	拉孜县委、县政府
次仁片多	女	藏	拉孜县彭措林乡人民政府	优秀公务员	2018年	拉孜县委、县政府
尼玛潘多	女	藏	拉孜县彭措林乡人民政府	优秀事业干部	2018年	拉孜县委、县政府
尼玛顿珠	男	藏	拉孜县彭措林乡人民政府	优秀事业干部	2018年	拉孜县委、县政府
仁增卓玛	女	藏	拉孜县彭措林乡人民政府	优秀事业干部	2018年	拉孜县委、县政府
索朗欧珠	男	藏	拉孜县扎西岗乡人民政府	优秀公务员	2017年	拉孜县委、县政府
扎西索朗	男	藏	拉孜县扎西岗乡人民政府	优秀公务员	2017年	拉孜县委、县政府
扎西索朗	男	藏	拉孜县扎西岗乡人民政府	优秀党员	2017年	拉孜县委、县政府
次仁央拉	女	藏	拉孜县扎西岗乡人民政府	优秀公务员	2017年	拉孜县委、县政府
旦增旺姆	女	藏	拉孜县扎西岗乡人民政府	优秀党员	2017年	拉孜县委、县政府
旦增旺姆	女	藏	拉孜县扎西岗乡人民政府	优秀公务员	2017年	拉孜县委、县政府
次仁桑木旦	女	藏	拉孜县扎西岗乡人民政府	优秀公务员	2017年	拉孜县委、县政府

续表2

姓名	性别	民族	工作单位	获奖名称	表彰时间	授予单位
边巴参木	女	藏	拉孜县扎西岗乡人民政府	优秀事业干部	2017年	拉孜县委、县政府
吉吉卓玛	女	藏	拉孜县扎西岗乡人民政府	优秀事业干部	2017年	拉孜县委、县政府
吉吉卓玛	女	藏	拉孜县扎西岗乡人民政府	县级优秀驻村工作队队员	2017年	拉孜县委、县政府
索朗卓嘎	女	藏	拉孜县扎西岗乡人民政府	优秀事业干部	2017年	拉孜县委、县政府
索朗卓嘎	女	藏	拉孜县扎西岗乡人民政府	县级优秀驻村工作队队员	2017年	拉孜县委、县政府
措　珍	女	藏	拉孜县扎西岗乡人民政府	优秀驻村工作队队员	2017年	拉孜县委、县政府
顿珠曲培	男	藏	拉孜县扎西岗乡人民政府	优秀事业干部	2017年	拉孜县委、县政府
措　珍	女	藏	拉孜县扎西岗乡人民政府	县级优秀驻村工作队队员	2017年	拉孜县委、县政府
李英杰	男	汉	拉孜县扎西岗乡人民政府	县级优秀驻村工作队队员	2017年	拉孜县委、县政府
占　堆	男	藏	拉孜县扎西岗乡普东玉托寺管会	优秀党员	2017年	拉孜县委、县政府
米玛拉姆	女	藏	拉孜县卫生服务中心	优秀事业单位工作人员	2018年	拉孜县政府
格桑央金	女	藏	拉孜县卫生服务中心	优秀事业单位工作人员	2018年	拉孜县政府
边巴普赤	女	藏	拉孜县卫生服务中心	优秀事业单位工作人员	2018年	拉孜县政府
嘎桑次仁	男	藏	拉孜县卫生服务中心	优秀事业单位工作人员	2018年	拉孜县政府
洛桑卓玛	女	藏	拉孜县卫生服务中心	优秀事业单位工作人员	2018年	拉孜县政府
琼　达	女	藏	拉孜县卫生服务中心	优秀事业单位工作人员	2018年	拉孜县政府
胡　娇	女	汉	拉孜县卫生服务中心	优秀事业单位工作人员	2018年	拉孜县政府
其美次罗	女	藏	拉孜县卫生服务中心	优秀事业单位工作人员	2018年	拉孜县政府
德　吉	女	藏	拉孜县卫生服务中心	优秀事业单位工作人员	2018年	拉孜县政府
琼　拉	女	藏	拉孜县卫生服务中心	优秀事业单位工作人员	2018年	拉孜县政府
米　多	男	藏	拉孜县热萨乡小学	民族教育先进工作者	2017年	山东省济南市中区人民政府

说明：由于各单位资料提供不全，可能有遗漏

附 录

党政机构名称及负责人

中国共产党拉孜县委员会

书 记 陈 钢

常务副书记

次 仁(藏族,10月免)

施忠民(上海援藏)

副书记 巴桑旺堆(藏族)

郭宝华

县委常委

索朗多吉(藏族)

尼玛次仁(藏族,12月免)

仓木决(女,藏族)

泽 吉(藏族)

陶文权(上海援藏)

温双龙(12月免)

赵 玮

杰 布(藏族,10月任)

吴 锋(12月任)

张 耀(12月任)

县委办公室

主 任 白玛央金(女,藏族)

副主任 阳 猛

扎西平措(藏族)

机要局局长

次仁卓嘎(女,藏族)

县人大常委会党组

书 记 索朗多吉(藏族)

县人大常委会

主 任 索朗多吉(藏族)

副主任 次仁多吉(藏族)

边巴旺堆(藏族)

薛爱梅(女)

洛追次培(藏族)

县人大常委会办公室

主 任 索 朗(藏族)

副主任 次 旺(藏族)

达瓦普赤(女,藏族)

县人民政府党组

书 记 巴桑旺堆(藏族)

副书记 陶文权(上海援藏)

温双龙(12月免)

赵 玮

成 员 多吉顿珠(藏族)

杨乾利

蒲晓彬(12月免)

普布多布拉(藏族)

肖积才

旺 金(藏族)

县人民政府

县　长　巴桑旺堆（藏族）
副县长　陶文权（上海援藏）
　　　　温双龙（12月免）
　　　　赵　玮
　　　　多吉顿珠（藏族）
　　　　杨乾利
　　　　蒲晓彬（12月免）
　　　　普布多布拉（藏族）
　　　　肖积才
　　　　旺　金（藏族）

政府办公室

主　任　李　正
副主任　拉姆次仁（女，藏族）
　　　　林　媛（女）

政协第二届拉孜县委员会党组

书　记　次　仁（藏族）
成　员　索朗欧珠（藏族）
　　　　周顺波
　　　　巴桑卓嘎（女，藏族，11月任）

政协第二届拉孜县委员会

主　席　次　仁（藏族）
副主席　索朗欧珠（藏族）
　　　　周顺波
　　　　晋巴加措（藏族，党外人士）
　　　　洛桑旦琼（藏族，党外人士）

政协第二届拉孜县委员会办公室

主　任　巴桑卓嘎（女，藏族，7月任）
副主任　多　吉（藏族，7月任）

县纪律检查委员会

书　记　尼玛次仁（藏族，12月免）
　　　　吴　锋（12月任）
副书记　边巴次仁（藏族）
　　　　刘燕红（女，12月任）

县监察委员会

主　任　吴　锋（12月任）
副主任　边巴次仁（藏族，12月任）
　　　　刘燕红（女，12月任）
监委委员
　　　　次仁欧珠（12月任）
　　　　达娃扎西（12月任）

县监察局

局　长　徐青竹（1月免）
　　　　刘燕红（女，9月任）

县委巡察办

主　任　扎西顿珠

县委组织部

部　长　郭宝华
副部长、老干局局长
　　　　格桑旦增（藏族）
编办主任
　　　　次仁央宗（女，藏族）
副部长　孟　勇

县委党校

校　长　次仁扎西（藏族）

县委宣传部

部　长　仓木决（女，藏族）
副部长　边巴次仁（藏族）
　　　　扎西玉珍（女，藏族）

县委统战部

部　长　泽　吉（藏族）
常务副部长
　　　　边　旦（藏族）
工商联副主席
　　　　顿珠加布（藏族）
副部长　多吉杰布（藏族）
　　　　益西措姆（女，藏族）
宗教办主任
　　　　尼旦增（藏族）
宗教办副主任
　　　　洛桑扎西（藏族）

县委政法委

书 记 次 仁(藏族,12月免)
杰 布(藏族,12月任)
副书记 索朗罗布(藏族,6月免)
李 静(女)
综治办主任
索朗罗布(藏族,6月免)
综治办副主任
索朗旺堆(藏族)

县信访局

局 长 李 正

共青团拉孜县委员会

书 记 索朗央宗(女,藏族,6月免)
次仁格桑(藏族,7月任)

县妇联

副 主 席 边巴仓决(女,藏族,)
主任科员 平措卓玛(女,藏族)

县总工会

主 席 尼玛占堆(藏族)
副 主 席 白玛卓嘎(女,藏族)
主任科员 普布吉拉(女,藏族)

县公安局党委

书 记 索 多(藏族)
副书记 达瓦次仁(藏族)
委 员 加 布(藏族)
罗 珍(女,藏族)
达娃旺堆(藏族)

县公安局

局 长 次 仁(藏族,12月免)
杰 布(藏族,12月任)
政 委 索 多(藏族)
副局长 达瓦次仁(藏族)
加 布(藏族)

县人民检察院党组

书 记 欧吉巴(女,藏族)
副书记 索朗扎西(藏族)
成 员 落登贡呷(藏族)
杨 建
西 洛(女,藏族)
其美次旺(藏族)

县人民检察院

检察长 欧吉巴(女,藏族)
常务副检察长
索朗扎西(藏族)
副检察长
落登贡呷(藏族)
杨 建

县人民法院党组

书 记 巴桑次仁(藏族)
党组副书记
郑勇刚
成 员 次旦多杰(藏族)
边 珍(女,藏族)

县人民法院

院 长 巴桑次仁(藏族)
副院长 郑勇刚
次旦多杰(藏族)
边 珍(女,藏族)
审监庭庭长
向巴土多(藏族)
民事审判庭庭长
德吉央宗(女,藏族)
立案庭负责人
罗布旺堆(藏族)
刑事审判庭负责人
次仁央珍(女,藏族)

县司法局

局 长 索朗罗布(藏族,6月任)
副局长 张昆明
丹增卓玛(女,藏族)

县安全生产监督管理局

局 长 达 罗(藏族)

副局长 次　　仁(藏族)

县发展和改革委员会

主　任 边巴普琼(藏族, 11月免)
副主任 扎西顿珠(藏族, 6月免)
白　　骏(上海援藏)
达瓦旺拉(藏族,1月任)
扎西央金(女,藏族,7月任)
主任科员
吴 先 国

县统计局

局　长 扎西顿珠(藏族)
副局长 次仁卓嘎(女,藏族)

县审计局

局　长 次仁珠扎(藏族,4月任)

县财政局

局　长 白玛央金(女,藏族,4月免)
副局长 鲁 甲 虎
魏 飞 飞
扎西顿珠(藏族,7月免)

县农牧局

局　长 次仁平措(藏族,2月免)
索朗平措(藏族,2月任)
副局长 次　　仁(藏族,2月免)
米玛旺堆(藏族,2月免)
拉巴次仁(藏族,2月任)
扎西平措(藏族)
万 大 兴(苗族,2月任)
任 虎 林(11月任)

县民政局

局　长 付 征 勇
副局长 顿　　珠(藏族)
旦增普尺(女,藏族)

县扶贫开发办

主　任 扎西塔杰(藏族,4月免)
蒲 晓 彬(4月任)
主任科员
普布次仁(藏族,7月任)
副主任(主任科员)
巴　　桑(女,藏族,7月免)
副主任 次旺南加(藏族,7月任)
崔 志 强(7月任)

县文化新闻出版广电局(文物局、版权局)

局　长 桑　　吉(女,藏族)
副局长 次仁扎西(藏族,10月免)
格桑卓拉(女,藏族)
云丹顿珠(6月任)
边巴普尺(女,藏族,6月任)

县教育局党委

书　记 王 俊 彦
副书记 扎　　次(藏族)
郭 风 云(女)

县教育局

局　长 王 俊 彦
副局长 扎　　次(藏族)
郭 风 云(女)
吴 晓 石(主任科员)
纪检组长
潘 世 魁
教研室主任
顿　　珠(藏族)
办公室主任
贺 习 良

县人力资源和社会保障局

局　长 格桑旺拉(藏族)
副局长 巴　　珠(藏族)
次仁旺姆(女,藏族)
社保中心主任
白玛央金(女,藏族)

县民族宗教事务局

局　长 达　　娃(藏族)

副局长 米玛仓决(女,藏族)
尼玛普赤(女,藏族,7月任)

县国土资源局

局　长 米　　顿(藏族)
副局长 扎西朗杰(藏族)
次旺罗杰(藏族)
主任科员
拉巴次仁(藏族)

县住房和城乡建设局

局　长 旺　　加(藏族)
副局长 胡 建 冬(上海援藏)
次旦顿珠(藏族,7月任)
米玛片多(女,藏族)

县城市管理综合执法局

局　长 次旦扎西(藏族)
副局长 央　　珍(女,藏族)

县交通运输局

局　长 达娃次仁(藏族)
副局长 拉巴次仁(藏族,7月免)
索朗罗布(藏族,7月任)
付　　东(7月任)

县水利局

局　长 张　　沛(12月任)
副局长 再　　吉(女,藏族)
顿珠加布(藏族,10月免)
范 艺 超(6月任)

县商务局

局　长 格桑次仁(藏族)
经合办副主任
扎西平措(藏族)
主任科员
次仁琼拉(女,藏族)

县环境保护局

局　长 巴桑卓玛(女,藏族)
副局长 杨 艳 飞

县卫生和计划生育委员会

主　任 达　　瓦(藏族,11月免)
格桑次仁(藏族,11月任)
副主任 钱 海 峰(上海援藏)
泽仁斯朗(藏族)
纪检组长、主任科员
德吉卓嘎(女,藏族)
副主任 白　　吉(女,藏族,5月免)

县卫生服务中心

卫生服务中心主任
钱 海 峰(上海援藏)
副主任 普布次仁(藏族)
索　　旺(藏族)

县食品药品监督管理局

局　长 次仁顿珠(藏族)
副局长 顿珠次仁(藏族)

县藏语委办(编译局)

局　长 扒 都 马(回族)
副局长 白玛曲尼(女,藏族)

县文化广播影视服务站

站　长 欧　　珠(藏族)
副站长 拉巴顿珠(藏族)

拉孜县扶贫开发投资有限责任公司

董事长 蒲 晓 彬(10月免)
赵　　玮(10月任)
总经理 普布次仁(藏族)
副总经理
刘　　帅

拉孜西部城市投资发展有限公司

总 经 理 扎西顿珠(藏族,8月任)
副总经理 陈　　学(8月任)
常 建 江(8月任)
财务总监 仓　　决(女,藏族,8月任)

西藏自治区新闻出版广电局拉孜中波转播台

台　　长　普旦增（藏族）
副 台 长　李向丽（女）
机房主任　扎西平措（藏族）

中国农业银行股份有限公司拉孜县支行

党总支书记、行长
　　扎　旺（藏族）
副行长、纪检委员
　　次　旺（藏族）
副行长　寇幸福

中国电信集团公司拉孜县电信局

局　长　罗　布（藏族）

中国邮政集团公司西藏自治区拉孜县分公司

经　理　尼玛顿珠（藏族）

西藏自治区拉孜粮食储备库

主　任　扎西多杰（藏族）
副主任　桑　珠（藏族，8月任）

县国家税务局

局　长　巴桑普赤（女，藏族，8月免）
　　达瓦欧珠（藏族，11月任）
副局长　旦增索朗（藏族，11月任）
纪检组长
　　旦增索朗（藏族，11月免）
　　孙太松（11月任）

县供电有限公司

经　理　普布次仁（藏族）
副经理　巴　桑（藏族）
　　次　仁（藏族）

县气象局

局　长　次旦央吉（女，藏族）
副局长　登增然登（藏族）
气象台台长
　　扎西亚培（藏族）

西藏自治区公路局日喀则公路分局拉孜公路养护段

党支部书记
　　旺　久（藏族，11月免）
　　尼玛扎西（藏族，11月任）
段　长　吾金群培（藏族，11月免）
　　巴　桑（藏族，11月任）
纪检监察员
　　琼　达（藏族）
副段长　次旦桑珠（藏族）
　　边　巴（藏族）

中国移动通信集团西藏有限公司日喀则分公司拉孜县分公司

经　理　陈　尚

县人民武装部

部　长　张　耀（8月任）
政　委　陈　勇（8月免）
　　程　科（8月任）
副部长　曹高庆

县公安消防大队

大队长　易国洪
副营职参谋
　　姚　伟
　　段　林
十二级助理工程师
　　洛桑群培（藏族）
副连职参谋
　　吕秋实

武警拉孜中队

中队长　刘二成
指导员　苟小勇

曲下镇

党委书记　巴桑次旦（藏族）
副 书 记　郭宁宁（女）
　　拉巴次仁（藏族）
　　德吉卓嘎（女，藏族，6月任）

卓玛次仁（女，藏族

镇　　长　郭宁宁（女）

人大主席　拉巴次仁（藏族）

政法委员　普布扎西（藏族）

宣传委员　达　仓（女，藏族，7月免）

德吉卓嘎（女，藏族，6月任）

纪检书记　卓玛次仁（女，藏族）

人武部部长

索　朗（藏族）

统战委员　达　仓（女，藏族，7月免）

白玛曲培（藏族，6月任）

组织委员　旦　增（藏族）

副镇长　索　朗（藏族）

李迎花（女）

白玛曲培（藏族，6月任）

次仁德吉（女，藏族，1月免）

江东涛（6月任）

拉孜镇

党委书记　平　措（藏族）

副书记　李积刚

仁青拉姆（女，藏族）

次旦玖美（藏族）

镇　　长　李积刚

人大主席　仁青拉姆（女，藏族）

纪委书记　尼玛潘多（女，藏族）

人武部部长

次旺多吉（藏族，7月免）

谢雷鸣（7月任）

政法委员、派出所所长

边　罗（藏族）

宣传委员　措　姆（女，藏族）

统战委员　旦增卓玛（女，藏族）

组织委员、司法所所长

谢雷鸣（7月任）

副镇长　次旺多吉（藏族，7月免）

措　姆（女，藏族）

旦增卓玛（女，藏族）

邓　凯（7月任）

扎西宗乡

党委书记　潘申堂

副书记　平措卓玛（女，藏族，6月免）

尼玛伟私（藏族，6月任）

德吉央宗（女，藏族，6月任）

尼　玛（藏族）

乡　　长　平措卓玛（女，藏族，6月免）

尼玛伟私（藏族，6月任）

人大主席　尼玛伟私（藏族，6月免）

德吉央宗（女，藏族，6月任）

宣传委员　尼　玛（藏族）

纪检书记　桑　珍（女，藏族）

组织委员　王培槐

人武部部长

昂旺念扎（藏族）

副乡长　时学双（7月免）

达娃卓嘎（女，藏族）

昂旺念扎（藏族）

曲玛乡

党委书记　周顺波

副书记　普布次仁（藏族，7月免）

米玛旦增（藏族，7月任）

仓木觉（女，藏族，8月免）

巴　桑（女，藏族，8月任）

罗布顿珠（藏族）

乡　　长　普布次仁（藏族，7月免）

米玛旦增（藏族，7月任）

人大主席　仓木觉（女，藏族，8月免）

巴　桑（女，藏族，8月任）

统战委员　罗布顿珠（藏族）

纪委书记　格桑顿珠（藏族）

组织委员　尼宁央拉（女，藏族）

宣传委员　索朗白珍（女，藏族）

政法委员、派出所所长

索朗旺久（藏族）

人武部部长

拉姆次仁（女，藏族）

副乡长　王东俊

云丹顿珠（藏族，7月免）

陈 均 华(7月任)
拉姆次仁(女,藏族)
索朗白珍(女,藏族)

彭措林乡

党委书记 边巴次仁(藏族,7月免)
普 琼(藏族,7月任)
副书记 薛 珂
扎 西(藏族,7月免)
尼玛扎西(藏族,7月任)
梁 海 靖(7月任)
乡 长 薛 珂
人大主席 扎 西(藏族,7月免)
尼玛扎西(藏族,7月任)
纪委书记 洛 央(女,藏族,7月免)
扎西卓玛(女,藏族,7月任)
政法委员、派出所所长
索 多(藏族)
组织委员 赤列多杰(藏族)
宣传委员、人武部部长
索朗曲珍(女,藏族,7月任)
统战委员 次仁普尺(女,藏族,7月免)
次旦欧珠(藏族,7月任)
副乡长 格桑央拉(女,藏族)
次仁普尺(女,藏族,7月免)
次旦欧珠(藏族,7月任)
邓 钢(10月免)
派出所副所长
邓 钢(10月免)

扎西岗乡

党委书记 索朗欧珠(藏族)
副书记 格 桑(藏族)
聂 从 华(12月免)
张 海 军(12月任)
吴 思 明(7月免)
邓 亮(7月任)
乡 长 聂 从 华(12月免)
张 海 军(12月任)
人大主席 格 桑(藏族)
纪检书记 嘎 珍(女,藏族)
组织委员 扎西索朗(藏族)
宣传委员 益西措姆(女,藏族,7月免)
次仁央拉(女,藏族,7月任)
统战委员 次仁顿珠(藏族)
人武部部长
扎西卓玛(女,藏族,7月免)
达瓦扎西(藏族,7月任)
副乡长 旦增旺姆(女,藏族)
益西措姆(女,藏族,7月免)
次仁央拉(女,藏族,7月任)
次仁顿珠(藏族)
扎西卓玛(女,藏族,7月免)
达瓦扎西(藏族,7月任)

柳 乡

党委书记 张 建 平(10月免)
副书记 普 琼(藏族)
巴桑普赤(女,藏族)
德吉卓玛(女,藏族)
乡 长 普 琼(藏族)
人大主席 巴桑顿珠(藏族)
宣传委员 巴桑普赤(女,藏族)
扎西边宗(女,藏族,7月任)
纪委书记 德吉卓玛(女,藏族)
组织委员 德吉卓嘎(女,藏族,7月免)
李 相 松(7月任)
统战委员、人武部部长
其米热旦(藏族)
政法委员、派出所副所长
庆热罗布(藏族)
人大副主席
崔 志 强(7月免)
副乡长 拉巴仓决(女,藏族,7月免)
李 相 松(7月任)
其米热旦(藏族)
吴 先 国(7月免)
朱 慧 洁(女,7月任)
索朗格桑(藏族,7月任)

热萨乡

党委书记　平　措(藏族)
副书记　张成胜
　　顿珠央拉(女,藏族)
　　洛追甲措(藏族)
乡长　张成胜
人大主席　顿珠央拉(女,藏族)
纪委书记　白玛曲培(藏族,7月免)
　　德吉卓玛(女,藏族,7月任)
政法委员、派出所所长
　　次仁罗杰(藏族)
统战委员　琼　达(女,藏族)
人武部部长
　　王之敬
宣传委员　白　吉(女,藏族,7月任)
组织委员　秦浩云(7月任)
副乡长　王之敬
　　琼　达(女,藏族)
　　白　吉(女,藏族,7月任)
　　冉柏松(土家族,11月任)

芒普乡

党委书记　李洪涛
副书记　次　仁(藏族)
　　扎西旺姆(女,藏族)
　　尼玛仓木决(女,藏族)
乡长　扎西旺姆(女,藏族)
人大主席　次　仁(藏族)
政法委员　索　多(藏族)
纪检书记　旦增拉姆(女,藏族)
统战委员　米玛欧珠(藏族,7月任)
组织委员　德吉白玛(女,藏族,7月免)
　　晏爱超(7月任)
宣传委员　德吉白玛(女,藏族,7月任)
人武部部长
　　梁海靖(7月免)
副乡长　刘　鹏(7月任)
　　米玛欧珠(藏族,7月任)
　　德吉白玛(女,藏族,7月任)
　　梁海靖(7月免)

锡钦乡

党委书记　彭启均
副书记　格桑次仁(藏族)
　　普　琼(藏族)
　　尼　顿(藏族)
乡长　格桑次仁(藏族)
人大主席　普　琼(藏族)
宣传委员、人武部部长
　　严臣伟
统战委员　严臣伟(8月免)
　　次　仁(藏族,8月任)
纪委书记　巴桑卓嘎(女,藏族)
组织委员　次仁卓玛(女,藏族)
党委委员　巴桑罗布(藏族)
副乡长　刘玉琳(女,7月任)
　　彭　超(11月任)
　　巴桑罗布(藏族)
农牧综合服务中心主任
　　卓　嘎(女,藏族)

查务乡

党委书记　巴桑卓嘎(女,藏族,6月免)
　　胡太勇(6月任)
副书记　扎西顿珠(藏族,6月任)
　　阿　达(藏族)
　　扎西边宗(藏族,6月免)
　　刘建军
乡长　扎西顿珠(藏族,6月任)
人大主席　阿　达(藏族)
宣传委员、统战委员
　　扎西边宗(女,藏族,6月免)
　　拉　姆(女,藏族,6月任)
组织委员　刘建军
纪委书记　噶玛次白(藏族)
政法委员、派出所所长
　　旦增伦珠(藏族)
人武部长　边巴次仁(藏族,6月任)
副乡长　尼玛片多(女,藏族)
　　边巴次仁(藏族,6月任)
经济办主任、查务村支部书记
　　李文红(11月任)

拉孜县人民代表大会常务委员会工作报告

——拉孜县第十三届人民代表大会第三次会议

拉孜县人大常委会主任 索朗多吉

（2017 年 12 月 21 日）

2017 年的主要工作

2017 年，在县委的坚强领导下，县人大常委会紧紧围绕全县工作大局，立足工作重点，依法行使职权，全力助推全县经济社会健康发展。一年来，共听取“一府两院”工作报告 5 次，共召开常委会会议 9 次，召开主任会议 14 次，干部任前法律考试 2 次，开展执法工作检查 3 次，开展专题调研视察 5 次，开展区内考察 1 次，委托乡镇人大对人大代表培训 4 次 120 余人，依法作出决议决定 8 次，参加区内外县乡人大代表及人大干部培训班 12 人（次）。较好完成了县十三届人大二次会议确定的各项目标任务。

一、坚持围绕中心，服务大局，全面落实重点工作

坚持党的领导，提高政治站位。坚持党的领导与依法履职相结合，认真落实常委会党组向县委请示报告制度，主动把县委的决策部署贯彻落实到人大依法履职、开展工作的各方面和全过程，确保市委、县委各项决策部署落到实处。一是人大常委会组成人员，深入联系乡镇，开展基层党建工作调研，并撰写了党建工作调研报告；二是围绕“四讲四爱”主题教育及党的十九大宣讲活动，十九大召开前，人大常委会组成人员深入乡镇村庄宣讲“四讲四爱”，十九大结束后宣讲十九大精神；三是常委会始终高度重视强基惠民工作，定期不定期地听取驻村工作汇报，切实帮助解决群众在生产生活中遇到的困难和问题。

二、坚持突出重点，注重工作监督，切实提升监督实效

县人大常委会始终坚持“在监督中支持，在支持中监督”的工作理念，紧紧围绕“一府两院”重点工作、事关群众切身利益的热点难点问题和法治拉孜建设，依法开展监督工作，不断创新监督方式，增

强监督实效，确保了人大工作与民同心、与“一府两院”同力、与法治建设同步。

（一）着力开展视察调研，服务发展取得新成效。紧扣县委全委会、人代会目标任务，坚持年初听安排，年中查进展，年底要结果，县人大常委会先后利用20余天，组织150余人次对农村合作社运行情况、挖沙采砂情况、环境保护情况、学校“三包”经费管理及使用情况等进行了重点视察调研，并及时形成了4份调研视察报告，转交县委、县政府，为县委、县政府决策提供了重要依据。

（二）着力强化依法监督，增强工作实效。加强对“一府两院”的监督力度。对“一府两院”经常性开展执法监督和工作监督，县人大常委会组织开展听取和审议《拉孜县人民政府关于2017年上半年国民经济和社会发展计划执行情况与下半年国民经济和社会发展计划安排的报告》、《拉孜县人民政府关于2017年上半年财政预算执行情况报告》、听取和审议“两院”工作情况报告；听取和审议教育局关于学校“三包”经费管理及使用情况专题报告；实行人大代表旁听法院庭审等工作，并提出建设性意见建议。常委会还十分关注预防职务犯罪工作，将其列为视察检查的重点，要求县检察院加大预防力度，增强预防和控制职务犯罪的能力，县检察院积极开展预防宣传和警示教育，强化了犯罪分析，创新预防机制，有效遏制和减少职务犯罪的发生。

（三）着力重视人大信访，维护和谐稳定局面。把受理和督办群众来信来访作为关注民生、了解民情、反映民意的重要渠道，健全完善了接访、转办、督办、反馈工作机制，有效维护了群众的合法权益，化解了社会矛盾，促进了社会和谐稳定。

（四）着力做好人事任免，依法加强干部任后监督。常委会坚持党管干部原则和人大依法行使人事任免职权的有机统一，不断完善和实行任前审查、法律测试、任职发言、颁发任命书和向宪法宣誓等制度，推进人事任免工作的民主化、法制化和规范化。进一步强化任命人员的宪法意识、公仆意识和主动接受人大监督的自觉性。2017年，依法批准和任命国家机关工作人员24人，其中政府部门13人次，法院5人，检察院6人；依法免去国家机关工作人员10人，其中政府部门6人次，法院2人，检察院2人；依法补选市一届人大代表1名和县十三届人大代表5名。确保实现县委的人事安排意图，提供了有力的组织保证。

三、坚持打牢基础，创新工作平台，积极发挥代表作用

常委会始终把代表工作作为基础性工作来抓，尊重代表主体地位，提升代表履职能力，切实发挥代表作用。

（一）着力强化培训，增强履职能力。注重把提高代表综合素质作为代表履职的基础，采取集中与委托培训、现场视察观摩等形式，加强了对代表的培训工作。2017年县人大常委会委托曲下镇、拉孜镇等4个乡镇，以《监督法》、《代表法》为主，共开展4次培训，参加培训的代表人数达120余人次，通过培训，积极引导三级代表在经济社会发展中创一流、争先进，努力为群众办实事、做好事、解难事，释放代表正能量。

（二）着力优化服务，创造履职条件。坚持邀请代表参加常委会组织的视察调研、执法检查、工作评议等活动，拓宽了代表的知情知政渠道。2017年，先后有80余人（次）列席了人大常委会议，有150余名代表参与调研视察，有5人旁听了法院庭审现场，为代表依法履行职责创造了良好条件。

（三）着力完善工作机制，提升意见建议办理实效。坚持把代表意见建议办理作为保障代表依法履职的重要内容和落实代表监督职权的重要措施。按照2017年人大常委会工作要点安排，多次组织三级人大代表及政府职能部门负责人，深入乡村，针对县十三届人民代表大会第二次会议上代表提出的意见建议办理情况进行检查评估，确保事事有回音，件件有答复，切实加大了代表议案意见建议督办的力度。

（四）着力注重联系，加强对基层人大工作的指导。一是坚持邀请乡镇人大代表列席县人大常委会和参加常委会组织的视察检查、集中培训、学习交流等活动，指导和支持乡镇人大依法开展工作，基层人大工作水平得到了明显改善。二是结合精准扶贫工作，人大常委会组成人员深入开展贫困户

结对认亲活动，为“帮扶结对户”提出发展思路，解决急需生产生活困难和就业岗位。三是深入县域内较为偏远贫困的村庄，了解和掌握他们的生产生活存在的困难，为他们提出具体可行的致富意见，并送去了党和政府的温暖。四是认真贯彻落实中央、区、市委《关于进一步加强和改进人大工作的意见》，完善了相关制度，规范了工作流程，为基层人大依法开展工作打下了坚实基础，基层人大工作得到了明显加强。

（五）着力丰富“代表之家”载体，不断巩固功能建设。利用“代表之家”平台开展了形式多样的代表活动，在服务代表、联系群众、宣传民主法制、促进经济社会发展和维护社会稳定。坚持以丰富活动为主线，不断强化服务功能，有力推进闭会期间代表活动的常态化和规范化。通过“代表之家”，把代表组织起来，了解社情民意，倾听群众呼声，广泛征求群众意见和建议，积极反映和促进实际问题和困难的解决，更好地发挥代表议政督政和人大代表的桥梁纽带作用。今年下半年，为了进一步提高乡镇人大工作整体水平，县人大常委会利用3天时间，组织三级人大代表、9个乡镇人大主席，共60余人（次），开展乡镇人大代表之家交叉学习考评工作，通过此次活动的开展，各乡镇相互学习了优秀工作经验，规范了代表之家活动制度，强化了代表学习积极性，发挥了人大代表履职的热情。

四、坚持规范管理，改进作风，切实加强自身建设

常委会把加强自身建设摆在重要位置，不断强化理论武装，改进工作作风，提高履职能力，努力打造为民务实、敢于担当、作风清廉的地方国家权力机关。

（一）加强思想建设，在深化学习中增强政治定力。不断加强思想政治建设，严守党的政治纪律和政治规矩，打实依法履职的思想基础。扎实开展了“两学一做”学习教育，“四讲四爱”等活动，切实在思想上拥戴核心、在政治上信赖核心、在组织上忠诚核心、在行动上捍卫核心，始终与党中央保持高度一致。坚持“每周一次集中学习，每周一次例会交流，每月一次党日活动，半年一次工作总结”，常委会组成人员政治定力和行动自觉增强，认真学习贯彻党纪党规，重点学习践行《准则》和《条例》，自觉履行党风廉政建设“两个责任”。

（二）加强作风建设，在务实为民中展示良好形象。严格落实中央“八项规定”精神，努力改进和减少了工作程序，规范公务接待，减少了“三公”经费支出。

（三）加强制度建设，有力规范机关机制。修订完善了《拉孜县人大常委会议事规则》、《拉孜县人大党组议事规则》等2项常委会规章制度和3项机关管理制度，有力地推动了常委会各项工作依法、规范、有序开展。

（四）大力加强组织建设，努力增添机关活力。常委会按照“政治坚定、业务精通、务实高效、作风过硬、团结协作、勤政廉洁”的要求，切实加强了人大机关建设，充分发挥机关党支部作用，营造团结和谐的工作氛围；充分发挥“代表之家”和办公室的职能作用，形成人大及其常委会的整体合力，提高机关服务水平和工作效能，树立了人大机关的良好形象。

（五）注重工作交流，在互相学习中提升能力水平。常委会坚持把加强对外交流作为创新人大工作的重要途径，组织工作人员以及相关单位带着课题外出考察、上门请教，吸取借鉴成熟的工作经验。下半年，组织三级人大代表赴拉萨市堆龙德庆区、达孜县、曲水县、城关区以及山南市乃东区、琼结县、曲松县、桑日县等地学习人大制度建设、监督工作、精准扶贫、产业项目等工作经验，拓宽了工作视野，学习了先进经验，提高了监督水平，创新了工作方法。

各位代表，过去一年县人大常委会各方面工作都取得了新的进展。这是县委正确领导的结果，是全体代表、常委会组成人员以及县人大机关工作人员辛勤工作的结果，也是“一府两院”密切配合和全县人民群众大力支持的结果。在此，我代表县人大常委会，向大家表示诚挚的感谢！

回顾和总结一年来的工作，常委会依法履行职责，取得了一定成绩，积累了一定经验，但面对新时代、新目标、新征程，还存在一些差距和不足。主

要：一是学习制度不够完善和健全；二是监督力度不够，监督渠道有待进一步拓宽，监督效果有待进一步提高；三是代表整体素质以及代表联系工作有待进一步提升；四是对常委会党组决议的执行情况检查力度不够，部分议案办理还不能让代表完全满意；五是对乡镇人大工作的指导有待加强。在今后的工作中我们将采取积极有效措施，努力加以改进。

2018 年的主要任务

各位代表，2018 年是学习宣传贯彻落实“十九大”精神、是全面建成小康社会进入冲刺阶段，也是拉孜追赶超越的挑战机遇期，面临的各项工作任务艰巨而繁重。

2018 年，县人大常委会工作的指导思想是：高举中国特色社会主义伟大旗帜，以马克思列宁主义、毛泽东思想、邓小平理论、“三个代表”重要思想、科学发展观、习近平新时代中国特色社会主义思想为指导，全面贯彻落实党的十九大精神，统筹推进“五位一体”总体布局和协调推进“四个全面”战略布局，增强“四个意识”、坚定“四个自信”，不忘初心、牢记使命，坚持党的领导、人民当家做主、依法有机统一，坚持党的治藏方略，紧紧围绕“十三五”规划实施，结合市委提出的“6677”总体发展思路和县委提出的“12341”区域发展思路，切实履行宪法和法律赋予的职责，全力推动“日喀则西部中心”建设，不断开创人大工作新局面，为全面建成小康社会做出新的更大贡献。

一、继续坚持党的领导，全面贯彻落实十九大做出的战略部署

全面贯彻落实十九大精神是当前和今后一个时期全党的首要政治任务。深入学习习近平新时代中国特色社会主义思想，准确把握十九大确立的重大判断、重大战略、重大任务，把思想和行动统一到十九大精神上来。一要坚持正确的政治方向。始终把坚持党的领导贯穿于依法履职全过程，落实到人大工作各方面。要认真学习贯彻落实党的十九大精神，以习近平新时代中国特色社会主义思想为引领，紧紧围绕县委中心开展工作，不折不扣贯彻落实县委决策部署，积极争取县委对人大及其常委会依法行使职权的直接领导和大力支持，为人大常委会开展工作创造良好的政治环境。二要树立以人民为中心的理念，全力推进重大决策部署落实。把带头贯彻执行县委决策部署作为人大工作的根本任务，紧扣党代会、人代会、“十三五”规划确定的目标任务和人民群众普遍关心、关注的热难点问题，认真开展调查研究，保证县委重大决策部署得到有效贯彻落实。三要实现党管干部与人大依法选举任免干部的有机结合。自觉把坚持党的领导、充分发扬民主和严格依法办事高度统一起来，实现党管干部与人大依法任免干部的有机结合。确保党的主张经过人大法定程序转化为全县人民的共同意志。

二、继续强化监督职能，着力增强监督实效

紧紧围绕全县发展改革稳定大局，切实加强监督工作，促进我县经济社会全面协调发展。一是围绕经济发展，强化计划执行监督。每年定期听取和审议计划执行情况的报告，对计划涉及的经济指标和安排的重点项目，定期开展视察检查，注重发现存在问题，查找分析问题的根源，提出可行的意见建议，促进计划的全面完成。围绕财政预决算监督，加强对财政预决算执行。听取和审议预决算、收支预算变化情况报告和专项资金使用等情况的监督，依法审查批准 2017 年财政决算和 2018 年财政预算收支变化情况。建立规范化的预算审查监督程序，逐步完善全口径预决算审查监督体系，增强公共财政资金的使用效率。强化重点工作监督。突出经济发展方式转变、经济结构调整、项目建设、精准扶贫、招商引资等重点工作，综合运用听取和审议专项工作报告、执法检查、调研视察、跟踪督查等多种形式，加大监督力度，促进经济健康发展。二是加强对民生工作的监督。以促进民生改善为本，重点围绕脱贫攻坚、生态环保、公共安全、文化教育、医疗卫生、就业保障等民生事项，督促和支持“一府一委两院”及时回应群众关切，全力办好民生实事，不断提高公共服务的整体水平，努力让人民群众过上更好的生活。三是加强对法律法规的监

督。加强对“两院”的工作和法律监督，促进依法行政，公正司法，维护社会稳定。四是加强对干部任后的监督。坚持在“一府一委两院”中开展“年初听分解、年中查进展、年底要结果”活动，在政府组成部门中广泛开展“向人民报告”等活动，全面开展述职评议工作，凡人大及其常委会选举或任命的县级、科级干部每年至少向县人大常委会报告一次履职情况，并对其工作情况进行满意度测评，以加强对被选举和任命人员的有效监督。

三、继续加强和注重代表工作，充分发挥代表作用

（一）重视培训。县乡镇两级人大要高度重视对代表的培训提高工作。每年必须对各级人大代表开展两次以上培训。致力于开展以提高代表履职能力为主要内容的学习班，着力提升代表依法履职的能力和水平。

（二）搭建平台。完善和拓展“代表之家”活动平台，深入推进闭会期间代表履职活动规范化、常态化。进一步规范代表列席县人大常委会议，参与视察调查、执法检查等工作，拓宽代表知情知政渠道。常委会要在搭建代表活动平台、创新活动方式和代表联系群众等方面有所突破和作为。

（三）加强管理。要不断完善代表议案建议办理机制，规范办理程序，对上年度未办结的意见建议，必须列入下年度继续办理，提高办理质量和水平。坚持每年评选表彰优秀人大代表和议案建议办理先进单位，树立典型，带动全局。

（四）强化指导。县人大常委会要把对乡镇人大工作的指导作为一项重要任务，建立常委会领导联系乡镇人大工作制度，对乡镇人大主席和工作人员进行全面培训，切实加强对乡镇人大工作的联系与指导，树立好典型，推广好经验，努力提高基层人大工作水平，真正使基层国家权力机关和广大代表发挥出应有的作用。

四、继续加大自身建设，强化提升履职能力

新起航、新征程，常委会一班人和机关干部必须站在新时代前列和新实践前沿，努力建设一支政治素质高、履职能力强、整体形象好的人大干部队伍。

一要强化思想教育，树立良好形象。要始终坚持和依靠党的领导，毫不动摇地在思想上、政治上、行动上以习近平同志为核心的党中央看齐，保证党的基本理论、基本路线、基本方略、基本经验得到贯彻落实，特别是习近平新时代治藏方略落到实处。要牢固树立强烈的责任意识和担当精神，紧密结合人大工作实际，尽职尽责、勇于担当、敢于监督、善于监督，努力开创人大工作新局面；二要大兴学习之风，提高履职能力。要教育和引导常委会组成人员和人大机关干部树立学习为本、终身学习的理念，把学习作为政治责任和人生追求，努力营造浓厚的学习氛围。要重视集中学习，有计划、有组织地安排好、学习好党的十九大精神，相关法律法规、时事政治和党的方针政策。要通过开展研讨交流等形式将所学知识与工作紧密结合、指导实践，力争使人大工作者都能成为开展监督指导的行家里手、行业专家。三要增强创新意识，争取一流业绩。创新是一个民族发展的灵魂。人大工作同其他工作一样，必须坚持不断创新，才能引领新时代的前沿。要努力拓宽监督内容和范围，学习借鉴外地好的工作经验，不断创新工作方式和方法，促使常委会和人大机关工作每年都有新亮点、新突破。四要坚持规范化不放松。全力协助县委抓好中央、自治区、市委关于进一步加强和改进人大工作相关要求，督促和指导基层人大提高履职能力，加强自身建设，进一步夯实人大工作基础。

各位代表，2018年，是中华民族向着伟大复兴的中国梦砥砺前行的一年，也是拉孜县人民追赶超越、实现腾飞的关键一年。前景美好、责任重大、任务艰巨、时不我待，让我们更加紧密团结在以习近平同志为核心的党中央周围，坚持以习近平新时代中国特色社会主义思想为指导，在县委的坚强领导下，紧紧依靠和动员全县人民，坚持权为民所用、情为民所系，利为民所谋，紧紧围绕我县工作大局和改革发展稳定中的“热点、难点”问题，围绕事关各族群众切身利益的问题，从人大工作的定位和特点出发，同心同德，群策群力，认真履行宪法和法律赋予的职责，在新时代展现人大工作的新气象新作为，为加快建设和谐文明幸福美丽拉孜、全面建设小康社会努力奋斗。

中国人民政治协商会议第二届拉孜县委员会常务委员会工作报告

——政协第二届拉孜县委员会第三次会议

拉孜县政协主席　次　仁

（2017 年 12 月 19 日）

2017 年工作回顾

2017 年是党的十九大胜利召开的重要年份、是明确中国特色社会主义进入新时代特殊年份，是决胜全面建成小康社会关键年份，也是拉孜县人民政协事业开拓奋进、创新发展的黄金时期。一年来，在中共拉孜县委的坚强领导下，在市政协的有力指导下，在县政府、县直机关部门和 11 个乡镇的大力支持下，县政协常委会始终高举爱国主义和中国特色社会主义伟大旗帜，坚持以马克思列宁主义、毛泽东思想、邓小平理论、"三个代表" 重要思想、科学发展观、以习近平新时代中国特色社会主义思想为引领，深入贯彻落实习近平总书记 "治国必治边、治边先稳藏" 的重要战略思想和 "加强民族团结、建设美丽西藏" 的重要指示以及给隆子县玉麦乡群众的回信精神，坚持 "五位一体" 总体布局和 "四个全面" 战略布局，坚持党的治藏方略，坚持依法治藏、富民兴藏、长期建藏、凝聚人心、夯实基础的重要原则，以学习宣传贯彻落实党的十九大精神作为重要的政治任务，紧扣发展、稳定、生态三件大事，认真履行政治协商、民主监督、参政议政职能，为进一步推进我县长足发展和长治久安做出了积极贡献。2017 年常委会主要开展了以下几个方面的工作：

一、强化政治理论学习，不断加强思想政治基础

2017 年常委会以 "深化五项教育、增进五个意识" 主题教育活动、"四讲四爱" 主题教育活动、"两学一做" 学习教育常态化制度化为契机，深入学习贯彻十八届历次全会和党的十九大精神、十九届一

中全会精神，自治区九届三次全会和市委一届八次全会、县委九届四次全委会精神，深入学习贯彻习近平新时代中国特色社会主义思想、特别是治国必治边、治边先稳藏的重要战略思想和“加强民族团结、建设美丽西藏”的重要指示以及给隆子县玉麦乡群众的回信精神，学习贯彻依法治藏、富民兴藏、长期建藏、凝聚人心、夯实基础的重要原则，学习《党章（修正案）》《关于新形势下党内政治生活的若干准则》《中国共产党党内监督条例》和政协《章程》，按照县委部署要求，通过多种形式的学习，深刻领会各类重要讲话精神实质，充分认识全面推进依法治国的重大意义，教育引导政协组织和广大委员增强对中国特色社会主义道路、制度、理论、文化“四个自信”，切实统一政协委员和政协机关干部的思想，引领全面建成小康社会决胜阶段的重要工作部署和工作重心。

二、围绕县委中心工作，认真履行政协职责

常委会始终把服务发展作为第一要务，主动融入拉孜县跨越式发展和全面建成小康社会大局。

一是全年召开了政协常委会议 3 次，主席会议 6 次，党组会议 14 次，围绕经济社会发展、社会和谐稳定和生态环境民生问题等方面协商建言。二是设立政协基层组织，推动政协工作向基层延伸。认真贯彻落实市委《关于贯彻落实〈中共西藏自治区委员会办公厅关于加强西藏人民政协协商民主建设实施意见〉的意见》的精神，经县委同意，在县政府的大力支持下，在我县 11 个乡镇设立政协委员联络办公室，采取行之有效的举措，解决了政协工作不接地气的短板，做到了政协工作在乡镇有场所、有制度、有活动、有钱办事、有人做事，有效推动了政协工作向基层延伸，达到了上接天线、下接地气的目的。三是扎实开展文史资料征编工作。切实履行文史收集工作的“三亲”原则，对我县温泉资源进行征集资料，并形成了近一万字的《后藏温泉－拉孜篇》，充分发挥了文史资料“存史、资政、育人、团结”的作用。四是设立政协“三委一室”，进一步提高服务水平。今年第五次主席会议和第三次常委会议研究决定设立“文史委员会”和“经济资源环境卫生委员会”“提案专委会”专设了政协拉孜县委员会办公室，进一步提高了政治协商、民主监督、参政议政的服务水平。五是认真开展考察工作，为县委政府提供决策依据。视察是提高政协委员参政议政的重要举措，年底县政协组织 21 名政协委员，利用 9 天时间赶阿里地区进行了考察，主要围绕精准扶贫、产业发展、异地搬迁等领域的先进做法和典型事迹进行取经学习，并形成了近 6000 字的考察报告，充分发挥了政协考察的独特作用。六是积极配合区市政协视察调研，真实反映我县各个领域存在的短板。自治区政协副主席金世洵一行调研组等先后四次到我县对“补给我县重点农业科技成果转化工作”“传统和发扬藏医药工作”“民族团结进步示范县工作”“食药卫生执法监管工作”等进行调研，县政协主要领导协助配合调研、工作交流，并形成了调研报告四篇。七是加强制度建设，建立长效机制。一年里常委会进一步完善了《常委会议议事规则》和《党组工作条例》《党组议事规则》等规章制度，民主集中制落到了实处。八是规范办公场所。下半年，常委会安排资金，清理整顿添置办公设施，完善工作台账、上墙形象制度、规范管理日趋，为日常工作开展和此次会议的召开打下基础、做好准备。九是办实事，解难事。结合联系点实际情况，政协主要领导办理解决了扎西岗乡朵门村及乃琼村的实际民生问题，争取资金 104.9 万元，修建了水渠和防洪坝等。结对帮扶工作中，下大力气、动真功夫，助力脱贫攻坚，共慰问资金近 6 万元。

各位委员，2017 年我们之所以能够取得可喜的成绩，是中共拉孜县委的坚强领导和高度重视的结果，是县政府的支持帮助的结果，是各级各部门和社会各界积极配合的结果，更是有关单位和广大委员、政协工作者团结协作、共同奋斗的结果。在这里，我代表县政协党组、主席班子和常委会表示衷心的感谢！

一年来虽然取得了较为显著的成绩，但与十九大报告新时代社会主义的要求、与社会各界对政协履行职能作用的要求、与发挥社会主义协商民主重要作用的要求、与县委提出长远目标要求相比，仍然存在一定差距和不足。主要表现在：一是政协协商民主制度化建设有待进一步加强，政协协商质量有待提高；二是政协领导干部的政治理论水平和业务水平有待于进一步提高；三是视察调研的深度广度还需进一步拓展；四是民主监督作用还需进一步发挥，反映社情民意还需进一步加强；五是政协机关干部不足、干部能力需进一步提高；六是委员会作用不明显、委员作用发挥不够充分，提案质量有待提高；七是委员履职积极性主动性还需进一步提高、向基层延伸触角不足；八是乡镇委员联络办当年组建，作用发挥还不明显，体制机制建设仍然欠缺等等。这些问题，我们一定高度重视，认真对待，切实改进。

2018 年工作计划

2018 年，是全面贯彻落实党的十九大精神，实施“十三五”规划、打赢脱贫攻坚战、决胜全面建成小康社会的关键之年。常委会工作的总体要求是：高举爱国主义、习近平新时代中国特色社会主义伟大旗帜，深入学习宣传贯彻落实党的十九大精神，贯彻落实习近平新时代中国特色社会主义思想和十九大关于新时代和新时期的新要求、新部署、新决策。贯彻落实习近平总书记“治国必治边、治边先稳藏”的重要战略思想和“加强民族团结，建设美丽西藏”的重要指示精神，贯彻落实自治区九届三次全委会、市委一届八次全委会和拉孜县九届四次、五次全委会精神，坚持“五位一体”总体布局和“四个全面”战略布局，坚持党的治藏方略，坚持依法治藏、富民兴藏、长期建藏、凝聚人心、夯实基础的重要原则，把维护祖国统一、加强民族团结作为工作的着眼点和着力点，把推动拉孜县长足发展和长治久安作为总体目标，紧紧围绕我市“6677”工作思路，突出团结和民主两大主题，紧扣县委“12341”县域工作思路，大力弘扬长征精神、“老西藏精神”、“两路精神”和“珠峰精神”，认真履行政治协商、民主监督、参政议政职能，充分发挥政协协商民主的重要渠道和专门协商机构作用，不断推动政协工作创新发展，为建设日喀则西部中心做出应有贡献。

一、坚定信念，绝对忠诚，打牢团结奋斗的思想政治基础

始终坚持县委、县政府的领导，牢固树立“四个意识”，不断巩固共同思想政治基础，汇聚反对分裂、维护祖国统一和民族团结、建设和谐拉孜最强正能量。组织动员全县委员，把学习宣传贯彻落实党的十九大和十九届一中全会精神，自治区九届三次全委会和市委一届八次全委会、县委九届四次、五次全委会精神作为头等大事和首要政治任务，与开展“两学一做”学习教育常态化制度化活动结合起来，用心学习领会习近平总书记在党的十九次代表大会上的报告以及审议通过的《中国共产党章程(修正案)》，深刻理解把握、贯彻落实党的十九大上提出的中国特色社会主义进入新时代、我国社会主要矛盾已经转化为人民日益增长的美好生活需要和不平衡不充分的发展之间的矛盾等重大政治论断，高举习近平新时代中国特色社会主义伟大旗帜，坚定坚决地拥戴信赖忠诚捍卫核心，始终在政治立场、政治方向、政治原则、政治道路上与习近平总书记和党中央保持高度一致，切实把智慧和力量凝聚到建设日喀则西部中心上来，不断巩固我县各族各界干部群众共同思想基础。

二、服务大局，突出重点，充分发挥政协优势作用

坚决贯彻习近平总书记“懂政协、会协商、善议政”的重要指示要求，自觉围绕推动我县长足发展和长治久安献计出力。坚持把推动经济社会发展作为履行职能的第一要务，紧扣我县“12341”工作思路，深入开展视察调研，积极协商议政。坚持把实现长治久安作为履行职能的硬任务和第一政治责任，强化风险意识，盯牢维稳目标，围绕建设平安拉孜、创新完善社会治理、巩固发展民族团结、促进宗教和睦等问题视察调研、建言献策。坚持把改善民生作为履行职能的出发点和落脚点，围绕精准扶贫、产业发展和民生改善等问题资政建言。进一步重视和加强委员提案和社情民意信息工作，鼓励和支持广大政协委员深入农牧区和基层一线，围绕改善民生提出提案、反映社情民意，引导政协委员说真话、说管用话，充分发挥政协提案和社情民意在实现和维护群众利益方面的积极作用。要切实强化民主监督职能，主动适应社会主义民主政治建设和政协事业发展需要，加强和改善政协民主监督，以会议、调研、视察、提案、信息、大会发言、新闻报道等载体，围绕提高政府公信力、“十三五”规划贯彻执行以及人民群众反映强烈的重点难点问题，事关社会公平等的重要问题，依章程积极开展具有监督性的履职活动，如实反映情况，坦率提出批评和建议性意见，促进相关工作的改进和加强。要加强提案“提、立、办、督”四个环节工作，提升提案质量、服务质量和办理质量，增强提案办理实效，切实发挥政协提案应有作用。扎实做好文史资料工作，按照市政协首届文史资料培训会议要求，坚持“三亲”原则，认真挖掘、收集、整理、撰写我县独特人文史料，按照市政协提出的题目开展撰写文史资料工作，发挥好其“存史、资政、团结、育人”作用。

三、着力加强自身建设，积极推进政协工作创新发展

要把委员会和机关建设作为固本之举和创新之举，不断提升政协工作科学化水平。提供更多委员知情明政、履职尽责平台，继续严格执行《委员管理暂行办法》建立健全委员履职考核制度，极大调动政协委员履职积极性、主动性。继续强化委员会建设，提升委员会专题视察调研和协商议政水平，不断增强政协视察调研和协商议政实效。加大政协委员履职培训力度，全面提高委员素质和履职水平。认真贯彻落实十九大报告中提出的“推动协商民主广泛、多层次、制度化发展，统筹推进政党协商、人大协商、政府协商、政协协商、人民团体协商、基层协商以及社会组织协商”的指示要求，继续在全县政协委员中深入开展“提升委员履职能力”“加强基层政协组织建设”活动。继续深化开展“两学一做”学习教育常态化制度化，深入开展学习宣传党的十九大精神活动和“不忘初心、牢记使命”主题教育活动，进一步加强政协机关自身建设，切实转变机关工作作风，提升工作效能。坚决贯彻全面从严治党要求，认真学习贯彻《中国共产党章程（修正案）》和《关于新形势下党内政治生活的若干准则》《中国共产党党内监督条例》，贯彻落实中央八项规定精神和区党委“约法十章”、“九项要求”，强化机关党风廉政建设，努力营造机关党风廉洁建设浓厚氛围，始终把政治纪律和政治规矩挺在前面，做到令行禁止、风清气正。加强对基层政协委员联络办的指导，形成全县政协委员整体联动的履职态势。

各位委员，县委对政协工作寄予厚望，全面建成小康社会宏伟目标和推进拉孜长足发展、长治久安对我县政协工作提出了新的更高的要求。让我们更加紧密地团结在以习近平同志为核心的党中央周围，在县委、县政府的坚强领导下，万众一心、艰苦奋斗，开拓创新、扎实工作，不忘初心、继续前进，为建设日喀则市西部中心、撤县设市和实现“12341”县域发展目标、决胜全面建成小康社会做出新的更大贡献，为谱写中华民族伟大复兴中国梦西藏新篇章而努力奋斗。

新时代新气象 善作为勇担当
持续推进全面从严治党向纵深发展

——中国共产党第九届拉孜县纪律检查委员会第三次全体会议上的工作报告

县委常委、纪委书记、监委主任 吴 锋

（2018年4月20日）

一、2017年工作回顾

2017年，在市纪委和县委的坚强领导下，全县纪检监察机关忠实履行党章赋予的职责，坚决有力惩治各类违纪违规腐败行为，全县党风廉政建设和反腐败斗争工作取得了一定的成绩。

（一）常抓不懈、持续加压，不断压实从严治党“两个责任”。我们以习近平新时代中国特色社会主义思想为指导，不断提高政治站位，增强政治意识，紧紧围绕贯彻落实党的十九大精神这条主线，保持战略定力和政治定力，做到对党忠诚、为党分忧、为党担责、为党尽责，坚定不移把落实“两个责任”向纵深推进、向基层延伸。进一步在年初明确了党风廉政建设和反腐败工作重点，做到任务层层分解，责任落实到人。进一步压实县委主体责任，突出县委书记陈钢同志的引领引导作用，以“五个亲自”、“五个带头”、“五个必讲”为重要抓手，带头严格落实党风廉政主体责任和第一责任人责任。进一步压实纪委监督责任，纪委作为党内监督机关，始终坚持问题导向，持之以恒正风肃纪，切实把监督责任扛在肩上，从严监督执纪。根据拉孜实际情况，协助县委分层次制定目标责任书，由陈钢同志代表县委与县（处）级领导、各乡镇、各单位和各派驻纪检组一一签订；各乡镇党委与各行政村支部委员会、各单位主要负责人与分管部门或班子其他成员分别签订目标责任书，层层传导压力，全县党风廉政建设“两个责任”得到进一步深化和巩固，党风廉政责任落实金字塔正在逐步构筑完善。

（二）锲而不舍、紧抓源头，有效增强党员干部廉政意识。深化党风廉政教育，牢固树立规矩纪律意识，进一步凸显党风廉政教育在管党治党、严抓纪律中的地位和作用，彰显了全面从严治党的坚定决心、坚决态度、坚韧意志和坚强担当，坚持纪严于法、纪在法前，养成纪律自觉，用纪律管住全体党员干部。强化党风廉政学习，利用县委理论中心学习组做到习近平同志系列重要讲话和违纪违规通报案例“两个必学”，各级党组织以周五学习、主题党日活动、自学等形式，组织党员干部深入学习党章党纪党规和准则条例，党员干部的拒腐防变底线进一步守牢；强化党风廉政教育，适时组织全县党员干部专题观看《党风廉政警示教育片》、《镜鉴》、《作风建设在西藏》和《贪欲·黑洞——黄羽天违纪违法案件警示录》等教育片，并依托拉孜窗口微信发布平台，创新性开展“党风廉政365”活动，2017年共发布廉政小故事、廉政法规、廉政战报等300余条，做到了廉政教育和警示教育相结合，党员干部党风廉政意识进一步增强。强化党风廉政引导，全县县级领导干部、各乡镇和县直单位主要负责人、县处级退休干部认真填写个人廉政档案，建立廉政信息，并先后3次开展干部任前集体谈话，引导干部遵纪守法，全年教育干部240余人次，进一步提高了党员干部的党风廉政意识。强化党风廉政问责，坚持把运用“四种形态”贯穿至整个监督执纪工作始终，把诫勉谈话、约谈、提醒谈话等作为重要抓手，2017年共开展提醒谈话15人、约谈17人、诫勉谈话5人，及时纠正和制止党员干部苗头性、倾向性问题，提前打好预防针，做到防微杜渐。

（三）力度不减、节奏不变，切实推动从严治党向基层延伸。习近平总书记反复要求我们，全面从严治党还远未到大功告成的时候，不能有差不多了，该松口气、歇歇脚的想法，不能有打一仗就一劳永逸的想法，不能有初见成效就见好就收的想法，决不能跌入抓一抓、松一松，出了问题再抓一抓、又松一松的循环，要把“严”字长期坚持下去。坚持党要管党、全面从严治党的方针，结合实际及时制定印发了《拉孜县全面排查清理党员干部参与赌博问题的通知》《2017年拉孜县纪委关于贯彻禁酒通知精神情况专项检查方案》等禁酒禁赌方面的通知8个，督促全县党员干部签订禁赌承诺书690余份，签订禁酒承诺书650余份，签订不信教承诺书3915份，党员干部遵守各项纪律要求逐渐变为自觉，党员干部作风得到有效转变。严把选人用人关，对新任干部、新一届村“两委”班子干部、各类评先评优等，依纪依规严格进行审核，2017年共审核党组织和党员干部1296人次，对廉政不达标的党员干部和党组织，实行“一票否决制”，取消其提拔使用和评优评先资格。坚持监督检查常态化，秉着“惩前毖后、治病救人”的一贯方针，紧盯重要节点，加强对中央八项规定精神、扶贫领域等方面的监督检查力度，开展县区交叉检查2次，县域内专项督导检查25次，确保监督全覆盖、无死角、无禁区。

（四）失责必究、问责必严，释放出越往后执纪越严的强烈信号。习近平总书记郑重告诫全党，要清醒认识当前反腐败斗争形势依然严峻复杂，巩固压倒性态势、夺取压倒性胜利的决心必须坚如磐石。坚持深挖“四风”问题，每逢节假日严明纪律要求已经成为常态，紧盯享乐奢靡和隐形变异的不正之风，对借婚丧喜庆事宜敛财、用公款请客送礼、巧立名目发放津补贴、公车私用等问题深挖细查，该问责的没有手软，该报上级纪委的没有遮掩，切实持续纠正“四风”顽症。坚持失责必究、问责必严，2017年，县纪委受理巡视巡察、上级纪委、相关单位移交的问题线索及群众来信来访、自查自办件共18起，其中立案件2起，了结件6起，正在初核件4起，待办件4起，经初步调查核实后按照干部管理权限移交市纪委处理2起。开除党籍、开除公职1人；此外，对2016年3起问题线索开展立案审查，涉及6人，其中给予党内严重警告、行政记大过1人，给予党内严重警告1人，给予党内警告3人，给予行政警告1人。坚持把群众的利益放在第一位，严防“微腐败”问题，聚焦扶贫民生领域，紧盯重点区域、关键少数，及时深挖细查侵害群众利益的不正之风和腐败问题线索5起，办结4起，正在初核1起。给予诫勉谈话2人，谈话提醒6人，通报曝光2起。

（五）重点发力、积极推进，有力彰显巡察利剑作用和威力。党的十八大以来，中央高度重视巡视巡察工作，强调党内监督是“全面从严治党的重要保障，党内监督没有禁区、没有例外”，全面从严治党永远在路上，巡视巡察也永远在路上。习近平总书记高度重视巡视巡察工作，反复强调要让巡视巡察成为“国之利器、党之利器”。县纪委对上级巡视巡察反馈意见不讲理由、不讲条件、照单全收、全部整改，做到不拖延、不打折，特别是扶贫领域的问题线索，及时出台《扶贫领域问题线索快查快办机制》，开展提醒谈话3人，廉政谈话1人，约谈13人。坚持把巡察机构建设放在首位，强化机构设置、强化人员配置、强化制度建设，在县委的高度重视和大力支持下，组建了巡察办、巡察组长人才库，解决了编制、办公用房、经费等问题。2017年，共开展三轮巡察工作，巡察11家单位，向县纪委移交问题线索8起，进一步形成了强大的威慑力震慑力。

（六）认真执行、积极探索，努力推动深化监察体制改革。深化国家监察体制改革试点工作，是全面从严治党、实现党内监督与人民监督有机结合的需要，是实现对行使公权力的公职人员监察全覆盖，是实现建立集中统一、权威高效的监察体系。按照自治区和市委的要求，成立了由县委书记陈钢同志担任"施工队长"的领导小组，及时制定了《拉孜县深化国家体制改革试点工作实施方案》，成立工作小组和工作小组办公室，认真做好前期各项准备工作。及时摸清转隶人员、编制、固定资产、案件线索情况，把做好转隶人员思想工作作为重中之重，多次认真开展谈心谈话，动态掌握转隶人员的思想状况，为转隶工作打下坚实基础。严格按照干部考察程序，经县委常委会研究决定后，协调县人大，依法选举产生了监察委员会主任、副主任、委员，经请示市监改办同意后，组建成立拉孜县监察委员会。

（七）健全制度、严格管理，努力打造政治业务过硬的执纪铁军。习近平新时代中国特色社会主义思想是党的十九大精神的纲和魂，是实现新时代党的历史使命的科学理论和行动指南。县纪委班子深入学习习近平新时代中国特色社会主义思想，深刻理解和正确把握"八个明确"、"十四个坚持"的精髓要义和丰富内涵，认真开展讲廉政党课、"支部主题党日"和党员志愿服务等活动，扎实推进"两学一做"学习教育常态化制度化。坚持强化自我监督，健全内控机制，自觉接受党内监督和社会监督，严格带头执行《拉孜县干部职工管理制度》，用铁的纪律锻造纪检监察队伍，确保党和人民赋予的权利不被滥用。2017 年，我们共举办 2 期全县纪检监察干部业务培训班，同时积极争取纪检监察干部到区内外参加培训学习和跟班学习 12 人次，安排 5 名乡镇纪检干部到县纪委跟班学习，努力打造一支本领过强、素质过硬、对党忠诚的执纪铁军。

回顾一年来的工作，全县党风廉政建设和反腐败斗争工作取得了一定的成绩，这些成绩的取得得益于市纪委和县委的坚强领导，得益于全县广大党员干部群众的大力支持和积极参与，得益于全县全体纪检监察干部的共同努力和辛勤付出，在此，我代表县纪委监委向全县广大纪检监察干部和所有关心支持我县党风廉政建设和反腐败斗争工作的各位领导、同志们表示衷心的感谢。党的十九大指出"全面从严治党永远在路上"，在肯定成绩的同时，我们也清醒地看到，我县当前反腐败斗争形势依然严峻复杂，主要表现在：个别党组织班子成员和负责人对党风廉政主体责任认识模糊、履职不到位；乡（镇）纪委和村务监督委员会作用发挥不明显；"四种形态"运用不到位；违反中央八项规定、"四风"问题和发生在群众身边的腐败问题树倒根在；纪检监察干部队伍建设不强；监督执纪力度不大等问题。对此，我们必须高度重视，认真自查，细化措施、及时整改。

二、工作体会

一年来，我们深切体会到，深入全面从严治党，扎实推

进党风廉政建设和反腐败斗争取得实效，必须始终坚持与习近平同志为核心的党中央保持高度一致，必须始终坚定不移地落实好党中央和上级党委、纪委的决策部署。

一是必须深入学习党的十九大精神，坚决维护以习近平同志为核心的党中央权威。中国今天的改革、发展、建设取得的伟大成就和党的发展历史表明，党的事业离不开领导核心。纪检监察干部必须深入学习党的十九大精神，深刻领会精神实质内涵，以习近平同志新时代中国特色社会主义思想为指导，牢固树立"四个意识"，特别是看齐意识和核心意识，自觉在思想上、政治上、行动上与习近平同志为核心的党中央保持高度一致，坚决执行党中央的方针政策，维护党的权威，确保方向不偏、步调一致。

二是必须强化党风廉政教育，坚决把基层腐败问题抓早抓小抓实。腐败问题都是由小到大，归根结底是党内教育缺失。想要惩治腐败，必须标本兼治，必须关口前移，必须抓早抓小抓实，加强党员干部党风廉政教育，坚定理想信念，以实际行动践行"两学一做"学习教育，尊崇党章党规，强化作风转变，让党员干部"不敢腐、不能腐、不想腐"的思想防线筑的更牢，切实从源头上标本兼治解决腐败问题，不断营造"风清气正"的氛围。

三是必须加大执纪问责力度，坚决以高压态势惩治腐败问题。党的十九大指出，监督执纪问责力度必须越来越大，要坚持无禁区、全覆盖、零容忍的

态度，坚持重遏制、强高压、长震慑的手段，坚持不放松、不松劲、不松手的韧劲，以一刻不停歇的执着推动全面从严治党向基层发展，持续巩固好党风廉政和反腐败斗争成果，不断减少腐败增量，特别是“小官巨贪”、“微腐败”和扶贫领域问题，以高压态势防止腐败问题滋生蔓延，不断推进全面从严治党常态化。

*四是必须严肃党内政治生活，坚决打造健康的拉孜政治生态。*严肃党内政治生活是全面从严治党的基础，是永葆党的纯洁性和先进性的重要保障。作为党内监督专责机关，必须勇于担当，切实履职尽责，严格落实各项规章制度和条例准则，把规章制度和条例准则蕴含的药效释放出来，发挥有病治病、没病预防的功效。强化监督执纪、从严追责问责，把纪律挺起来，把规矩严起来，以“铁杵磨针”“绳锯木断”“水滴石穿”的坚韧和毅力，巩固深化党风廉政建设和反腐败斗争成果，推动全面从严治党向基层发展、向纵深发展，打造健康的拉孜县政治生态。

*五是必须树牢为民服务宗旨，坚决惩治群众身边的腐败问题。*密切联系群众是我们党最大的政治优势，是党的执政之基的坚实基石。不正之风和扶贫领域的腐败问题，侵蚀着党群关系，侵害群众利益，严重影响党的领导和执政根基，对群众反映强烈、问题线索反映集中和扶贫领域的腐败问题，必须从严从快进行查处，严肃追责问责，把群众的利益放在第一位，搞好与群众的鱼水情关系，夯实党在基层的执政基础。

三、2018年主要工作任务

2018年是全面贯彻落实党的十九大精神的开局之年，是改革开放40周年，也是党的纪律检察机关恢复重建40周年，是新的监察委员会全面履职的头一年，是我县全面建成小康社会的关键一年，责任更加重大、使命更加光荣、不容懈怠松劲。今年工作的总体要求是：坚持以习近平新时代中国特色社会主义思想为指引，更加紧密地团结在以习近平同志为核心的党中央周围，深入贯彻落实习近平总书记系列重要讲话精神和治国理政新理念新思想新战略、特别是治边稳藏重要战略思想，深入贯彻自治区第九次党代会和九届区党委三次全会、一届市委八次全会以及县委九届五次全会精神，按照十九届中央纪委二次全会、九届区纪委三次全会和一届日喀则市纪委六次全会的部署要求，统筹推进“五位一体”总体布局和协调推进“四个全面”战略布局，增强“四个意识”，坚定“四个自信”，不忘初心、牢记使命，坚持全面从严治党，严肃党内政治生活，强化党内监督，推进标本兼治，持之以恒抓好作风建设，巩固深化中央八项规定精神成果，强化扶贫领域监督执纪，持续高压态势惩治腐败问题，深化监察体制改革试点，建设一支忠诚干净担当的纪检监察干部队伍，不断把拉孜党风廉政建设和反腐败斗争引向深入，为打赢脱贫攻坚战、全面建成小康社会而不懈奋斗。

*（一）新时代，必须坚决深入学习贯彻党的十九大精神，做到入脑入心、融会贯通。*纪检监察干部必须不忘初心、牢记使命、高举旗帜，带头深入学习贯彻落实党的十九大精神，以习近平新时代中国特色社会主义思想为指导，带头维护党的政治纪律和政治规矩，自觉履行职责，带头把学习十九大精神与“两学一做”学习教育结合起来，深刻领会党的十九大精神实质内涵。全县各级纪检监察机关要树牢“四个意识”，坚定理想信念，增强“四个自信”，时刻在思想上、政治上、行动上与习近平同志为核心的党中央保持高度一致，坚决反对分裂，自觉维护民族团结，紧密结合实际，以更加科学、更加紧密、更加有效的思路举措，推动党的十九大精神实化细化、层层落实，推动党中央决策部署落地生根，汇聚实现新时代的历史使命的强大能量。

*（二）新面貌，必须坚决推进国家监察体制改革工作，做到深度融合、形成合力。*坚决贯彻党的十九大战略部署，着力构建党统一指挥、全面覆盖、权威高效的监督体系，加强对权力运行的制约和监督，实现对所有行使公权力的公职人员监察全覆盖。进一步建立健全监察委员会相关制度建设，合理设立内设机构，优化干部队伍机构，强化业务知识培训，加强对县检察院转隶人员和纪检监察干部

的思想教育，加强对党纪党规和法律知识的学习，做好纪法衔接，培养一批既懂法又懂纪的纪检监察干部队伍，增强监督执纪和审查督查力量。按照党中央、自治区确定的时间表和路线图，蹄疾步稳深化国家监察体制改革，力争在6月底前完成转隶干部与纪检干部的全面磨合融合，形成集中统一、权威高效的监督体系，实现见成效、见实效的目标，7月底进行总结工作，使国家监察体制改革工作得到强力推动深化。

（三）新气象，必须坚决巩固拓展中央八项规定精神执行成果，做到肃正风气、转变作风。党的十八大以来作风建设成效显著，但"四风"问题具有顽固性、反复性，纠正"四风"不能止步，必须以徙木立信的精神，坚持不懈抓下去。党员领导干部要带头转变作风，带头遵守中央八项规定精神，带头经常摆摆表现、找找差距，坚持身体力行、以上率下，形成"头雁效应"，促进党员干部作风转变。全县各级纪检监察机关坚持把"四种形态"贯穿监督执纪始终，秉着"惩前毖后、治病救人"的一贯方针，紧盯重要节点，加大中央八项规定精神、隐形变异的"四风"问题和禁酒禁赌等方面的监督检查力度，加强明察暗访和通报曝光，监督检查要形成常态化机制，不断改进监督方式方法，坚决防止中央八项规定精神和"四风"问题反弹回潮。坚决把整治党员干部"慵、懒、散"和"推、拖、绕"作为工作重点，做到常提醒、常检查、常督促，严格执行好《拉孜县干部职工管理制度》，督促党员干部严守"六项纪律"，做到真管真严、敢管敢严、长管长严，让党员干部知敬畏、存戒惧、守底线，习惯在受监督和约束的环境中工作生活，对触犯纪律的党员干部立即严肃处理，树立反面典型，达到肃风正气、转变作风的目的。

（四）新常态，必须坚决营造风清气正的政治生态，做到持续发力、海清河晏。要深化标本兼治，加强思想道德和党性教育，坚定理想信念宗旨，弘扬优秀传统文化，增强"四个自信"，解决好世界观、人生观、价值观这个"总开关"问题，坚决拥护党的核心，对党绝对忠诚。坚持全面压实县委主体责任，突出政治巡察，详细制定2018年巡察工作方案，明确巡察总体思路、目标任务、具体措施，计划开展3轮县委巡察工作，加大对扶贫领域、加强党的领导、推进党的建设、全面从严治党、严肃党内政治生活、执行党的路线方针政策和贯彻落实党的十九大精神情况等方面的检查力度，做到政治巡察要深，发现问题要准，分析问题要透，整改问题要实，并及时开展"回头看"，既要检查巡察整改情况，又要发现新问题和群众身边的腐败问题，推动全面从严治党在基层见到实效。

（五）新要求，必须坚持牢牢压实从严治党"两个责任"，做到层层传导、全面覆盖。全面从严治党是系统工程，必须发挥党的组织优势，县委向各乡镇和各单位传导主体责任压力，形成一级抓一级、一起动手抓的良好局面。必须牢牢抓住党委（党组）主体责任、党委（党组）书记第一责任人这个"牛鼻子"，通过签订目标责任书、监督检查、追责问责等形式，解决一些党组织管党治党"宽松软"问题，解决一些基层党组织软弱涣散、战斗堡垒作用不强问题，以强有力的问责唤醒责任意识。县各级纪检监察机关要切实担负起协助党委全面从严治党的政治责任，挺直腰杆、瞪大眼睛，勇于监督、秉公执纪，县纪委要加强对乡镇纪委和派驻纪检组开展日常监督、处置问题线索等工作的领导，督促各级纪检机关把监督责任放在心上、扛在肩上、落到实处，全面压实监督职责，发挥好"探头作用"。

（六）新作为，必须坚决以高压态势惩治腐败问题，做到执纪为党、执纪为民。当前反腐败斗争形势依然严峻复杂，特别是政治问题和经济问题交织、区域性腐败和领域性腐败交织、用人腐败和用权腐败交织，全面从严治党依然任重道远。全县各级纪检监察机关必须要继续释放越往后执纪越严的强烈信号，重点整治侵害群众利益的"蝇贪"，紧紧围绕打赢脱贫攻坚战，找准定位、服务大局，全面开展扶贫领域和作风问题专项治理，对群众反映强烈的问题要严肃认真对待，对损害群众利益的行为要坚决纠正，重点查处和纠正贯彻党中央脱贫攻坚决策部署不坚决不到位、弄虚作假问题，主体责任、监督责任和职能部门监管职责不落实问题，严肃查处贪污挪用、截留私分、虚假冒领、强占掠夺等行为。要强化监督检查、督查督办，对侵害群众利益问题绝不放过，做到有什么问题就解决什么问题、什么问题集中就集中整治什么问题，对失职失责的乡党委和纪委“双问责”，对失职失责的单位“一岗双查”，对民愤集中、性质恶劣的重点督办、限时办结，对典型案例一律通报曝光，对工作推动不力、问题长期得不到解决的严肃问责，敢担当、敢碰硬，争取早日打通全面从严治党“最后一公里”。

（七）新征程，必须坚决建强纪检监察干部队伍，做到政治过硬、忠诚担当。要增强纪检监察干部居安思危的忧患意识、许党许国的担当精神，保持做好新时代纪检监察工作的定力、耐力和活力，认真履行好党和人民赋予的光荣使命。纪检监察干部必须坚持深入学习领会习近平新时代中国特色社会主义思想，坚定理想信念宗旨，在政治上绝对坚定、绝对合格，把维护党中央权威和集中统一领导落实到纪律建设、监督执纪、巡视巡察、责任追究各个环节，做到知行合一、融会贯通。纪委监委班子要突出政治功能，把切实解决履职不力作为纪检监察干部队伍建设的重点，加强纪检监察干部日常教育监督管理，努力抓好基层组织建设，带领纪检监察干部认真学习党章党规和宪法法律，带头维护党章党规权威，带头落实全面从严治党责任，带头严守纪律规矩；加大干部轮岗、交流和培训力度，建设本领高强、业务精湛、清正廉洁、团结和谐的干部队伍。全县各级纪检监察机关机构在行使权力上要慎之又慎，在自我约束上要严之又严，强化自我监督，健全内控机制，对执纪违纪、失职失责的纪检干部严肃问责，敢于为党和人民的利益唱“黑脸”、当“包公”，坚决同违纪违法行为做斗争，决不能消极懈怠、回避矛盾、当“老好人”，要做忠于党、高素质、敢碰硬、善作为、勇担当的纪检监察干部。

同志们，全面从严治党永远在路上，战斗的号角已经吹响，让我们更加紧密的团结在以习近平同志为核心的党中央周围，不忘初心、牢记使命、无私无畏、奋发有为，展现新面貌、树立新形象、实现新作为，不断推动党风廉政建设和反腐败工作向纵深发展，取得从严治党新成效，为拉孜县决胜全面建成小康社会和打赢脱贫攻坚战提供更加有力的纪律保障，为夺取新时代中国特色社会主义伟大事业做出新的更大贡献。

拉孜县人民法院工作报告

——拉孜县第十三届人民代表大会第三次会议

拉孜县人民法院院长　巴桑次仁

（2017 年 12 月 23 日）

2017 年工作回顾

2017 年，拉孜县人民法院在县委坚强领导、人大有力监督、上级业务部门正确指导和政府、政协、社会各界关心支持下，深入贯彻落实党的十八大、十八届三中、四中、五中、六中全会和党的十九大、区党委九届三次全委会会议精神，贯彻落实习近平总书记系列重要讲话精神和治国理政新理念新思想新战略，贯彻落实习近平总书记治边稳藏重要战略思想和对政法工作防控风险、服务发展，破解难题、补齐短板的重要指示精神，贯彻落实自治区第九次党代会精神，坚持依法治藏、富民兴藏、长期建藏、凝聚人心、夯实基础的重要原则，紧紧围绕"努力让人民群众在每一个司法案件中感受到公平正义"的工作目标，坚持司法为民、公正司法，各项工作取得了新的成绩。全年共受理各类案件 113 件，审执结 108 件，同比分别上升 29%、41%，法定审限内结案率为 100%。

一、立足审执工作，提升服务大局的能力和水平

（一）运用刑事司法手段维护社会稳定。受理刑事案件 8 件，结案 7 件，结案率为 88%，判处罪犯 7 人。本着哪种犯罪对拉孜社会和谐稳定影响最大，人民群众意见最大就严打哪种犯罪的原则。将打击的重点放在严重危害社会治安的犯罪分子以及涉嫌职务类犯罪等。在高压严打的同时，坚定不移严把案件质量关，坚持罪刑法定，罪刑相适应原则，推进量刑规范化的进一步深化。目前，已对盗窃、抢劫、侵占等 5 类案件开展了规范化量刑工作。加大轻微刑事案件和解、刑事附带民事案件的调解力度，最大限度减少对抗，修复社会关系，刑事附带民事案件的调撤率达到了 100%。积极参与平安建设，提高人民群众安全感，促进完善社会治安防控体系，保障人民群众安居乐业。

（二）以民商事审判保障经济社会发展和民计民生。受理民商事案件 85 件，结案 81 件，结案率为 95%，调解撤诉率为 96%。坚持能动司法理念，强化为经济建设发展保障和服务的能力，妥善审理好涉及重点项目建设案件，对全县引进和扶持的重大工程项目建设加大司法保护力度，对涉及工程建设、矿产资源开发等纠纷案件，坚持多汇报、早介入、多疏导、早解决，保障重大投资建设项目的顺利实施。

（三）以强有力的执行工作树立法律权威。受理执行案件 20 件，结案 20 件，结案率为 100%。2017 年，将执行工作重点放在提升实际执行率、执行标的到位率等关键实质性的指标上，不片面追究所谓的结案率。为此，大力运用执行联动机制，认真开展"雪域飓风"执行专项活动，以限制高消费、限制出境、罚款、拘留等措施为抓手，加大反规避执行力度，促使被执行人履行义务，努力让打赢官司的当事人及时实现权益。

二、立足规范管理，提升法院管理水平

今年以来，以搬迁新审判办公楼和信息化建设为契机，以制度的全面清理和完善为重点，全力实

现管理方式由人工到信息化、由粗放化到精细化的转变，实现用制度管人、管案、管事，促进了审判管理、队伍管理、司法政务和纪律作风的全面规范。

（一）以审判管理为中心，规范审判权利运行。一方面，大力加强司法过程标准化建设，严格执行法律规定的程序制度。进一步加强立案、审判、执行、信访等各个环节的管理，让群众看到司法的严谨细致、严密规范。在立案环节，对诉讼服务窗口功能进行了明确标识，在立案大厅公示了立案工作流程和服务标准，对当事人询问实行首问责任制和一次性告知，最大限度减少当事人的往来奔波，减轻诉讼负担，让群众切身感受到热情、周到和便利。在审判环节，狠抓各类庭审规范和流程标准的落实，同时加大督察力度，杜绝了随意改变庭审时间、随意打断当事人或律师发言、随意进出法庭以及着装不规范等问题，确保当事人有理讲在法庭、证据举在法庭、疑惑解在法庭、裁判形成在法庭。在执行环节，进一步规范了执行行为，严格中止、终结执行程序，明确细化执行结案标准。正确适用查封、扣押、冻结、评估拍卖等措施，加强对了执行款物的管理，杜绝了消极执行、乱执行等问题。另一方面，严格规范审判权运行机制。司法改革全面推进以来，积极稳妥推进“让审理者裁判、由裁判者负责”的改革思路。一是规范了合议庭办案责任制。规范完善、落实合议庭组成方式、合议庭评议规则、评议笔录规范等规定，确保合议过程在案件中留痕。二是规范院庭长行使审判管理权。通过研判审判质效数据、观摩庭审、评查案件等方式行使审判质量管理、审判效率管控、监督合议庭等审判管理职责。三是规范案件质量责任制。按照司法改革的思路，逐步推进了办案质量终身负责。

（二）以制度建设为中心，规范法院日常管理。2017年，坚持贯彻严格管理、强化考核，注重督促、强化责任的原则，努力在抓制度修订、制度落实和求实效上下功夫。着手开展了对以往的制度规定进行整理、修订和完善工作，共修订、完善了审判管理、司法礼仪、着装考勤、廉政纪律、教育培训等方面的制度6项。开展了制度的集中学习活动，利用每周五下午的党支部集中学习时间，组织干警对新修订的制度进行学习，提高干警对制度的重视程度，进而提高认识，主动的学习、掌握、了解、执行、落实各项制度和对每项工作的要求。

（三）以基础建设为中心，规范服务和保障工作。为进一步改善审判办公条件，提升服务管理水平，较高标准建设了诉讼服务中心和派出人民法庭。诉讼服务中心设有导诉、立案、收费、接待一站式的诉讼服务区域；设有律师、当事人休息区域；设有标准化派出人民法庭1个。新的审判场所更加体现司法为民，更加注重司法公开，增强了审判工作的科技含量，对于加强审判工作规范管理，提升司法能力，促进司法公正将起到积极的作用。

三、立足司法公开，提升案件质量效率

始终把司法公开作为维护司法公正，提升司法公信，树立司法权威的一项基础性工作来抓，不断加大司法公开力度，切实做到以公开促公正、以公正促公信，展现了法院公开透明、阳光司法的良好形象。2017年，共公开各类审判、执行工作信息108件，裁判文书上网108篇，发放各类诉讼提示材料8000份。

（一）加强组织领导，全力推动司法公开。2017年，将司法公开确定为工作的重中之重，成立了由党组书记、院长任组长的司法公开领导小组，卡住时间节点，明确质量标准，倒排工期，确保按照时间规定高水平完成。目前，已经开通了官方微信公众号，较高水平的建设诉讼服务中心、科技法庭，12368电话语音系统已经开通。各项司法公开的基础性工作已经全部完成，司法公开的内容正在按照上级法院规定的时间要求逐步落实。

（二）不断丰富司法公开内容。依托诉讼服务中心平台，加强诉讼引导和服务，通过提供“诉讼指南”，摆放或悬挂展板、设立显示屏等方式，全面公布各类审务信息，及时让当事人和社会公众了解法院工作。在审判流程公开方面，公开了立案到执行的审判流程，除法律规定不能公开的以外，做到对立案、庭审、宣判、执行等诉讼过程的各个环节、各类信息，运用图文、音频、视频等方式及时公开，为公众和当事人提供全方位、多元化的司法服务。在裁判文书公开方面，实现了裁判文书在规定的时限

内在中国裁判文书网上全部公开。同时，进一步明确文书上网工作各主体的责任，将文书上网纳入绩效考核。各庭设专人在文书签章前进行检校，确保文字准确。对于不按时上网、文书存在重大瑕疵的庭室和个人定期进行通报。在执行信息公开方面，依法公开执行过程，告知当事人执行案件的执行流程、执行期限、当事人、承办人、被执行人的财产状况、执行措施、结案方式及原因等情况，让让办案流程看得见、摸得着、感受得到。

（三）以司法公开倒逼司法公正取得成效。2017年，通过全面推进司法公开工作，取得了初步显著成效。一是促进了法院工作进一步提升。通过深入推进司法公开工作，将法院工作置于“阳光”之下，增强了法官办案质量意识与责任意识，促进了审判质效的提高。案件服判息诉率、实际执行率等群众关注度高的指标与同期相比均显著提升。二是满足了人民群众对司法的新期待。人民群众通过上网查看裁判文书、观看庭审直播等方式，增进了对法院工作的了解与理解，更加自觉地维护司法权威。经对部分群众及当事人调查，对司法的满意度达到了98%以上，司法公信力显著提升。三是增强了法官队伍司法能力。司法公开工作特别是庭审全程录音录像、裁判文书上网等制度的实施，强化了广大法官的责任心，同时对法官工作产生了倒逼作用，促使法官不断改进司法作风、提升司法能力，广大法官公正司法水平进一步提升。

四、立足作风建设，提升队伍整体战斗力

2017年，继续巩固党的“群众路线教育”、“三严三实”、“两学一做”活动成果，以作风建设为抓手，以规范管理为重点，从党的建设、审判作风、教育培训、法院文化、廉洁自律等方面全方位加强队伍建设，使队伍的总体战斗力得到显著提升。

（一）继续巩固巩固“群众路线教育”、“三严三实”、“两学一做”实践活动成果。抓好整改落实和建章立制工作，修订、制订有关规范法官行为、财务管理等方面的制度6项，建立防止“四风”问题的长效机制，确保做出的整改承诺全部兑现。坚决抓好“八项规定”的落实，严格执行《党政机关厉行节约反对浪费条例》。

（二）狠抓审判工作作风建设。严格执行请销假制度、着装制度、庭审规范等制度规定，并加强日常监督检查。重点治理了不按时开庭、着装随意、庭审不规范等群众反映强烈的司法作风问题。2017年，开展审判作风督察两次，没有发现存在突出的审判作风问题，也没有接到有关审判作风问题的投诉。与此同时，积极推进审务公开，大力开展法制宣传，确保从立案环节开始，就把工作纪律、办案程序、审判原则、风险提示等向当事人公开，变事后监督为事前预防、同步监督。

（三）实现教育培训全员覆盖。2017年，不断扩大培训工作的广度和深度，实现教育培训全员覆盖。制订了全年教育培训工作计划，确定学习内容、学习时间、培训范围和培训目标，并由办公室对学习情况每周检查并通报。2017年，组织干警参加由高院、中院组织的民商事、执行、信息技术等培训活动25人次。各庭室开展业务政治学习平均达到100个小时以上，做到了教育培训全员覆盖。

（四）大力加强法院文化建设。2017年，积极筹备参加了拉孜县法院首届自行车骑行比赛，开展了迎“七一”升国旗和“十九大”精神研讨会，组织观看了电影《榜样》《将改进行到底》《十九大开闭幕式》等一系列文化活动，在汇聚力量的同时，提升了法院文化“软实力”，增强了法院文化的“正能量”。

（五）推进党风廉政建设。组织干警学习了违反八项规定的典型案例，学习了“法官行为准则”、“纪律处分条例”等文件，观看警示教育视频片，做到警钟长鸣；签订了党风廉政建设责任书，明确了领导干部一岗双责，加强审判执行、财务管理等重点岗位的监督管理，推进廉政风险防控机制建设；开展法院廉政文化建设，将反腐倡廉口号、警示名言制作成画框，在每层楼的楼道悬挂，营造公正廉明的氛围。

各位代表，过去一年，拉孜县人民法院各项工作所取得的成绩，是以习近平同志为核心的党中央治边稳藏重要战略思想正确指引的结果，是县委坚强领导、人大及其常委会有力监督、上级业务部门正确指导的结果，是政府及相关部门大力支持、政协民主监督的结果，是全体人大代表和政协委员建言献策、真诚帮助的结果。在此,我代表拉孜县人民法院表示衷心的感谢,致以崇高的敬意!

在看到成绩的同时,我们也清醒地认识到,与党和人民的要求相比,县法院工作还存在许多不足和困难。一是双语法官短缺,与推进司法体制改革的要求还不完全相适应;二是法院干警运用法治思维和法治方式驾驭复杂局面、处理复杂问题的能力不强,少数法官驾驭庭审、证据判断、事实认定、适用法律、化解矛盾、服务群众的水平不高,与人民群众日益增长的多元司法需求还有差距;三是对党建工作重视程度不够。"重业务、轻党建"的思想尚未根除,没有从"党的建设永远在路上"的高度认识加强党建工作的重要性。对此,我们将以最坚决的意志,努力加以解决。

2018 年工作思路

2018 年,拉孜法院工作的总体思路是:坚持以党的十九大会精神为指导,深入贯彻落实习近平总书记系列重要讲话精神、贯彻落实依法治藏、富民兴藏、长期建藏、凝聚人心、夯实基础重要原则,贯彻落实区党委、最高法、市委、区高法、县委、市中院各项会议精神,忠实履行审判职责,准确把握人民法院在全面建成小康社会进程中的职责使命,坚持不忘初心、继续前进,为建设智慧拉孜、法制拉孜、生态拉孜、小康拉孜提供有力的司法保障

一是始终把坚持党的领导作为根本保证,确保政治坚定。县法院所有干警将坚定政治立场放在首位,牢固树立"四个意识",特别是核心意识和看齐意识。始终在思想上政治上行动上与以习近平同志为核心的党中央保持高度一致,做到维护核心、绝对忠诚、听党指挥、忠诚担当。深入学习习近平总书记系列重要讲话特别是关于治边稳藏的一系列重要指示精神,贯彻落实区党委、市委、县委决策部署,切实以此作为统领工作的思想武器。牢固树立中国特色社会主义法治理念,切实提高政治敏锐性和政治鉴别力,真正做到自觉把法院工作置于党的绝对领导之下,紧紧依靠县委统揽全局的作用,推动解决法院工作中面临的困难和问题。

二是始终把维稳作为首要责任,确保三个稳定。要履行维稳第一责任。始终把维护祖国统一、加强民族团结作为着眼点和着力点,牢固树立稳定压倒一切的思想,科学分析研判反分裂斗争规律和趋势,在思想、组织、装备、机制等各方面做好司法应对准备,依法严惩暴力恐怖犯罪,严厉打击境内外敌对势力从事的一切分裂破坏活动,牢牢掌握反分裂斗争主动权。积极参与巡逻执勤、治安防范、重点人员帮教管理、社区矫正等社会综合治理及机关内部安保工作,做到不留盲区、不留空白点,确保"三无""三不出"。要抓好刑事审判工作。继续坚持严打方针不动摇,进一步健全针对故意伤害、盗抢骗等突出犯罪的常态化打击整治机制,保持对电信诈骗等群众反映强烈犯罪的高压态势,推进平安拉孜建设。依法严惩贪污、贿赂和渎职犯罪。深入贯彻《刑法修正案(九)》等新法律法规,加强刑事司法人权保障,让罪犯受到应有的惩罚,确保无罪的人不受刑事追究。

三是始终把审判执行工作作为重点,确保公正高效。要确保案件办理质量。始终把程序公正作为确保实体公正的前提和基础,严格落实法律、司法解释有关规定,切实推进庭审实质化。及时总结、提炼、报送典型案例,强化审判工作经验总结,着力破解"类案不同判"的问题。加大司法公开力度,严格落实最高法院庭审直播常态化要求,大力推进审判流程、裁判文书、执行信息公开,以全面公开倒逼审判质量提升。要提升工作效率。充分发挥改革与信息化"双驱动"在提升效率方面的作用,着力提升审判工作质效。加快推进全流程网上办案,最大限度缩短流转周期,实现信息共享共用,提升办案效率。全面推进电子卷宗随案同步生成和深度应用,有效破解调卷难、调卷慢等问题,进一步方便当事人和诉讼代理人查阅卷宗,方便法官办案。要优化资源配置。大力推进审判资源结构性调整,整合办案力量,在制度上寻求突破,建立规范、常态、有效、可保证的制度体系,着力解决各部门之间忙闲不均的现象,最大限度释放办案潜力。院庭长要充分发挥引领和带头作用,在亲自参与审理重大疑难复杂案件的同时,加强对法官办案质效的监督管

理，做到放权不放任、监督不缺位，确保案件质量不滑坡。科学把握审判执行与维稳执勤等其他各项工作之间的关系，确保“人案相适应”。

四是始终把保障和改善民生作为出发点和落脚点，确保司法为民。要着力解决“执行难”问题。抓住最高法今年开展规范执行行为的有利机遇，进一步加强执行联动机制建设，积极构建党委领导、人大监督、政府支持、法院主办、社会各界协作配合的共治格局，凝聚基本解决执行难的合力，加大执行攻坚力度，确保两到三年内实现基本解决执行难的目标。要创新便民诉讼举措。积极探索移动互联环境下司法公开新途径，实行网上预约立案，不断拓展司法公开的广度和深度，保障人民群众对司法工作的知情权、参与权、表达权、监督权。不断巩固和深化巡回审判、车载流动法庭、派出法庭等各项司法便民举措，继续加大对困难群众的诉讼援助和司法救助力度。要自觉接受人民监督。依托三大公开平台，进一步拓展司法公开的广度和深度。要将党内监督和外部监督结合起来，主动接受人大监督、民主监督，自觉接受人民群众监督，定期不定期邀请视察法院、旁听案件、评议庭审、现场监督，高度重视代表委员关注案件和意见建议的办理，推进司法民主。要积极参与脱贫攻坚工作。认真落实定点扶贫工作要求，依法对准精准扶贫、精准脱贫加大法律支持力度，加大对驻村点扶贫投入力度，做到扶贫资金优先保障、扶贫工作优先对接、扶贫措施优先落实。依法妥善审理扶贫、社会保障领域案件，加大扶贫领域职务犯罪的打击力度，促进脱贫攻坚工作在法治轨道上进行。

五是始终把加强自身建设作为前提和基础，确保法院各项工作科学推进、保障有力。队伍建设要从优。坚持真管真严、敢管敢严、常管常严，全面加强干警理想信念、纪律作风、能力素质教育，努力打造一支政治过硬、业务过硬、责任过硬、纪律过硬、作风过硬的法院队伍。要全方位、宽领域、多层次地开展教育培训和实践锻炼，培养干警深厚的法律功底、丰富的实践经验、广博的社会阅历、崇高的职业操守，努力实现法院队伍正规化、专业化、职业化。要坚持严格要求和关心关爱干警相结合，帮助干警加强健康教育，为干警全身心投入工作创造良好条件。要强化干警履职保护，认真落实《保护司法人员依法履行法定职责规定》及实施办法，增强干警依法履职的安全感。作风建设要从严。要始终抓牢党建工作“七项重点任务”，想方设法抓好整改提高工作。要扎实开展“强化五项教育、增进五个意识”教育活动。要加强廉政建设，组织开展警示教育活动，深化党风廉政和反腐败工作，以“零容忍”的态度持之以恒抓好法院队伍建设，确保法官清正、法院清廉、司法清明。

各位代表，面对新形势、新任务、新征程，我们决心在县委坚强领导下，按照本次大会决议，以闻鸡起舞、只争朝夕的精神，锐意进取、真抓实干，厉行法治、竭诚为民，不断开创法院工作新局面，为把拉孜建设成安居乐业、保障有力、家园秀美、民族团结、文明和谐的小康社会提供更加有力的司法保障，做出新的更大贡献。

拉孜县人民检察院工作报告

——拉孜县第十三届人民代表大会第三次会议

拉孜县人民检察院党组书记、检察长 欧吉巴

（2017 年 12 月 20 日）

2017 年主要工作回顾

一、立足检察职能，积极服务大局

我院坚持把检察工作放在全县工作大局中谋划和推进，紧紧围绕县委政府重大决策部署，积极做好司法保障工作。

1. 惩治刑事犯罪，维护社会稳定。2017 年，我院共受理公安机关提请批准逮捕案件 7 件 7 人。审查后批准逮捕 5 件 5 人，不批准逮捕逮捕 2 件 2 人，无错捕错不捕案件。受理公安机关移送审查起诉案件 13 件 14 人，其中盗窃案 4 件 5 人；交通肇事 3 件 3 人；强奸 2 件 2 人；受贿 1 件 1 人；诈骗 1 件 1 人；故意伤害 2 件 2 人。提起公诉 9 件 10 人，不起诉 4 件 4 人。开展庭前会议 3 次（一起诈骗案、一起受贿案、一起强奸案）。经法院审理，判处 5 年以下有期徒刑或者拘役、缓刑 8 人，判处 10 年以上（含 10 年）有期徒刑 1 人，我院对每起案件提出的量刑意见均被法院采纳且有罪判决率为 100%。

2. 坚持宪法定位，强化检察监督。我院坚持“敢于监督、善于监督”的原则，组织干警深入我县 11 个乡镇派出所，对派出所各类治安案件、治安调解案件、治安简易程序、交通事故材料进行立案监督，共检查各类案件 85 件。在侦查监督工作中，提前介入疑难、复杂案件 3 起，向公安机关发出《检察建议书》1 份。在审查起诉工作中，退回公安机关补充侦查 9 次，向拉孜县公安局发出《检察建议书》2 份，向仲巴县公安局发出《检察建议书》1 份，向仲巴县监察局发出《检察建议书》1 份。在审判监督工作中，共审查县人民法院刑事判决书 8 份、民事判决书 2 件、裁定书 27 件、调解书 40 件。在刑事执行监督工作中。认真开展社区矫正法律监督工作，查阅社区矫正人员的工作和执行档案，监督检查日常监管台账，了解管理措施；通过社区矫正 GPS 定位监管系统进行时时监督。同时为 13 名社区矫正人员上法制教育课 2 次，并深入 13 名社区矫正人员所在的 8 个乡镇政府、乡派出所开展日常监管情况和回访教育情况等进行督促检查 3 次。在行政执法监督工作中，为进一步加强医疗废物监督管理，有效防止医疗废物污染，我院对县医院、各乡镇卫生院开展了医疗废物专项检查，向县卫生局发出《检察建议书》1 份；为打击危害食品安全违法行为，对县城和部分乡镇学校周边的商店、小卖铺再次实地走访调查，发现存在安全隐患，为此向县食药局发出《检察建议书》1 份。认真开展信访接待工作。一是以谈清问题、讲明政策、理顺情绪的原则，接待来访人员，并及时通知归口科室及副检察长进行办理。二是对涉检信访问题保持高度重视，与县信访局加强沟通联系，并制定了相关机制和应急预案。三是认真开展矛盾纠纷排查化解工作。

3. 参与综合治理，强化法制宣传。全面贯彻宽严相济刑事政策，最大限度地化解社会矛盾。2017 年，对 4 起案件做出了不起诉决定，起到了良好的社会效果和法律效果；为中央环保迎检工作，主要领导认真落实联系点“河长”职责，督促不受污染。

并组织干警打扫卫生、清理垃圾等活动96人次;把加强社会综合治理与法制宣传教育活动紧密结合。在村级组织换届期间选派干警全程参加换届选举专题宣讲;10月份,选派干警深入扎西岗、扎西宗、彭错林、柳乡等中心小学进行法制宣传,播放了青少年违法犯罪宣传视频,并发放了3000余份宣传资料。全年,我院共开展法制宣传教育活动18次,受教育人数达12000余人,发放各类宣传资料2300余份(册)、接受法律咨询85人次、悬挂横幅14次、年初在拉孜县电视频道播放预防职务犯罪警示教育片1部《贪婪者的忏悔》,受教育人员涵盖了国家机关工作人员、农牧民群众、在校学生和寺庙僧尼。

二、加大惩防力度,遏制职务犯罪

认真贯彻中央、自治区、市委、县委和上级检察院反腐败工作部署,深入开展职务犯罪专项查案工作,有力地促进了全县反腐败斗争和党风廉政建设。

1. 深化预防职务犯罪工作机制。一是签订联系制度。为强化预防合力、突出预防重点,我们不断完善充实《预防职务犯罪联席制度》内容,年初先后与县农牧局、民政局、工商局等19家县(中、区)直单位和11个乡镇签订了2017年预防职务犯罪联席制度。二是开展问卷调查。在部分干部职工中开展预防职务犯罪问卷调查工作,广泛听取了公众的建议,为今后工作提供了参考依据,也为进一步推进我县干部职工“依法行政、公正廉洁”起到了积极作用。三是强化预防宣传。为加大查办和预防涉农惠农领域职务犯罪工作力度,我院充分利用办案、巡回法制宣传、驻村等机会,积极开展职务犯罪预防专项工作。11月份,对县农行20余名工作人员进行法制宣传和观摩办案区1次。全年,我院共开展预防调查和预防咨询22次、预防职务犯罪宣传教育13次,举办预防职务犯罪专题讲座3次,切实起到了预防为主的目的。

2. 开展“保民生”专项监督工作。一是抓好扶贫领域项目工作。我院先后到县扶贫办和县发改委全面收集项目程序资料,了解我县“精准扶贫”项目,重点了解异地搬迁项目,审核了财务资料的真实性;二是做好挂牌督办工作。经从县各项目单位了解和我院筛选后,确定我县部分大项目作为职务犯罪预防挂牌督办项目;三是开展环保专项工作。为加强河道采砂管理和项目建设领域突出问题专项整治工作力度,去年向县政府发出检察建议1次,年初收到采砂点关闭整顿的复函;四是做好干部职工医保资金调查工作。对于部分干部职工反映体检费是否划入到医保卡的问题,我院到县人社局了解并调取全县近两年的体检费相关资料进行核查。

3. 认真查办职务犯罪。一是对市检察院移送的马某涉嫌行贿案线索(1件1人)进行初查,并向市院汇报后,做出不立案决定。二是核实举报信1件1人。三是协助市检察院反渎局收集关于我县农牧局2011年至今人工饲料基地等农牧项目实施情况。

4. 加强纪律作风建设和自身反腐倡廉建设。一是坚持思想教育不放松。认真组织学习《中国共产党廉洁自律准则》、《中国共产党纪律处分条例》和中央“八项规定”,中央政法委“四条禁令”,最高人民检察院廉洁从检“十条纪律”等规定,落实党风廉洁建设“两个责任”,层层签订《党风廉洁建设责任书》;二是坚持班子建设不放松。突出抓好党风廉政建设主体责任落实,坚持党组中心组学习制度和经常性谈心谈话制度,贯彻执行民主集中制原则,涉及检察工作的重大事项、人事任免和重大开支等坚持集体研究、集体决策,班子整体效能得以充分发挥。全年,我院共召开党组工作会议19次,研究“三重一大”内容:涉及资金共120余万元、人事25人次、其他培训等事项32项。召开检察委员会会议4次。三是坚持廉政风险防控管理不放松。班子成员结合岗位职责,建立风险评估卡,认真落实检务督察制度,通过明察暗访等形式,对检察干警履行职责、遵章守纪等情况进行监督检查。全年无违法违纪事件发生。

三、以品牌创建为先导,狠抓党建工作

为打造西部检察特色,树立西部检察形象,在区检院的统一安排部署下,我院围绕党建珠峰建设,创建了以党建为主的“一院一品”品牌。并结合“两学一做”、“四讲四爱”、“讲学习、讲忠诚、正风纪、转作风、提效能”主题活动和全县开展的“素质能力提升年”活动,全力打造学习型党组织,提高队伍综

合素能。

1. 全面创新，深化特色品牌创建活动。按照上级院创建“一院一品”工作要求，我院突出亮点，主抓党建，推出了“抓党建带队建促检务”的院品牌，并按照方案内容，全面落实每月2次“一人一课”大讲台活动、周三“结对子 学双语”活动，以及“五个亮一亮”活动为载体，深入推进我院特色品牌创建活动。全年，我院共开展一人一课大讲台活动7次，“结对子 学双语”活动成效显著。今年，我院在“抓党建带队建促检务”品牌创建活动的指引下，各项检察工作均取得了较大进步，得到了上级检察院和县委、县政府的肯定，荣获了“全市检察机关先进集体”等称号，吸引了桑珠孜检察院、白朗县检察院、岗巴县检察院及拉孜县热萨乡、中波台等多家单位前来我院交流学习党建工作。

2. 狠抓专项活动，推动思想教育上台阶。一年来，我院扎实深入推进“两学一做”“四讲四爱”等主题教育实践活动。突出“主题党日”，组织集中学习32次、专题讲座5次，形成学习心得29篇；组织举行大讨论活动4次、学习交流会7次，开展政治理论测试3次。全面推动“两学一做”学习教育常态化制度化。党的十九大胜利闭幕后，我院积极响应县委号召，及时部署学习宣传贯彻十九大精神，通过自学、集中学习、交流心得等方式，积极开展各具特色的学习十九大精神宣传活动，在全院上下掀起了学习贯彻十九大精神的热潮。全年，我院共开展党员志愿服务活动12次，其中到敬老院开展活动1次，驻村点看望孤寡老人、残疾人2次，开展环境卫生志愿服务活动9次，党员个人筹集资金达4100元，支部投入资金3000余元。通过活动，较好地解决了我院班子和党员干警在“四风”方面存在的突出问题，使大家提高政治思想素质，提升履职尽责、做好群众工作的素质和能力等方面经受了一次严格的党性锻炼和洗礼。

3. 全新规划，推进规范化组织建设。我院党组高度重视党建工作，自觉坚持党要管党，从严治党的方针，树立加强党建是做好检察业务工作的有机保证的思想观念，切实把党建工作摆在重要位置，与检察工作同研究、同部署、同检查、同落实。一是持续推进党建工作规范化。结合检察工作特点，确定了年度工作目标。并根据拉孜县党员积分制实施办法，做到每周一记录，季度一通报，半年一考评，年度一总评。同时坚持“三会一课”制度，以经常性学习、交流、汇报等形式，促使干警不断增强党员意识，时刻牢记党员身份。全年，召开党员大会4次，支委会10次，党小组学习会10次，党课4次，2次组织生活会。二是认真落实党费管理制度，坚持按照党费管理规定，严格按标准缴纳党费。三是持续推进发展党员工作。全年，我院4名预备党员转为正式党员，1名入党积极分子确定为预备党员。

四、坚持从严治检，加强过硬检察队伍建设

沿着中央的决策部署，检察机关按照政治过硬、业务过硬、责任过硬、纪律过硬、作风过硬的要求，努力建设一支信念坚定、执法为民、敢于担当、清正廉洁的检察队伍。我院从严治检一直常抓不懈、久久为功。

1. 狠抓队伍风貌建设。一是严格按照《拉孜县干部职工管理条例》等要求，通过进一步落实上、下班签到制度和请、销假制度以及强化检务督办力度等新举措，全面推进队伍管理规范化、制度化。二是积极落实检务督办制度。全年，内部检务督办9件。三是强化检务公开。为了使检察权行使的每个环节受到实时、有效的监管，今年我院在全国检察机关统一业务应用系统内共公开法律文书11份。同时通过检察内网、检务公开栏、“两微一端”及统一业务应用系统等渠道，深入推进检务公开，接受民主监督和社会监督，增强检察工作透明度。四是突出专业素能提升。院党组高度重视干警业务素质的发展，积极选派干警参加区内外业务工作培训20人次，投入经费10万余元。五是坚持从优待警。今年县委组织部为4名干警（2名正科级、2名副科级）解决了职级待遇。并看望慰问生病住院干警及退休干警家属7次。使干警真切感受到了检察大家庭的温暖，进一步激发了干警的工作热情，确保良好的检察队伍风貌。

2. 扎实开展“创先争优强基惠民”活动。院党组坚持选派政治素质高、工作能力强的8名党员干警开展强基惠民工作，两驻村点通过各种渠道，积

极为群众募集价值约5万元衣物；协助一名大学生争取3000元/年的“圆梦行动”基金，并为两名贫困生干警自筹学费5250元，争取临时救助款5000元，单位捐助4000元；同时为困难户解决种子款2000元。全年，慰问孤寡老人2次，送去慰问品价值6200元，从单位公用经费中，为那拉赤村解决了村委会搭建阳光棚和为扎木加村解决了添置办公室、会议室设备资金共6.3万元，同时多方协调争取到4万元用于改善两村办公环境。全年，两村发展新党员3人，培养积极分子3人，7名预备党员转为正式党员，开展感恩教育6次、法制宣传教育4次、走访调研5次，排查调处矛盾纠纷6件，为民办实事解难题20件。

3. 有效推进结对帮扶工作。为全面落实精准扶贫各项工作，全体党员干警共结对50户贫困户，开展慰问2次，送去慰问物资折计13800元。主要领导深入联系乡镇、村、寺庙开展慰问5次，送去慰问物资共计约1万余元，同时，为争取结对帮扶户早日脱贫，为4个帮扶户送去了价值约2万元的母羊20只。通过结对帮扶活动，让群众感受到党和国家的温暖，增进党群感情。

4. 积极推进司法体制改革。我院始终把改革创新作为推动检察工作科学发展的不懈动力。一是积极推进司法体制改革。今年，我院遴选检察官9人，检察官助理15人，司法行政人员1人，司法警察1人；二是优化检察机构设置。我院拟设立1个检务保障部和4个办案组，并设立检察官独任制办案组及动态办案组，落实检察官案件承办制，制定检察官办案权限配置及绩效考评办法，优化了结构，提升了效率；三是积极配合监察体制改革试点工作。认真梳理现有的机构设置，人员配备和案件线索，做好转隶人员的思想工作，目前，拟转隶2名干警。我院将坚决配合监察体制改革划转职能和人员转隶工作。

5. 坚持党的领导，自觉接受监督。坚持把检察工作置于党的绝对领导之下，自觉接受人大权力监督、政协民主监督和社会监督、新闻舆论监督。通过邀请视察、报送简报信息、汇报工作等方式，主动向党委、人大、政协、人大代表和人民监督员通报检察工作，自觉接受监督。一年来，共邀请人大代表、政协委员视察检察工作1次，党委、人大领导视察检察工作6次15人，汇报重大事项6件，做出重要批示6件。有效确保了我院检察权的正确行使。

各位代表，过去一年检察工作取得的成绩，是县委和市检察院正确领导的结果，是县人大及其常委会有效监督的结果，是县政府、县政协、对口援藏单位及社会各界大力支持的结果，也是全院上下齐心协力、共同奋斗的结果。在此，我代表县人民检察院和全体干警向各位人大代表以及所有关心支持检察工作的领导和同志们表示最衷心的感谢，并致以崇高的敬意！

回顾过去一年的检察工作，我们也清醒地认识到，自身仍然存在一些困难和问题：一是队伍综合素能不够高。少数检察人员的思想认识、司法理念、司法能力和群众工作能力还不能完全适应经济社会发展形势的变化，打造过硬检察队伍仍需不断努力。二是检察监督与广大人民群众日益增长的司法需求仍存在一定的差距，还不能完全适应司法体制改革要求。三是装备现代化与科技强检目标尚有一定差距，信息化建设相对滞后，信息化水平不够高。专业技术人才紧缺，信息化应用能力不强，信息化对检察工作的推动作用发挥不明显。针对这些问题与不足，我们将高度重视，在今后的工作中积极采取有效措施，努力加以解决。

2018年工作安排

2018年是贯彻落实党的十九大精神的重要之年。拉孜县检察院总体工作思路是：认真学习贯彻党的十九大会议精神、中央第六次西藏工作座谈会精神、区党委九次党代会和市委五次、七次全委会精神，以习近平新时代中国特色社会主义思想为指导，紧紧围绕县委“12341”区域发展思路，自觉融入“五位一体”总体布局和“四个全面”战略布局，不断加强自身建设，以更高的定位、更新的理念、更强的举措开展好各项检察工作，为我县全面建成小康社会、构建“日喀则西部中心”提供更加优质高效的司法保障。为此，我们将突出抓好以下工作：

一是狠抓学习不放松。继续抓好理论学习工作,深入学习习近平系列重要讲话精神,特别是党的十九大会议精神的学习宣传,切实牢固树立“四个意识”,不忘初心、不辱使命、不负重托。二是狠抓主线不动摇。始终保持对分裂破坏活动的高压态势,毫不动摇的贯彻和落实区党委“十项维稳措施”,紧密配合县委、县政府的各项安保措施,全面做好检察环节的各项维稳工作。三是狠抓检察业务不松懈。认真履行批捕、公诉职能的同时,建立完善侦查监督、审判监督、刑罚执行监督为主要内容的刑事检察工作机制,严防冤错案件作为底线,不断强化对各个诉讼环节的监督。四是狠抓队伍不放手。把全面从严治检贯穿于检察队伍建设全过程,全面强化队伍思想政治建设和纪律作风建设,充分借力“双百计划”平台,选派干警积极参加岗位练兵和业务素能培训,着力提高队伍专业化水平。五是狠抓改革不推诿。按照区检院和市院的部署,进一步做好人员分类管理、司法责任制、内设机构和人财物统管等改革工作,全力配合监察委员会深化监察体制改革试点工作划转职能和人员转隶工作,积极稳妥推进改革任务落地。六是狠抓基础不松劲。进一步丰富“两学一做”、“四讲四爱”等主题教育实践活动和我院“一院一品”品牌创建为载体,继续抓好党建工作。有效贯彻落实驻村工作的各项措施,出色地完成好驻村工作八项任务。七是狠抓信息化建设不落后。鉴于我院检察信息化建设面临的困难,下大力气加强专业人才实用性较强的培训力度,以确保各类信息系统全面发挥效能;努力探索构建“互联网+检察”工作模式,大力推进信息网络技术与检察工作的深度融合,有效提高工作效率,全面实现网上办公、办案。

各位代表,面对新形势新任务,检察机关肩负着维护社会稳定和打击、预防犯罪的神圣使命,任务艰巨,使命光荣。2018年,我们将在县委和上级检察院的坚强领导下,认真贯彻落实本次大会精神,自觉接受监督,尽职尽责、开拓奋进,努力开创拉孜检察工作新局面,为我县全面建成小康社会、构建“日喀则西部中心”提供坚强有力的司法保障。

拉孜县 2017 年国民经济和社会发展计划执行情况及 2018 年国民经济和社会发展计划报告

——拉孜县第十三届人民代表大会第三次会议

拉孜县发展和改革委员会

（2017 年 12 月 21 日）

一、2017 年国民经济和社会发展计划执行情况

2017 年，在县委的正确领导下，在习近平新时代中国特色主义思想指导下，以“四个全面”战略布局和五大发展理念为统领，贯彻落实市委提出的“6677”发展思路，紧紧围绕“12341”的县域总体发展思路，主动适应经济新常态，充分利用发展机遇，坚持改革开放、创新发展，以建设“日喀则西部中心”和实现“撤县设市”为目标，迎难而上，顽强拼搏，开拓创新，国民经济和社会各项事业保持了良好的发展势头，社会局势全面稳定。今年以来我县经济发展呈现整体平稳、稳中有进、进中有好的良好局面。

（一）2017 年全年经济运行情况

2017 年我县级生产总值（GDP）完成 10.4 亿元，按可比价格计算，比上年同期增长 17%。从产业看，第一产业增加值 2.94 亿元，比上年同期增长 5.6%；第二产业增加值 2.43 亿元，比上年同期增长 20.3%；第三产业增加值 5.03 亿元，比上年同期增长 12.7%，一二三产业结构由 2016 年的 29:26:45 调整到 28.2:23.4:48.4。人均（GDP）达 17240 元，同比增长 14.62%；2017 年农牧民人均可支配收入达 9930.56 元，同比增长 23%；社会消费品零售总额 2.41 亿元，比上年同期增长 23%；实现公共财政预算收入 4877 万元，同比增长 45.7%，完成年初目标的 100%。

（二）强化投资拉动，着力推进项目建设

2017 年全县共计项目 138 个，其中计划内项目 89 个，完成投资 8.62 亿元（新建 56 个，2017 年完成投资 6.21 亿元；续建 33 个，2017 年完成投资 2.41 亿元）；计划外项目 49 个，完成投资 5.62 亿元（新建 45 个，2017 年完成投资为 5.43 亿元，续建 4 个，2017 年完成投资 0.19 亿元），截至 2017 年 12 月 30 日共完成投资 14.24 亿元，同比增长 20.3%，基本完成年度目标任务。

（三）强化农牧业基础，着力提高农牧业经济效益

农业方面：一是农作物种植面积相对稳定，保持在 12.86 万亩，粮食总产量达到 42919.8 吨，油菜产量达 4624.3 吨，同时，加大了种植业结构的调整力度，粮经饲种植比例由原来的 63.3:29.6:7.1 调整为 67.1:29.4:3.5。二是稳步提升农牧业经济效益。2017 年我县农牧业生产总体形势较好，农牧业在结构调整中健康发展，种植业生产稳步推进。三是我县农畜产品产量情况，肉类产量为 1551.23 吨，其中：牛肉产量 714.22 吨，羊肉产量 831.82 吨；奶类产量 1501.19 吨。2017 年全县共存栏各类牲畜 26.2 万（头、只、匹），其中：大牲畜存栏 4.89 万（头、匹）、羊存栏 21.31 万只；仔畜成活率控制在 96% 以上，牲畜总

增率和出栏率分别达到23.2%和31.39%，成畜死亡率控制在1.4%以内。四是牧业方面：积极引进优良畜种，调整畜种结构，大力发展现代畜牧业。

（四）强化政策落实，着力拓宽农牧民增收渠道

农牧民增收是"三农"工作的重中之重，为增加群众现金收入，大力发展劳务经济，鼓励和组织农牧民参与工程建设，加大了农牧民施工队的扶持。落实粮食补贴、良种补贴、农机具补贴、林业补贴等多项农业补贴政策，今年以来，累计发放各类强农惠农资金达2.7609亿元。严格执行国家粮食青稞政策最低保护价，截至2017年年底，全县收购青稞277.56万公斤；收购油菜籽5.68万公斤；收购豌豆0.45万公斤，年度累计兑现给售粮群众共1084.22万元。劳务输出15292人（其中：女性3903人），比上年增加2234人，实现收入2.62亿元，比上年增长26.3%，人均收入17123元。按去向分：本县1549人；跨县至市2325人；跨市区至自治区11217人；跨自治区201人。

（五）强化挖掘潜力，着力发展特色产品加工业

充分发挥优势，加快发展民族手工业，着重发展藏刀、藏靴、手工编织、六弦琴等手工业。以农畜产品加工为重点，加快发展特色产品加工业，始终把强化自我发展能力、增强造血功能作为经济建设的首要任务，充分运用招商引资手段，不断培育完善产业发展要素，增强区域辐射带动能力。产业园区内已建成羊毛清洗厂、糌粑加工厂、锡钦羊毛加工厂、油菜加工厂和物流货运公司等建设项目。水泥商混站已完成主体工程，园区内其余项目正在建设中，争取明年年内相继落地。

（六）强化民生之本，持续注重保障和改善民生

科技、文化、教育、卫生等社会建设步伐加快，公共服务能力明显提高。全县义务教育人口覆盖率达到100%，顺利通过国家"教育均衡"验收。同时，为认真贯彻党中央、国务院《关于支持深度贫困地区脱贫攻坚的实施意见》和"三区三洲"教育脱贫攻坚工作座谈会精神，扎实推进脱贫攻坚十项提升工程，严格落实十五年免费教育，基础教育发展格局进一步壮大，主要劳动力人均受教育年限达到10.8年。扎实推进卫生基础设施建设，进一步完善农牧区免费医疗制度，大力实施积极的就业政策，进一步完善就业服务功能，促进就业总量提高。

（七）强化合作领域，着力落实支援计划

2017是"十三五"援藏项目落实的重要之年，根据市委、市政府的要求，受援工作按照向基础设施、向基层、向新农村、向产业化倾斜的原则，把受援工作的重点逐步转移到新农村建设和基础设施建设上来，2017年上海对口支援拉孜县项目共13项，年度计划援助项目资金6116万元，年度已完成项目资金4218万元。2016年续建项目6项，计划援助项目资金3448万元，年度已完成项目资金2873万元。主要有全民健身活动场所项目、西部农业示范园区项目（二期）、拉孜县柳乡西嘎村幼儿园建设、拉孜县乡镇基层医疗卫生服务能力提升、拉孜县人民医院医疗卫生服务能力提升、拉孜县智慧拉孜子系统平台建设、拉孜县"3185"党员先锋服务驿站等项目。

（八）强化灾后重建、易地搬迁、脱贫攻坚各项工程，着力推进恢复重建及精准扶贫

今年以来，我县灾后重建县级为法人的项目共计28个，总投资2.34亿元，累计完成98%，除部分泥石流治理工程其他项目均已完工。2017年我县易地扶贫搬迁指标867户3229人，共分三大安置区，其中县城集中安置区搬迁661户2317人；柳乡西嘎村安置区搬迁120户505人；村内农区牧区安置点搬迁86户407人、总投资达到19374万元；截至今年年底，867户安置民房建设全部开工，总工程进度达到70%左右，申请拨付资金10021.13万元，同时与上级部门积极沟通衔接后争取到易地搬迁小型基础设施建设资金1027万元。2017年全面开展扶贫对象动态调整工作，建档立卡户3843户15378人调整为3751户15448人；全面落实"九个一批"扶贫政策，实现年度建档立卡户781户2930人阶段性脱贫目标，贫困发生率从28.8％下降至18.8％；全面落实援藏资金，扶贫领域投入援藏资金约3150万元。

（九）强化生态意识，着力抓好生态文明建设，促进绿色循环低碳发展

今年，环保督查和整治保持高压态势，我县高度重视、迅速行动，把迎接中央环保督察作为我县

今年一项重大政治任务来抓，主要领导亲自布置、亲自督办，采取“提高思想认识、明确责任分工、主动自查”方式，坚持一手抓发展、一手抓环保，两手抓、两手都硬，在加快经济发展中落实好绿色发展理念、环保达标要求，尤其在项目建设领域，从项目选址到项目施工，引导所有项目单位认识到环保达标、绿色建设是今后的常态，彻底打消“避风头”的侥幸心理，真正把环保达标、绿色建设作为新准则、新常态贯穿到建设全过程。

（十）强化产业要素齐全完善，加快传统产业转型步伐

根据市委提出的“6677”发展战略和“一种粮”、“两个蛋”的农牧产业发展思路，县委提出了“12341”区域发展思路，紧紧围绕我县制定的“八大特色产业”发展思路和产业扶贫发展规划，推进“政府引导、企业融资”的产业发展模式，采取“公司＋合作社＋农户”等农村合作经济组织，规范合作组织管理，引导扶持方式上从项目支持、资金投入转向经营管理服务，重点转向扶优扶强、培养龙头上，着力打造“拉孜”品牌。全力推进精准扶贫“9+4”举措，加大对特色产业扶贫力度，加快推进“藏鸡养殖场”“锡钦乡羊毛制品厂”“万亩青稞基地”、“万亩油菜基地”等建设项目，着重发展藏刀、藏靴、手工编织、六弦琴等民族手工业，通过发展壮大农牧产业，创建品牌农业，以农畜产品加工为重点，加快发展特色产品加工业，带动周围群众脱贫致富充分发挥优势。此外，立足县域旅游资源，加强后藏文化与旅游业的融合，塑造日喀则西部地区文化旅游核心品牌。努力把旅游业培育成为增长型的主导产业，开工建设赤玛勒（二期）工程、接洽3185旅游综合服务区企业接管，采取了一系列有利于发展旅游业的措施，吸引各地游客，促进本地经济的快速发展和农牧民增收。2017年全县接待游客117571人次，同比增长5.7％，实现旅游收入1238.39万元，同比增长13.8％。

（十一）强化规划引领，着力提升发展水平

一是抓好县城总体规划修编工作。注重城镇化建设和建筑设计，高起点、高规格的做好，《县城总体规划修编工作》，目前，我县已完成资料收集、现场测量等工作，并委托中国科学建筑院围绕“西部中心”定位进行修编，2017年12月7日召开县里评审会，目前在按评审会意见修编中。二是全力推进新型城镇化建设。围绕第三批新型城镇化建设，扎实推进拉孜城镇化建设，通过与市直行业部门对接后，进一步对试点方案提纲进行细化、论证、修编，并形成了新型城镇化方案纲要，于今年5月26日通过市规划局审查，并于12月25日通过市政府常委会审查。三是严格按照各乡镇总体规划加强规划执行力度。根据已编制完成的乡镇总体规划，在项目选址、方案确定时，严格按照规划执行，严加管控，切实做到“立足规划服务发展”的理念。

总体上看，2017年我县经济保持了平稳较快发展的良好势头，基础设施建设成效明显，特色产业发展步伐加快，改革开放不断深化，人民生活水平稳步提高。

二、2018年经济社会发展的总体要求和发展目标

2018年是全面贯彻落实党的十九大战略部署的开启之年，是撤县设市工作全面启动之年，是如期实现脱贫摘帽的决战之年，是加快推进新型城镇化的重要一年。做好2018年社会经济工作，对于全面实现市委、市政府战略部署、完成“十三五”规划各项目标，保持经济社会平稳较快发展的良好态势，意义十分重大。全县要以党的十九大精神为指导，认真贯彻习近平新时代中国特色社会主义思想，全面落实新发展理念和“四个着力”“三个推进”要求，紧扣人民对美好生活的需要这一主题，以全面建成小康社会、实现振兴发展为目标，以结构调整为主线，以深化改革为动力，以改善民生为根本，统筹推进稳增长、促改革、调结构、惠民生、防风险各项工作，促进经济平稳健康发展和社会和谐稳定，努力把我县建设成为富庶、文明、美丽、幸福的小康家园。

按照上述总体要求，结合我县实际和“十三五”规划纲要，2018年，全县国民经济和社会发展主要预期目标作如下安排：

（一）2018 年经济社会发展主要指标

1. 全县生产总值（GDP）同比增长 12%；

2. 农牧民人均纯收入比上年增长 20% 以上；

3. 地方财政一般预算收入比上年增长 25% 以上；

4. 全社会固定资产投资比上年增长 35% 以上；

5. 社会消费品零售总额比上年增长 19% 以上；

6. 城镇失业率控制在 2% 以内；

（二）2018 年经济社会发展的主要任务

2018 年经济工作要紧紧围绕市委、市政府提出的“6677”发展思路，县委“12341”的县域总体发展思路，以创新思路、转变作风为出发点，立足实际、抢抓机遇、凝焦发力，为如期全面建设“日喀则西部中心”、早日实现“撤县设市”，全面建成小康社会做出努力。

一是狠抓国家扩大内需各项政策措施的落实。

1. 狠抓投资落实，继续坚持项目带动不动摇。经与市直部门沟通对接，2018 年全县计划内实施项目 134 个（资金来源较为明确），计划投资 15.25 亿元，其中，新建项目 65 个，计划投资 9.44 亿元，续建项目 69 个，计划投资 5.81 亿元。为完成 2018 年经济社会发展主要目标中，全社会固定资产投资同比增长 35% 以上的要求，经与县直项目部门沟通对接，目前已筹备计划外项目 129 个，估算总投资 21.55 亿元，如拉孜县雅鲁藏布拉孜村段堤防除险加固工程、拉孜县雅鲁藏布扎西热岭段堤防水毁修复工程、拉孜县雅鲁藏布琼嘎村段堤防除险加固工程、拉孜县第二完小、乡镇小学风雨操场、乡镇 5 人制笼式足球场、宗山恢复、堆谐旅游文化广场、芒嘎河生态治理等项目，下一步将积极争取中央投资、第八批援藏投资、PPP 投融资项目，加强与上级行业部门的对接力度，加快推进前期工作，实现我县三年滚动计划项目的早日落地，力争 2018 年内完成预计目标任务。

2. 切实加强工程项目体制机制的创新和落实。严格落实《拉孜县政府投资项目管理办法（试行）》和《拉孜县项目前期工作流程、各报建范本及项目各阶段管理措施（试行）》《拉孜县项目稽查实施细则（试行）》，进一步提高项目管理水平，完善项目稽查制度，确保投资安全和工程质量，加快建设进度，提高投资效益。

二是加强城乡统筹发展、稳步推进新型城镇化。

1. 突出规划引领，加快推进国家第三批新型城镇化试点工作。围绕打造高原宜居城市的总体思路，以国家第三批新型城镇化建设为契机，以精准扶贫易地搬迁工作作为突破口，着重打造县城新城区宜居城市面貌，同时进一步明确锡钦、查务乡与县城一体化打造功能定位，以县城为中心，锡钦乡、查务乡为后翼，柳乡西嘎村为窗口，开拓一批代表性的新型城镇示范乡镇、村。

2. 积极与中国建筑科学院对接，认真修改完善《拉孜县城市总体规划（2017--2035）》，组织会同各方讨论研究后，按程序及时上报日喀则市和自治区，力争在今年上半年通过自治区人民政府审批。

3. 配合做好 G349 国道升级和 318 国道、G4218 等级提升工作，大力倡导日喀则至拉孜 1 小时经济圈建设。通过日喀则市对 1 小时经济圈的认可来推进拉孜铁路和国道四条经济大通道建设。

4. 认真践行“绿水青山就是金山银山”的发展理念，强化突出环境治理问题，加强生态系统保护，加强生态环境建设，切实推进林业增绿行动，加快县城入城口和县城生态建设，切实规划好建设好县城渠系，力争实现“水中有城、城中有水”目标。2018 年我县生态项目计划新建拉孜县 2017 年防沙治沙工程建设项目、拉孜县 2018 年拉萨及周边防护林体系建设项目、拉孜县 2017 年两江四河造林绿化工程等 9 个项目，总投资约 10322.46 万元。

三是加强社会事业，切实改善和保障民生。

1. 优先发展教育事业，继续优化改善教育基础建设。2018 年我县计划新建拉孜县第二双语幼儿园、拉孜县拉孜镇中心小学供暖工程、拉孜县中学教学生活配套设施建设等 6 个项目，总投资约 3338 万元，其中包括教育师资培训项目，加强教育师资力量；2018 年计划续建拉孜县中学改扩建、拉孜高中改扩建、拉孜县拉孜中学教育综合能力提升等 21 个项目，总投资约 5360 万元。从而巩固和扩大“两基”攻坚成果，增加农村教育投入力度，促进义务教育均衡发展。

2. 加快发展医疗卫生事业。继续完善全县卫生服务事业的配套设施。2018 年计划投资 1390 万元新建拉孜县人民医院医疗卫生服务能力提升项目；投资 2650 万元续建拉孜县人民医院（县级区域医疗中心）建设项目；投资 215 万元加快拉孜县妇幼保健院项目建设进度；投资 860 万元加快推进拉孜县人民医院医疗卫生服务能力提升项目建设，为我县成功创“二甲”保障硬件设施。此外，为积极推进乡镇卫生服务体系建设，优化基层应急医疗体系设施，计划投资 200 万元，实施拉孜县乡镇基层医疗卫生服务能力提升项目，对平措林、芒普等 5 个乡镇卫生院添置医疗急救车。同时，加快推进投资 500 万元实施的拉孜镇卫生院续建项目，确保尽早投入使用。

3. 大力发展文化旅游一体化事业。从现有的拉孜县旅游规划为依据，以旅游管理、市场培育、品牌打造等方面入手，加快雅江一带的观光旅游线型轴线和 G318 国道养生、观光旅游服务型轴线建设，在年内争取宗山复原、锡钦藏药温泉康复治疗中心等项目的落实，积极调整旅游文化一体化发展的策略和思路。全力塑造我县“安全、文明、健康”的旅游目的地形象。做强拉孜堆谐文化这块旅游品牌，做好堆谐文化广场和赤玛勒旅游观光园区三期项目建设，进一步加强旅游基础设施和配套设施建设。通过旅游业的发展带动特色纪念品等民族手工业、住宿、娱乐和餐饮等第三产业快速发展。通过旅游业的发展保护民族传统文化发展。

4. 积极发展科技事业。继续加快农牧业先进实用技术引进和推广，不断建立和完善农牧业科技服务体系。加快推进科技成果转换生产力步伐，不断提升科技在经济增长中的贡献率。

5. 大力实施乡村振兴战略，以长补短、以强补弱，全力推进“十项能力提升”工程建设。2018 年，我县规划“十项提升”工程项目 199 个，规划总投资 6.29 亿元。计划积极对接市直行业部门，开展相关工作，确保规划项目早实施，贫困群众早受益。此外，为大力推进乡村振兴战略，按照产业兴旺、生态宜居、乡风文明、治理有效、生活富裕的总体要求，2018 年，我县计划投资 4575 万元建设热萨乡强公村、锡钦乡仁达村小康示范村建设、拉孜县乡镇饮水应急水源工程、拉孜县拉孜镇新农村示范点建设、拉孜县 4 个村村级组织活动场所等建设项目。

四是狠抓产业建设不放松，大力推动特色产业。

1. 进一步推进拉孜县产业园区建设，以产业园区拉孜县油菜籽加工基地、西部汽车检测中心、锡钦乡羊毛制品厂、商混搅拌站等代表性项目为依托，转变依靠固定资产投资提高财政收入，同时积极探索多元化投融资模式，辐射周边乡镇的经济带，促进周边乡镇第三产业发展，推动生产力转换，推进城市现代化建设。

2. 根据我县八大产业发展目标，结合我县已确立的藏鸡、青稞、油菜、蔬菜等有机种植业，以土地流转、合作社、农业园区、岗巴羊经济圈为依托，力争在年内形成一批成熟可靠、亮点突出、拿得出手的产业项目。

五是狠抓宏观调控，建立健全市场调处机制

1. 切实改善发展的软环境。更加注重发挥市场配置资源的作用，加强和改善宏观调控，注重运用财税、价格法律手段调控经济，提高依法行政能力。

2. 继续做好统计工作，加大对我县宏观经济把握力度和重大经济问题的研究分析，及时提供准确的统计数据和分析资料，为政府领导决策提供科学依据。

3. 认真落实物价宏观监管工作，争取保持物价总体水平的稳定，完善价格异常波动和应急机制，保持市场持续稳定。

六是狠抓对口支援工作，力争完成年度目标任务

2018 年是“十三五”对口支援工作的关键之年，援藏拉孜小组将全面贯彻落实中央、自治区、市、联络组和县委县政府的一系列要求，以“聚焦精准扶贫、聚焦社会民生”为抓手，着力在惠及百姓、凝聚人心、助推稳定、促进和谐、增进团结上下功夫、求实效，推动拉孜县对口支援工作开创新局面、再上新台阶。2018 年我县援藏项目计划投资 13 个项目，总投资 7091 万元，项目包括拉孜县藏鸡养殖产业扶持（二期）、拉孜县民主手工业发展和大学生创业扶持、拉孜县中学教学生活配套设施建设等。

1. 进一步聚焦精准扶贫，不断提高对口支援的

质量和效益。一是打好扶贫脱贫攻坚战，实现精准脱贫。结合拉孜县情，继续按照摸清底数、区分类型、找准问题、分类施策的思路，找准切入点、提高精准度、增强实效性，聚焦贫困地区、贫困群体、贫困家庭，采取有效举措，坚持整村推进与精准到户相结合，坚持输血和造血并举，优先帮助解决和扶持就业创业，增加贫困户收入。二是大力改善农牧民基本生产生活条件。进一步推进富有民族特色的小康示范村建设，着力解决基础设施不完善、生产生活条件落后的状况，大力实施村容村貌整治，加强村镇基础设施建设，提高农牧民的生产生活质量和幸福指数。帮助当地做好城镇总体规划调整。

2. 进一步聚焦社会民生，显著提升基本公共服务能力和水平。切实加大对教育、卫生等公共服务领域的支持力度，使当地教育、卫生等公共服务能力显著提升。一是完善拉孜中学教学和生活基础设施建设，以提升教学质量为核心，以改善学校环境为关键，以规范日常管理为抓手，以强化师资队伍为目标，继续做好义务教育均衡发展工作，大力推进拉孜县中学全面建设。二是提升医疗服务能力和水平，根据拉孜县委县政府对拉孜卫生的总体规划，除了整体提升拉孜县全境内预防、医疗和保健水平外，要切实推进县卫生服务中心创建“二级甲等”医院工作，为打造成日喀则西部医疗中心奠定良好的基础。

各位代表，做好2018年经济和社会发展工作，任务艰巨，意义重大。我们坚信在县委、县政府的正确领导下，在县人大、政协的有力监督下，在上海市的无私援助下，以自治区第九次党代会的决策部署为指导，按照市委、市政府的一系列安排部署，自觉接受人民代表大会的监督和指导，坚定信心，振奋精神，锐意进取，扎实工作，不断开创我县工作新局面，确保圆满完成今年的各项工作任务，为把拉孜县建成日喀则西部中心而努力奋斗。

拉孜县2017年财政预算执行情况及2018年财政预算的报告

——拉孜县第十三届人民代表大会第三次会议

拉孜县财政局

（2017年12月21日）

一、2017年财政预算执行情况

根据县委、县政府对财政经济工作的总体部署，2017年县财政预算安排的总体要求是：贯彻落实党的十九大精神，坚持稳中求进、进中向好、补齐短板的工作总基调，紧密结合市委“6677”工作思路及我县“十三五”总体规划，围绕县委“1234”的工作思路，积极发挥财政职能作用，遵循“统筹兼顾、突出重点、有保有压”的原则，优化财政支出结构，坚持依法理财、增收节支、量力而行、精打细算的方针，深入推进财政预算管理改革，加强财政科学化精细化管理，提高财政资金使用效益，为拉孜经济社会全面、健康、可持续发展提供坚实的财力保障。

（一）一般公共预算收入执行情况

2017年，拉孜县财政局紧紧围绕县委、县政府中心工作，充分发挥财政职能，积极推进依法、科学理财，不断加强财政预算收支管理，为我县经济社会健康稳定发展提供了坚实的财力保障。

2017年县本级财政收入累计完成6997万元（其中：一般公共预算收入4877万元，政府性基金收入2120万元），预算收入完成全年财政总收入任务4852万元的101%。

（1）一般公共预算收入累计完成4877万元，同比增加1531万元，增长率45.76%。税收收入占一般公共预算收入的42.14%；非税收收入累计完成2822万元，同比增加1900万元，增长2倍，占一般公共预算收入的57.86%。

（2）政府性基金收入累计完成2120万元。

（3）增值税完成1265万元，同比减少211万元，减少率14.3%。

（3）企业所得税完成50万元，同比减少35万元，减少率41.18%。

（4）耕地占用税完成483万元（2016年此项税收收入无）。

（5）个人所得税完成45万元，同比去年增加21万元，增长率87.5%。

（6）城市维护建设税收完成177万元，同比去年减少66万元，减少率27.16%。

（7）印花税税收完成35万元、同比去年减少6万元，减少率14.63%。

（二）一般公共预算支出执行情况

一般公共预算支出累计完成103033万元，同比减少12552万元，减少率10.86%.

（1）一般公共服务支出17010万元，比上年同期增支6774万元，增长66.18%.

（2）公共安全支出6433万元，同比去年减少925万元，减少率12.57%。

（3）教育支出26835万元，比去年同期增支8722万元，增长率48.15%.

(4)科学技术支出161万元,比去年同期减少64万元,减少率8.44%。

(5)社会保障和就业支出4386万元,比去年同期减少22847万,减少率83.89%。

(6)医疗与卫生与计划生育补贴支出9595万元,同比去年增支1961万元,增长率25.69%.

(7)节能环保支出11595万元,同比去年增支11243万元,增长32倍。

(8)城乡社区支出526万元,比去年同期减少7792万元,减少148.14%。

(9)其他支出共计26492万元,比去年同期减少9624万元,减少率26.65%。

二、2018年财政预算

根据自治区财政厅关于编制2018年地方财政预算的通知精神,结合拉孜县实际,编制完成了2018年财政预算草案。

2018年,是拉孜县财政局全面贯彻落实"围绕建设西部中心这个目标,采取招商引资和市场运作两种手段,大力实施维护稳定、生态保护、脱贫攻坚三大工程,全面建设日喀则西部城镇化中心、产业中心、商旅中心、公共服务中心,强化全面从严治党这个根本保障"区域发展思路的关键之年,县域经济发展进入新常态,财政预算安排面临着新的机遇与挑战。

(一)指导思想

2018年财政预算安排的指导思想是:深入贯彻党的十九大精神和落实习近平总书记系列重要讲话精神特别是"治国必治边、治边先稳藏"重要战略思想,以深化预算管理改革为重点,建立健全公共服务体系,着力提高基本公共服务能力。统筹兼顾,突出重点,狠抓增收节支,不断调整和优化支出结构;严格控制和压缩"三公"经费,按照"保工资、保民生、保运转、保稳定"的原则,把有限的财力真正用到重点支出上;加大"三农"、教育、科技、文化、医疗卫生、社会保障、强基惠民、创新社会管理、公共安全等方面的支持力度。进一步完善制度、健全机制、推进改革,促进财政科学化、精细化管理,提高科学理财、民主理财能力,为县域经济发展提供坚实的财力保障。并力争做到年度财政收支平衡。

(二)2018年预算财力安排总体情况

2018年拉孜县财政年初预算可供总财力为74759.53万元,比2017年年初预算增加7749.64万元,增长率11.56%,其中:

(一)一般公共预算收入6000万元。

(二)税收返还性收入827万元(其中:增值税税收返还804万元;所得税基数返还23万元)。

(三)一般性转移支付33483.38万元。

(四)专项转移支付8616.88万元。

(五)预计政府性基金收入1000万元。

(六)安排预算稳定调节基金1889.73万元。

(七)预计第二批、三批转移性支付2000万元。

(八)教育单列经费18797.57万元。

(九)盘活财政存量资金2144.97万元。

(三)支出安排

一般公共预算支出情况

预计2018年全县财政支出74102.74万元,比2017年年初预算支出数增加8978.5万元,增长率13.79%,其中:

1. 工资及工资相关支出24507.26万元,比2017年年初预算增支2403.84万元,增长率10.88%,占预算总支出的33.07%。

2. 公用经费支出3236.35万元,比2017年年初预算减支227.2万元,减少率6.56%,占预算总支出的4.37%。

3. 法定政策性支出26561.56万元,比2017年年初预算增支7496.2万元,增长率39.32%,占预算总支出的35.84%。

4. 基金总支出1000万元,比2017年年初预算减支9万元,减少率0.89%,占预算总支出的1.35%。

5. 教育单列经费支出18797.57万元,比2017年年初预算减支694.34万元,减少率3.56%,占预算总支出的25.37%。

几项重点支出说明

2018年,县财政把有限的财力真正用到"保增长、保发展、保稳定、保运转、调结构、惠民生"重点支出刀刃上,向民生倾斜,向基层倾斜。2018年

"三农"预算安排10867.32万元，占预算总支出的14.67%；教育预算安排21147.87万元(其中：县配套2350.3万元)，占预算总支出的28.54%；医疗卫生与计划生育预算安排3256.46万元，占预算总支出的4.39%；文化体育与传媒预算安排442.18万元，占预算总支出的0.6%；维护稳定相关经费预算安排1874.66万元，占预算总支出的2.53%。

(四)2018年度预备费

本年度预备费为656.79万元。

(五)财政供养基本情况

截至2018年1月初，拉孜县财政供养总人数2421人。

1.财政口供养人数1647(其中：在职1277人，公益性岗位170人，公安辅警49人，消防辅警3人，其他148人)。

2.教育口供养人数774人，全部为在职教职工。

(六)2018年预算安排说明事项

法定政策性方面

1.新增专项资金：2018年法定配套新增项目66项，新增配套资金达到9924.82万元。

2.重点支出保障：

(1)党建工作经费投入220万元。

(2)维护社会稳定方面投入资金1874.66万元(主要包括：公安跟车民警补助资金80万元，公、检、法、司系统装备经费207.53万元等)。

(3)精准扶贫方面县配套1037.7万元，包括财政收入的10%部分。

(4)为继续巩固义务教育均衡发展成果，深入推进素质教育，教育方面累计投入资金21147.87万元(主要包括：教育系统县配套25%部分1701.6万元)。

(5)生态环境保护方面县本级配套623.58万元(主要包括：湿地保护建设经费80万元，环境专项活动经费含污染源普查经费150万元，乡镇环境专项整治经费43万元，公共区域绿化经费80万元等)。

(6)文化方面投入442.18万元(主要包括：第七届拉孜堆谐及珠峰文化节经费200万元，民间艺术团经费30万元，县综合文化活动中心经费40万元，乡镇综合文化活动中心经费55万元，文广系统在职人员工资及相关支出117.18万元)。

(7)农林水方面累计投入7342.14万元。其中：一是农牧方面投入2376.12万元(主要包括：村级动物防疫员基本报酬117.6万元，人工影响天气工作人员津贴22.14万元，农用机动车保险44万元，农药采购县级配套18.97万元，涉农商业保险55万元，能繁母猪保险0.2万元，用于扶贫领域草原平衡奖补统筹1914万元，粮食直补本级配套18.44万元，农牧局房租执收成本14.1万元，农村集体土地所有权确权登记证所需经费161.67万元，农村工作专项经费10万元)；二是林业方面投入2892.44万元(主要包括：退耕还林现金补助125万元，重点区域造林资金2330.91万元，野生动植物保护经费7.29万元，野生动物肇事县级配套18.5万元，护林围栏资金48万元，防洪坝资金8.8万元，有毒有害岗位津贴5.4万元，森林生态效益补偿资金348.54万元)；三是水利方面投入2073.58万元(主要包括：牧区农田水利建设资金2000万元，山洪灾害县级非工程措施维护费12.51万元，水库管理人员工资3.6万元，征收水功能区规划工作经费7.47万元，芒嘎普曲流域综合规划环评编制费50万元)。

土地基金收益计提方面

2018年土地基金收益计提支出预算安排1000万元，其中：计提财政性教育经费37.5万元，计提城镇廉租房保障支出37.5万元，计提农田水利及防洪工程建设资金45万元，计提土地收购储备基金500万元，计提农业土地开发资金(30%上缴自治区，70%留县)75万元，计提国土局土地出让业务费20万元，计提土地出让收益收购储备金76.92万元，2016年市政道路房屋拆迁补偿资金208.08万元。

三、依法理财，科学管理，确保2018年财政预算任务圆满完成

2018年，我们将以科学发展观为指导，按照上级要求和县委、县政府的决策部署，狠抓增收节支，加强财政科学化精细化管理，满怀信心，奋发进取，圆满完成2018年的预算收支任务。

（一）狠抓收入征管，力争超额完成预算任务

一是强化目标责任制，及早将全年收入任务落实到各征收部门，进一步完善收入目标考核体系，建立健全科学的财政收入增长的考核机制，在正常税收征管的基础上继续加大税收征管力度，加强与税务及项目主管部门的密切配合，加强税收协调，深入分析收入征管中存在的问题，及时提出应对措施，做到应收尽收；二是根据相关规定，将加大非税收入监管力度，健全非税收入管理体制，严格执行收支两条线管理；三是积极培植财源，加大财政对全县产业发展、招商引资、政府投融资平台的支持和投入力度，以培养拉孜县的支柱财源，增加财政收入。

（二）深化财政改革，不断优化支出结构

贯彻实施积极财政政策，整体推进国库集中支付改革工作，全面推行部门预算改革，强化绩效预算意识，严格预算编制程序，改革预算编制方法，细化预算编制，健全支出定额体系，进一步公平、公开预算分配。进一步扩大政府采购范围，健全政府采购机制，积极实行财政业务网上大平台办公，加大存量资金的盘活力度。进一步完善乡镇财政所的建设，认真贯彻落实党政机关厉行节约有关规定，严格控制一般性支出增长，继续压缩“三公经费”开支，切实降低政府行政成本，努力将有限的财力更多的投向社会民生领域，确保维护稳定、社会保障、教科文卫等重点支出的需要。

（三）全面推进财政科学化精细化管理

加强财政各项基础性工作，不断提高财政管理水平。全面加强国有资产清理清查和会计核算工作，建立健全国有资产登记和台账制度，防止国有资产流失。继续深入推进部门预算、国库集中支付、预算绩效管理、预决算公开管理等各项财政改革，建立预算编制与预算执行、预算监督有机衔接的运行机制。全面推进财政科学化精细化管理，不断提高财政管理质量和水平。

2018年财政收支预算和各项财政工作，任务艰巨，使命光荣。我们一定要在县委县府的正确领导下，在县人大的监督指导下按照上级要求和县委、县政府的决策部署，狠抓增收节支，加强财政科学化精细化管理，满怀信心，奋发进取，圆满完成2018年的各项工作任务，为开创拉孜经济社会又好又快发展做出新的更大的贡献。

索 引

说 明

一、本索引采用主题分析法编制。索引范围包括篇目、类目、部(门)目、条目等。
二、本索引按主题词首字汉语拼音音序(同音按音调)排列,若首字拼音相同则按第二字音序排列,以此类推。
三、索引款目后的数字表示内容所在的页码,数字后的拉丁字母(a、b、c)表示栏别(从左至右)。
四、篇目、类目、部(门)目用黑体字。

A

B

C

D

E

F

G

H

J

K

L

M

N

P

Q

R

S

T

W

X

Y